Revista de Direito Tributário

69

MALHEIROS EDITORES

Revista de Direito Tributário

Publicada sob os auspícios do

Instituto Geraldo Ataliba — IDEPE — Instituto Internacional de Direito Público e Empresarial e do
IBET — Instituto Brasileiro de Estudos Tributários

ISS 0102-7956

REVISTA DE DIREITO TRTIBUTÁRIO
publicação trimestral de
MALHEIROS EDITORES LTDA.
Rua Paes de Araújo, 29, 17º andar - conj. 171 - CEP: 04531-940
São Paulo, SP - Brasil - Tels. 822-9205 - 820-9718 - 820-5549 - Fax. 829-2495

Assinaturas e comercialização:
CATAVENTO DISTRIBUIDORA DE LIVROS S.A.
Rua Conselheiro Ramalho, 928 - CEP 01325-000 - São Paulo - SP
Tel. 289-0811 - Fax. 251-3756

Diretor Responsável: Álvaro Malheiros
Diretora: Suzana Fleury Malheiros
Supervisão Gráfica: Vânia Lúcia Amato

Composição: EDITORA FRASE LTDA.
Impressão: Gráfica e Editora FCA
(Fundação de Ciências Aplicadas)

SUMÁRIO

X CONGRESSO BRASILEIRO DE DIREITO TRIBUTÁRIO

SESSÃO SOLENE DE ABERTURA 7

MESA DE DEBATES (A) — **REFORMA TRIBUTÁRIA — CLÁUSULAS PÉTREAS — SIGILO BANCÁRIO — ICMS — PROCEDIMENTO ADMINISTRATIVO TRIBUTÁRIO — PROJETO DA UNIÃO** 18

CONFERÊNCIA — **ENUNCIADOS, NORMAS E VALORES JURÍDICOS TRIBUTÁRIOS**

— Paulo de Barros Carvalho 43

MESA DE DEBATES (B) — **ICMS, FINANCIAMENTO E BASE DE CÁLCULO — ICMS E IPI, NÃO-CUMULATIVIDADE E DIREITO AO CRÉDITO — LIMITES** 57

MESA DE DEBATES (C) — **ICMS E ISS — PROGRAMA DE "SOFTWARE". TRIBUTAÇÃO — REFEIÇÕES E TRIBUÇÃO. "BUFFETS" — INSTALAÇÃO E MONTAGEM DE EQUIPAMENTOS QUE SE AGREGAM AO SOLO — TRATADOS INTERNACIONAIS E ISENÇÃO DE IMPOSTOS ESTADUAIS E MUNICIPAIS** 90

MESA DE DEBATES (D) — **CONCESSÃO DE SERVIÇO, REGIME TRIBUTÁRIO, TAXA, TARIFA** 113

CONFERÊNCIA — **FUNÇÃO DO SUPREMO TRIBUNAL FEDERAL**

— Min. Sepúlveda Pertence 142

MESA DE DEBATES (E) — **IMPOSTO DE RENDA — BASE DE CÁLCULO** 156

MESA DE DEBATES (F) — **LEGALIDADE E MORALIDADE** 179

SESSÃO SOLENE DE ENCERRAMENTO — **REFORMA CONSTITUCIONAL, CLÁUSULAS PÉTREAS, ESPECIALMENTE A DOS DIREITOS FUNDAMENTAIS, E A REFORMA TRIBUTÁRIA**

— Min. Carlos Mário Velloso 208

COMISSÃO DE TRABALHO — **PLENÁRIO — PROPOSIÇÕES** 229

TRABALHO DO X CONGRESSO BRASILEIRO DE DIREITO TRIBUTÁRIO APROVADO COM MENÇÃO HONROSA — **A REVOGAÇÃO DA CORREÇÃO MONETÁRIA DE BALANÇO PELA LEI N. 9249/95 E A REMUNERAÇÃO DO CAPITAL PRÓPRIO DAS PESSOAS JURÍDICAS — IMPOSTO SOBRE A RENDA E CONTRIBUIÇÃO SOCIAL SOBRE O LUCRO**

— João Dácio Rolim 231

XI CONGRESSO BRASILEIRO DE DIREITO TRIBUTÁRIO

ENTIDADES IMUNES E ICMS
— Eduardo Bottallo 247

CONSTRUÇÃO CIVIL — ISS E ICMS?
— José Eduardo Soares de Melo 251

DA CONTRIBUIÇÃO SOBRE MOVIMENTAÇÃO FINANCEIRA
— Wagner Balera 259

PLANEJAMENTO TRIBUTÁRIO NO BRASIL
— Sidney Saraiva Apocalipse 274

PROPOSTA PARA UMA NOVA CLASSIFICAÇÃO DO TRIBUTOS A PARTIR DE UM ESTUDO SOBRE A INSTITUIÇÃO DE CONTRIBUIÇÃO PREVIDENCIÁRIA PELA UNIÃO, ESTADOS, DISTRITO FEDERAL E MUNICÍPIOS
— Sacha Calmon Navarro Coêlho 278

O IMPOSTO SOBRE SERVIÇOS E O PRINCÍPIO DA TERRITORIALIDADE
— Heron Arzua 297

A CONTRIBUIÇÃO DO SALÁRIO-EDUCAÇÃO
— Heron Arzua 306

REFORMA TRIBUTÁRIA
— Estevão Horvath 313

FUNDAMENTOS DA TRIBUTAÇÃO AMPLA DAS IMPORTAÇÕES PELO ICMS E PELO IPI
— Misabel Abreu Machado Derzi 326

IMPORTADOR DE BENS INDUSTRIALIZADOS — EQUIPARAÇÃO A INDUSTRIAL — O TERMO "INDUSTRIAL", UTILIZADO NA LEGISLAÇÃO DO ICMS, TEM O ALCANCE QUE LHE DÁ A LEGISLAÇÃO DO IPI, INCLUSIVE PARA EFEITOS ISENCIONAIS
— Aires F. Barreto 341

X CONGRESSO BRASILEIRO DE DIREITO TRIBUTÁRIO

REALIZADO DE 23 A 25 DE OUTUBRO DE 1996

(Notas taquigráficas das Conferências, Mesas de Debates, Sessões de Abertura e Encerramento)*

* Sem revisões dos Autores.

SESSÃO SOLENE DE ABERTURA (23.10.96)

PROF. AIRES BARRETO — Bom dia, senhoras e senhores. Aqui estamos para dar início ao X Congresso Brasileiro de Direito Tributário. Convido para compor a Mesa o Secretário da Justiça do Estado de São Paulo, Dr. Belizário dos Santos Júnior, aqui representando também o Governador do Estado de São Paulo, Dr. Mário Covas; *(Palmas)* o eminente Juiz Dr. Régis de Castilho Barbosa, aqui representando o egrégio Tribunal de Alçada Civil de São Paulo; (*Palmas*) o consagrado Prof. Ferreiro Lapatza, da Universidade de Barcelona e nosso Conferencista neste Congresso; (*Palmas*) o Dr. Sidney Stark Dutra, Reitor da Universidade de Santo Amaro; (*Palmas*) o eminente Prof. Celso Antônio Bandeira de Mello; (*Palmas*) o ilustre Prof. Paulo de Barros Carvalho; (*Palmas*) a eminente Profa. Dra. Lucia Figueiredo, Juíza Federal do Tribunal da 3ª Região em São Paulo; (*Palmas*) o ínclito Juiz Federal da 3ª Região em São Paulo, Dr. Omar Cais; (*Palmas*) a insigne Profa. Elizabeth Carrazza, Diretora da Faculdade de Diretora da Pontifícia Universidade de São Paulo; (*Palmas*) o insigne Prof. Adílson Dallari, Presidente do IDAP-Instituto de Direito Administrativo e Professor da PUC de São Paulo; (*Palmas*) o Prof. Roque Antonio Carrazza, ilustre Professor Titular de Direito Tributário da Pontifícia Universidade Católica de São Paulo; (*Palmas*) o Prof. Dr. Valdir de Oliveira Rocha, representante da Dialética; (*Palmas*) a destacada Profa. Diva Malerbi, também eminente Juíza Federal do 3º Tribunal Regional Federal em São Paulo; (*Palmas*) o Dr. Fugimi Yamashita, que representa a IOB; (*Palmas*) a Dra. Cleide Cais; (*Palmas*) o Dr. José Carlos Dias; (*Palmas*) a Profa. Weida Zancaner; (*Palmas*) o Dr. Mário Sérgio Duarte Garcia; (*Palmas*) o Prof. Carlos Ari Sundfeld, da PUC de São Paulo; (*Palmas*) o Des. Renan Lotufo, Professor da PUC de São Paulo; (*Palmas*) o Des. Jorge Celidônio, também Professor da PUC de São Paulo (*Palmas*).

Haverei de pedir mil escusas para tantos que não pude nomear e chamar à Mesa; é que tantas são as autoridades, tantos os nomes proeminentes que aqui vieram para prestigiar Geraldo Ataliba, que seria impossível trazê-los todos à Mesa; seria necessário termos um auditório pequeno e uma imensa Mesa ou ter-se-ia que mudar inteiramente a estruturação física das dependências do Congresso, para termos, ao invés de auditório e Mesa, um enorme salão e uma imensa Mesa. Por isso eu peço às autoridades, às inúmeras autoridades, que se considerem integrantes da Mesa. Vejo aqui, entre outros, o Prof. Antônio Carlos Mendes, o Dr. Gian Maria Tosetti, o Prof. Osiris Lopes Filho, o Prof. José Arthur Lima Gonçalves, o Prof. Pedro Luciano Marrey Júnior, o Prof. Wagner, o Prof. José Eduardo Soares de Melo, o Prof. Sérgio, que veio do Rio especialmente para emprestar seu prestígio a este evento e homenagear o mestre Ataliba. Vejo tantos nomes importantes, professores, juízes, promotores, advogados, mas não tenho como nomeá-los; reitero, portanto, o pedido de que se considerem integrantes da Mesa.

Convido a todos, abrindo este X Congresso Brasileiro de Direito Tributário, para ouvir, de pé, o *Hino Nacional*, que será cantado pelo Coral da Polícia Militar.

- É entoado o *Hino Nacional*. (*Palmas*).

PROF. AIRES BARRETO — Sob a regência do maestro Ten. Renato, o Coral da Polícia Militar cantará agora música que era muito do agrado do Prof. Geraldo Ataliba, a *Canção do Expedicionário*.

- É interpretada a *Canção do Expedicionário* (*Palmas*).

PROF. AIRES BARRETO — Em nome do Instituto Geraldo Ataliba-IDEPE, agradeço ao Ten. Renato, que regeu o Coral da Polícia Militar, que sempre tem colaborado com os nossos eventos, daí por que pedimos renovem uma salva de palmas a esse grupo que tem nos prestigiado e brindado com excelentes interpretações. (*Palmas*)

Gostaria de, neste instante, convidar o eminente Prof. Celso Antônio Bandeira de Mello, Titular de Direito Administrativo da Pontifícia Universidade Católica de São Paulo e amigo de infância do Prof. Geraldo Ataliba, para saudá-lo nesta oportunidade. Tem a palavra o Prof. Celso Antônio Bandeira de Mello.

PROF. CELSO ANTÔNIO BANDEIRA DE MELLO — Excelentíssimo Sr. Presidente do Instituto Brasileiro de Direito Público e Empresarial, Prof. Aires Fernandino Barreto, eminentes Professores componentes desta Mesa, meus colegas: neste X Congresso Brasileiro de Direito Tributário está faltando um, ele que era o porta-estandarte, como diz a música. Falta o Prof. Geraldo Ataliba, figura ímpar de publicista, de homem público, de cidadão, figura ímpar como homem, como pessoa.

Muitas pessoas poderiam fazer a saudação do Prof. Geraldo Ataliba, e muito melhor do que eu, até porque dizem que a montanha deve ser vista de longe para se ter dela adequada perspectiva. É verdade que no caso de Ataliba não era bem assim; visto de perto ele era maior, muito maior do que visto de longe. Muitas pessoas estariam mais qualificadas do que eu para apresentar belamente uma saudação, uma homenagem a quem teve uma presença toda ela especial no Direito Brasileiro, neste mesmo Instituto e nos Congressos de Direito Tributário.

Ataliba foi um grande animador dos estudos jurídicos. Ataliba era dínamo. Ataliba tinha uma energia que parecia que nunca iria se findar, tão grande era. Fundou o IDEPE, foi quem lançou a idéia do Instituto Brasileiro de Direito Municipal, foi quem lançou a idéia do Instituto Brasileiro de Direito Administrativo. Ataliba inaugurou o novo sistema de ensino através dos cursos de especialização da PUC. O primeiro curso e a metodologia, que fez escola e fez escala, —

foi adotada até em outros países da América Latina — começou com Geraldo Ataliba. Era um homem excepcional.

Deveria talvez ter preparado por escrito uma homenagem a ele, já que recebi esta honraria dos queridos amigos do Instituto de Direito Público e Empresarial, de falar em nome de todos homenageando aquele que é o patrono de tantas e tão importantes realizações na esfera do Direito Público. Não o fiz, nem creio que estaria em condições de fazê-lo, pelo menos por muito tempo. A razão mesmo de me haverem convidado é fácil de saber-se: fomos amigos durante 49 anos, desde os 11 anos de idade. E dizer que fomos amigos era dizer pouco; fomos inseparáveis amigos, fomos fraternos amigos.

Uma amizade formada na infância, aquelas amizades que na verdade se constituem da maneira mais ingênua, mais desinteressada, mais pura e mais genuína, daquelas amizades que levam a que alguém veja, muitas vezes, no outro qualidades que não tem e méritos que não possui. Felizmente, no caso do Ataliba, todos os méritos que lhe são nacionalmente e internacionalmente reconhecidos ele os tinha de sobra, e muito maiores do que os conhecidos publicamente.

A idéia que dele fazem todos os que o conheceram era de um homem extremamente expansivo, extremamente alegre, extremamente cordial, extremamente bravo. É que Geraldo Ataliba tinha as suas emoções à flor da pele, tudo o que era superficial, inclusive as suas iras, aparecia na hora; tudo aquilo que era profundo ele jamais revelava. Foi o homem mais reservado que conheci em toda a minha vida.

É quase desnecessário dizer o que Ataliba fez pelo Direito Público brasileiro, mas eu vou, desnecessariamente, mas como uma lembrança, apresentá-lo do jeito que ele se apresentava, com o currículo resumido que ele mesmo fez.

Geraldo Ataliba, nascido aos 11.5.36, brasileiro, casado, advogado, inscrito na OAB-Seção de São Paulo sob o n. 11.096, escritório à Avenida Paulista 1.499, 5º andar, fone 288-5266.

- Professor Titular do Departamento de Filosofia e Teoria Geral do Direito da Universidade de São Paulo desde 1984, Chefe do Depart\amento de 1989 a 1993;

- Professor Titular de Direito Tributário da Faculdade de Direito da Pontifícia Universidade Católica de São Paulo desde 1974, Livre-docente desde 1968;

- Professor Adjunto do Departamento de Direito Econômico e Financeiro da Faculdade de Direito da Universidade de São Paulo desde 1974 e Livre-Docente desde 1964;

- Professor Coordenador da disciplina de Direito Tributário do Curso de Pós-Graduação;

- Doutorado e Mestrado da Faculdade de Direito da PUC de São Paulo desde 1973;

- Diretor da *Revista de Direito Público* editada pela Revista dos Tribunais desde 1967; posteriormente Diretor da *Revista Trimestral de Direito Público*, que sucedeu à *Revista de Direito Público*, editada pela Malheiros Editores;

- Reitor da Pontifícia Universidade Católica de São Paulo de 1972 a 1976;

- Membro do Conselho de Redação da *Revista de Derecho Financiero e Hacienda Pública* (de Direito Financeiro e Fazenda Pública) (em espanhol) editada pela Editorial de Derecho Financiero de Madrid desde 1974;

- Presidente do Instituto Internacional de Direito Público e Empresarial desde 1991. Diretor Acadêmico do mesmo Instituto desde 1967 a 1991;

- Diretor da *Revista de Direito Tributário* da Editora Revista dos Tribunais desde 1977, atualmente editada pela Malheiros Editores, desde 1993.

Livros publicados:

- *Noções de Direito Tributário*, 1963, Editora Revista dos Tribunais;

- *Natureza Jurídica da Contribuição de Melhoria*, 1964;

- *Sistema Constitucional Tributário Brasileiro*, 1968;

- *O Decreto-Lei na Constituição* 1967/68;

- *Apontamentos de Ciência das Finanças, Direito Financeiro e Tributário*, 1969;

- *Lei Complementar na Constituição*, 1971;

- *Hipótese de Incidência Tributária*, 1973, Editora Revista dos Tribunais, hoje em 5ª edição pela Malheiros Editores, e também editado pela *Fundación de Cultura Universitaria* de Montevidéu, Uruguai, 1974, pelo Instituto Peruano de Direito Tributário, Lima-Peru, 1987;

- *Empréstimos Públicos e seu Regime Jurídico*, 1973;

- *Estudos e Pareceres de Direito Tributário*, três volumes, 1978;

- *República e Constituição*, 1985.

Os seus artigos e pareceres foram publicados, entre outras, nas *Revista de Direito Público*, *Revista de Direito Tributário*, *Revista dos Tribunais*, *Revista de Direito Administrativo*, *Revista de Informação Legislativa* do Senado Federal, *Justitia*, *Revista da Procuradoria-Geral do Estado de São Paulo*, *Revista da Procuradoria-Geral do Estado do Rio Grande do Sul*, *Boletim do Interior*, *Revista de Direito Mercantil*, *Tribunal Fiscal del Estado*-México, *Boletín de la Direción General Impositiva* da Argentina, *Revista Forense*, *Revista de Direito Fiscal* da Argentina, *Revista do Advogado* da Associação dos Advogados de São Paulo, *Revista do Instituto Peruano de Direito Tributário*, *Direito e Prática Tributária*-Itália.

Assim, singelamente, se apresentava Geraldo Ataliba. Mas o que há por detrás disso tudo? O que essas palavras simples, o que essas nominações de alguns títulos de alguns trabalhos representam, a retaguarda que existiu por trás disso? O empenho, o estudo, a vibração, as angústias, os sofrimentos, as alegrias que se encontram por detrás de tudo isso? A história de uma vida.

Geraldo Ataliba era um homem singular, era uma pessoa ímpar.

Lembro-me de inúmeras passagens em nossa vida que revelam o quanto ele era audacioso, o quanto ele era valente e o quanto era confiante e esperançoso.

Eu me lembro, éramos dois meninos formados há pouquíssimo tempo; ele virou-se para mim e disse: "Vamos fundar uma revista de Direito Público". Eu digo: "Como, Ataliba? Você está louco? Como podemos nós, dois desconhecidos?" Ele acabara de prestar a sua livre-docência — "Lançar uma revista de Direito Público? Eu não me comprometo numa tarefa dessa envergadura". Ele disse: "Eu só peço que você concorde em participar comigo nisso. Deixe comigo". E assim, de um modo ousado, atrevido, quem sabe um tanto petulante, mas que refletia a sua capacidade criadora, surgiu (*falha na gravação*) com a ciência dele e com as relações inúmeras que ele fazia, por onde quer que andasse.

Ataliba era um homem especial. Muitos dos que aqui se encontram são amigos dele há tantos e tantos anos, há mais de 20 anos, certamente. Muitos dos que aqui se encontram conviveram com Ataliba e puderam apreciar as suas inúmeras qualidades. Como disse, seria inútil insistir quanto às suas qualidades de jurista, todo o mundo o sabe. No Direito Tributário a sua importância foi fundamental. Seu último livro, esta obra estupenda que é a *Hipótese de Incidência Tributária*, é uma lição de técnica jurídica, é uma preciosidade literalmente falando, um marco na história do Direito Tributário Brasileiro.

Geraldo Ataliba, mais do que ninguém, tinha consciência de que o Direito Tributário era um ramo do Direito Administrativo e que o Direito Administrativo não era senão uma aplicação *in concreto* do Direito Constitucional. Ataliba era um constitucionalista, acima de tudo, e nem gostava que o chamassem de tributarista. Ataliba era um constitucionalista acima de tudo.

Recordo-me que, ainda muito jovenzinhos, recém-formados, por razões pessoais, problemas de saúde e até uma contrariedade, ele resolveu abandonar o Direito. E efetivamente largou o escritório de advocacia onde estava e decidiu transformar-se em oleiro, decidiu ter uma olaria, junto com um amigo de infância nosso. Como oleiro ele não foi tão bem-sucedido. Fechada a olaria, ele ficou num compasso de espera, antes de decidir-se.

Recordo-me que, tendo sido assessor jurídico de uma fundação estadual, a Fundação de Amparo à Pesquisa do Estado de São Paulo, fui convidado para ocupar um lugar de Diretor Administrativo, mas condicionei a aceitação à escolha do assessor jurídico da Fundação, que assessoraria diretamente a mim. Telefonei para Valinhos, chácara que o Prof. Ataliba-pai tinha e onde passávamos todas as nossas férias na infância e no começo da juventude. Disse: "Ataliba, venha imediatamente, para amanhã você assumir o lugar de assessor jurídico da Fundação".

Na verdade, a partir desse momento nunca mais deixamos de ter um convívio jurídico, de parte o convívio da amizade que nos unia. Estávamos os dois no começo, estávamos os dois ainda perplexos, tentando deglutir bem o que havíamos aprendido na Faculdade, tentando assimilar, mas muito inconformados com o que havíamos aprendido.

A paixão dele era a Teoria do Estado e o Direito Constitucional, que coincidentemente era a mesma paixão minha. Era aquilo que discutíamos. Escrevíamos textos e passávamos um ao outro. E contraímos nessa época o excelente hábito de discutir sempre toda e qualquer questão jurídica que nos despertasse interesse ou que nos viesse, por uma razão concreta, para ser resolvida.

Esse hábito de debater, esse hábito de discutir, é que levaria ao longo de toda a vida a que Ataliba sempre organizasse seus empreendimentos. E o exemplo talvez mais típico eram seus cursos de especialização, onde as pessoas na mesa discutiam entre si, onde se considerava que o básico e fundamental era o debate e onde nenhum problema existiu, jamais, sem que as opiniões se confrontassem, e se confrontassem duramente.

Este método do debate, esse sistema da discussão, é que alimentou um constante desejo de aperfeiçoamento e de progresso. Esta consciência de que ninguém é dono da verdade, essa certeza de que os conhecimentos que se armazena, mesmo sobre os assuntos mais estudados, não terminam, e que nós sempre podemos estar errados, e que alguém sempre nos pode demonstrar numa discussão em quê falhamos e como nos corrigimos.

É claro que esta atitude só é possível para pessoas que têm a humildade intelectual verdadeira, que não é aquela feita das palavras convencionais e corteses de respeito à opinião de outros, mas aquela que existe dentro de nós. Geraldo Ataliba tinha isso. Talvez algumas pessoas possam dizer que não parecia; mas se havia alguém intelectualmente honesto, alguém humilde, alguém capaz de voltar atrás, era Geraldo Ataliba.

Não quero comentar, mormente perante publicistas, o trabalho do Ataliba. Seria desnecessário, totalmente desnecessário. Todos sabem que ele marcou o Direito Tributário Brasileiro. E eu diria que ele marcou o Direito Público Brasileiro, eu diria que o seu *República e Constituição* é uma obra-prima, é uma das grandes obras do Direito Público Brasileiro, e que ele escreveu num jato — de todos os seus livros, foi o que ele escreveu mais depressa. Muito depressa também dois outros: o primeiro deles, as suas anotações, os seus *Estudos e Pareceres de Direito Tributário*, e o próprio *Contribuição de Melhoria*. Mas o último deles, *República e Constituição*, Ataliba escreveu de um jato, mas já era o fruto de uma experiência longa, e nele havia muita coisa que ele escrevera para si próprio, e por isso pôde produzir uma obra madura, uma obra séria, mas ao mesmo tempo candente, cheia de vida, uma obra que é uma explosão de cidadania, e que bem marca toda a sua trajetória.

Como cidadão Ataliba foi um homem exemplar, mas talvez eu deva concluir lembrando Ataliba como homem. Como homem ele foi o indivíduo mais generoso que eu já conheci. Sua generosidade era espantosa, era surpreendente. Nunca teve o menor apego ao dinheiro, nunca! O dinheiro lhe servia para fazer o bem aos outros. Quantas vezes assisti a gestos de um desprendimento excepcional!

Um episódio que nunca mais esqueci, e que já outro dia relatei, dá uma boa medida de como era ele. Certa vez, voltando da Faculdade muito tarde, passou aqui junto ao Hospital das Clínicas, imediações do Hospital das Clínicas, que era o seu caminho, e viu uma senhora carregando no colo um bebê. Já era tarde da noite. Faz muitíssimos anos. Na época os horários dos ônibus eram muito espaçados. Essa história eu a soube no dia seguinte e de algum modo eu acompanhei depois. Ele perguntou a essa senhora o que fazia àquela hora da noite, numa noite fria, carregando um bebezinho. Ela lhe disse que a criança era tuberculosa, estava sob tratamento, mas ia de tempos em tempos ao hospital. Ataliba pegou essa senhora, levou-a até São Miguel, onde ela morava em um barraco miserável, e no dia seguinte, muito preocupado, muito abalado — havia visto um grupo grande de crianças miseráveis, o pai desempregado, infelizmente bêbado, que era o que se tornara —, Ataliba me disse: "Bandeira, nós temos que dar um jeito nisso, vai ser preciso construir uma casa para essa senhora". Era muito dele. Em primeiro lugar ele se empenhou em regularizar a situação desses loteamentos irregulares, malandramente feitos, e batalhou muito tempo para assegurar a propriedade dessa senhora sobre aquele loteamento. Na época trabalhávamos na Fundação de Amparo à Pesquisa. Ele perguntou ao servente, Sr. Teodomiro, já com mais de 30 anos: "O senhor sabe trabalhar como pedreiro?" "Claro, sei." "Então o senhor vai me ajudar." Aí, então, foi feita uma casa para esta senhora, para esta família. Mas não terminou aí. Ele nunca abandonou essa família; até morrer ele lhe deu assistência, já então às filhas. Pagava os estudos de uma que fez o curso universitário. E até aos netos deles.

Este é um caso. E ele era tão jovem quando fez isso! Mas eu nunca mais esqueci.

Ataliba era de uma generosidade espantosa, mas seguia o preceito bíblico à letra: "Não saiba uma das mãos aquilo que a outra faz". Ele fazia no silêncio, ele atendia a inúmeras pessoas. E atendia não apenas com dinheiro: com o seu tempo precioso, com a sua dedicação pessoal. Ataliba foi realmente um homem excepcional, um homem grande.

Ataliba, na linguagem de hoje, seria um *promoteur*, além de tudo. Ele era um lançador de eventos e era um promotor de pessoas. Foi o amigo de todos os seus amigos, o mais dedicado que alguém poderia ter. Ele promovia os conhecidos e amigos dele, ele divulgava os conhecidos e amigos. Ataliba não tinha aquilo que é tão comum nos meios universitários: a inveja, a mesquinhez. Se há um meio pequeno é o meio universitário, um meio medíocre. Ataliba não tinha isso.

Se ele tinha a notícia, a ciência de alguém que produzira um bom trabalho, um trabalho que o impressionasse, mesmo que ele não conhecesse esse alguém, ele conhecia o trabalho, ele divulgava o trabalho, ele procurava a pessoa e procurava promovê-la. Isto é uma coisa raríssima, é a coisa mais excepcional que existe nesse mundo e nesse meio, no meio acadêmico.

Ele dizia muitas vezes: "no nosso tempo de moços não era hábito os mais velhos darem a mão para os mais moços. Nós temos que fazer exatamente o contrário, nós temos que facilitar ao máximo que os jovens não só se aprimorem, mas encontrem o seu caminho". Ele era um grande promotor de pessoas, como foi um grande promotor de idéias.

Eu sou um que posso dizer que antes mesmo de publicar o meu primeiro livro já estava promovido em todos os cantos pelo Ataliba. Ao conhecer algum jurista de peso, ele já me conhecia, não por ter feito algo que merecesse conhecimento, mas porque o Ataliba já me havia divulgado, como se eu fora alguma coisa merecedora de tanta divulgação. Ele era assim.

Aparentemente era um intransigente, no fundo dele mesmo era indulgente; na hora "H" o coração dele não deixava que prevalecesse a intransigência, porque era uma pessoa profundamente humana. Isto é que é um homem grande. Um homem grande, pelo menos ao meu juízo, não é aquele que produz grandes livros, mas é aquele que, sendo capaz de produzir grandes livros, sendo capaz de pensar com a profundidade com que ele pensava, sendo capaz de realizar tudo aquilo que ele realizou, de ocupar as posições que ocupou, nem por isso perde o profundo senso de fraternidade com as demais pessoas.

Mas Ataliba nunca poderia ter realizado o que fez se não fora pela família que teve, nunca. Seja a família de origem, um casal maravilhoso como foram o Prof. Ataliba e D. Alexandra, seja a família que lhe deu suporte depois, ao longo da vida, Aninha, os meninos e a minha afilhadinha. Uma família pela qual Ataliba tinha um carinho infinito, imenso. Uma mulher que lhe deu um apoio, uma paz, uma retaguarda excepcional, em cima da qual o gordo descansava. Eu brincava com ele dizendo — e olhem que não era mentira, não: "se a Ana disser que essa parede que está aqui é preta, por todo o sempre essa parede virou preta". Bastava Ana dizer alguma coisa que ele tinha como verdade indestrutível.

Essa família maravilhosa que o Ataliba teve certamente contribuiu imensamente para que ele pudesse ser quem ele era, e até para que ele pudesse ter, como teve, num período da vida, uma vida social intensa. Ele gostava de convidar para a casa dele, e a Ana, pacientemente, recebia aquelas levas e levas, porque ele era muito festeiro.

Mas este homem na família, e sobretudo a personalidade dele, a meu ver, ninguém conseguiu captar tão bem e descrever tão bem como o Fernando, seu filho mais velho. Pouco depois de o Ataliba ter morrido, Fernando — reservado como o pai, certamente sopitava uma dor imensa — escreveu um texto onde extravasava um pouco as imagens do pai e a falta que o pai lhe fazia. O Fernando autorizou a que no livro em homenagem ao Ataliba, que vamos publicar, esta carta inicie tudo. Eu não vou ler a carta, mas vou ler um trecho dela, em que o Fernando conseguiu, em poucas palavras, dizer quem era o pai:

"Não podia ser modelo, já que era inimitável, mas sempre foi parâmetro. Se tentasse imitá-lo eu fatalmente me frustraria. Não nos parecíamos. Mas sempre foi minha maior referência de valores; importava-me ter sua aprovação e até conquistar sua admiração, mas nada disso era fácil. Quando me esmerava em convencê-lo de algo, sabia que estava discutindo com alguém extremamente racional, sensato, humano, e que teria tranqüila humildade em voltar atrás, se fosse necessário.

"Normal é um adjetivo que nunca coube ao meu pai. Afora a controvérsia em torno do conceito de normalidade, sei que quem o conheceu saberá do que estou falando. Não era normal sua ansiedade, não era normal sua generosidade, não era normal sua impaciência, não era normal sua dedicação, não era normal sua gana, não era normal seu bom humor, não era normal sua irritação, não era normal seu entusiasmo, não era normal sua implicância, não era normal sua fé. Era um homem exagerado em seus sentimentos e em suas paixões.

"Viveu intensamente. Seu coração não agüentou, como lembraram seus homenageadores póstumos. Esses falaram em furacão. De fato era um homem marcante, sua presença não passava desapercebida. Onde quer que estivesse atraía a atenção, com o seu jeito de furacão. Não se consegue esquecer uma pessoa dessas.

"Não consigo esquecê-lo, nem por um momento. Minha dor é minha suprema homenagem. Apesar de sentir-me muito pequeno perto de meu pai, meu sofrimento é tão grande quanto ele. Meu sofrimento é o reconhecimento máximo de sua vitória como pai, amigo, professor e ser humano. Meu sofrimento é tão grande quanto a falta que ele faz."

Ataliba faz falta. Faz falta para o Direito, faz falta para a sociedade brasileira, faz falta para a família, faz falta para os seus amigos, porque ele ocupava um espaço muito grande. Ele não gostaria que eu estivesse falando tanto, Ataliba gostava das coisas breves, das conferências breves, das aulas breves, dos discursos breves, das homenagens breves. E eu não estou fazendo nada disso.

Mas ele sabe que nós sempre fazemos as coisas diferentes. De onde ele estiver agora nos olhando, ele estará espantado de eu só ter feito elogios a ele. Ele estaria esperando que eu dissesse alguma coisa para provocá-lo, que eu fizesse alguma brincadeira, que eu fizesse alguma caçoada dele, só para que ele pudesse fazer duas vezes mais.

Assim era Geraldo Ataliba. (*Palmas prolongadas*)

PROF. AIRES BARRETO — Eu queria convidar a Profa. Rosoléa Miranda Folgosi para fazer uma homenagem simples, singela, à Sra. Ana Maria Ataliba, esposa do Prof. Geraldo Ataliba.

- É feita a homenagem. (*Palmas prolongadas*)

PROF. AIRES BARRETO — Quero convidar também o Prof. José Arthur Lima Gonçalves para entregar à Sra. Ana Maria Ataliba, esposa do eminente Prof. Geraldo Ataliba, uma placa em sua homenagem.

- É feita a homenagem. (*Palmas prolongadas*)

PROF. AIRES BARRETO — A cidade de São Paulo também prestou sua homenagem ao seu filho ilustre Geraldo Ataliba, atribuindo o seu nome a uma importante via no Município de São Paulo. Para a entrega simbólica dessa placa eu convido a Procuradora do Município, Dra. Antônia Aparecida Pereira.

- É feita a homenagem. (*Palmas prolongadas*)

PROF. AIRES BARRETO — Nós queremos expressar os nossos agradecimentos àquelas entidades e empresas que colaboraram no sentido da viabilização deste Congresso, sempre rendendo as suas homenagens ao Prof. Geraldo Ataliba. Foi em nome dele que elas colaboraram: Varig, Ford, Golden Cross, Malheiros Editores, IOB, Unisa, Dialética, Banco Itaú.

O Prof. Geraldo Ataliba, quando Presidente do IDEPE, pretendeu homenagear um rol de pessoas que, segundo a sua apreciação, segundo o seu julgamento sereno, tranqüilo e justo, mereciam receber homenagem do Instituto Internacional de Direito Público e Empresarial à época, hoje Instituto Geraldo Ataliba-Instituto Internacional de Direito Público e Empresarial. A demonstração inequívoca de que se tratava, como se trata, de uma homenagem sob o comando do Prof. Geraldo Ataliba, sob sua inspiração, sob sua iniciativa, é o fato de que se trata de certificados, de diplomas, que contam com a sua assinatura. Quis o Prof. Geraldo Ataliba homenagear com esse diploma de sócios honorários do hoje Instituto Geraldo Ataliba-Instituto Internacional de Direito Público e Empresarial-IDEPE os seguintes professores e doutores que aqui nomeio e que em seguida receberão, se estiverem presentes neste instante, os diplomas respectivos: Prof. Alcides Jorge Costa; Prof. Heron Arzua; Dr. Pedro Gordilho; Profa. e Juíza Lucia Valle Figueiredo; Prof. e Juiz Sebastião de Oliveira Lima, Presidente do Tribunal Federal da 3ª Região; Dr. Luiz Carlos Bettiol; Prof. Roque Carrazza, Titular de Direito Tributário da Pontifícia Universidade Católica de São Paulo; Profa. Diva Malerbi, Juíza do Tribunal Regional da 3ª Região e Professora da PUC; Prof. Célio Batalha, da PUC São Paulo; Prof. Fernando Albino de Oliveira, da USP; Prof. Sacha Calmon Navarro Coelho, da Universidade Federal de Minas Gerais; Prof. Souto Maior Borges, Professor Titular de Direito Tributário da Universidade de Pernambuco; Ministro do Supremo Tribunal Federal Francisco Rezek; e o Professor argentino que muito colaborou com os eventos do IDEPE, Prof. Héctor Villegas.

Não vejo aqui, neste instante, o Prof. Alcides Jorge Costa. Se estiver presente, convido-o para que venha receber o seu diploma do IDEPE. (*Pausa*)

Não sei se está presente o Dr. Pedro Gordilho. (*Pausa*) Peço ao eminente Prof. Celso Antônio Bandeira de Mello que faça a entrega do Certificado de Sócio Honorário à Profa. Lucia Valle Figueiredo.

- É feita a entrega. (*Palmas*)

PROF. AIRES BARRETO — Não sei se está presente neste instante o Juiz Sebastião de Oliveira Lima. (*Pausa*) O Dr. Luiz Carlos Bettiol. (*Pausa*) Peço ao Prof. Paulo de Barros Carvalho que faça a entrega do Diploma de Sócio Honorário do IDEPE ao Prof. Roque Carrazza.

- É feita a entrega. (*Palmas*)

PROF. AIRES BARRETO — Peço que o Eminente Prof. Ferreiro Lapatza proceda à entrega do Certificado à Profa. Diva Malerbi, também Juíza do 3º Tribunal Regional Federal.

- É feita a entrega. (*Palmas*)

PROF. AIRES BARRETO — Não sei se está presente o Prof. Célio Batalha. (*Pausa*) O Prof. Fernando Albino de Oliveira. (*Pausa*) Peço ao eminente Juiz do Tribunal Regional Federal da 3ª Região, Professor e Doutor Omar Cais, que faça, por gentileza, a entrega do Certificado ao Prof. Sacha Calmon Navarro Coelho.

- É feita a entrega. (*Palmas*)

PROF. AIRES BARRETO — Ainda uma vez quero me escusar pelas falhas cometidas pela ausência de indicação de tantos nomes ilustres que aqui compareceram para homenagear o Prof. Geraldo Ataliba. Tributem esta falha à minha emoção, ao meu descontrole, e perdoem-me por essa omissão, que não significa, de nenhuma forma, demérito, menosprezo, menoscabo a tão ilustres figuras que vejo aqui no auditório.

Quero convidá-los para a Mesa de Debates que será levada a efeito às 11h, tendo por tema Reforma tributária, Cláusulas pétreas, Sigilo bancário, ICMS nacional, Procedimento administrativo tributário, Projeto da União. Nessa oportunidade falarão sobre "Princípios constitucionais tributários" o Prof. Paulo de Barros Carvalho, sobre "Cláusulas pétreas" o Prof. Roque Carrazza, sobre "ICMS nacional, alterações" o Prof. Sacha Calmon Navarro Coelho, sobre "Princípio do contraditório e ampla defesa" o Prof. Eduardo Bottallo, sobre "Sigilo bancário" o Prof. Osiris Azevedo Lopes Filho. E no período da tarde teremos, então, a primeira conferência.

Quero agradecer a todos aqueles que compareceram a este evento trazendo o seu apoio, a sua solidariedade, a sua manifestação de apreço, consideração, afeto, carinho, para com o Prof. Geraldo Ataliba, o eterno dirigente do Instituto Geraldo Ataliba.

O IDEPE agradece muitíssimo a presença de todos e agradece sobremodo à família Ataliba e ao Prof. Celso Antônio Bandeira de Mello pelas palavras que proferiu em sua homenagem.

Muito obrigado a todos. Está encerrada a reunião. (*Palmas*)

MESA DE DEBATES (A) (23.10.96)

REFORMA TRIBUTÁRIA — CLÁUSULAS PÉTREAS — SIGILO BANCÁRIO — ICMS — PROCEDIMENTO ADMINISTRATIVO TRIBUTÁRIO — PROJETO DA UNIÃO

EDUARDO BOTTALLO
OSIRIS DE AZEVEDO LOPES FILHO
PAULO DE BARROS CARVALHO (Presidente da Mesa)
ROQUE CARRAZZA
SACHA CALMON NAVARRO COELHO

ANTEPROJETO DE CÓDIGO DE PROCESSO ADMINISTRATIVO TRIBUTÁRIO — Contraditório e ampla defesa. Ônus da prova. Anteprojeto e o CTN. REFORMA CONSTITUCIONAL TRIBUTÁRIA — Cláusulas pétreas. SIGILO BANCÁRIO — Inversão de ônus da prova. Federação. ICMS. INOVAÇÕES — Não-cumulatividade. Importações e exportações. Duplo ICMS. PRINCÍPIOS CONSTITUCIONAIS TRIBUTÁRIOS — Lei complementar. DEBATES — Sigilo bancário. Questões constitucionais no processo tributário. Código de Processo Administrativo Tributário. Crédito financeiro para bens de capital e bens de consumo. Imposto sobre consumo. Crédito financeiro amplo.

PROF. PAULO DE BARROS CARVALHO — Daremos início agora à Mesa de Debates-A, sobre Reforma tributária, Cláusulas pétreas, Sigilo bancário, ICMS, Procedimento administrativo tributário, Projeto da União. Compõem esta Mesa o Prof. Eduardo Bottallo, o Prof. Osiris de Azevedo Lopes Filho, o Prof. Roque Carrazza e o Prof. Sacha Calmon Navarro Coelho.

Passo imediatamente a palavra ao Prof. Eduardo Bottallo, que terá 15 minutos para a sua exposição.

ANTEPROJETO DE CÓDIGO DE PROCESSO ADMINISTRATIVO TRIBUTÁRIO

PROF. EDUARDO BOTALLO — Prof. Paulo de Barros Carvalho, Profs. Osiris, Sacha, Roque, meus Colegas, ainda presa da emoção pela comovente sessão inaugural deste X Congresso, eu vou tentar aproveitar o mais proficuamente possível o tempo que o Prof. Paulo me reservou para falar sobre um tema obviamente muito vasto para se comportar em tão pequeno espaço, o Anteprojeto de Código de Processo Administrativo Tributário, elaborado pelo Ministério da Fazenda, e que hoje está sendo objeto de debates e discussões, para a sua futura e eventual implementação.

É interessante que esse tema seja aqui aflorado porque em 1977 o Prof. Geraldo Ataliba juntamente com os Profs. Gustavo Miguez de Mello e Gilberto de Ulhôa Canto foram encarregados pelo Ministério da Fazenda de elaborar anteprojeto parecido, ou pelo menos com os mesmos propósitos do que agora está sendo debatido.

Esse trabalho, fruto de elaboração de eminentes juristas, se destacava por duas grandes virtudes.

A primeira era trazer para o processo administrativo tributário as garantias do contraditório e da ampla defesa. Isso pode parecer hoje óbvio, algo que não surpreende ninguém, até porque essas garantias foram estendidas ao processo administrativo tributário pela Constituição de 1988. O fato, entretanto, é que a proposta de organizar o contencioso administrativo segundo os princípios do devido processo legal foi feita numa época em que a Constituição efetivamente não homenageava tal tipo de raciocínio.

A segunda grande virtude do projeto era prever a materialização de idéia que já nos anos 40 o também grande tributarista, grande pioneiro do Direito Tributário Brasileiro, Prof. Rubens Gomes de Sousa preconizava, ou seja, a unificação entre o processo administrativo e o processo judicial em matéria tributária, ainda que parcial, para evitar problemas que hoje sentimos, e cujas conseqüências lamentamos, como a morosidade, a reiteração, a repetição de atos em sede judicial, daquilo que já havia sido feito na fase administrativa.

Então, a proposta de unificação atendia também a esse objetivo de simplificar, de assegurar uma celeridade maior no desenvolvimento das relações controvertidas em matéria tributária, seja na fase administrativa, seja na fase judicial, o que, evidentemente, vem ao encontro dos interesses tanto da Fazenda Pública como dos contribuintes.

Infelizmente essa proposta acabou adormecida nos escaninhos do Ministério da Fazenda, e o processo administrativo tributário da União, praticamente até 1994, foi disciplinado pelo Decreto 70.235, de 1972, elaborado em época de fechamento do regime, quando as relações entre o Estado e a sociedade eram marcadas pelo autoritarismo que se refletia em todos os campos, inclusive no processo administrativo tributário.

Só para ilustrar como repercutia no processo administrativo tributário esse ranço de autoritarismo, esse tratamento não-isonômico das partes, cito o art. 18 desse decreto, cujo parcialismo era tão gritante, era tão manifesto, que se transformava até em coisa engraçada, numa coisa hilariante.

O art. 18 tratava da prova pericial a ser realizada no âmbito do processo administrativo tributário. E, depois de esclarecer que essa prova somente seria deferida se, a critério da autoridade, a sua pertinência fosse reconhecida, completava: "Se deferido o pedido de perícia, a autoridade designará servidor como perito da União, para proceder, juntamente com o perito do sujeito passivo, ao exame requerido. Se as conclusões dos peritos forem divergentes, prevalecerá a que coincidir com o exame impugnado. Não havendo coincidência (*quer dizer, se as opiniões, seja do perito da União, seja do perito da parte, forem divergentes do exame impugnado, ou seja, da exigência fiscal*), a autoridade designará outro servidor para desempatar". Isso mostra que a prova, processualmente, já era induzida, no sentido de favorecer uma das partes, fazendo com que o processo administrativo perdesse o seu sentido e se transformasse numa formalidade onde, ao invés de permitir, com eqüidade, a discussão de uma relação jurídica controvertida, buscava-se, simplesmente, a confirmação do trabalho fiscal, banalizando o processo administrativo e, evidentemente, levando uma sobrecarga de trabalho muito forte para o Poder Judiciário.

Em fins de 1993 esse decreto foi parcialmente modificado e essa modificação trouxe certo arejamento ao processo administrativo da União, obviamente por inspiração da Constituição de 1988, mas ainda muito insatisfatório. De modo que a idéia de que o Governo Federal tem de consolidar essas normas todas, ou de congregá-las, digamos assim, num Código de Processo Administrativo Tributário, a meu ver, é salutar, da mesma forma como é salutar a proposta de fazer com que esse tema seja amplamente discutido pela sociedade, não ficando enclausurado apenas ao âmbito da própria Receita.

E vou me cingir a duas linhas de abordagem na apreciação desse projeto, destacando alguns dos seus pontos mais importantes.

A primeira linha é a da avaliação sobre como os princípios do contraditório e da ampla defesa são tratados no âmbito desse projeto.

A segunda, um confronto entre alguns dos seus preceitos em face do Código Tributário Nacional, porque, na verdade, a proposta do Ministério da Fazenda não se limita — embora o nome do anteprojeto seja "Código de Processo Administrativo Tributário" — a tratar de normas processuais, mas trata também de normas de direito material, e aí existem algumas dificuldades que eu vou procurar apontar.

Contraditório e ampla defesa

Quanto ao primeiro ponto, como os princípios do contraditório e da ampla defesa são tratados no Anteprojeto, eu gostaria de dizer que, do ponto de vista conceitual, a proposta, a meu ver acertadamente, faz uma distinção entre procedimento administrativo e processo administrativo tributário, reservando a primeira expressão, "procedimento administrativo tributário", para identificar as atividades de ofício da Administração Fazendária, as atividades não-contraditórias, que podem eventualmente culminar com o lançamento fiscal; enquanto que a expressão "processo judicial tributário" é empregada para definir a sede onde irá se solucionar uma relação jurídica tributária controvertida.

Com isso perde significado, pelo menos dogmaticamente, a discussão que, vez por outra, se propunha a respeito de saber se existe efetivamente "processo" na esfera administrativa, ou se se trataria apenas de procedimento. Aliás, a Constituição de 1988 já cuidara de afastar a polêmica, na medida em que determinou, expressamente, que o processo administrativo também fosse informado pelos princípios da ampla defesa e do contraditório.

Só que o projeto, a meu ver, não atende inteiramente ao espírito desses princípios porque em mais de uma passagem — aqui, para ganhar tempo, me poupo de citar os artigos em que isso se contém — limita a discussão das relações jurídicas tributárias ao nível legal e infralegal. E, mais do que isso, ele rejeita, repele, a discussão de questões de natureza constitucional, a não ser que se trate de teses já definitivamente solucionadas pelo Judiciário, o que, na verdade, pouco significa, porque, se são matérias já definitivamente julgadas pelo Judiciário, obviamente sobre elas nem deveria mais existir controvérsia.

E o projeto vai além, pois dele consta que, se o contribuinte impugnar o lançamento, alegando apenas matéria constitucional (inconstitucionalidade da lei ou do lançamento, diretamente), a impugnação será tida por inexistente e não acarretará a suspensão da exigibilidade do crédito tributário. Portanto, é mais que apenas não aceitar discussão de matéria constitucional, mas sim proibir tal discussão, o que não se compraz com as garantias do contraditório e da ampla defesa, que a Constituição de 1988 exigiu fossem observadas no âmbito do processo administrativo.

Nesse ponto o projeto de 1977, a que me referi, era muito mais afeiçoado a esses princípios, em época em que a Constituição nada dizia a respeito da sua aplicação ao processo administrativo. O art. 4º, ao estabelecer quais seriam os princípios informadores do processo administrativo tributário, dizia: "apreciação de todas as questões suscitadas à luz da Constituição, das leis, dos regulamentos e demais normas, segundo o seu grau de hierarquia". Então, aí, percebemos claramente o dedo do grande publicista Geraldo Ataliba, a assegurar não só a possibilidade de a Constituição ser invocada como matéria de defesa pelo contribuinte, mas também que a discussão dos lançamentos tributários fosse feita levando em conta a necessária hierarquia das leis — isso em 1977, época de um regime fechado.

Agora em 1996, quando vivemos época de abertura, em que as instituições democráticas devem ser prestigiadas e valorizadas, o projeto do Ministério da Fazenda fixa esta limitação, que, a meu ver, representa grande retrocesso, porque, na verdade, nada justifica limitar, restringir, a discussão das questões entre o Fisco e o contribuinte no sentido de fazer de conta que a Constituição não existe, como se o processo administrativo tributário vivesse num mundo à parte, num mundo não afetado pela Constituição.

Ônus da prova

Um outro ponto para o qual também chamo a atenção, nesse tema do contraditório e da ampla defesa, é o relativo ao ônus da prova. Nós sabemos que existem regras universais a respeito do ônus da prova. Ele cabe a quem acusa em matéria penal. Em matéria civil a regra é de que o autor da ação tem o ônus de provar os fatos constitutivos do seu direito, e o réu tem o ônus de provar os fatos modificativos ou extintivos do direito que contra si é oposto. Isso, mais do que regra processual, é corolário universal de Direito.

Ora, no Anteprojeto essa regra aparece de forma muito esquisita, assim: "O ônus da prova cabe a quem esta aproveita". Agora, isso resulta em redação realmente obscura, porque quem tem o proveito da prova? É a Fazenda, porque ela quer cobrar o tributo? Ou é o contribuinte, porque não quer pagar esse tributo? Então, gera-se grande ambigüidade, que pode levar a situações absolutamente estranhas, divorciadas das regras gerais de produção da prova, e a algo, também, que tem muito a ver com a higidez desses princípios do contraditório e da ampla defesa, até porque ainda subsiste eu não digo um tabu, mas um aforisma, que nem sempre é bem entendido, que é o referente à natureza "objetiva" da responsabilidade em matéria tributária, razão pela qual a Fazenda não teria responsabilidade de provar as suas pretensões, mas ao contribuinte caberia provar que essas pretensões não são procedentes; ou seja, coloca-se sobre as costas do contribuinte o encargo perverso de apresentar provas negativas.

Outra tônica que se destaca no contexto do Anteprojeto quando se trata de produção das provas é a potestatividade da Fazenda, quer dizer, o Anteprojeto não conseguiu se libertar do ranço de fazer com que a autoridade administrativa seja a "dona" da prova, que fique a critério dela. Em várias passagens esse critério é colocado de forma absolutamente discricionária: autorizar ou não a realização da prova, ou estabelecer os limites em que essa prova pode ser exercida.

O Anteprojeto faz referência expressa a determinados princípios informadores do processo, como respeito mútuo, lealdade e boa-fé, celeridade, simplicidade, economia, busca da verdade material; mas, curiosamente, ele não faz referência ao princípio da isonomia, do tratamento eqüitativo das partes. E também não faz referência a algo que deve ser ínsito, implícito a qualquer medida de solução de conflitos, que é o valor *justiça*.

Então, o que se percebe é que o Anteprojeto ainda revela temor em fazer com que o processo administrativo se renda inteiramente ao grande espectro dos princípios da ampla defesa e do contraditório, embora tenha lados muito positivos. Para exemplificar, dá grande importância ao direito de petição, gera responsabilidade para a Administração no que diz respeito à obediência desse direito. Cria maiores responsabilidades para a Fazenda Pública e para os seus agentes em um setor que hoje vem sendo usado até distorcidamente, que é a questão da representação penal. Prevê a possibilidade de haver tal representação para apuração de crimes de natureza tributária, mas estabelece que isso se faça segundo regras que revelam a necessidade de se agir com responsabilidade e não com leviandade. Trata, ainda, abrangentemente, do direito de compensação.

Enfim, são aspectos positivos, de certa forma neutralizados pela timidez com que o projeto busca acolher todas as conseqüências que emergem dos princípios do contraditório e da ampla defesa.

Anteprojeto e o CTN

O segundo ponto que brevemente destaco é o confronto entre algumas normas desse Anteprojeto e o Código Tributário Nacional. Enxergo, neste campo, alguns fatores de complicação, porque nós sabemos que o Código Tributário Nacional tem hierarquia de lei complementar, hoje até por força de previsão expressa da Constituição. E me parece que lei processual tributária não pode tratar de matérias contidas no campo das normas gerais de Direito Tributário.

Então, só para terminar, já que o tempo infelizmente se esgotou, há dois pontos nesse confronto que me parecem bastante suspeitos de inconstitucionalidade. O primeiro é que o projeto restringe o âmbito da denúncia espontânea em matéria fiscal. E também ele comete, a meu ver, um grande equívoco ao prever a possibilidade de responsabilidade por sucessão em matéria de penalidades, algo que contraria séculos de civilização.

Dada a exigüidade do tempo, encerro minha participação e agradeço a atenção de todos.

Muito obrigado. (*Palmas*)

PROF. PAULO DE BARROS CARVALHO — Agradeço a participação do Prof. Eduardo Bottallo até aqui e passo a palavra ao Prof. Roque Carrazza.

PROF. ROQUE CARRAZZA — Prof. Paulo de Barros Carvalho, Presidente, é uma grande honra, para mim, participar desse X Congresso Brasileiro de Direito Tributário, no qual está sendo prestada uma justa homenagem ao saudoso e inesquecível Prof. Geraldo Ataliba.

Quero também aproveitar a oportunidade para felicitar de público o eminente Prof. Aires Fernandino Barreto, Presidente do IDEPE, por mais este evento vitorioso.

Conforme anunciado, fui incumbido de falar-lhes sobre a "Reforma tributária e as cláusulas pétreas".

REFORMA CONSTITUCIONAL TRIBUTÁRIA

Indo logo ao ponto, começo por afirmar que sou contrário à reforma constitucional tributária. Penso, seguindo na trilha do Prof. Geraldo Ataliba, que o sistema tributário brasileiro é intrinsecamente bom. Para que ele funcionasse a contento bastaria que a Constituição fosse conhecida e bem cumprida, o que, infelizmente, não está acontecendo.

Mas, se a tributação vai mal, isso se dá não por culpa da Constituição; se dá, penso eu, por culpa de seus aplicadores, especialmente do Poder Legislativo, que não tem editado as leis que dariam operatividade ao nosso sistema tributário.

Vejam, os colegas: não é que eu seja contrário a uma reforma tributária. Sou contrário, sim, a uma reforma *constitucional* tributária. Venho me batendo por uma reforma tributária em nível legislativo, que daria cumprimento à Constituição, tornando mais justa e razoável a ação estatal de exigir tributos. Quando isso acontecer, facilmente veremos que não há necessidade de nenhuma reforma constitucional tributária.

É claro que, se forem necessárias algumas alterações tópicas na Carta Magna, elas podem ser feitas. Nada é perfeito neste mundo, nem mesmo nosso sistema constitucional tributário. Mas que sejam feitas com parcimônia, com mão avara, até, de modo a não atropelar cláusulas pétreas, máximas, e que veiculam direitos dos contribuintes e suas garantias.

O que o Governo Federal reluta em admitir é que o Congresso Nacional que aí está não se encontra investido do chamado *poder constituinte originário*, que lhe permitiria, este, sim, reformular a Constituição de fio a pavio, sem nenhuma peia, sem nenhum empeço. Não. O Congresso Nacional que aí está encontra-se investido do normal *poder constituinte derivado*. Ele pode emendar a Constituição, observados o *quorum* de reforma constitucional (três quintos dos congressistas), o sistema de votação bicameral e em dois turnos e, acima de tudo, as *cláusulas pétreas*, de pedra, irremovíveis por meio de emenda constitucional.

Afigura-se-me insofismável que para elaborar-se uma nova Constituição, ainda que só na parte tributária, seria preciso eleger, por sufrágio universal, direto e secreto, uma nova Assembléia Nacional Constituinte. Os atuais deputados federais e senadores, a meu ver, não têm poderes para operar a ruptura da ordem constitucional, alterando as vigas mestras, os alicerces, de nosso edifício jurídico. Eles podem, quando muito, sanar-lhe pequenos defeitos, por meio de emendas constitucionais, desde que não toquem, torno a repetir, nas *cláusulas pétreas*.

Cláusulas pétreas

Teorizando um pouco, a competência do Congresso Nacional para elaborar emendas constitucionais encontra limitações na própria Carta Magna. Vai daí que o poder constituinte do Congresso está subordinado à Constituição; por isso mesmo é chamado de poder constituinte derivado. Há limitações formais e materiais, expressas e implícitas, à competência congressual para votar emendas à Constituição. Essas limitações têm, entre nós, o nome técnico de *cláusulas pétreas*.

Não quero maçá-los com obviedades, mas as principais *cláusulas pétreas* encontram-se enumeradas no § 4º do art. 60 da Constituição: "Não será objeto de deliberação a proposta de emenda tendente a abolir a forma federativa de Estado, o voto direto, secreto, universal e periódico, a separação dos poderes, os direitos e garantias individuais".

Este rol, como querem os mais conspícuos constitucionalistas, é meramente exemplificativo. Existem outras *cláusulas pétreas* disseminadas pelo Texto Supremo.

Também são cláusulas pétreas as que desdobram as que acabam de ser referidas. Assim, exemplificando para melhor esclarecer, seria inconstitucional, por ofensa a *cláusula pétrea*, uma proposta que visasse a eliminar a competência tributária dos Estados-membros. Por quê? Porque, se essa emenda vingasse, os Estados-membros ficariam sem autonomia financeira, e a autonomia financeira é o pressuposto inafastável seja da autonomia política, seja, principalmente, da autonomia jurídica.

Aliás, a própria palavra "tendente", insculpida no precitado § 4º do art. 60 da Constituição, leva-nos a esta exegese.

Muito bem. Dentre as cláusulas pétreas figuram, sem dúvida, o princípio da estrita legalidade tributária, o princípio da anterioridade tributária, o princípio da segurança jurídica da tributação, o princípio da não-confiscatoriedade etc. Todos estes princípios protegem o contribuinte contra a sanha do Fisco, e é justamente a sanha, a avidez do Fisco, que está levando o Governo a mobilizar-se para aprovar a reforma constitucional tributária, custe o que custar.

Ninguém se iluda pensando que o Governo está se empenhando profundamente na reforma tributária pensando no bem-estar dos contribuintes, pensando em desonerá-los da carga tributária. Pelo contrário, o Governo quer a reforma tributária para aumentar sua arrecadação, isto é, a arrecadação federal, a arrecadação da União, ainda que em detrimento dos Estados-membros, dos Municípios e, obviamente, dos contribuintes.

Sabemos todos que desde agosto do ano passado tramita no Congresso Nacional uma proposta de reforma constitucional tributária. Se me fosse permitido sintetizar essa proposta em uma rápida frase, eu diria que ela se caracteriza por dois objetivos: o de constitucionalizar as incidências tributárias *e* o de desconstitucionalizar as garantias dos contribuintes.

Tem o objetivo de constitucionalizar as incidências tributárias porque aumenta as hipóteses de tributação. Por exemplo, pretende que os empréstimos compulsórios venham a ser criados por lei ordinária, a qualquer pretexto, ao contrário do que hoje ocorre. Os empréstimos compulsórios, sabem os amigos, hoje só podem ser criados por lei complementar e nas estreitíssimas hipóteses contempladas no art. 148, I e II, do Diploma Supremo.

E tem o objetivo de descontitucionalizar as garantias tributárias, já que permite, por exemplo, que outros tributos fiquem ao largo do princípio da anterioridade tributária. Se a idéia vingar, aumentará o rol de tributos que poderão ser arrecadados no mesmo exercício financeiro de sua instituição ou de seu aumento.

Ademais, o Governo Federal quer trazer para as hostes da União, digamos assim, a parte mais "suculenta" do ICMS, que é o tributo que maiores recursos gera às pessoas políticas. O Governo Federal, como outro dia dizia jocosamente o Prof. Heron Arzua, quer que a União fique com o *ICM*, deixando para os Estados o *S*. E é isso, penso eu, que, pelo menos por ora, está inviabilizando a reforma constitucional tributária.

Com efeito, a *reforma* será votada pelos senadores e pelos deputados federais. Ora, os senadores e os deputados federais, antes de serem legisladores da Nação, são representantes dos seus Estados e, no caso dos deputados federais, são, na prática, representantes também dos seus Municípios. Embora não tenhamos entre nós o voto distrital, é comum no jargão político dizer-se: fulano de tal é o deputado da região de Sorocaba. Eu falo Sorocaba porque, no último fim-de-semana, alguém me dizia: o Município de Sorocaba elege três deputados federais. Tecnicamente não é assim: os deputados são representantes do povo paulista na Câmara Federal. Mas, politicamente, esses três deputados estão mais ligados ao povo sorocabano do que ao povo do Estado de São Paulo.

Pois bem, os senadores e os deputados federais dificilmente aprovarão uma emenda constitucional que venha em detrimento dos Estados e, por extensão, dos Municípios. Explico-me melhor: conquanto o ICMS seja um imposto de competência estadual, os Municípios partilham do produto da arrecadação desse imposto, por força da regra financeira veiculada no art. 158, IV, da Constituição Federal.

De forma que esta "cobiça" da União em ficar com uma parte do ICMS — assunto sobre o qual falará dentro de instantes o Prof. Sacha Calmon Navarro Coelho — está, pelo menos por ora, adiando a reforma constitucional tributária. Mas isto não me causa a menor mossa, como há pouco referi.

Mas vamos admitir que a reforma constitucional tributária seja inevitável. Que a maioria dos parlamentares se mostre sensível à "política franciscana" do Governo do "é dando que se recebe" e a reforma efetivamente aconteça. Que dizer a respeito?

Em síntese, o seguinte: uma reforma tributária séria deve passar necessariamente pelo fortalecimento dos Estados e dos Municípios; especialmente dos Municípios. Já se disse que o indivíduo, antes de morar no País ou no Estado, mora no Município. O primeiro contato que ele tem com o Poder Público dá-se por intermédio do Município; é ali que residem seus familiares, seus vizinhos, seus amigos; é ali que estão a escola, a igreja, o hospital, o clube, a agremiação desportiva, o cemitério onde se encontram sepultados os seus entes queridos. O Município é realmente, como ensinava Rui Barbosa, a célula-*mater* da sociedade.

Por isso mesmo estou sempre mais convencido de que a reforma tributária, se vier, deve passar pelo fortalecimento dos Municípios.

Mas não é isso o que vejo. Não, pelo menos, na proposta de reforma constitucional tributária que ora tramita no Congresso Nacional. Assim, vamos lutar, cada um com as armas de que dispõe, para que os Municípios não sucumbam mais à míngua, mas, pelo contrário, tenham meios próprios de sobrevivência.

Uma distribuição mais racional das receitas tributárias ajudará a alcançar esta meta.

Afinal, como referi *en passant*, há poucos minutos, a autonomia financeira é o pressuposto inafastável das tão almejadas autonomia política e autonomia jurídica. É isso que todos nós desejamos e era isso que desejava o grande Prof. Geraldo Ataliba, que foi, sem dúvida, o grande campeão da causa do municipalismo em nosso País.

Mas se, eventualmente, o Congresso Nacional marchar dócil na alheta do Governo e aprovar uma reforma tributária que agrida *cláusulas pétreas*, eu tenho certeza de que poderemos confiar no Supremo Tribunal Federal. O Pretório Excelso certamente fulminará, por inconstitucionais, emendas que tiverem vergastado *cláusulas pétreas*. Mais do que uma esperança, esta é uma certeza.

Eis aí, Sr. Presidente, Prof. Paulo de Barros Carvalho, as idéias que, num primeiro momento, submeto à douta apreciação deste egrégio Plenário. Muito obrigado. (*Palmas*)

PROF. PAULO DE BARROS CARVALHO — Agradeço a participação do Prof. Roque Carrazza e passo, imediatamente, a palavra ao Prof. Osiris de Azevedo Lopes Filho.

SIGILO BANCÁRIO

PROF. OSIRIS DE AZEVEDO LOPES FILHO — Professor Paulo, componentes da Mesa, meus senhores e minhas senhoras, acho me que dão esse tema de sigilo fiscal porque eu já fui funcionário do Fisco, então sou condenado a trabalhar em torno dele.

Mas, em homenagem ao Ataliba, que foi não só um municipalista, mas um defensor da Federação, é de se lembrar a redação dada nessa proposta de emenda constitucional do Governo com relação ao sigilo fiscal. Diz o seguinte: "A autoridade federal da Administração Tributária federal poderá requisitar os dados financeiros (...)".

Ora, é a maior demonstração de menosprezo da tecnocracia brasiliense à idéia de Federação. Por que só a autoridade federal? A do ICMS, para descobrir uma omissão de receita da empresa, utilizaria também os dados financeiros e bancários dos contribuintes, e no Município também, no ISS, porque pega uma área de controle volátil, que é a prestação de serviços.

Mas a tecnocracia brasiliense conta com a família Carneiro — uma família que eu tenho descoberto dentro do Congresso —, uma família que vai aumentando por adoção; é uma família dócil, gosta de agrados e presentes do Executivo. Em função disso, uma só, franciscana, como foi mencionada, é comutativa, faz as trocas, ganha nomeação dos cargos, consegue recursos para ponte, para creche, e vota a favor do Governo.

Então, a questão do sigilo bancário, na minha opinião, tem que ser discutida com toda a sociedade, porque há duas teses bem marcantes: uma tese liberal, que quer inviabilizar qualquer possibilidade de controle por parte do Fisco sobre a privacidade, a intimidade financeira do contribuinte; uma outra, uma ilusão do Fisco, que eu ouvi muitas vezes falarem para o Ministro da Fazenda, de que, no dia em que acabar o sigilo bancário, e que o funcionário do Fisco possa entrar na conta corrente do evasor, acaba a evasão no País.

Inversão do ônus da prova

Não é essa a realidade. Primeiro, agora, no projeto que foi encaminhado de nova disciplinação do imposto de renda, se cria, Prof. Bottallo, a maior inversão do ônus da prova que eu já vi; se o Fisco, pelo que está redigido nesse projeto, constatar na conta corrente bancária valores acima de mil reais, o contribuinte tem que justificar com elementos hábeis e idôneos a procedência daquele recurso. Ora, é só imaginar a sociedade brasileira, em que ninguém faz registro da sua movimentação bancária, o poder que vai ser concedido ao Fisco se não houver emendas, porque a família Carneiro atende a todas as necessidades de produção de normas do Executivo.

Quer dizer, essa é a grande ameaça que já está pairando, porque o projeto de reforma do imposto de renda já foi entregue ao Congresso e poderá ser editado rapidamente. Acredito que vá ser aprovado ainda este ano. E aí fica, na minha opinião, comprovada uma coisa que está ocorrendo: o projeto de reforma constitucional tributária é essencialmente um "boi-de-piranha", porque a reforma está sendo realizada ora por por medida provisória, ora por lei complementar. A autonomia dos Estados, a autonomia dos Municípios, já foi alcançada com o projeto de lei complementar do ICMS.

Federação

Um dos exemplos mais incríveis de oportunismo político e de "picaretagem" foi o do autor desse projeto, o Dep. paulista Antônio Kandir, eleito por alguns dos senhores, numa entrevista, falando sobre o projeto que ele tinha "negociado" — e negociou realmente, financeiramente; comprou a autonomia dos Estados, dos Secretários de Fazenda dos Estados —, onde dizia o seguinte: demos isenção para os bens de capital, demos isenção para as exportações de produtos primários semi-elaborados.

Eu, que tinha lido o projeto, fiz mais uma conferência, porque, se o autor diz que deu isenção a produtos primários e semi-elaborados exportados e isenção nas aquisições das empresas de bens de capital, devia estar em algum artigo. Eu li aquilo tudo e verifiquei o seguinte: foi dada não-incidência do ICMS nas exportações de primários e elaborados e foi dado crédito para os bens que vão compor o ativo fixo da empresa, principalmente os bens de uso e os bens de capital.

Quer dizer, foi de um primarismo, de um toma-lá-dá-cá; a destruição da Federação do Brasil já está consagrada no novo projeto do ICMS. E abusos sem limites. Por exemplo, se um amante todo dia mandar flores para a sua amada, vai ser considerado contribuinte do ICMS, porque pratica com habitualidade a circulação de mercadorias. (*Risos*)

Agora, pelo computador, se compram bens pela Internet. Se um paulista, aqui, comprar uma lata de graxa no Rio de Janeiro, ele passa a ser estabelecimento contribuinte, por ter adquirido lubrificante, desde que adquirido interestadualmente; e o adquirente de uma geladeira numa firma que termina não pagando o imposto correspondente a essa geladeira vira substituto tributário. Todos nós que adquirimos bens numa empresa que não pague corretamente o tributo, pelos termos dessa nova lei do ICMS, podemos virar contribuintes do ICMS, como substitutos tributários, tal a amplitude da sujeição passiva.

Mas o que eu queria dizer, invadindo um pouco o tema do Prof. Sacha, é que, realmente, quando a União renuncia ao IPI e faz a fusão híbrida do ICMS federal com o estadual, ela liquida definitivamente a Federação e coloca nas mãos da tecnocracia brasiliense o mais importante imposto existente no País, que é o ICMS, que afeta a vida de todo mundo, porque todo mundo é consumidor de alguma coisa e, portanto, assume a carga tributária, seja do industrial, do comerciante ou dos prestadores de serviços de comunicação e transporte. Então, é o imposto mais importante.

A União, quando renuncia ao IPI que incide sobre produtos industrializados, começa a ganhar novos campos de tributação: produto do reino animal, do reino vegetal, do reino mineral, os combustíveis, a energia elétrica, e os dois serviços mais importantes na sociedade moderna, transporte e comunicação. Então, amplia-se desmesuradamente o poder de a União utilizar o tributo como instrumento de política econômica.

Como é que podemos resolver isso? Não é fazendo apelos idílicos à sociedade civil, mas evoluindo na nossa concepção democrática. Está certo, nós elegemos os nossos representantes, eles chegam lá como titulares da representação dos seus eleitores, seja no Executivo, seja no Legislativo. Mas é importante que durante o desempenho do seu mandato eles tenham, efetivamente, legitimidade.

Como é que eles vão ter legitimidade? Correspondendo aos interesses da população que os elegeu, e não correspondendo — como está ocorrendo agora — aos apetites de perpetuação do poder que animam o Executivo Federal no momento.

É importante que o País seja efetivamente democrático, e a democracia vai se dar quando os titulares do poder efetivamente estiverem legitimados, correspondendo aos interesses da população, e não aos interesses eventuais do Governo e de abertura do País, desmesurada e desprotegida, ao capital estrangeiro.

Muito obrigado. (*Palmas*)

PROF. PAULO DE BARROS CARVALHO — Agradeço as palavras do Prof. Osiris de Azevedo Lopes Filho e passo a palavra ao Prof. Sacha Calmon Navarro Coelho.

ICMS. INOVAÇÕES

PROF. SACHA CALMON NAVARRO COELHO — Senhor Presidente, homenageando a vossa pessoa, homenageio os restantes partícipes dessa Mesa e entro logo a tratar do tema que me foi concedido, que é "ICMS. Inovações".

Mais uma vez quero reafirmar com ênfase, na esteira de Aliomar Baleeiro — que não descurava da ciência das finanças aos estudar tributação —, que o ICMS é, conceitualmente, um imposto sobre consumo. Na verdade, a tributação busca três alvos com grande apetite: a renda ganha, a renda gasta em consumo e o patrimônio.

Pois bem, o ICMS é um imposto sobre o consumo. Os impostos sobre o consumo, ao longo do tempo, ou coexistindo ao mesmo tempo, apresentam três formulações básicas. E me valho, Sr. Presidente, mais uma vez de um ilustre conterrâneo do seu ilustre time, Prof. Barros Carvalho, por Pernambuco, que foi Josué de Castro. A certa altura, Josué de Castro — autor de *Geopolítica da Fome* e de *Geografia da Fome*, dois livros que precisam ser resgatados pela cidadania brasileira, quando não à memória desse grande escritor e sociólogo brasileiro — cunhou esta frase: "a coexistência do não-coetâneo" em termos sociológicos, a coexistência; do avião a jato com o carro de boi, que marca a sociedade brasileira, essa mistura do moderno e do arcaico.

Talvez essa frase sirva também em matéria de tributação. Os impostos sobre o consumo, coexistindo ou não, sucedendo-se no tempo ou coexistindo ao mesmo tempo, apresentam três formulações básicas: o imposto sobre vendas a varejo final, monofásico, tipo *sale tax*, até hoje utilizado nos EUA; o imposto sobre vendas, porém cumulativo, como era o nosso IVC-Imposto sobre Vendas e Consignações; e, finalmente, o imposto não-cumulativo sobre o valor adicionado, que atinge todo o processo de circulação, empurrando a carga fiscal finalmente, na sua última etapa, para os braços e os bolsos dos consumidores.

O ICMS, não há como negar, é da genealogia dos IVAs; vem do exemplo francês, logo disseminado por toda a Europa. Mas não é bem um IVA por várias razões, embora seja da genealogia dos IVAs. Vou destacar algumas distorções do nosso "IVA".

Não-cumulatividade

De passagem, eu quero dizer que todo imposto não-cumulativo só faz sentido — porque este é um princípio técnico — se for para servir a um modelo de tributação sobre o consumo que tenha no valor adicionado seu norte. Não faz sentido falar em não-cumulatividade se não estivermos pensando no valor adicionado, pois ela é a técnica que permite aproveitar o imposto pago na etapa anterior para deduzi-lo do imposto a pagar na operação posterior. Só há não-cumulatividade nos impostos plurifásicos sobre a circulação de bens e serviços.

Portanto, visa a servir ao imposto plurifásico sobre consumo, baseado no valor adicionado, em que os agentes econômicos apenas antecipam o pagamento, ou parte dele, e repassam a carga tributária até o consumo final.

Ora, é uma das características dos IVAs serem amplos. Em Estados europeus ele apanha as atividades dos profissionais, a atividade imobiliária, os serviços agregados ao processo produtivo. Entre nós não; o IVA é restrito, ou, melhor, é explodido, é repartido numa multiplicidade de outros impostos, notadamente ICMS, IPI, ISS, e outros cumulativos, que agridem o faturamento, como COFINS e PIS.

É característica do IVA no Brasil ser restrito ao invés de amplo, como na Europa. E, o que é mais, o IVA no Brasil compõe uma miríade de impostos.

É característica do IVA ser neutro, um imposto que não admite a extrafiscalidade, porque é incompatível com ela. A mirada é o consumo; portanto, não se pode desonerar as etapas intermediárias do processo de circulação, porque se está atingindo não o consumidor final, mas o agente repassador, o serviçal do imposto.

Entre nós o ICMS é um formidando imposto extrafiscal, que serve para todas as finalidades, gerando guerra fiscal entre os Estados.

É característica do IVA ou dos IVAs um crédito amplo. Tudo o que entrar no processo de produção e circulação, de maneira direta e indireta, é aproveitado como crédito, para que o imposto seja realmente não-cumulativo. Entre nós, criamos a ideologia do crédito físico super-restritivo, o que torna o ICMS — ou o tornava até há pouco tempo — extremamente cumulativo.

É da característica dos IVAs a unicidade das alíquotas. No Brasil nós temos uma pluralidade de alíquotas, não apenas nas operações internas, interestaduais, de exportação, mas numa série de operações especiais, tornando o imposto uma babel organizacional.

A seletividade do ICMS se faz por faixas. Hoje está reduzida a duas na Europa. Produtos essenciais, menor tributação, e o comum. A alíquota incrementada para produtos de luxo nem mais existe; eram três as faixas.

Ora, no Brasil, como eu disse, nós temos uma multiplicidade de regimes quanto à base de cálculo e alíquotas verdadeiramente estonteante, que "bagunça" inteiramente, babeliza a racionalidade do imposto.

Não se discute na Europa que o imposto deve pertencer integralmente ao ente tributante do domicílio do consumidor. É o que se pratica na CEE. E se passar para o princípio da origem, cobrança na origem, não é para ficar com o imposto, é para recolhê-lo com maior eficiência e repassá-lo integralmente ao Estado de destino. Não discute nenhum autor europeu que, por se tratar de um imposto de consumo, pertence ao local, ao Estado onde está situado ou domiciliado o consumidor final.

Ora, entre nós temos exemplo único no mundo: o ICMS com alíquota dividida. Reparte-se a produtividade do imposto entre o Estado da origem da circulação e o do destino da circulação, por características tipicamente nossas.

Em termos competenciais é característica do IVA pertencer ao Governo central, quando o Estado é federado, ou ao Estado, quando ele é unitário. Onde houver um Estado federal como Argentina, Alemanha, Áustria, Suíça, o imposto não é do Cantão, não é do *Lander*, não é da Província, não é, enfim, do Estado-membro; é da União Federal. Entre nós, não: o imposto é e será definitivamente do Estado-membro, por circunstâncias históricas inamovíveis.

Ora bem, com todas essas distorções, o ICMS há de ser reformulado; e há um projeto de reforma do Governo, com defeitos e virtudes, em tramitação no Congresso Nacional, para atrair para o ICMS as características mais típicas do IVA ou dos IVAs (impostos sobre valor adicionado).

Importações e exportações

Mas algumas dessas inovações ou correções já foram atingidas pela Lei Kandir. Assim, há desoneração total das exportações, que já veio tarde. Realmente, é princípio do IVA tributar todas as importações e desonerar todas as exportações. Todas as importações são oneradas; todas as exportações são liberadas. Fez muito bem em desonerar as exportações, não só de produtos industrializados, como de produtos semi-elaborados, como de produtos primários.

Não faz nenhum sentido tributar a exportação, até porque o consumidor se põe fora das nossas fronteiras. É conceitualmente certo e economicamente conveniente, porque não se tributa exportações até por uma questão de competitividade.

Quando me disserem que alguns produtos semi-elaborados e primários não precisam dessa desoneração, eu direi: não é que precisem ou não; é necessário. Se por acaso um produto primário tiver folga de competitividade, por que não cobrar dele imposto de exportação? Se o óleo de soja está oferecendo um valor muito grande no mercado externo em comparação com o mercado interno, para não haver desabastecimento aumente-se a alíquota do imposto de exportação.

Os impostos de barreira, exportação e importação, são exatamente adequados para regular o comércio internacional. O que não cabe é o imposto sobre consumo gravar as exportações, isso realmente não faz sentido, nem glosar o crédito das operações anteriores. Isso a Lei Kandir alcançou com muito êxito. Também a ampliação do direito de crédito, não só desonerando a aquisição de bens para o ativo fixo, ou, melhor, tributando-as, mas concedendo crédito ao adquirente — o que, de passagem, favorece muito a indústria de base sediada em São Paulo, à custa das outras unidades da Federação —, como também material para uso e consumo do estabelecimento, bem como insumos indiretos como energia, transportes, combustíveis. Enfim, acabou-se aquele conceito maluco de produtos semi-elaborados ou de se saber se o produto se integra ou não no *output* no processo de fabricação (*falha na gravação*). Acabou tudo isso! Tudo o que for necessário direta e indiretamente à produção gera crédito, está acabado, é assim que deve ser. Simplificou-se extraordinariamente, tornou-se mais não-cumulativo o ICMS.

Faltou, é claro, extrair da base de cálculo o valor os impostos. Os impostos deviam gerar é crédito, os impostos incidentes sobre a produção deveriam gerar crédito, porque é uma despesa que se tem para produzir ou comercializar. No entanto, isso não foi feito. Aliás, isso é uma inconstitucionalidade, porque a Constituição indica o fato gerador e não manda incluir despesa de impostos outros nesse fato gerador.

No Brasil virou mania, imposto entra dentro de outro, é um cipoal. Paga-se o imposto e ele entra na base de cálculo do outro. E assim vai. Quer dizer, é um aumento abusivo do imposto por um falseamento da sua base de cálculo e, conseqüentemente, do seu fato gerador, da hipótese de incidência constitucionalmente predicada.

Eu acho que a Lei Kandir tem mais defeitos do que virtudes, porque na parte da substituição tributária comete verdadeiras heresias, além de outras. Mas, quanto à desoneração das exportações e à ampliação do direito de crédito, agiu bem o Congresso Nacional. A família Carneiro aí, a meu ver, acho que favoreceu a comunidade dos contribuintes, nesses dois pontos. Faço o encômio desses dois pontos — deixo de lado a crítica dos outros aspectos, porque não é esse o momento adequado para encetar as críticas devidas a esse anteprojeto que vai nos dar muito pano para manga.

Duplo ICMS

Mas sobrou alguma coisa? Sobrou. Ainda é preciso fazermos duas coisas: talvez uma já baste, mas para fazê-la precisamos da outra, que é o duplo ICMS, inaugurando a competência concorrente dos Estados e da União para cobrar o imposto amplo sobre circulação, acabando-se com o IPI, que é um imposto lusitano, arcaico, sobre produção. O importante é que a carga fiscal não aumente muito ou aumente no máximo um ponto percentual sobre o consumo.

Essa idéia do duplo ICMS é realmente interessante para acomodar um imposto sobre valor adicionado na moldura política e jurídica de uma Federação. De fato, se nós instituirmos o princípio do destino, cada Estado só cobrará ICMS sobre o consumo havido no seu território político. O consumo do Piauí gerará o ICMS do Piauí, o consumo de São Paulo gerará o ICMS de São Paulo. Entre os Estados não haverá tributação.

No entanto, a alíquota federal servirá paulatinamente para sairmos do sistema atual de repartição do produto da arrecadação para um sistema da arrecadação em favor do Estado de destino, já que a Câmara de Compensação está na reforma apenas como enfeite.

Na verdade, pela palavra do Ministro Jobim, o que se quer é o seguinte: nas operações internas a tributação e a alíquota são únicas; nas operações para o Exterior não há tributação; e nas operações interestaduais desonera-se o produto na saída e onera-se na entrada do Estado-membro para onde foi remetida a mercadoria. Não é que não vai ser cobrado na operação interestadual, é cobrado pelo Estado do destino; mas, como fica muito difícil o Estado do destino cobrar, se tivermos uma alíquota federal — em tema federal não há operação interestadual, porque o limite político da União coincide com os limites geográficos e políticos da Nação brasileira —, acresce-se à alíquota federal um montante paulatino cabente ao Estado de destino. E através desse "carrinho" o imposto cobrado em São Paulo é carreado para o Estado do Piauí, digamos, pela venda de um automóvel que vai ser revendido naquele Estado.

Acho uma fórmula extremamente adequada para realmente praticarmos uma tributação moderna sobre o consumo; e, pelo que sei, pelo que tenho conversado com a maioria dos Secretários de Fazenda dos Estados-membros, apenas dois Estados alegam perdas prováveis com esse sistema, o que é lamentável. Talvez não houvesse tanta perda no Estado de São Paulo, e, surpreendentemente, o Estado de Santa Catarina se diz perdedor. Nem Minas, nem Bahia, nem Paraná, nem Rio Grande do Sul, nenhum desses Estados perderia com essa inovação. A União ganharia alguma coisa em termos de receita e em termos de efetividade.

Acho que devemos ser críticos, pensar no interesse maior da Nação, combater o carreirismo e os governos que se degeneram, lutar bravamente em defesa dos direitos dos contribuintes. Mas não podemos satanizar toda evolução ou toda modificação legislativa. Vamos pensar até que ponto isto é bom ou é ruim para a Nação.

É com esse convite que eu encerro a minha fala sobre o assunto. Muito obrigado. (*Palmas*)

PROF. PAULO DE BARROS CARVALHO — Muito bem, Prof. Sacha. Agradeço a participação do ilustre Professor.

PRINCÍPIOS CONSTITUCIONAIS TRIBUTÁRIOS

Senhores Professores, senhores participantes deste X Congresso Brasileiro de Direito Tributário, eu não gostaria de cansar o auditório com o tema "Princípios constitucionais tributários", já que vários tópicos desse tema foram levantados e foram muito bem explorados pelos expositores que me antecederam.

Gostaria de fazer três comentários rápidos e dizer alguma coisa sobre uma tese do Prof. Geraldo Ataliba a respeito de princípios constitucionais tributários.

O primeiro é o seguinte: eu consultava o Prof. Osiris se o Sen. Nelson Carneiro pertencia à grande família Carneiro e ele esclareceu que não. (*Risos*)

Outra coisa: em congressos internacionais sempre notei uma curiosidade muito grande de representantes de outros países em relação ao funcionamento do nosso ICMS. Eles perguntavam exatamente isso: como, não sendo do poder central ou não sendo do Estado Federal, pode funcionar esse imposto? Todos demonstravam uma curiosidade muito grande.

Eu comecei a pensar verdadeiramente qual seria a base empírica que viria a permitir esse bom funcionamento. Ninguém pode negar que o ICMS foi subindo, subindo, e hoje é a maior fonte de receita tributária do País. E vi que uma grande responsabilidade por esse incremento de receita, por esse crescimento do ICMS, foi dos mal-falados convênios. Graças aos convênios que foi possível esse convívio, essa coexistência entre várias entidades tributantes, operando com o mesmo tipo tributário.

Evidentemente, quando nós criticamos os convênios, eu, ao menos, sempre o fiz pela circunstância de que os convênios não eram submetidos, como não são submetidos na quase-totalidade dos Estados, à apreciação do Poder Legislativo e das unidades federadas. É nesse sentido, somente.

Mas temos de convir que os convênios prestaram relevantíssimos serviços; graças a esses convênios é que foi obtida essa possibilidade de integração e que o ICMS atingiu os pontos positivos que foram aqui registrados.

PROF. OSIRIS DE AZEVEDO LOPES FILHO — Santa Catarina é um recorde, acho que devia entrar no livro *Guiness*. Graças aos convênios de ICMS o Brasil bateu um recorde. Santa Catarina mediu entre 1989 e 1993 as modificações realizadas no ICMS e utilizou para isso, a medição, o ano-calendário. Então, o ICMS, graças à produção legislativa dos convênios do ICMS feitos pelo Secretário da Fazenda, teve 1,2 alterações por dia. Quer dizer, é a maior produção legislativa existente, é a maior usurpação e a destruição efetiva da Federação brasileira.

Acho que temos de raciocinar em termos do interesse nacional. Por exemplo, o Prof. Paulo de Barros Carvalho mencionou que os estrangeiros, principalmente os europeus, ficaram espantados: como é que o ICMS aqui no Brasil era um tributo não da União, mas dos Estados? Ora, se se imaginar a União Européia como um conjunto de Estados, tem-se a mesma divisão do poder tributário. Quer dizer, há uma série de coisas que foram incutidas na nossa cabeça.

Por exemplo, eu ouvi o Prof. Sacha falar o seguinte: não se deve exportar tributo. Ora, o sonho de qualquer país é exportar tributo, se isso for possível. Seria um paraíso conseguir que a carga tributária do país fosse absorvida pelo consumidor no Estrangeiro, mas conseguiu-se inverter. O que não está sendo dito aí é que, para ressarcir aos Estados os 4,5 bilhões de perda que eles vão ter na arrecadação que não vai mais existir agora em 1997 na tributação dos primários e semi-elaborados, essa carga tributária de um Governo que está em déficit vai ser dividida com o resto da população.

A tese que eu tenho defendido até hoje é a seguinte: toda vez que se dá um incentivo tributário, se dá uma isenção tributária, uma não-incidência, há uma perda de recurso. E quem é que vai suprir o Governo para compensar essa perda de recurso? Isso não está sendo discutido. Quer dizer, conseguiu-se colocar na nossa imprensa, na cabeça até de professores competentes na área jurídica e na área econômica, alguns pressupostos que não servem ao interesse da população do País, que termina absorvendo toda essa carga tributária.

Daí se tem uma medida provisória que está dizendo um absurdo, que a contribuição sobre o lucro líquido, ao invés de ser retirada da base de cálculo do imposto de renda, tem que ser acrescida. Ora, o conceito de renda no País é um conceito da empresa de lucro. Receita bruta obtida menos despesa e menos custo. E não há custo mais obrigatório do que a tributação. Portanto, está se aumentando, porque aí se obtêm 2,5 bilhões de reais em arrecadação, já cobrindo metade do déficit decorrente desse incentivo à exportação.

Acho que temos de aperfeiçoar o sistema jurídico do País, o sistema constitucional, mas como os países desenvolvidos fazem: mudanças gradativas, não mudanças cavalares, elefantinas, como têm sido realizadas aí. E o ônus sempre rec3ai na população.

PROF. PAULO DE BARROS CARVALHO — Agradeço o esclarecimento, Prof. Osiris,

(*Risos*) e quero registrar também um dado muito importante que não pode passar sem ser consignado. É que essa nova política de créditos do ICMS que vai vigorar a partir de janeiro/98 teve certamente a presença concreta e efetiva de uma tese que o Prof. Geraldo Ataliba e o Prof. Heron Arzua vêm defendendo iterativamente em todos os Congressos a que eu tenho ido nos últimos tempos aqui no Brasil, em todos os seminários; eles sempre insistiram nesse ponto, numa reformulação da política de créditos, não só do ICMS como do IPI.

De modo que com a persistência dessa doutrina nós vemos que, de certo modo, ela acaba de ser incorporada agora ao nosso Direito Positivo.

Muito bem, como eu adiantei inicialmente, sendo o tema da minha conferência de amanhã "Enunciados, normas e valores jurídicos tributários", eu me permitiria não ingressar propriamente nesse tema. Faço esses registros e também chamo a atenção para uma outra tese do Prof. Geraldo Ataliba, bem antiga e que todos conhecem, sobre as normas gerais de Direito Tributário. Amante que era do princípio da Federação e da República e da autonomia dos Municípios, o Prof. Geraldo Ataliba escrevia propositadamente "Município" com letra maiúscula e "estado" com letra minúscula; e brigava se alguém dissesse que não podia ser assim.

Lei complementar

Pois bem, nesse clima, sob essa inspiração, ele defendeu há muito tempo, desde a Constituição de 1967, que o art. 18, § 1º, deveria ter a seguinte interpretação: "Lei complementar estabelecerá normas gerais de Direito Tributário para dispor sobre conflitos e regular limitações" — que seriam os únicos campos cabíveis para a funcionalidade dessas leis complementares quando ponentes de normas gerais de Direito Tributário, uma vez que havia o princípio da Federação, tendo como pressuposto a autonomia recíproca dos Estados sob a égide da Constituição, e, por outro lado, a autonomia dos Municípios. Se a Constituição dá diretamente competência aos Estados e Municípios para legislar sobre os seus tributos privativos, caberia à lei complementar, evitando normas gerais, apenas circunscrever essa atividade legislativa ao campo dos possíveis conflitos de competência e da regulação às limitações constitucionais.

Os senhores sabem que houve um *lobby* muito grande, professores ilustres de São Paulo fizeram um movimento — não sei sobre que bases ideológicas, mas certamente do fortalecimento da União, em detrimento dos Estados e dos Municípios — para que a tese que eles defendiam prevalecesse, isto é, que lei complementar pudesse dispor sobre conflitos de competência, regular limitações e também estabelecer normas gerais de Direito Tributário.

Há muitos anos vimos perguntando a ex-professores sobre o que seriam, então, normas gerais de Direito Tributário. E até hoje eles não sabem dizer. Eu tenho perguntado sempre. Pergunto ao Dr. Ives Gandra, pergunto ao meu amigo Prof. Alcides Jorge Costa: já se chegou a um consenso sobre o que são normas gerais? Porque, se é uma competência que o texto constitucional dá, o mínimo que nós temos que saber é onde começa, por onde vai e onde termina essa matéria. Até hoje eles dizem: não, é para evitar normas gerais. E com isso ingresso na competência privativa dos Estados, dos Municípios, enfraquecendo a Federação, enfraquecendo a autonomia dos Municípios. Ficou expresso.

Agora, esse *lobby* resultou numa formulação tão esdrúxula que eu me permito até ler esse tópico para os senhores: "Cabe à lei complementar: 1) dispor sobre conflitos, 2) regular limitações e 3) estabelecer normas gerais em matéria de legislação tributária, especialmente sobre: a) definição do tributo, suas espécies, bem como aos impostos discriminados nesta Constituição, aos dos respectivos fatos geradores, base de cálculo e contribuintes; b) obrigação, lançamento, crédito, prescrição e decadência tributária".

Então, vejam o que o legislador constitucional pôs: "Compete à lei complementar estabelecer normas gerais sobre Direito Tributário, especialmente sobre tudo". Vejam que absurdo! Normas gerais de Direito Tributário especialmente sobre tudo. Por quê? Eu pergunto a todos os senhores e tenho perguntado por aí, sem obter resposta, qual seria a modificação que se queira fazer num tributo qualquer e que não caia numa dessas possibilidades: definição de tributo e suas espécies, respectivos fatos geradores, base de cálculo e contribuintes; depois, obrigação, lançamento, crédito, prescrição e decadência tributária. Quer dizer, quem pode legislar sobre isso pode legislar sobre absolutamente tudo, não vai nenhum exagero aqui.

Vejam a que levou essa interpretação, animada certamente por uma inspiração de fundo ideológico.

O Prof. Geraldo Ataliba vinha-se batendo com uma grande intuição. Um dado que não foi salientado e que o Prof. Ataliba tinha no mais alto grau era realmente a intuição. Ele tinha uma intuição muito grande para temas jurídicos em vários setores, até em setores em que ele operava menos, como o caso do Direito Administrativo. Pois bem, por essa tese ele se bateu durante muito tempo, fez escola. Nós temos aqui, no mínimo, dois seguidores dessa orientação, e eu tenho visto que toda atividade do legislador quando opera nessa área das normas gerais de Direito Tributário não sai daquela circunscrição onde está realmente a possibilidade de dispor sobre conflitos. O que é óbvio, sobre o mais ele não precisa legislar, já que os Estados e os Municípios têm a competência para fazê-lo.

Eu repito que não quero cansar os senhores com mais observações a respeito deste tema, já que na minha conferência de amanhã eu falarei sobre princípios constitucionais tributários, sobre valores constitucionais tributários, enunciados e normas.

Quero agradecer imensamente a atenção de todos os senhores e gostaria de ouvir agora as perguntas formuladas ao Prof. Eduardo Bottallo.

DEBATES

PROF. EDUARDO BOTTALLO — Foram endereçadas duas perguntas por colegas participantes e eu vou brevemente tentar respondê-las. Mas antes disso eu só queria fazer um comentário a respeito sigilo bancário.

Sigilo bancário

O Anteprojeto de Código Tributário Administrativo ataca o sigilo bancário de forma muito insidiosa e muito maquiavélica quando trata do credenciamento das instituições financeiras para arrecadar tributos federais, matéria puramente de economia interna da Administração Tributária federal. Ao fazê-lo, o projeto fixa os requisitos a que as instituições financeiras devem atender para serem credenciadas, entre os quais a quebra de sigilo, ou seja, se um banco quiser arrecadar tributos federais, terá de se obrigar a fornecer à União todas as informações pertinentes às fontes de arrecadação e à situação dos contribuintes que o tenham feito.

Eu, pessoalmente, não sou um fanático defensor do sigilo bancário. Acho, inclusive, que as pessoas que sustentam que o sigilo bancário é uma decorrência imediata e clara do inciso X do art. 5º da Constituição exageram; mas acho que a questão deve ser discutida claramente. Sem radicalismo e sem subterfúgios.

Eu vou responder às questões que me foram colocadas.

A primeira, pela colega Dra. Eliana Bertachini, que é Procuradora do Estado.

Questões constitucionais no processo tributário

Trata-se da proibição de discussão de questões constitucionais no âmbito do processo tributário. Ela quer a minha opinião a respeito.

Eu já de longa data tenho sustentado que a função do Executivo exercida dentro do processo administrativo tributário não é a mesma que conduz ao lançamento, à fiscalização, à exigência de cumprimento de deveres acessórios por parte dos contribuintes.

O Estado-administrador, o Estado-fiscalizador, o Estado-arrecadador, está sujeito, sim, a limitações no campo dessas atividades e tem que agir em obediência à presunção de legalidade dos atos administrativos. Mas a função que o Estado exerce no âmbito do processo administrativo (e que, há muitos anos, denominei de função administrativa judicante) não se confunde com aquela, pois tem por objetivo solucionar conflitos, e não apenas aplicar leis. Entendo que, em homenagem a esse propósito de solucionar conflitos, esta tarefa passa necessariamente pela apreciação de matérias constitucionais.

Aliás, a Dra. Eliana, que é membro do TIT, um Tribunal administrativo extraordinário, até pelo seu pioneirismo, sabe que já, de algum tempo para cá, seus integrantes romperam o tabu. O TIT tem apreciado pelas suas Câmaras Reunidas, com muita liberdade, argüições de natureza constitucional.

Código de Processo Administrativo Tributário

O Dr. Antônio Sá, do Rio de Janeiro, diz que alguns Municípios estão editando Códigos de Processo Administrativo Tributário via decreto e pergunta se o instrumento cabível seria a lei.

Sem dúvida nenhuma, eu acho que a questão processual tem muito a ver com as garantias individuais e, portanto, exige a utilização de lei em sentido formal.

Ele pergunta, também: o Anteprojeto de Código de Processo Administrativo Tributário da União tem normas gerais específicas. Qual a sua obrigatoriedade para outros entes federativos?

Nenhuma. Aliás, está dito no seu preâmbulo que trata exclusivamente do processo administrativo tributário no âmbito federal. Portanto, não se cuida de norma de natureza complementar que poderia ser oponível à autonomia legislativa, nessa área, dos Estados e Municípios.

São essas as perguntas, Presidente.

PROF. PAULO DE BARROS CARVALHO — O Prof. Osiris vai responder a uma pergunta.

Crédito financeiro para bens de capital e bens de consumo

PROF. OSIRIS DE AZEVEDO LOPES FILHO — O Sr. Vasco Almeida pergunta sobre o crédito para bens de capital e bens de consumo que integra o ativo fixo; se há algum estudo no âmbito do IPI, se é do meu conhecimento isso, para a introdução desse crédito financeiro também no IPI.

Não existe. O que se tem é uma medida provisória que estabelece não o crédito na conta corrente do adquirente, mas a isenção na origem, ainda que setores industriais reclamem que essa isenção não abranja todo o sistema produtivo. O que me causa espanto é que a racionalidade que a União prevê é só para o Estado e para o Município, não é para si mesma, porque nós temos uma tributação não-cumulativa e paralelamente uma tributação cumulativa, como a COFINS, o PIS e, agora, em processo de aprovação, a CPMF, que torna o sistema um sistema híbrido, de uma perversão fantástica.

A carga tributária sobre o consumo se aproxima em termos médios a 30%. Ora, qualquer livro de finanças públicas mostra que, quando a carga tributária sobre o consumo alcança 20%, ela é indutora da evasão. Daí que em países que usam a transparência da carga tributária, como os EUA, a tributação, a *sale tax* dele, o imposto sobre venda de nível estadual não ultrapassa 11%, porque, se ultrapassar, o consumidor, vendo aquela carga tributária tão brutal, como existe aqui no Brasil, repudia, e fala: vamos repartir esse tributo, falando com o vendedor.

O nosso sistema é um sistema desorganizado e irracional, em que a União vai criando tributo permanentemente. Nesse ano já criou quatro tributos. Essa nova lei do imposto de renda cria novas incidências. E não há um conhecimento adequado do público. Mesmo as entidades patronais que mais estudam essa matéria até hoje não entenderam que pode existir um tributo que tenha uma única incidência e tributo de pluralidade de incidências, como o imposto de renda e o ICMS.

Então eu acho que um Congresso como este é de uma importância fundamental, até pela divergência das exposições, para formar realmente uma consciência tributária no País. Nós temos a idéia-força fantástica crescendo, que é a da cidadania. Durante a ditadura militar era para afirmação dos direitos políticos; esgotada a fase de democratização do País, passou a defender direito das minorias, criança de rua, mãe solteira, presos. Alcançou a área da ecologia, proteção dos recursos naturais. Mas a nossa democracia vai ser realmente forte no dia em que ela alcançar a tributação, e, mais do que a tributação, o gasto, a despesa, a aplicação dos recursos públicos pelo Estado, porque o Estado não tem dinheiro em si mesmo, ele tem dinheiro que ele repassa da população.

E quem paga tributo neste País? O nosso super-homem, quem vive de salário mínimo! Se quase 80% da carga tributária do Brasil é de tributação indireta, que é assumida pelo consumidor final, quem é o grande consumidor aqui? A classe trabalhadora e a classe média. A classe rica é muito pequena no País. Esses é que suportam a carga tributária global do País. Dentro dos impostos, quase 80% da arrecadação é de impostos indiretos. Então, tem que ser discutido.

Agora, não podemos imaginar que o nosso sistema de tributação sobre vendas, sobre consumo, é um sistema racional. Não é. A União está centralizando, com esse ICMS híbrido que está querendo, toda a competência para disciplinálo. E o Prof. Sacha falou com muita propriedade: a competência cumulativa é só para arrecadar, não para decidir livremente sobre o tributo. A União vai, através do Senado Federal, fixar as alíquotas do ICMS estadual e o Congresso Nacional, toda a legislação. Acaba a autonomia dos Estados de decidir sobre sua principal fonte de arrecadação, que é a tributação sobre vendas.

PROF. PAULO DE BARROS CARVALHO — Obrigado. Antes de passar a palavra para o Prof. Roque e o Prof. Sacha Calmon, gostaria de lembrar aos senhores que a partir das 14h haverá as Comissões de Trabalho sobre as teses, três teses; e depois mais duas teses às 15h30min. Às 17h, a conferência do Prof. Ferreiro Lapatza, para a qual eu peço a especial atenção de todos os senhores, porque o Prof. Ferreiro é hoje, indiscutivelmente, o maior Professor da Espanha e tem uma influência muito grande em toda a América Latina. Em todos os países da América Latina a influência dele é muito grande.

Gostaria de ouvir, agora, as respostas do Prof. Roque Carrazza.

PROF. ROQUE CARRAZZA — O colega Antônio Sá, do Rio de Janeiro, honrame com duas perguntas que eu procurarei sintetizar e responder conjuntamente.

"Comenta-se que a lei complementar do ICMS passou sem que os nossos legisladores "ordinários" — entre aspas — a tivessem lido, dada a rapidez em sua votação. Temo que o mesmo irá ocorrer com a emenda constitucional tributária. No entanto, o Professor afirma que o Supremo Tribunal Federal evitará que essas inconstitucionalidades se perpetuem. Vale lembrar que os prefeitos não podem propor ação de inconstitucionalidade (art. 103 da Constituição). Como evitar esses ataques à autonomia municipal?"

O colega exemplifica com o IVVC e também com o substitutivo da emenda constitucional tributária apresentado pelo Dep. Mussa Demes, pelo qual lei complementar estabelecerá alíquotas máximas para o IPTU.

Tem razão o ilustre colega Prof. Antônio Sá quando observa que o prefeito não tem legitimidade para propor ação direta de inconstitucionalidade. No entanto, se formos ao art. 103 da Constituição, veremos que têm tal legitimidade o Conselho Federal da Ordem dos Advogados do Brasil (que nunca se omitiu nas grandes lutas sociais e políticas de nosso País), qualquer partido político com representação no Congresso Nacional, confederação sindical ou entidade de classe de âmbito nacional. É bem mais do que dispunha a Carta anterior, que dava tal legitimidade ativa, em caráter exclusivo, ao Procurador-Geral da República. Este, porque demissível *ad nutum*, não se atrevia a ofertar representações que pudessem contrariar os interesses do Presidente da República ou de seus auxiliares. A Constituição está mais protegida hoje do que à época da Carta de 1967/69.

De qualquer maneira, nós não devemos perder a fé. Devemos, sim, " mirar o mastro". E nosso mastro é o Supremo Tribunal Federal.

Explico-me melhor: um saltimbanco percorria uma corda bamba, entre dois prédios, a 25 metros de altura. Um indivíduo ficou olhando boquiaberto aquela cena e, tomado de viva admiração, quando o artista terminou o número foi ao seu encontro, pedindo-lhe encarecidamente que lhe explicasse como era possível aquela maravilha. Queria, em suma, saber como é que ele não caía.

O saltimbanco não se fez de rogado: "Olha, há um segredo, sim, e eu vou contá-lo para você. Quando você andar na corda, não deve olhar nem para ela, nem para o chão, porque, se olhar, fatalmente cairá. Você tem, sim, que olhar para o mastro, para o ponto onde quer chegar. Mirando o mastro, você superará as turbulências da corda bamba".

Este é — ouso dizer — nosso caso. Estamos vivenciando um período de grande turbulência, com mudanças constitucionais tributárias à vista, grandes incertezas e grandes inseguranças. Será que a autonomia dos Estados se mantém? Será que a autonomia dos Municípios vai continuar existindo? *Sim*. A autonomia dos Estados e dos Municípios será mantida se nós não perdermos a confiança e continuarmos mirando o mastro: o Supremo Tribunal Federal. Tenho a certeza de que o Pretório Excelso, em última instância, evitará que caiamos ao atravessarmos a "corda bamba" em que nos colocaram os detentores do poder. O importante é não perdermos a fé. E a nossa fé repousa, também e principalmente, no Supremo Tribunal Federal, aqui tão bem representado pelo Min. Carlos Mário Velloso.

Obrigado. (*Palmas*)

PROF. PAULO DE BARROS CARVALHO — Muito obrigado, Prof. Roque. Passo a palavra ao Prof. Sacha Calmon.

PROF. SACHA CALMON NAVARRO COELHO — Há uma pergunta da Dra. Eliane Bertachini, Procuradora do Estado.

"Na sua análise do novo modelo gostaria de conhecer a solução para a redistribuição da receita considerando-se a realidade econômica de maior custo administrativo dos Estados produtores, em comparação com aqueles consumidores, receita do Estado produtor *x* custo e distribuição do Estado consumidor."

Imposto sobre consumo

Vejam bem, é exatamente esse o problema: o imposto é conceitualmente sobre o consumo, deve pertencer ao Estado onde localizado o consumidor. E quando eu falo Estado na Europa estou falando Estado Nacional. O Volkswagen, o Audi, o Mercedez Benz fabricados na Alemanha não pagam nada na Alemanha e vão sofrer a tributação em Portugal ou na Espanha. (*Risos*)

Agora, no Brasil nós temos Estados-membros. O Osiris respondeu bem, nós temos que transformar o nosso Estado-membro num país, diante de um outro Estado ele é um país, tudo o que vier gravado do outro Estado é desonerado na saída e é tributado na entrada. Nós temos que adotar para a República Federativa do Brasil o *status* da Comunidade Econômica Européia. De resto, é o que vigora entre nós e a Argentina e o Uruguai e o Paraguai e o Chile, nos marcos do Mercosul.

Agora, se se tratar o Estado-membro qual país, como a Alemanha, a fábrica que vender esse carro para o Exterior vai pagar imposto de renda ao Estado Federal, vai pagar o imposto municipal ao Município, o que, definitivamente, é justo. Vamos pensar um pouco. É a venda de um carro para um revendedor no Piauí. Vamos dizer que saia de São Paulo com 7%, porque a alíquota estadual é pequena para o Norte e o Nordeste. São Paulo já arrecadou 7%. Mas esse imposto pago a São Paulo é repassado no preço ao revendedor de carros do Piauí, ele se credita desse imposto e se debita por 18% no Estado do Piauí. E o consumidor final do Piauí arca com a carga total. Quer dizer, ele está financiando São Paulo com 7% além do preço, do dinheiro que ele transfere do bolso dele para o Estado de São Paulo, para o produtor situado no Estado de São Paulo que vai receber o dinheiro da venda com o lucro. Todo o custo da produção do carro e mais o lucro da pessoa privada que vendeu vêm para o Estado de São Paulo e vão ser usados aqui. Além disso, ele paga o imposto uma parte para o Piauí e 7% para o Estado de São Paulo.

Então, o camarada que está lá em Caicó, em Oeiras no Piauí, está financiando o Estado de São Paulo. Cada Estado deve ter um ICMS do tamanho do seu consumo, como ocorre entre os Estados da Comunidade Econômica Européia. É isso que pretende o Imposto sobre Consumo. Imposto sobre a Renda é outra coisa, Imposto Patrimonial, que no Brasil é ridículo, é outra coisa.

Não se põe na questão do IVA esse problema de custo do Estado produtor e consumidor. Isso não existe, isso é um problema que nós criamos dentro da nossa Federação, mas está desconforme com a estrutura geral do IVA. Os custos, inclusive, estão no preço.

Crédito financeiro amplo

A outra pergunta é interessantíssima, a primeira vez que eu mudei — e digo mudei e me penitencio, porque no meu livro eu fui fiscal do Estado (eu tenho em mim ainda o Estado e ele talvez ainda não tenha saído totalmente de dentro da minha pessoa). Então, no meu livro de comentários eu me rendia a essa unanimidade burra que se criou no Brasil de achar que nós tínhamos adotado estritamente o crédito físico, por uma opção consciente em termos de ICMS. O Geraldo Ataliba foi quem me mostrou pela primeira vez que não era assim, e daí para cá eu evoluí. Há um parecer meu e da Profa. Misabel em que nós adotamos o crédito financeiro amplo, porque eu acho que a Constituição não limitou, a lei complementar é que foi além, restringiu a Constituição ao restringir exageradamente o conceito de crédito fiscal no ICMS, e quiçá na legislação do IPI também há restrições.

Então eu me penitencio, já mudei de opinião. Eu acho que nós sempre tivemos crédito amplo, nós copiamos uma legislação francesa que três meses depois foi mudada e nós ficamos com ela o resto da vida, com o crédito físico criamos uma ideologia de crédito restrito no Brasil. Mas essa ideologia permeia a mente dos juízes e dos doutrinadores, dos professores, das pessoas, está arraigada, nós precisamos de muito tempo para expulsar esse modo de pensar.

Então, a pergunta, aqui, vai exigir percepção da psicologia dos juízes etc.

"A Lei Complementar 87/96 estabeleceu que a aquisição de bens para o ativo fixo gera crédito."

E diz a partir de tal data, daqui para a frente. Por outro lado, o Convênio 66/88 vedava expressamente.

A pergunta, interessante e inteligente, diz o seguinte: "O art. 33 da lei complementar bem como o Convênio 66/88 são inconstitucionais" — sempre foram, em face do princípio da não-cumulatividade, que não é restrito na Constituição, e se for para a doutrina européia ele é amplo, pelo menos um parâmetro doutrinário nós teremos.

"Caso afirmativo, os contribuintes poderiam levantar os valores que deixaram de aproveitar sobre essas aquisições e reconhecê-los em seus livros? Caso afirmativo, qual o período de abrangência desses créditos extemporâneos, haja vista ser o ICMS um imposto cujo lançamento ocorre por homologação?"

Essa é uma tentação que está permeando todas as nossas conjecturas, e você pode ter duas leituras. Uma leitura é no sentido de que a legislação infraconstitucional finalmente reconheceu que o crédito sempre foi amplo. A outra leitura é a seguinte: nunca foi, tanto que agora se mudou. Mas espera aí, a Constituição não mudou, como é isso?

Esse princípio da não-cumulatividade tem uma determinação constitucional ou ele é de determinação infraconstitucional? Diz o Prof. Roque Carrazza, com a acuidade que lhe é típica: sempre foi, porque a Constituição não mudou. Agora, até que ponto os juízes vão entender assim? Até que ponto eles não dirão: se eu der esse crédito, torno falido os Estados que já estão falidos, a começar pelo glorioso, produtivo, laborioso Estado de São Paulo, cujas finanças estão definitivamente falidas.

Então, é um problema. Há no afloramento da ação um risco psicológico, um risco político. Agora, juridicamente, a conclusão é essa: se o princípio é constitucional, se ele nunca mudou, se a lei complementar não pode ser emenda à Constituição, porque o legislador da lei complementar tem que estar conforme a Constituição, não pode mudá-la, e se ele se encaminhou para o ponto mais largo, é porque o princípio sempre aconselhou que assim fosse.

Em termos jurídicos não há outra conclusão, penso eu.

PROF. PAULO DE BARROS CARVALHO — Agradecendo a participação do Prof. Sacha e de todos os senhores, convido a reencetarmos os trabalhos às 14h.

CONFERÊNCIA (24.10.96)

ENUNCIADOS, NORMAS E VALORES JURÍDICOS TRIBUTÁRIOS

PAULO DE BARROS CARVALHO

PROF. AIRES BARRETO — Bom dia! Estão abertos os trabalhos do dia de hoje no X Congresso Brasileiro de Direito Tributário, que se realiza em homenagem à memória do Prof. Geraldo Ataliba. A Mesa está composta pelos Profs. Ferreiro Lapatza, Misabel Derzi, Paulo de Barros Carvalho, que será o nosso conferencista de hoje, Estevão Horvath, Souto Maior Borges, Heron Arzua.

Tenho a satisfação de passar a palavra, para apresentar o Prof. Paulo de Barros Carvalho, ao eminente Mestre de todos nós, Prof. Souto Maior Borges.

PROF. SOUTO MAIOR BORGES — Meu caro Prof. Aires Barreto, Presidente desta sessão; Prof. Paulo de Barros Carvalho, conferencista nesta sessão; meus colegas de Mesa; minhas senhoras e meus senhores: a tarefa que abruptamente me atribui o meu amigo Aires Barreto corresponde àquilo que poder-se-ia chamar uma missão impossível. Impossível porque eu estou, no momento, atingido pela sensibilidade e emoção de, pela primeira vez após o falecimento de Geraldo Ataliba, participar de um Congresso que hoje, numa decisão feliz, é promovido por uma entidade que leva o seu nome, em homenagem à sua memória.

Todos sabem que aqui eu estou entre amigos. Literalmente, sou um amigo desta Casa, e a outro título, sinceramente, não almejo. Portanto, é com um misto de nostalgia, saudade e uma indefinida satisfação que participo desta sessão onde irá falar o meu amigo Paulo de Barros Carvalho.

Missão impossível também porque é de todos conhecido o Prof. Paulo de Barros Carvalho, um nome de projeção nacional e internacional, sem elogio cortês e convencional, e que, por isso mesmo, para utilizar um incontornável jargão e lugar-comum, dispensa apresentações. Essa impossibilidade decorre, portanto, em desnecessidade.

Prof. Ataliba, bem humorado — parece que estou a vê-lo neste momento —, se aqui estivesse presente diria: "Souto, isto é uma apoteose mental". (*Risos*) Mas, para obedecer ao ritual do qual as solenidades infelizmente não podem escapar, eu estou tecendo essas mal-alinhadas palavras para introduzir não o Prof. Paulo de Barros Carvalho, mas a sua conferência nesta oportunidade. O título da conferência é "Enunciados, normas e valores jurídicos tributários", e este objeto de exposição já de si denota e conota uma característica que vem marcando os estudos do Prof. Paulo de Barros Carvalho.

O Prof. Paulo de Barros Carvalho não é um jurista dogmático, confinado no estrito limite de uma especialização científica como o Direito Tributário, porque nessa região normativa, nesse conjunto de normas constitucionais que versam matéria tributária, o Prof. Paulo de Barros Carvalho encontra apenas pretexto para uma rica experiência profissional e docente e um ponto de partida para investigações em profundidade sobre os magnos problemas que permeiam o Direito Tributário e que a cabo das contas convocam à nossa meditação, um esforço de aprofundamento vertical. E nisso o Prof. Paulo de Barros Carvalho é mestre.

Seguramente, uma conferência que versa sobre enunciados, sobre normas e valores jurídicos, não se confina nos estritos limites de uma palestra sobre matéria tributária tal como convencionalmente é exposta. Antes de nós tomarmos conhecimento, para deleite nosso, do conteúdo da palestra e da exposição mesma, nós já antecipamos, pelo seu enunciado, que a matéria a ser versada está muito além de uma exposição convencional de Direito Tributário. Esta é, por assim dizer, a metodologia que vem empolgando mais recentemente, por influência quer de Geraldo Ataliba, quer de Paulo de Barros Carvalho, todos aqueles que gravitam em torno das preocupações com os estudos de Direito Tributário. Ela hoje está, toda ela, informada por esses critérios metodológicos que transcendem as fronteiras tradicionais do Direito Tributário, desde os seus chamados "tempos heróicos", dos quais os maiores nomes foram Aliomar Baleeiro, Gilberto de Ulhôa Canto, Alfredo Augusto Becker, Amílcar de Araújo Falcão e tantos outros, aos quais não me refiro apenas para não alongar demasiado a exposição, porque todos eles se revestem de igual autoridade teórica e, conseqüentemente, são dignos de que nós façamos retornar o nosso pensamento àquilo que eles originariamente pensaram e que condiciona, portanto, o desenvolvimento posterior de uma ciência autônoma do Direito Tributário.

Não pretendo assumir aqui a função de um expositor paralelo, mas apenas obedeço, disciplinado, à convocação do meu amigo Aires Fernandino Barreto para introduzir a vocês não a pessoa do Prof. Paulo de Barros Carvalho, mas a exposição que seguramente marcará os trabalhos do X Congresso Brasileiro de Direito Tributário.

Muito obrigado. (*Palmas*)

PROF. PAULO DE BARROS CARVALHO — Senhor Presidente desta Mesa, Prof. Aires Barreto, Prof. Heron Arzua, Prof. Estevão Horvath, Prof. Souto Maior Borges, Profa. Misabel Derzi, ilustre Prof. Ferreiro Lapatza, meus senhores, minhas senhoras, prezados colegas, em especial agradeço as palavras lisongeiras do Prof. José Souto Maior Borges, que é verdadeiramente um grande amigo desta Casa e de todos nós.

Ontem, quando o Prof. Celso Antônio falava das virtudes, falava do Prof. Geraldo Ataliba como um descobridor de talentos, eu devo dizer que uma dessas manifestações, quem sabe a mais brilhante, tenha sido o encontro com o Prof. Souto Maior Borges, que havia escrito um trabalho à época sobre o ICM e o Prof. Geraldo Ataliba, que já havia lido o clássico *Isenções Tributárias*, me disse: "temos que conhecer este professor". Arrumou um pretexto, foi a Pernambuco, conheceu pessoalmente o Prof. Souto e o convidou para o primeiro ou o segundo curso de especialização. Isso foi em 1972 ou 1973.

Então, vejam aqui uma confirmação daquilo que o Prof. Celso Antônio Bandeira de Mello falava ontem a respeito do grande homenageado deste Congresso, que é o Prof. Geraldo Ataliba.

Muito bem, eu falarei sobre "Enunciados, normas e valores jurídicos tributários". Devo dizer que os valores jurídicos tributários ficarão para o fim, exatamente para podermos fazer uma aplicação de certos conceitos que pretendo expor a todos os senhores.

Em primeiro lugar gostaria de dizer que aprendi, depois de muito tempo, a não me manifestar em termos impositivos ou em termos definitivos sobre certos conceitos, uma vez que tudo depende do modelo que adotamos, tudo depende do sistema de referência. E a pretexto disto gostaria de fazer alusão ao monumental livro do Prof. Gofredo da Silva Telles, *Direito Quântico*, quando ele relata uma demonstração que Einstein fez sobre o problema dos sistemas de referência. O conhecimento sem sistema de referência é desconhecimento, diz o Prof. Gofredo. E cita então, a título de exemplo, a demonstração que Einstein fez.

Einstein imaginou um trem muito comprido, de 5 milhões e 400 mil quilômetros de comprimento, e que andava numa velocidade constante e uniforme de 240 mil quilômetros por segundo. Então, vejam que trem comprido e veloz. Pois bem, havia uma luz no centro do trem e quando essa luz se acendia e os raios de luz atingiam as extremidades do trem, onde havia duas portas, uma na extremidade dianteira e outra na traseira, no momento em que essa luz se acendia e os raios lá chegavam as portas se abriam. Havia um passageiro no trem e havia no campo por onde o trem passava um lavrador. Os dois viram ao mesmo tempo a luz do trem se acender. Entretanto, para o viajante do trem as portas se abriram simultaneamente depois de 9 segundos. Dividindo-se o tamanho do trem pela velocidade dá exatamente 9 segundos. Simultaneamente as duas portas se abriram para o viajante. Entretanto, ele mostra que para o lavrador a porta traseira se abriu 5 segundos depois de ele observar que a luz se acendera, e a porta dianteira só 45 segundos depois.

Então, a conclusão a que Einstein chega é exatamente esta: será que esse fato é simultâneo ou sucessivo? É simultâneo para o viajante e sucessivo para o lavrador, que estava, aliás, não muito distante do trem, mas estava no campo lavrando a terra e observando o trem passar. De modo que aquilo que é simultâneo pode ser sucessivo, aquilo que é sucessivo pode ser simultâneo.

O interesse desse exemplo que o Prof. Gofredo registra no seu livro *Direito Quântico* está em que, como todos sabem, Einstein trabalhava com situações muito significativas e compôs essa demonstração exatamente para mostrar que tudo depende do modelo, tudo depende do sistema de referência.

É por isso que eu quero dizer aos senhores que vou tratar desse assunto "Enunciados, normas e valores jurídicos tributários" adotando um sistema de referência, e esse sistema de referência é o seguinte: primeiro, um corte metodológico, eu diria de inspiração kelseniana. Kelsen diz: onde houver Direito haverá normas jurídicas, necessariamente.

Quanto ao modo de se evitar a ontologia do Direito, de se evitar o confronto com possíveis essências — porque Kelsen tinha restrições com relação ao seu conhecimento, ao acesso às essências —, para evitar esse problema das essências, para evitar o problema de dizer o que é o Direito, Kelsen se propôs isolar o conjunto de normas e estudá-las, porque onde houver Direito haverá, necessariamente, normas jurídicas.

Então, esse é um corte: Direito manifestado pela presença de normas jurídicas.

O segundo corte — se onde houver Direito há, necessariamente, normas jurídicas, nós poderíamos dizer: onde houver normas jurídicas há, necessariamente, uma linguagem em que essas normas se manifestam. Então, façamos esse segundo corte, vamos tratar as normas jurídicas como uma manifestação de linguagem.

Aliás, é até mais fácil de imaginar esse segundo corte do que o primeiro.

E depois o terceiro. O Direito é produzido pelo ser humano para disciplinar os comportamentos sociais, os comportamentos intersubjetivos, porque os intrasubjetivos escapam do interesse do Direito, do controle do Direito. Ora, vamos tomar o Direito, então, que se apresenta necessariamente como norma jurídica, e as normas jurídicas necessariamente como uma manifestação de linguagem, vamos tomar esse produto como um produto cultural, entendendo objeto cultural como todo aquele produzido pelo homem para obter um determinado fim.

Pois bem, o Direito é produzido pelo homem para obter este fim do controle das condutas sociais, canalizando essas condutas em direção a certos valores que a sociedade quer ver realizados.

Esses três cortes sugerem o seguinte: onde houver um produto cultural, também haverá, necessariamente, um valor. Querendo ou não querendo, nós temos de reconhecer num objeto cultural qualquer sempre a presença do valor, porque mesmo quando o homem cria um objeto, cria um produto qualquer, ele estará implantando, consciente ou inconscientemente, os seus valores.

Ora, o Direito é um produto cultural e portará, necessariamente, valores. É muito simples demonstrar esta última asserção. Nós podemos presenciar um fato qualquer. "A" atira em "B". Muito bem, em termos de causalidade física, é até fácil explicar o que ocorreu: "A" deu um tiro e "B" caiu fulminado. Entretanto, o que é isso? Bom, só captando o valor que está presente nesse fato — porque todo fato social, nós sabemos, carrega valores —, só entendendo, só extraindo o valor que está contido neste evento nós podemos dizer se isso é um assassinato, se é um soldado brasileiro lutando em combate, se é um acontecimento onde está presente a legítima defesa, se é um funcionário administrativo executando um condenado à morte etc.

Então, vejam: a captação dos valores é fundamental para compreendermos o fato social. É por isso que os objetos culturais, os objetos sociais, não são explicados nem são demonstrados, são compreendidos. A compreensão pressupõe o conhecimento da relação de causalidade física que esteja presente, mais o dado axiológico, o dado do valor. E assim os fatos jurídicos.

Ora, a apreensão dos valores se dá com a intuição emocional, não com a intuição sensível nem com a intuição intelectual. Então, depende, evidentemente, desta intuição que nós temos, uns têm mais desenvolvida que outros, e depende, evidentemente, daquela escala de valores que todos nós temos — isso é adquirido e estruturado com o passar do tempo —, que se chama ideologia. São valores que filtram novos valores, valores que se estruturam para receber novos valores. É entendido dessa forma.

Pois bem, feito esse corte ou essa sucessão de cortes metodológicos, nós já podemos entrar diretamente no assunto, qual seja, enunciados, normas e valores jurídicos tributários.

Enunciados

Eu gostaria de dizer que tomarei enunciado como o suporte físico de significações, isto é: abrindo os textos do Direito Positivo, nós não encontraremos as normas positivas, nós encontraremos enunciados lingüísticos. Art. 1º dizendo isso, art. 2º dizendo aquilo. Art. 28: A alíquota é de 3%. Será isso uma norma jurídica? Não, isso é um enunciado, um enunciado prescritivo, porque está numa linguagem prescritiva de condutas, numa linguagem que se insere num processo comunicativo, como refere o Prof. Frederich Müller, da Alemanha, que fez uma brilhante conferência recentemente num congresso em Pernambuco, tratando o Direito como um grande processo comunicacional.

Muito bem, os enunciados, nós já sabemos, necessariamente têm sentido, como a frase; não existe frase sem sentido, frase é uma expressão dotada de sentido. Enunciado é, necessariamente, um agregado de palavras elaborado segundo as regras da Gramática, para exatamente ter sentido.

Agora, o enunciado é a parte física, é o suporte físico, é a mancha de tinta no papel, ou o giz depositado na lousa. Ou, então, o enunciado é a voz, o som, que é matéria também. Então, sempre suporte físico.

Todo mês de janeiro mestrandos da PUC vão a Recife para ter aulas com o Prof. Lourival Vilanova, com o Prof. Souto Maior Borges, com o Prof. Marcelo Neves, e fazemos um seminário, uma semana de estudos, uma semana de reflexões. Nesse último ano fomos 44 advogados para lá e tivemos a oportunidade de ouvir uma palestra belíssima de alguém que não é do meio jurídico, o Prof. Luiz Antônio Marcuschi, uma das maiores autoridades no mundo em Lingüística do texto, consultado por professores do mundo todo sobre essa temática.

Ele deu uma contribuição belíssima a nós, juristas voltados exatamente ao interesse de compreender melhor o fenômeno jurídico. Falando dos enunciados, ele confirmou isto, quer dizer, nós não extraímos dos enunciados textuais as significações, nós não extraímos do texto, como se fosse uma caixa que estivesse aberta e nós retirássemos, então, o sentido, as significações.

Eu mesmo sempre dizia: interpretar é extrair o conteúdo, sentido e alcance dos textos do Direito Positivo. Aí, repensei o assunto, porque, evidentemente, o enunciado vai aparecer como um estímulo, porque com a minha apreensão, com a percepção, com a intuição sensível da percepção, eu passo a construir o sentido. A significação é construída a partir dos enunciados. É por isso que as pessoas chegam a sentidos diferentes lendo o mesmo texto. Se o sentido, se a significação, estivesse no enunciado e eu pudesse, então, extraí-lo do enunciado, certamente, ao abrir-se a caixa do enunciado, todos extrairiam o mesmo sentido, mas a prova de que isso não ocorre é que basta dar um enunciado do Direito Brasileiro ou de qualquer Direito e os senhores verão quantas significações vão ser expostas a partir daquele mesmo enunciado.

Por quê? Porque o enunciado é o suporte físico de significações. A partir do enunciado nós construímos as significações, construímos o sentido. Vejam a intuição de Kelsen quando ele diz que uma norma pode ter várias significações, ou eu, a partir dos enunciados, posso construir várias normas diferentes. É exatamente isso: a partir do mesmo enunciado uma pessoa constrói a norma *N* e esse mesmo enunciado vai suscitar a norma *N'* para outro jurista.

Certa vez presenciei um fato muito interessante. O Prof. Oswaldo Aranha Bandeira de Mello à Mesa, o Min. Seabra Fagundes também à Mesa, os dois lendo o mesmo artigo da Constituição, um apontava para o Norte e o outro apontava para o Sul. Aquilo me deixou extremamente perplexo, num dos primeiros cursos de especialização em Direito Administrativo da PUC. Mas como é que pode ser?

Esse exemplo é sugestivo exatamente porque são duas figuras que todos sabemos da maior honestidade intelectual, eles jamais disputariam uma significação movidos por interesses pessoais ou pelo que fosse. Então, como é possível que, lendo o mesmo enunciado, um aponte para o Norte e o outro para o Sul? É porque eles construíram sentidos diferentes, evidentemente em função da ideologia de cada um.

Ontem, na palestra do Prof. Ferreiro Lapatza, isso ficou bem claro: há sempre uma margem mínima de decisão política em toda a interpretação. E Kelsen disse: a interpretação é um ato complexo nesse sentido, pressupõe um ato de conhecimento. Eu levanto três, quatro, cinco possibilidades de norma e depois, num ato de decisão política, fico com a de n. 3, em detrimento das outras. Toda interpretação pressupõe esse ato de conhecimento e esse ato de decisão política.

Normas

Muito bem, onde estariam as normas? Os enunciados estão aí no Direito Positivo. O Direito Positivo é um conjunto de enunciados prescritivos de condutas. Ora, as normas estão nas significações que nós construímos a partir dos enunciados, construímos pela leitura dos enunciados. Juntando um enunciado a outro enunciado, às vezes eu preciso de muitos enunciados, vou até códigos diferentes, a corpos de linguagem prescritiva diferentes, para aprisionar um enunciado, juntá-lo a outro, e construir uma norma em termos de significação.

As significações, então, estariam não no texto, mas nas significações que nós construímos a partir do texto. E por que chamamos de norma jurídica se todos falam em normas jurídicas e em todos os livros de Filosofia do Direito, de Teoria Geral do Direito, de Dogmática, estamos às voltas com normas jurídicas? Por quê? Porque a norma jurídica é a unidade mínima. Aqui vai uma redundância, mas enfática: é uma unidade mínima e irredutível de manifestação do deôntico.

Quer dizer, o sentido completo de uma prescrição tem que ter a forma da norma jurídica. Se alguém disser "a alíquota que o senhor tem que pagar é 3%", vejam o que a pessoa dirá, certamente:

"3% do quê?" "Bem, 3% do valor dessa operação que o senhor acaba de realizar." Já deu um elemento, que é a base de cálculo. "Eu devo pagar a quem esse valor?" "À Fazenda do Estado de São Paulo." Depois a pessoa certamente perguntará: "Mas por quê?" "Porque o senhor realizou esta operação."

Então, vejam, ao responder a essas perguntas que necessariamente a pessoa fará eu acabo de montar a norma jurídica: dado o fato *f* deve ser a relação *r* entre dois sujeitos, *s'* e *s"*. Toda norma jurídica tem a mesma estrutura sintática, é o princípio da homogeneidade sintática das normas do sistema. Todas as normas do sistema têm a mesma forma.

Não há diferença entre teoria e prática — ensina Pontes: ou se conhece o objeto ou não se conhece o objeto. Dizer-se que se conhece tão-só em termos teóricos ou que se conhece tão-apenas em termos práticos é admitir que não se conhece o objeto.

O Prof. Lourival Vilanova, numa expressão felicíssima, diz: "O jurista é o ponto de intersecção entre a teoria e a prática, entre a ciência e a experiência".

Então, vejam bem, tudo isso tem que servir para alguma coisa, se, evidentemente, for uma teoria bem-composta. E nós vemos que serve. Como?

Primeiro, há uma questão antiga: existe norma sem sanção? Entenda-se, aqui, sanção como outra norma que tem como hipótese o descumprimento de uma certa norma (infração) e como conseqüência a aplicação de uma penalidade.

Pois bem, diante da resposta "não" ou "sim, existe", a pessoa certamente dirá: "e qual a sanção desse art. 28, alíquota 3%?" Ninguém encontrará. Agora, por que ninguém encontrará? Porque isso não é uma norma jurídica, isso é um enunciado, compõe a norma jurídica "dado o fato *f* deve ser a relação *r* entre dois ou mais sujeitos", e aí, sim, veremos se existe uma outra norma que garante o cumprimento desta.

De modo que, se nós separarmos enunciado de norma jurídica, poderemos certamente resolver esse problema — e outros.

Existem normas programáticas? A resposta é: obviamente não, porque, se a norma tem sempre caráter prescritivo, ela não pode ficar fazendo programas e projetos, o Brasil pretende isso, pretende aquilo ... "Mas como? Eu leio isso aqui." "Mas isso é um enunciado, compõe a norma, é o enunciado que tem feição programática, a norma jurídica construída terá feição prescritiva de condutas."

Repetindo: dado o fato *f* deve ser a relação deôntica *r* entre *s'* e *s"*.

Vejam, esses problemas já são resolvidos com essa dualidade enunciados/normas. E eu direi: são problemas de que eu sempre ouvi falar e sempre ouvi acerbas discussões sobre esses temas.

Outro problema: e o preâmbulo, está contido na Constituição? Ou, melhor, é Direito, é Constituição o preâmbulo da Constituição? Agora eu já posso dizer: sim, eu não tenho a menor dúvida, porque são enunciados que fixam valores que depois vão se compor com outros enunciados para a formação de normas.

Então, dado que no preâmbulo da Constituição há a invocação, digamos, de Deus, do povo, do valor da consulta ao povo, da participação do povo, esses são valores que necessariamente haverão de estar integrados a outros enunciados para a formação de normas. Como tudo isso está no texto constitucional, e pelo processo de positivação do Direito as normas têm que buscar fundamento de validade em norma superior, pelo processo de positivação, todos esses grandes valores vão impregnando as normas que se dirigem do texto constitucional às condutas intersubjetivas, e chegam ao plano das condutas interpessoais impregnadas desses valores. Onde o legislador põe os grandes princípios? Onde deposita os grandes valores? Respondo: no texto constitucional.

Então, vejam essa dualidade enunciados/normas, que, aliás, é adotada pelo Prof. Frederich Müller, presenciei isso em Pernambuco; e através do Prof. Marcelo Neves, que fala muito bem o alemão, foi-me dada a oportunidade de fazer algumas perguntas ao Prof. Müller, que adota exatamente esta posição. O Direito Constitucional aparece a partir dos enunciados prescritivos. Está pronta a Constituição, o trabalho do constituinte está pronto. Então, começa o grande processo comunicacional, o grande fato comunicacional que é o Direito. Foi passada a mensagem, aquele é o suporte físico da mensagem. Aí, então, segundo o Prof. Müller, parte-se para o processo de concretização constitucional, vamos concretizar esta mensagem nesse fato comunicacional.

Valores

Muito bem, feita esta parte, tecidas essas considerações a respeito dos enunciados, das normas, eu gostaria de dizer que, como o Direito é um produto cultural, essas normas portam, necessariamente, valores. Já vimos que esses valores são percebidos ou são construídos, se quisermos levar às últimas conseqüências essas posições, a partir dos enunciados. Os valores são construídos a partir da nossa intuição emocional que detecta esses valores, eles são processados na nossa tábua de valores, que é diferente de pessoa para pessoa; ideologias, por mais parecidas, sempre diferem de pessoa para pessoa. E sai o nosso juízo de valor, digamos assim.

Então, apenas para terminar aquela dualidade, eu quero fazer uma observação que, no meu entender, merece registro, e um registro bem importante: se as normas são produzidas a partir dos textos, elas estarão necessariamente na implicitude do texto; não há norma explícita, as normas são sempre implícitas. De modo que falar-se em norma implícita passa a ser uma redundância, porque não há normas explícitas, as normas são necessariamente implícitas.

Esteve aqui recentemente o Prof. Guibourg, um grande filósofo do Direito da Argentina, da Escola Analítica de Buenos Aires, e disse exatamente isso, ou, melhor, falando nessa implicitude, quando lhe foi perguntado, ele disse: realmente não se pode falar em termos rigorosos em normas implícitas, porque toda norma é implícita. A norma está na implicitude do texto.

Vejam, eu citei o Prof. Marcuschi, da Universidade Federal de Pernambuco, da área de Lingüística, e ele também participa desta doutrina de que não se pode falar em normas implícitas, já que as normas são necessariamente implícitas.

Agora, enunciados implícitos e enunciados explícitos, esses, sim; e vai aqui logo um exemplo: nós falamos no princípio da isonomia das pessoas políticas de Direito Constitucional Interno no Brasil — União, Estados, Distrito Federal (há pouco tempo) e Municípios. Muito bem, são pessoas políticas de Direito Constitucional Interno. E nós diremos: há o valor da isonomia, da igualdade, estão parificadas, porque todas extraem o conteúdo das suas competências diretamente no texto constitucional, não há hierarquia entre elas, estão todas exatamente no mesmo nível.

Onde está escrito isso? Em lugar nenhum, esse é um enunciado implícito, enunciado sim, não é um enunciado explícito, não está escrito em lugar nenhum. Como não está escrito em lugar nenhum o princípio da segurança, o valor segurança jurídica. Não estão escritos em lugar nenhum, por exemplo, os dois princípios fundamentais do Direito Administrativo, a supremacia do interesse público ao interesse do particular e a indisponibilidade dos interesses públicos.

Quem for procurar estes valores no Direito Positivo certamente não encontrará. Por quê? Porque eles são enunciados implícitos. Agora, por que não são normas jurídicas? Porque não estão encaixados naquela estrutura hipotético-condicional, em que o antecedente implica deonticamente o conseqüente (se ocorrer o fato *f* deve ser a relação *r*). Basta inserirmos esses valores numa composição assim e teremos, então, uma norma jurídica com a presença desse valor.

Princípio jurídico

Muito bem, sendo assim, e feito esse registro, eu quero dizer que princípios são utilizados e como a palavra "princípio" tem sido utilizada na doutrina brasileira e no Direito Positivo, incluindo no Direito Positivo a Jurisprudência. Surge em vários sentidos: não nos cabe dizer qual é o melhor sentido, é uma escolha, cada um usa no sentido que bem lhe aprouver. Destaco, entretanto, a ocupação de "princípio" como norma jurídica, uma norma, digamos assim, constitucional que traz um valor muito importante para o sistema. Diremos, então: eis uma norma-princípio, ou eis um princípio.

Depois encontra-se também o uso de "princípio" como o valor que está encaixado nessa norma, sem a estrutura normativa. É outra acepção de "princípio", princípio como norma, norma-princípio, princípio como valor que está nessa norma, um valor importante, grandioso, posto no altiplano da Constituição.

Depois, princípio como uma norma jurídica de elevada hierarquia, de elevado nível, mas que não estabelece propriamente um valor, estabelece um limite objetivo. Exemplo: anterioridade. Anterioridade em si não significa nada; se a lei for publicada, digamos, no dia 28 de dezembro ou no dia 3 de janeiro, por que o legislador vai fazer questão disso? Não, é um limite objetivo posto pelo legislador constitucional.

Então, vejam, estamos diante de uma acepção, de uma proporção semântica do vocábulo "princípio", que é tido como uma norma jurídica, agora, que estabelece um limite objetivo, não um valor, um limite objetivo. Obviamente que essa norma terá um valor, senão não é norma jurídica, senão não é um produto do ser humano, senão não é algo construído, seria algo dado. O mundo estaria dividido, então, entre o que é dado e o que é construído. A norma jurídica é uma construção do ser humano.

Pois bem, nós já vimos três acepções de princípio. Quarta: o limite objetivo independentemente da norma. Então, temos a norma com um valor, depois só o valor, depois a norma como limite objetivo e depois só o limite objetivo. São essas quatro acepções, são essas quatro dimensões semânticas, que eu tenho encontrado como sentido do vocábulo "princípio", usando significação e sentido como equivalentes nominais.

Assim, a mim caberia dizer: eu vou trabalhar com esta acepção, mas não nos cabe disputar qual seria a melhor acepção, cada um usa — como eu disse — como bem lhe aprouver.

Vou tomar princípio jurídico como valor jurídico, independentemente da estrutura normativa onde ele esteja presente. E vou mostrar aos senhores uma aplicação prática disso. Se princípio é valor, o que é valor? Pronto, eis um outro problema de fundo filosófico. Dizem que todos os problemas acabam na Filosofia, porque, quando vamos nos deparar com uma significação, quando vamos nos deparar com um conceito qualquer, evidentemente a reflexão sobre esse conceito é uma reflexão sobre o conhecimento, e filosofar é refletir sobre o conhecimento, a filosofia do conhecimento.

Então, vejam, o que é valor? Valores são núcleos significativos que expressam uma preferência do ser humano. Os valores têm o *status* lógico de uma relação. O valor é uma relação, é uma relação entre o sujeito do conhecimento e o objeto que ele conhece e ao qual ele atribui um valor ou um desvalor. O desvalor é também um valor, seria um valor negativo.

Pois bem, tomado o valor como núcleos de preferência com relação a determinadas direções da conduta, da vontade, do que seja, eu devo dizer o seguinte: há poucos estudos importantes, mas em número significativo para quem quiser entrar nesse campo. Um deles é de Hessen, professor alemão, sobre *Teoria dos Valores*. Mas o Prof. Miguel Reale, aqui em São Paulo, fez um estudo admirável sobre valores, exatamente por ser um culturalista. Por desenvolver esse lado do conhecimento e aplicá-lo ao Direito, evidentemente, ele teve que fazer uma investigação profunda sobre valores.

Estudando a obra do Prof. Miguel Reale nesse sentido, nós vamos encontrar nove características do valor. Todo valor se apresenta num eixo de polaridade, onde o valor está implicando sempre o desvalor: onde estiver o belo estará o feio, onde estiver o sagrado estará o profano, onde estiver o bem estará o mal, e assim por diante. Os valores não existem fora desse eixo. Quando pensamos num valor vem imediatamente à nossa mente o desvalor, de tal modo que ele fala numa relação de implicação e polaridade, polaridade porque o valor e o desvalor se manifestam sempre num eixo, nas extremidades desse eixo, o valor implicando desvalor e o desvalor implicando valor.

Então, todo valor apresenta polaridade, implicação, referibilidade. Os valores referem-se necessariamente a objetos do mundo, a objetos da experiência. Vejam, os objetos ideais, os números, os conceitos, os triângulos, os polígonos de um modo geral, todos os objetos ideais podem ser estudados sem qualquer objetivação. Eu posso imaginar aqui um triângulo isósceles e começar a trabalhar com os ângulos desse triângulo, medir a área desse triângulo e tirar uma série de conclusões sobre essa figura ideal. Os valores não podem ser estudados como um objeto ideal qualquer, eles pressupõem uma objetivação. Não há valores fora de objetos da experiência. Eu posso dizer que este microfone é útil, este microfone é belo, este microfone tem esse ou aquele valor.

Agora, vejam, eu necessito desta objetivação. Como é que nós estudaríamos o belo, por exemplo, independentemente dos objetos que portam esse valor do belo? Seria impossível, é uma particularidade dos valores, para a qual o Prof. Miguel Reale chama muito a atenção. Depois, incomensurabilidade: eu posso medir a área do triângulo, os lados, os ângulos. Agora, não posso medir os valores, os valores não podem ser medidos, e isso vai ter uma aplicação muito interessante ao relacionarmos os princípios constitucionais tributários com valores constitucionais tributários. Não podem ser medidos, não podem ser dimensionados. É o princípio da incomensurabilidade dos valores.

Já me referi à objetividade necessária dos valores. Outra: a graduação hierárquica. Todo valor tende a se compor hierarquicamente com outros valores; dados dois, três valores, imediatamente eles se processam dentro de nós, nós colocaremos um acima, outro abaixo, ou ao lado, mas ao lado como posição hierárquica, não simplesmente justapostos. Essa é uma particularidade dos valores também.

O que mais nós teríamos? Com essas particularidades que todo valor tem, nós já podemos tratar de alguns princípios constitucionais tributários como valores constitucionais tributários para saber se eles são valores mesmo. Então, eu relacionei alguns aqui. Vamos pensar num princípio muito festejado, um princípio básico de todo o sistema positivo moderno, o princípio da legalidade. Será legalidade um enunciado axiológico nesse sentido? A legalidade como um valor?

Eu vejo como tudo se resolve rapidamente quando não estamos diante de um valor. Se surgir um problema sobre a legalidade, é só perguntarmos qual é o veículo que introduziu essa norma no sistema. É um ato normativo do Secretário da Receita Federal? É uma instrução ministerial, uma portaria do Ministro? É um decreto do Presidente da República? Ou é uma lei? A coisa mais simples do mundo é resolver esse problema: basta olhar o *Diário Oficial*. Se eu encontrar lá lei n. tal, o Congresso Nacional aprovou a lei n. tal, pronto: foi respeitado o princípio da legalidade; se encontrar decreto do Presidente da República eu digo: "Não, foi desrespeitado o princípio da legalidade, porque isso é um decreto do Presidente da República, não é lei".

Ora, a legalidade não é um valor em si, é um limite objetivo. Obviamente, é um limite objetivo que persegue um valor, e esse valor, nós já sabemos, é a segurança jurídica. E junto com ela outros valores, como justiça etc.

Agora, "fim" não é senão um valor enquanto racionalmente reconhecido como motivo da conduta. O Prof. Miguel Reale enuncia esta definição de fim que me pareceu magnífica: "Fim é um valor racionalmente reconhecido como motivo da conduta".

Então, legalidade, que nós tratamos como se fosse um valor, submetido a esses critérios de reconhecimento dos valores que eu mencionei, os senhores vão ver que não resiste, que não se sustenta, não é um valor a legalidade. A legalidade é um limite objetivo, armada, estruturada, para se obter um valor. Agora, em si não é. Como a anterioridade também. Não é que o nosso legislador tenha preferência pelo fim do ano e não tenha simpatias pelo início do ano; é porque ele estabeleceu um limite objetivo que persegue um fim, fim entendido como valor. Aí, sim, está o dado axiológico, não está no enunciado em si, no enunciado da legalidade, da anterioridade.

E, se nós começarmos a perpassar o nosso sistema constitucional tributário, vamos ver uma série de limites objetivos e uma série de valores, porque, vejam bem, confisco e não-confisco, esse é um valor, e é fácil perceber o porquê. Não dá para se objetivar em termos definitivos, quer dizer, não dá para se medir a incomensurabilidade. Aquilo que me foi possível medir imediatamente em termos de legalidade, porque eu pedi o texto e apareceu lá uma lei e eu disse: "foi observado o princípio da legalidade". Apareceu um decreto: "não foi observado o princípio da legalidade".

Foi-me dado medir objetivamente este enunciado, e eu o fiz. Agora, e o não-confisco? Os senhores sabem que a doutrina do Direito Tributário se debate há muitos e muitos anos sobre como estabelecer um critério objetivo. Hoje, antes da aula, eu perguntava ao Prof. Aires sobre aquele critério que o Direito Positivo Argentino tomou, de se estabelecer 33% do objeto tributado, em termos de tributação imobiliária, que foi um critério que resolveu nada. Por quê? Porque o confisco e o não-confisco, como os senhores já estão vendo, aí a bipolaridade, um implica o outro e o outro implica um. De modo que esse é um valor, ele se objetiva na conduta, ele se objetiva nos dados da experiência.

Agora, o que acontece é o seguinte: é incomensurável. E houve um esforço no Direito Argentino em termos de medir objetivamente. Se nós perguntarmos a alguém, por exemplo, ao meu amigo Ives Gandra da Silva Martins, se é confisco, ele vai ver confisco muito antes que outros, porque ele defende a posição dos contribuintes. É uma inclinação, não vai nenhum juízo de valor aqui. Mas se perguntasse ao Prof. Geraldo Ataliba, ele puxaria mais para cá, ele diria: "Não, por enquanto não há confisco, ainda". E quem é que tem razão? Não sei quem é que tem razão, depende dos valores de cada um, depende da ideologia de cada um, do filtro de valores que cada um tem em si.

Mas eu dei duas posições bem antagônicas primeiro porque os dois são muito amigos meus. O Prof. Ataliba continua sendo um amigo de grande parte da minha vida e o Prof. Ives também um grande amigo. De modo que eles tinham ideologias bem distintas, é por isso que eu dei esse exemplo. Mas isso vale para qualquer um de nós. Se eu disser: "a tributação é de 5% do valor do imóvel", a pessoa dirá: "Bem, então em tantos anos eu perderei o imóvel, isso é um confisco". E se eu disser 1%, "bem, daí não é confisco". Bom, perderá o imóvel depois de tantos anos, também. "Não, mas aí não há confisco." Ou diria: "Não, 1% é muito, só 0,5%". Não há acordo sobre isso. Eis um valor, inegavelmente um valor, confisco e não-confisco.

Retroatividade nós já vimos, e retroatividade da lei tributária, anterioridade, vinculabilidade da tributação, a tributação no Brasil tem que estar estritamente vinculada aos textos do Direito Positivo. Isso seria um valor? Eu digo: não, isso é o limite objetivo. Agora, todo limite objetivo persegue um valor, e nós já sabemos qual é o valor que está no fim dessa linha, é o valor da segurança jurídica, entre outros. No momento em que toda a atividade prescritiva em termos de Direito Tributário estiver adstrita, guardar uma integral aderência aos textos de lei, isso nos dará mais segurança, a todos nós. Então, o princípio da segurança está não propriamente nesta vinculação, está no final desta linha; no final deste caminho é que estaria, digamos, o princípio da segurança jurídica como um valor.

E assim territorialidade da tributação, e assim indelegabilidade da competência tributária. Por exemplo, eu tomei alguns princípios constitucionais tributários como valores constitucionais tributários exatamente para fazer juntamente com os senhores este teste.

Então, vejam, indelegabilidade da competência tributária: é óbvio que não é um capricho do legislador não permitir que o titular da competência tributária fique tolhido, não podendo delegar competência tributária. Se ele pode delegar a capacidade tributária ativa, por exemplo, por que que não poderia a competência? Não é, digamos assim, uma mera implicância com relação à competência; não, é porque isto vai atender a um valor, e o valor que está no fim dessa linha nós já sabemos também que é a segurança jurídica, e no campo do Direito Tributário é um valor muito presente — em todos os campos, mas no nosso campo, que mexe precipuamente com dois valores também fundamentais, o direito de propriedade e o direito de liberdade.

Essas providências, ligadas ao patrimônio dos administrados, ficam extremamente delicadas. Então, eu gostaria de deixar patente esse aspecto de que a indelegabilidade da competência não é um princípio, um valor em si, é um limite objetivo, estruturado, armado, para se obter um determinado valor. Esse, sim, como valor jurídico.

Muito bem, esse sistema de referências que eu adotei aqui a partir dos cortes metodológicos feitos tem o seguinte objetivo: alertar a todos essa dualidade enunciados/normas, com reconhecimento necessário de valores. Agora, faço desde logo uma observação para que não caiamos em qualquer tipo de excesso.

Quando eu me refiro aos valores, eu me refiro aos valores objetivados no Direito Positivo, porque, os senhores sabem, há excessos nesse campo, há pessoas que procuram realizar valores que não estão no Direito Positivo. Eu me refiro em parte ao chamado Direito Alternativo, o Direito encontrado nas ruas, um movimento que se propõe exercitar uma atividade política dentro do Direito Positivo.

Ora, dentro do Direito Positivo nós devemos cumprir os comandos normativos. Agora, temos que interpretá-lo; sem interpretação, evidentemente, não se pode realizar a conduta prescrita normativamente.

Então, uma coisa é reconhecer os valores objetivados, sem o quê eu não entenderei o texto, já que aquele é um objeto cultural. Agora, outra é apreendendo, construindo esses valores, compreendendo o texto, exercitar sobre essa compreensão um outro juízo de valor. Essa segunda parte eu não aceitaria. Quer dizer que, com isso, não estaria me afastando de Kelsen, são os valores objetivados no texto.

Kelsen procurou estabelecer uma diferença entre o trabalho científico e o trabalho não-científico, dizendo o seguinte: caberia ao cientista apenas enunciar as possibilidades de norma. Perante esse enunciado, são possíveis várias interpretações: trata-se de ato de decisão política. Eu fico com a n. 2 ou com a n. 3 e não aceito as demais, mas aí já entra o ingrediente político.

Entendo que o trabalho científico pode comportar com essa complementação política um juízo nesse sentido, de escolha da interpretação que vai ser adotada.

Muito bem, eu penso que já falei durante muito tempo e tomei a atenção dos senhores. Agradeço imensamente a atenção com que me ouviram, cumprimento a Mesa dessa sessão, o Sr. Presidente e os ilustres Professores, e muito obrigado a todos. (*Palmas*)

PROF. AIRES BARRETO — Estou extremamente aborrecido com o Prof. Paulo de Barros Carvalho. Já havia escrito umas 30 laudas sobre confisco; vou ter que rasgá-las. Quero agradecer ao Prof. Paulo de Barros Carvalho por sua brilhante conferência, aos Professores que compuseram a Mesa, Prof. Ferreiro Lapatza, Profa. Misabel Derzi, Prof. Estevão Horvath, Prof. José Souto Maior Borges, Prof. Heron Arzua, Professor que eu considerei integrando a Mesa, apesar de ele não ter subido aqui, Prof. Alcides Jorge Costa, que nos honra muito com sua presença, o Prof. Pérsio de Oliveira Lima, e tantos outros.

Quero convidá-los para a Mesa de Debates que terá por tema ICMS, financiamento e base de cálculo; ICMS e IPI, não-cumulatividade e direito ao crédito; Limites. Terá como expositores o Prof. José Eduardo Soares de Melo, que tratará da "Natureza do direito ao crédito"; o Prof. Heron Arzua, que falará sobre "ICMS; base de cálculo"; o Prof. Alcides Jorge Costa, que discorrerá sobre "Não-cumulatividade e sujeição ativa"; o Prof. Américo Lacombe, que falará sobre "O princípio da Federação, conflito de competência, ICMS e IPI", e o Prof. Célio Batalha, que falará sobre "ICMS e tratados internacionais, Mercosul".

Após o *coffee-break* retornaremos, então, rapidamente para essa Mesa de Debates. Obrigado a todos.

MESA DE DEBATES (B) (24.10.96)

ICMS, FINANCIAMENTO E BASE DE CÁLCULO — ICMS E IPI, NÃO-CUMULATIVIDADE E DIREITO AO CRÉDITO — LIMITES

ALCIDES JORGE COSTA
AMÉRICO LACOMBE
ESTEVÃO HORVATH (Presidente da Mesa)
HERON ARZUA
JOSÉ EDUARDO SOARES DE MELO
OSIRIS DE AZEVEDO LOPES FILHO

A NATUREZA DO DIREITO A CRÉDITO — Lei Complementar 87/96. Princípio da não-cumulatividade. Inidoneidade documental. Restrições constitucionais. Bem de uso e consumo. Correção monetária. Autonomia dos estabelecimentos. BASE DE CÁLCULO DO ICMS — Vendas a prazo. Acréscimos financeiros. LEI COMPLEMENTAR 87/96 — Não-cumulatividade. Sujeição ativa. ICMS E TRATADO INTERNACIONAL. MERCOSUL — Harmonização tributária. Bens de capital: tributação. PRINCÍPIO FEDERATIVO — DEBATES — Desoneração dos produtos semi-elaborados. Substituição tributária no álcool. Sistema de cobrança na origem. Substituição tributária. Fornecimento de alimentação. Financiamento. Penhora sobre faturamento. Documentação inidônea. Prescrição e decadência. Diferimento. Base de cálculo sobre a energia elétrica.

PROF. ESTEVÃO HORVATH — Vamos dar reinício aos trabalhos desta manhã, com a Mesa de Debates cujo tema genérico é ICMS, financiamento e base de cálculo; ICMS e IPI, não-cumulatividade e direito ao crédito; Limites. Compõem a Mesa o Prof. Alcides Jorge Costa, Prof. Américo Lacombe, Prof. Osiris de Azevedo Lopes Filho, Prof. Heron Arzua, Prof. José Eduardo Soares de Melo.

Primeiramente, para falar sobre "A natureza do direito ao crédito", eu passo a palavra ao Prof. José Eduardo Soares de Melo.

A NATUREZA DO DIREITO A CRÉDITO

PROF. JOSÉ EDUARDO SOARES DE MELO — Em primeiro lugar eu quero agradecer o convite formulado pelo IDEPE, porque sempre é uma honra e uma satisfação estar aqui todo ano neste Congresso, com uma platéia tão interessada, atenta, arguta, e com quem a gente sempre está aprendendo muito.

Quero dizer o seguinte: o tema trata de ICMS e IPI. O IPI é um imposto tão esquecido, porque apenas ele incide sobre quatro ou cinco produtos, o resto é tudo não-tributado ou alíquota zero; mas, como ele tem uma estrutura jurídica muito parecida com a do ICMS, eu não vou deixá-lo aqui à margem.

Lei Complementar 87/96

Quero fazer com vocês, na verdade, uma reflexão sobre a Lei Complementar 87/96, dentro dos aspectos conceituais e dos aspectos práticos, porque me parece que isso é que atenderá mais aos interesses do Congresso. É claro que, tendo a lei complementar sido publicada no dia 16, ainda é muito cedo para nós todos termos uma opinião.

Curiosamente, eu participei há uns 10 dias atrás de um simpósio aqui em São Paulo com um Diretor da Fazenda de São Paulo, muito conhecedor dos assuntos de ICMS, muito prático e objetivo, mas fiquei um tanto ou quanto estupefato, na medida em que ele disse à platéia: "Olha, agora não tem mais desculpa, a lei complementar já disciplinou tudo, temos que cumprir" — e mais adiante até ele disse que odiava medidas liminares.

Então, nós precisamos saber também o que o Fisco pensa, e não só aquilo que nós temos na cabeça em termos de conceitos e critérios.

Como o Prof. Alcides Jorge Costa tratará da "Não-cumulatividade e sujeição ativa", é claro que o meu tema também esbarra e toca de frente no tema do Prof. Alcides, que, é verdade, nós todos sabemos, com a sua experiência, grande inteligência e erudição, vai tratar com muito mais profundidade. Então, eu vou abordar apenas alguns aspectos do ICMS.

Em primeiro lugar, a questão da natureza jurídica do crédito. É claro que aqui eu não vou ficar apenas em grandes academicismos ou perfumarias jurídicas, porque nos interessa é ter um fundamento jurídico e o aspecto prático.

Princípio da não-cumulatividade

Vejam o seguinte: nós todos sabemos que o direito a crédito do ICMS nasce na Constituição quando trata do princípio da não-cumulatividade. É claro que a não-cumulatividade não toca nessa palavra "crédito", isso é extraído de legislação complementar, primeiro a de n. 406/68 e mais recentemente a nossa n. 87/96. E também pela doutrina, que tratou de viabilizar, operacionalizar, a sistemática da não-cumulatividade.

O crédito nasce de uma relação de Direito Privado. Assisti há uma semana atrás a uma palestra lindíssima do Prof. Alcides na Secretaria da Fazenda, que vislumbrou três relações jurídicas. E do crédito realmente eu tenho, como comerciante, quando eu vendo uma mercadoria, uma relação de Direito Privado entre o vendedor e o comprador. E aquele comprador, ele poderá apropriar os créditos do ICMS na medida em que haja uma operação tributada, e também quando ele toma serviços de transporte interestadual e serviços de comunicação.

É claro que nasce de uma relação de Direito Privado e ele não integra a norma jurídica tributária. Nós todos sabemos que o comerciante, o industrial, o produtor ou o prestador de serviço de transporte interestadual, intermunicipal ou de comunicação, quando realiza aquela operação, aquele negócio jurídico, aquela prestação de serviço, está realizando um negócio, apurando um débito tributário, que só num momento ulterior, geralmente o período de apuração mensal — aqui em São Paulo nós chegamos até a ter um período de apuração de dez dias, a cada dez dias se apurava o imposto —, só nesse momento é que aquele crédito, aquele valor do ICMS que é escriturado pelo contribuinte no seu registro de entradas, no registro de apuração, vai se confrontar com os débitos para se verificar, então, a existência de um saldo credor ou de um saldo devedor. Se é saldo devedor ocorre o recolhimento, nós todos sabemos, e se houver um saldo credor isso passará para o período seguinte ou será utilizado à aquisição de insumos. Enfim, como a legislação tributária regrar.

Então, a natureza do crédito origina-se de uma relação de Direito Privado. E posteriormente ela vai ter grande influência na liquidação tributária.

Também expressão consagrada desde a Emenda Constitucional 1, na 23, e a nossa Constituição de 1988 usa aquela expressão equivocada, e que eu posso me apropriar, o *montante cobrado*. É claro, só para lembrar a vocês que o cobrado, aqui, não significa o ato de cobrança de lançamento do Fisco, ou seja, o comerciante só poderia apropriar o seu crédito na medida em que houvesse o pagamento, a liquidação. Esse valor cobrado, essa expressão, há muito a doutrina já entendeu que se trata de valor incidente.

Então, desde que haja uma operação regular, um serviço regular tributado pelo ICMS, com amparo documental, eu estarei tratando de montante cobrado.

Inidoneidade documental

Um ponto que toca também bem de perto a questão da não-cumulatividade é aquele que diz respeito à inidoneidade documental. As legislações estaduais — é claro que com bons propósitos e ótimos andamentos — só permitiam o direito a crédito quando a operação anterior ou serviço tributado pelo ICMS anterior estivesse devidamente amparado num documento fiscal emitido por firma idônea. É evidente, não basta que haja essa operação ou que haja o serviço para que eu, contribuinte, possa me apropriar de um crédito de ICMS. Deve haver um documento, deve haver aquele retrato documental, a materialização daquela operação.

E é claro que certas legislações avançaram muito nesse direito constitucional ao crédito quando começaram a torpedeá-lo, ou seja, inserir situações em que esse crédito ficaria frustrado. Então, diziam o seguinte: a nota fiscal é inidônea e não permite o crédito quando não tem o nome do transportador, quando a data da saída é descoincidente com a data da emissão, e principalmente apurando situações de irregularidade dos emitentes das notas fiscais passaram a glosar o crédito daqueles adquirentes das mercadorias, dizendo que as firmas eram inidôneas. E aqui em São Paulo a Secretaria da Fazenda tem um sem-número de autos de infração contra essas pessoas, esses contribuintes que apropriaram os créditos de ICMS, sob a assertiva de que as firmas emitentes eram inidôneas ou inexistentes.

Estou dando esse realce porque a lei complementar agora trata desse assunto, trata da inidoneidade documental. Talvez nem fosse o caso de uma lei complementar. Nós sabemos que a lei complementar explicita os comandos constitucionais, ela não cria uma regra de estrutura tributária e muito menos deveria tratar de problemas de caráter acessório. Sobre a questão da não-cumulatividade, basta uma simples leitura da lei complementar para verificar que extrapola e muito, e até acaba dificultando, criando empeços, entraves à não-cumulatividade.

Então, na questão da inidoneidade documental, o que se verifica nessa legislação e na prática administrativa, que não deve ser coibida evidentemente, mas é um tanto ou quanto exagerada. O Fisco apura que certos emitentes de notas fiscais apenas se inscreveram na repartição para obter um número de inscrição e poder imprimir os seus talonários; e, verificando que essas firmas de fato não existem, ao invés de cobrar daqueles responsáveis, daqueles sócios dessas empresas, glosa por equiparação, por solidariedade, dos tomadores do crédito.

É claro que, aqui, nós devemos levar em conta vários princípios que inspiram, norteiam e fundamentam essas atividades desses tomadores de crédito — o princípio da teoria da aparência, o princípio da boa-fé —, e também que eles não têm a condição de exercer o regular poder de polícia ou fiscalização, porque isso, evidentemente, afeta a Fazenda do Estado.

Então, esta questão do crédito, a natureza do crédito, o direito a crédito em termos de inidoneidade documental, vai, evidentemente, ficar condicionada; embora seja um aspecto prático, me parece de superior relevância, pelo número significativo de procedimentos fiscais e de autos de infração, mas também porque foi alçado a essa dignidade de lei complementar.

Restrições constitucionais

Um outro ponto importante também que deve ser levantado aqui é a desvinculação dos negócios jurídicos. Será que eu só tenho o direito a crédito relativamente a operações subseqüentes em que exista o débito? Esse é um ponto fulcral da questão.

A Constituição fala na não-cumulatividade, e num determinado parágrafo do art. 155 diz duas hipóteses em que esse crédito não pode ser mantido: uma delas é quando o serviço interestadual ou intermunicipal de comunicações ou aquisição da mercadoria for isento ou não houver incidência. Então, a Constituição é clara, ela é categórica, ela é peremptória. Ela diz: "não, não pode tomar o crédito". E diz, também, quando na operação subseqüente também houver a isenção ou não ocorrer a incidência.

Então me parece — claro, é uma mera opinião — que essas são as duas únicas restrições constitucionais. E se esse entendimento pode ser levado a sério, isso é um fundamento da não-cumulatividade e a única peia que existe na Constituição, todas as outras hipóteses permitiriam o direito a crédito que nesses 10/15 minutos que eu tenho para falar vou tocar de leve, porque o Prof. Alcides falará com mais proficiência, que é a questão de uso e consumo, que é a questão de ativo permanente.

Parece-me que existe aqui, mas é um fundamento, e que eu trato de créditos contra débitos, salvo aquelas restrições constitucionais; eu não estou tratando de operações com operações, serviços com serviços. Ou seja, eu deva perseguir, eu deva conhecer todo o *iter* daquele bem corpóreo, daquela mercadoria, para saber se apropria ou não apropria o crédito.

Isso estava já no Convênio 66, e essa matéria não é nova. É curioso, porque em todo Congresso aqui a gente acaba abordando os mesmos temas. É claro que não se deve repetir, existem outros enfoques, existem a doutrina e a jurisprudência.

Mas Geraldo Ataliba e Cléber Giardino já há muitos anos disseram que não posso seguir, não devo seguir, a sistemática constitucional não me conduz a esse caminho, seguir operações por operações. Isto só devia ser levado na devida consideração em termos das restrições constitucionais que estão no art. 155, § 2º, II, "a" e "b".

Na questão do IPI a história é um tanto ou quanto diferente. Basta uma simples leitura do texto constitucional e eu verifico que essas restrições constitucionais não existem. Então, segue-se o entendimento consectário. Lógico que eu poderia manter o crédito em quaisquer situações, porque está no texto constitucional, e onde não houve essa distinção, essa discriminação, me parece legítimo, jurídico e lícito apropriar e manter os créditos de bem em quaisquer situações.

Em termos da Lei Complementar 87 eu vou apenas pinçar algumas situações para a nossa reflexão, e, se for o caso, até para algum debate.

A primeira questão dos créditos físicos e dos créditos financeiros, essa surrada discussão fazendária e linha de contribuinte, dizendo que "não, eu só posso apropriar, só posso manter créditos físicos que participam imediata e integral do processo de industrialização, do processo de comercialização, ou no caso dos serviços interestaduais e intermunicipais".

Essa história ficou um tanto ou quanto já prejudicada. E dou dois exemplos aqui, para não ficar apenas no aspecto teórico. Em primeiro lugar a energia elétrica. Se a energia elétrica foi caracterizada constitucionalmente como mercadoria, então não posso falar mais em coisa corpórea. E bens corpóreos materiais, que são suscetíveis apenas de incidência do ISS, como é o caso do concreto, em que o Supremo Tribunal Federal, depois de estudos de Víctor Nunes Leal, Sampaio Dória e tantos outros, já deixou claro que são materiais auxiliares da construção civil, e mesmo que exista alguma dificuldade de aceitação por parte das Fazendas, até hoje as argamassas, enfim, outros bens corpóreos, isso também para não me esquecer do arrendamento mercantil em que eu estou tratando de bens corpóreos, e a Lei Complementar 56/87 lista, arrola, o arrendamento mercantil. Se bem que a nossa Lei Complementar 87 agora faz uma ressalva na venda pelo valor residual.

Então, crédito físico, crédito financeiro, me parece que é uma conceituação doutrinária que em termos de Direito Positivo não deve ser levada tão a sério.

Bem de uso e consumo

Sobre a questão do uso, consumo, ativo permanente, energia elétrica e correção monetária, eu penso que, se só existem aquelas restrições constitucionais, não se apropria o crédito porque não há tributação, ou não posso manter o crédito porque na saída não houve tributação, todas as demais situações dão juridicidade ao aproveitamento do crédito.

Quanto ao bem de uso e consumo, veio a Lei Complementar 87/96, como muito boazinha, dizendo o seguinte: "olha, agora permite-se o direito a crédito — agora não; a partir de 1º de janeiro de 1998 permite-se o direito a crédito". E também o ativo permanente: "olha, permite-se o direito a crédito a partir da data da vigência da lei, 1º de novembro agora, mas só que, se você der saída, o contribuinte der saída antes que decorram os cinco anos, ele terá que estornar proporcionalmente".

Parece-me o seguinte: se essas duas situações não se encartam na restrição constitucional — e eu faço questão de repetir isso —, elas conferem direito a créditos ou mais; a despeito de recentemente, parece que na sexta-feira, a *Gazeta Mercantil* ter publicado uma decisão do Supremo Tribunal Federal glosando um crédito de energia elétrica da C&A Modas num estabelecimento comercial no Rio de Janeiro — é verdade que é uma notícia de jornal, não se tem conhecimento da íntegra do acórdão, mas esses bens de uso e consumo, no IPI então nem se discutiria isso, mas tanto os bens de uso e consumo como os bens do ativo permanente, que são bens que não vão implicar uma saída, eu não posso dizer: "ah, mas se saísse não seria tributado, então teria que estornar".

Então, não implicando a saída, me parece — não sei se isso é uma posição um tanto ou quanto ousada ou arrojada — que o direito a crédito seria inequívoco, e até não respeitando a partir de agora, a partir de 1º de novembro ou janeiro de 1998, mas sim desde quando ele possa ser factível, viável, até cinco anos anteriores.

A questão da energia elétrica insere-se também nessa mesma bitola jurídica.

Correção monetária

E não posso esquecer mais dois pontos — eu sei que o meu tempo já deve estar terminando, o Estevão ainda não olhou, mas sabemos que vai olhar daqui a um minuto. A questão da correção monetária, que, embora a própria legislação de São Paulo — não sei a dos outros Estados — dissesse que o crédito pelo seu valor nominal, pelo seu valor histórico, o Superior Tribunal de Justiça, já por suas duas Turmas, em diversas oportunidades entendeu que deve haver o equilíbrio, a isonomia, uma série de argumentos jurídicos tão bem esposados por Roque Carrazza, por Geraldo Ataliba e mais recentemente por Aires Barreto, até num Congresso aqui sobre indexação, tem que ser levada na devida consideração.

O ponto final que eu trato aqui, apenas como uma pincelada, é a questão de manutenções de créditos. É uma coisa curiosa. A própria lei complementar, quando dá com uma mão, dizendo que é possível no uso e consumo, bem de ativo permanente, com grande bondade, ela diz: "ah, mas aqueles bens que sejam alheios ao estabelecimento". Bom, bem alheio ao estabelecimento que não seja do permanente, do uso e consumo, me dá a impressão de que é alguma coisa que sem querer entrou no estabelecimento, que não foi adquirida pelo estabelecimento, que não houve um serviço prestado e que não tem nota fiscal, não tem nada.

Isso me dá a impressão de que haveria uma leve conotação com a sistemática do imposto de renda e que eu só posso apropriar e considerar as despesas e os gastos que sejam os normais, os necessários, documentados. Ora, se todos aqueles bens, qual é o bem alheio? E isso eu vi de um representante da Fazenda de São Paulo, dizendo: "não, o bem alheio é o seguinte, é uma atividade de lazer, é a mesa de boliche que o empregado vai jogar". Isso não tem nada a ver com a empresa! E o veículo, presume-se o veículo. Nós não sabemos se é o veículo da própria empresa transportadora, se é o veículo de propriedade da empresa que vai transportar os seus funcionários. Isto está aqui na lei complementar, dando uma cerceada, esquecendo o princípio da não-cumulatividade.

Autonomia dos estabelecimentos

Realmente, agora para terminar aqui as minhas considerações, eu peço que seja devidamente examinada a questão da apropriação dos créditos e da liquidação dos créditos no que diz respeito ao princípio da autonomia dos estabelecimentos.

Nós sabemos que desde o CTN, consagrado, reiterado em diversas legislações estaduais, se consagra o princípio da autonomia dos estabelecimentos, em que cada estabelecimento de uma determinada empresa apropria seus créditos, seus débitos, e vai apurar se tem que recolher ou se tem um saldo credor. E diz num determinado momento que poderá o Fisco considerar no seu conjunto os créditos e débitos. O Fisco que eu digo é a legislação estadual.

Então, nós não sabemos como isto será operacionalizado. Talvez fosse até uma medida de grande justiça, porque nós sabemos que em muitas situações certos contribuintes têm muito crédito num estabelecimento e muito débito no outro, e aí talvez — agora também é hora de criticar alguns contribuintes — eles façam um passeio singelo de créditos. Então, emitem notas que não são amparadas por operação nenhuma, por serviço nenhum.

Enfim, eu acho que essas eram algumas considerações que eu poderia tecer a respeito do direito a crédito. É claro que a lei complementar é muito nova e com o tempo nós vamos saber qual o melhor entendimento e aplicação.

Muito obrigado. (*Palmas*)

PROF. ESTEVÃO HORVATH — Agradecendo a participação do Prof. José Eduardo Soares de Melo, eu lembro aos colegas que desejarem formular questões aos componentes da Mesa, relativas, de preferência, aos temas aqui tratados, que o façam e entreguem a uma das nossas simpáticas recepcionistas, que estarão aguardando ansiosamente.

Passo a palavra, agora, ao Prof. Heron Arzua, que falará a respeito da "Base de cálculo no ICMS".

BASE DE CÁLCULO NO ICMS

PROF. HERON ARZUA — Senhor Coordenador Presidente da Mesa, Prof. José Eduardo Soares de Melo, ilustre Prof. Alcides Jorge Costa, Prof. e Dr. Américo Lacombe, o tema que me foi proposto nesta sessão é a respeito da base de cálculo do ICMS, tema pelo qual eu confesso aos senhores não tenho nenhum entusiasmo. Mas o Prof. Paulo de Barros Carvalho disse ontem com muita propriedade que praticamente desde 1988 eu só falo em crédito de ICMS. Portanto, estava na hora de eu não só sair do crédito como sair até talvez do ICMS.

Vendas a prazo

A pergunta que me foi proposta é muito simples: é saber se nas vendas à prestação, nas vendas a prazo em que o comerciante acresce o preço da operação da mercadoria, da venda à vista, há ou não incidência do ICMS. E essa é uma situação que começou com um comerciante que foi ao meu escritório de advocacia e me fez essa pergunta assim: "Doutor, eu separei aqui os juros e a correção monetária do preço de venda à vista e estou sendo autuado aqui pelo Fisco com base na legislação estadual, e há referência ao Convênio 66. Eu quero saber do senhor se eu devo pagar ou tenho alguma possibilidade de discutir, porque esse financiamento é feito com dinheiro que eu vou aos bancos, peço empréstimo, pago e depois financio. Sou uma empresa pequena, sou um pequeno empresário, não tenho instituição de financiamento do meu lado nem tenho condições de emitir cartões de crédito ou usar da sistemática de cartão de crédito para o financiamento dessa verba. Então eu quero saber, é simples a questão".

Eu, como advogado que sou, vou à legislação e me deparo com o Convênio 66, art. 6º, que é repetido por todas as leis estaduais, que diz o seguinte: "Integra a base de cálculo do imposto o valor correspondente a seguros, juros e demais importâncias pagas, recebidas ou debitadas, bem como descontos concedidos sob condição". Então, a minha primeira inclinação é dizer ao consulente que ele vai ter que ir ao Fisco e pagar. Mas, como se trata de uma situação recente, eu digo: "Não, mas você espere um pouco, porque tem uma lei nova, tem uma lei complementar sobre o ICMS; finalmente, depois de sete anos da Constituição, eis que surge uma nova lei complementar". E antes de eu lhe responder, porque a legislação do Estado diz que o senhor tem de pagar, o Convênio 66 diz que o senhor tem de pagar ... Eu pedi um tempo, como no basquete, e disse: "Deixe eu dar uma olhada nisso". E daí vou dar uma olhada na lei complementar para ver se houve alguma modificação, vou dar uma verificada na Jurisprudência. Isso é o que nós fazemos todo dia nos nossos escritórios de advocacia.

Começo a ler a lei complementar com muito espanto, porque, quando estudei Direito Tributário aqui na PUC em São Paulo, li no livro do Prof. José Souto Maior as finalidades, as funções da lei complementar, e o primeiro susto que eu levo é que esta lei aqui não tem nada daquilo que eu aprendi na escola. Bom, talvez tenha mudado eu, ou a Constituição, ou os tempos; o fato é que essa lei mais parece um regulamento de um Secretário de Fazenda qualquer, que tenha emitido. Não tem a cara, a feição, as finalidades daquilo que nós aprendemos na escola que é o papel de uma lei complementar.

Mas — o Prof. Geraldo Ataliba sempre dizia isso — nós somos diferentes, o Brasil é diferente de todos os Estados do mundo, porque nós temos uma Constituição superminudenciada, supercasuística, e nós temos que fazer em primeiro lugar uma interpretação da Constituição, e daí fazer o que todo o mundo dos constitucionalistas nos ensina: verificar se há uma adequação da legislação infraconstitucional com a legislação constitucional.

Hoje, na palestra do Prof. Paulo de Barros Carvalho, nós vimos com muita clareza que temos sempre mais de uma interpretação possível, e depois há uma decisão política a respeito de como as coisas devem ser.

PROF. ESTEVÃO HORVATH — Eu estava lembrando que o Prof. Ataliba mencionava muito que nós seguíamos — principalmente o Executivo Federal — o parâmetro de um país importante na psicologia dos países, que é Uganda (*Risos*) ... principalmente quando tinha aquele Idi Amin Dada. (*Risos*)

PROF. HERON ARZUA — Eu me lembro dessa do Idi Amin, ele dizia que era menos custoso o sistema africano porque bastava a vontade do soberano. Aliás, nós estamos chegando perto disso.

Então eu vou ler essa lei complementar e começo a me surpreender com ela desde o art. 1º, vou lá na base de cálculo e verifico que até chegar na base de cálculo eu levei sustos enormes. O primeiro é que graças a Deus essa lei não trata de *causa mortis*, (*Risos*) porque, se tratasse ... Os senhores sabem que nada mais certo do que os impostos é a morte, e já que nós estamos na era da presunção de fatos geradores, estamos presumindo aqui, na famosa substituição tributária, pagamento de fatos que vão ocorrer no futuro, eu fiquei preocupado porque, se fosse uma lei sobre *causa mortis*, provavelmente iria cobrar desde logo o imposto *causa mortis* de nós. (*Palmas*) Não se trata de *causa mortis*, mas sempre é uma perspectiva.

Os senhores vejam que eu vi, aqui também com surpresa, que a lei tenta afastar a jurisprudência do Supremo e do Superior Tribunal de Justiça, dizendo que transferência entre estabelecimentos paga imposto, que o desembaraço aduaneiro de mercadorias importadas do Exterior passa a ser fato gerador, praticamente, o que também é uma antecipação, porque a Constituição fala em entrada no estabelecimento; então, nós estamos antecipando tudo.

Eu temo que nesse projeto do sucessor do Dr. Osiris, o Everardo Maciel, a gente vá pagar ainda sobre fatos geradores futuríssimos, aquilo que a gente vai ganhar muito mais para a frente.

De qualquer maneira, eu fico aqui com a lei dizendo que juros, seguro, tudo o que você puser, paga. Mas daí eu me lembro de quem? Eu me lembro do Prof. Geraldo Ataliba, que dizia: "Você, Heron, leu o livro do Alfredo Augusto Becker?" Eu digo: "Há muitos anos atrás eu li". "Pois é, era a teoria dos fundamentos óbvios, aquilo que todos nós damos como certo, ninguém estuda mais, é isso mesmo." E o Becker dizia naquele livro que a base de cálculo talvez na visão dele fosse mais importante que o próprio aspecto material da hipótese de incidência, que a própria situação material do fato gerador. Ele tem uma frase no livro que diz: "Dá-me a base de cálculo e eu te direi de que tributo se trata".

Então a gente começa a imaginar essas coisas e vê se a legislação foi efetivamente coerente com a Constituição, porque a nossa Constituição é diferente de todas as Constituições do mundo. Se eu estivesse na Europa, na França ou na Espanha, talvez eu pudesse pegar essa lei complementar e dizer que ela está inteiramente certinha e não há discussão; mas no Brasil as coisas não são assim, porque nós somos diferentes.

Outro dia ainda, num simpósio, com o Prof. Geraldo Ataliba aqui, houve um exemplo de como nós somos diferentes e que isso se reflete na nossa postura, no nosso Direito. E não cabe dizer que nós temos de ser iguais ao Estrangeiro, porque o ICMS não é igual ao IVA nós vamos ter de dizer que ele tem de ser cobrado no Estado consumidor. Nada disso, nós temos as nossas particularidades.

Uma delas foi um fato muito interessante. Não tem nada a ver com o assunto, mas só para ilustrar eu contarei a vocês. Isso para mostrar como o brasileiro é diferente, como a nossa Constituição segue o espírito brasileiro, sem críticas sobre se isso é melhor, se nós somos melhores ou não deveria ser assim, se a nossa Constituição deveria ser aquele exemplo da Constituição americana que tem 20 artigos, 3 emendas, e é uma beleza porque só há enunciados gerais.

Na guerra, um tenente médico num batalhão, numa missão de verificação, foi a uma vila italiana e lá a cidade já tinha sido abandonada pelos alemães e os brasileiros ainda não tinham tomado conta dela. Então chegaram lá, e havia uma casa com luzes e tal. O batalhão, comandado por um médico — já era um espanto um médico como tenente comandar um batalhão brasileiro —, cercou a casa: entraram numa casa festiva, cheia de raparigas italianas, com 13 alemães e 4 brasileiros em plena confraternização — isso no auge da guerra, em 1944! O tenente prendeu todo mundo, mandou os 13 alemães para o campo americano onde os alemães ficavam presos e recolheu os brasileiros. No dia seguinte um dos brasileiros foi falar com o tenente (esse episódio até é contado agora num livro de memórias do tenente que presenciou isso) e disse: "Tenente, está ocorrendo um problema muito sério". "Mas o que aconteceu?" "Ontem fomos todos presos, e tal ..." "Eu sei, mas que barbaridade! Você pode ser enquadrado como traidor, como crime de traição, você confraternizando com os alemães!" "Pois é, inclusive eu sou muito amigo do Fritz e tal ... Agora, tem um problema muito sério que nós precisamos resolver: na confusão pegaram um brasileiro, juntaram com os 12 alemães e levaram preso; e o alemão está na minha barraca, dormindo do meu lado." Aí, o cidadão disse: "Mas como é que pode isso? É impossível!" "Não! é que eles tinham trocado de túnica." (*Risos*)

Isso mostra que nós temos um espírito diferente. E com o Prof. Geraldo Ataliba eu sempre aprendi que nós devíamos ter uma visão crítica das coisas. Então, a Lei Complementar 87 seguramente não é aquilo que o Prof. Souto Maior Borges nos ensinou há 20 anos, num trabalho sobre lei complementar. Isto aqui é uma outra coisa, é mais parecido realmente com uma instrução normativa daquelas que o Osiris emitia quando era Secretário da Receita. (*Risos*)

Prof. Osiris de Azevedo Lopes Filho — Mas eu nunca tive negociador do tipo do Kandir... (*Risos*)

Acréscimos financeiros

Prof. Heron Arzua — Voltando ao tema, eu verifiquei na jurisprudência do antigo imposto de vendas e consignações que os juros sempre integraram nessas vendas financiadas a base de cálculo do ICM, inclusive do Supremo Tribunal Federal, num voto do então Ministro Antônio Neder em que ele fazia uma distinção entre operação de venda e operação de crédito.

Todavia, houve um acórdão do Supremo Tribunal Federal de 1988 em que se apontava um novo rumo, em que se admitiu pela primeira vez na tributação de um imposto de vendas no Brasil que, mesmo que o financiamento fosse feito pela empresa comercial vendedora, ele poderia não integrar a base de cálculo do imposto.

É um acórdão que, inclusive, abria uma nova perspectiva para essa tributação do pequeno e do microempresário, que tem de, forçosamente, para sobreviver, colocar no preço da mercadoria os acréscimos financeiros — antigamente a maioria desses acréscimos se constituía de correção monetária — e faz um financiamento no sistema bancário para poder refinanciar o seu consumidor final. E o imposto bate, aqui em São Paulo, a 18%, no Paraná 17%, sobre esta parcela também. Ao passo que a empresa grande — isso todos os senhores sabem, eu estou falando o óbvio — tem a sua instituição de financiamento e paga o IOF nessa financeira.

Então, é uma grande desigualdade no sistema, num mercado ardentemente disputado.

Mas o Supremo, então, deu uma luz em um acórdão de março de 1983: "O ICM há de incidir sobre o preço ajustado para venda e não sobre o valor do financiamento". Tratava-se de um caso da Mesbla com cartão especial de crédito e o acórdão dizia o seguinte: "Embora o financiamento do preço da mercadoria ou parte dele seja proporcionado pela própria empresa vendedora, o ICM há de incidir sobre o preço ajustado para venda, pois esse é que há de ser considerado como o valor da mercadoria e do qual decorre a sua saída do estabelecimento vendedor". Neste programa a Mesbla vendia à vista, o cidadão pagava com o cartão e depois fazia o financiamento. Não é a mesma hipótese da venda à prestação.

Bom, essa decisão do Supremo foi tomada diante de um trabalho pioneiro do Prof. Geraldo Ataliba e do Prof. Cléber Giardino, que está estampado na *RDT* 41, um longo trabalho sobre as naturezas de venda a financiamento, mas que nem o Prof. Geraldo nem o Prof. Cléber chegaram a concluir especificamente quanto à venda à prestação. Eu, como sempre fazia, liguei para o Geraldo e disse: "Geraldo, eu tenho aqui este problema da base de cálculo e pelo seu trabalho eu acho que tem de pagar". Ele disse: "Não, você dê uma olhada bem porque aí me parece que nessa venda à prestação nós podemos distinguir dois negócios jurídicos perante o Direito Privado: um negócio na venda e o outro no financiamento. Você dê uma olhada nisso, eu acho que dá para nós desenvolvermos a tese — e, inclusive, trazermos para a reflexão do Congresso, porque o Supremo Tribunal Federal nos últimos 30 anos deu pela primeira vez um sinal de abertura quanto a essa matéria, que é das matérias mais complexas que podem existir em Direito Tributário".

O que compõe a base de cálculo do ICMS? O que é legítimo a lei complementar dizer nessa matéria? Quais são os limites da lei complementar nessa matéria? Ela pode dizer, como disse a lei complementar, o que dá direito a crédito, transferência paga imposto, crédito só nessas e naquelas condições ... O princípio da autonomia do estabelecimento, vejam que coisa importante o princípio da autonomia. E com isso acaba a não-cumulatividade.

A autonomia dos estabelecimentos levou os Estados a legislar dizendo que um estabelecimento não pode passar crédito para outro; então, não adianta nada essa euforia do Min. Kandir ao dizer: "Não se paga mais impostos nos produtos primários e semi-elaborados". Pela lei complementar isso não vai ocorrer, porque não há condições de aproveitamento do crédito, você não pode fazer nada com ele, a não ser a partir dessa lei; e nós já estamos imaginando como convalidar os créditos anteriores a isso.

Então, vejam, a lei é toda ela restritiva. Na parte da base de cálculo o Prof. Sacha chegou a se referir a isso ontem: inclui tudo, imposto de importação, imposto sobre produto industrializado, imposto sobre operações de câmbio, quaisquer hipóteses. Quer dizer, pode a lei complementar fazer isso? Qual é o nosso papel como estudiosos do Direito Tributário? Será que nós nos limitamos a simplesmente olhar a lei complementar ou aquele Convênio 66?

Os senhores sabem que eu fui Secretário da Fazenda, tem outros colegas aqui que participaram comigo do CONFAZ. Quem fez essa lei foram os assessores técnicos do CONFAZ. Não é porque eles fizeram e a lei foi toda aprovada; o fato é que isto aqui é melhor do que o regulamento do ICMS. Mas essa lei cumpre a vocação constitucional, ela está sendo coerente com o ICMS posto na Constituição? Os senhores não se esqueçam de que o ICMS tem 30 ou 40 enunciados a respeito dessa matéria. Será que a lei complementar está de acordo? Será que ela está realizando aqueles princípios da segurança jurídica, da proteção da liberdade, dos direitos e garantias individuais? Ou ela não cumpre este papel? E mais: qual é a nossa missão num Congresso como este? É fazer como os juízes — sem crítica a ninguém — vêm fazendo ultimamente, até por impossibilidade de estudar, da avalanche de questões, decidindo pelo texto da lei sem maiores reflexões?

Essa decisão do Supremo que o José Eduardo falou, de energia elétrica, não me preocupou a decisão, me preocupou o fundamento do Supremo. Diz o jornal que o Supremo disse que não dá direito a crédito na energia elétrica porque está escrito no art. 36 do Convênio 66. Quer dizer, se vier um ministro aqui, hoje, ele vai ter de nos esclarecer a respeito. Será que nós vamos cometer aquele erro que o Prof. Geraldo Ataliba falou a vida inteira? Não vamos interpretar a Constituição a partir de leis infraconstitucionais. Será que o Supremo está chegando nisso? E para facilidade nós vamos citar a lei complementar.

Muito bem, o Prof. Geraldo disse para mim na época: "Olhe, tem uma leizinha aí chamada Lei Herbert Levy, 6.463, de novembro de 1977, que ninguém leva a sério, mas que manda você colocar na fatura o preço de venda à vista, o preço global e o valor das prestações mensais". Ele disse: "Se o Direito Tributário tem que obedecer ao Direito Privado, se é assim, dá para identificar duas operações, e portanto nós poderíamos concluir que uma interpretação honesta da Constituição, da base de cálculo do ICM, chegaria à conclusão de que os juros e correção monetária não integrariam a base de cálculo".

E, para encerrar, recentemente, o Supremo Tribunal Federal, apreciando uma questão, não endossou essa tese, pelo menos aparentemente. Tratando de uma ação de inconstitucionalidade da Constituição de Minas Gerais, que dizia que na venda à prestação não há incidência do ICM sobre os encargos financeiros, disse o Ministro-Relator o seguinte, depois de citar o Geraldo Ataliba: "Nessa modalidade há um único negócio jurídico, o de compra e venda, no qual o valor da operação que constitui a base de cálculo do ICMS incorpora o preço normal da mercadoria e o eventual acréscimo decorrente da venda a prazo, diversamente do que ocorre com a hipótese de venda financiada, que, como se viu, desdobra-se em dois negócios jurídicos distintos".

Então, essa decisão, que está na *RT* de agosto de 1996, portanto recentíssima, mostra que o Supremo teoricamente está endossando a tese de que, quando há uma venda à prestação com financiamento feito pelo próprio comerciante, o ICMS há de incidir sobre o valor global dessa operação.

Muito obrigado. (*Palmas*)

PROF. ESTEVÃO HORVATH — Obrigado, Prof. Arzua. Eu pediria um esclarecimento ao Professor: parece que ficou uma dúvida quanto ao número da revista, e pode ser de interesse dos colegas que quiserem consultar o acórdão.

PROF. HERON ARZUA — É a *RT* 730, de agosto de 1996, p. 123 em diante.

PROF. ESTEVÃO HORVATH — Passo a palavra, agora, ao Prof. Alcides Jorge Costa, que falará, entre outras coisas, sobre a não-cumulatividade e sujeição ativa no ICMS.

LEI COMPLEMENTAR 87/96

PROF. ALCIDES JORGE COSTA — Senhores membros da Mesa, senhoras e senhores, não podemos acumular muito atraso, e, por isso, passo direto ao assunto.

Primeiro quero fazer uma referência — e aqui já vou ser um pouco polêmico com o meu querido amigo Prof. Arzua — ao conteúdo da lei complementar. Creio que se deve examinar o papel da lei complementar neste caso à luz do que está escrito na Constituição de hoje, e não à luz de conceitos, categorias e funções mencionados em lei complementar, formulados em legislação ordinária ou em Constituição anterior, ou idealizados.

O que diz a Constituição hoje? O art. 146 diz que a lei complementar disporá sobre fatos geradores, bases de cálculo e contribuintes dos impostos nela mencionados. O art. 155, XII, diz que cabe à lei complementar, em matéria de ICMS, definir os contribuintes, dispor sobre a substituição tributária, disciplinar o regime de compensação do imposto, fixar, para efeito de sua cobrança e definição do estabelecimento responsável, o local das operações relativas à circulação de mercadorias e prestação de serviços etc. E esta lei complementar tem como conteúdo exatamente a soma do que está no art. 146 e no inciso XII do § 2º do art. 155.

Na verdade, esta Constituição deu, no caso do ICMS, uma função muito específica à lei complementar. E não se pode lidar com um texto constitucional claríssimo tendo em mente conceitos formulados anteriormente ou conceitos idealizados de lei complementar. Concedo que a categoria de lei complementar foi objeto até de abuso nesta Constituição e que serve para tudo, inclusive para regular diretamente o imposto — se é que um dia vai ser regulado — sobre grandes fortunas. Aí, a lei complementar fará pura e simplesmente o papel de uma lei ordinária, com a única diferença de requerer *quorum* qualificado para sua aprovação.

O conteúdo da Lei Complementar 87 de modo nenhum foge ao que a Constituição manda que a lei complementar faça em matéria de ICMS. Obviamente, o que a Constituição defere à lei complementar equivale a uma quase-federalização legislativa do ICMS.

Não-cumulatividade

Isto posto, passo à não-cumulatividade. A não-cumulatividade é a base deste imposto que foi idealizado e praticado em outros países, antes do nosso, exatamente para evitar a cumulatividade dos impostos de vendas que existiam, porque a cumulatividade é inteiramente indesejável do ponto de vista econômico.

Como se atinge a não-cumulatividade? Pelo sistema de créditos e débitos. Diria que este tipo de imposto no campo jurídico, apesar de existir no Brasil há quase 30 anos, é ainda uma espécie de esfinge e a não-cumulatividade é invocada para tudo e para nada. Invoca-se a não-cumulatividade até quando claramente está havendo uma desacumulatividade.

De onde nasceu tudo isto e o que esta lei complementar veio trazer?

Volto um pouco para trás e lembro que na França existia o chamado imposto sobre a produção, que era cobrado no ciclo da produção, mas uma só vez. O imposto ficava suspenso até a última fase da produção. Um dia, certamente como todos os Tesouros Públicos, o Tesouro francês precisava de dinheiro e alguém lembrou que o imposto sobre a produção podia ser pago fracionadamente. Para evitar a cumulatividade, que já tinha tido péssimos efeitos na França, inventou-se, então, o pagamento parcelado, ou seja, no ciclo da produção cada produtor pagava o imposto mas levava em conta o que outro tinha pago anteriormente, de tal forma que, chega lá na ponta, o imposto realmente pago equivalia a um imposto de varejo calculado à mesma alíquota.

Este imposto, em 1954, transformou-se no imposto como é hoje lá, imposto sobre o valor acrescido, com crédito de tudo, porque o imposto sobre a produção — como o nosso ICM até agora e como o IPI — só dava crédito daquilo que integrava o produto ou que era consumido na produção. Veio o imposto sobre o valor acrescido, que deu crédito de tudo, inclusive de bens do ativo fixo; este imposto foi estendido ao varejo. A partir de 1966 ou 1967 o sistema ficou completamente implantado na França.

No Brasil em 1958 copiou-se o sistema francês do imposto sobre a produção, na Lei 3.520, se a memória não me falha, em relação ao IPI. Quando foi implantado o ICMS — o ICM, naquele tempo — houve duas influências: não se copiou literalmente o modelo já existente na Europa e que já tinha sido objeto até de diretrizes do Conselho da Comunidade Econômica. Quem fez as leis espelhou-se no sistema do IPI, que já era antiquado. Mais ainda, por influência do velho IVC, este imposto acabou sendo um imposto sobre circulação de mercadorias, os serviços foram excluídos. Mas esta é outra história, que não dá para abordar aqui.

Com o ICM tivemos uma não-cumulatividade incompleta. Por quê? Porque, se há crédito de tudo, existe realmente um efeito cumulativo dentro do imposto.

Nesse sentido já respondo a uma pergunta que foi feita aqui, se os créditos derivados de aquisições de bens do ativo permanente anteriores à Lei Complementar 87 poderão ser apropriados. Poderão ser apropriados depois de discussão judicial em que se prove que a não-apropriação produz efeitos cumulativos, e, portanto, que a lei anterior era inconstitucional neste aspecto, quando vedava estes créditos.

Esta não-cumulatividade preside a mecânica do imposto e resulta em termos jurídicos no que está na Constituição, na lei complementar e nas leis ordinárias.

Agora vem um outro problema: no ICMS estabelecem-se realmente três relações jurídicas diferentes. Este é um imposto um pouco complexo, que foge dos padrões e dá margem a perplexidades. Quando *A* vende para *B* existe um negócio jurídico de Direito Privado. *A* lei manda que o imposto seja transferido para o adquirente até dentro do preço. Então *B* vai reembolsar *A* deste imposto, só que *B* vai creditar-se. Quando *B* se credita, adquire um direito de crédito contra o Estado. No momento em que *B* vende, existe outra operação de Direito Privado. Mas aí nasce, também, uma relação de débito para com o Estado. Como é que o vendedor liquida este débito? Liquida-o, parcial ou totalmente, de acordo com as circunstâncias, por compensação com o crédito que tem anteriormente e o saldo, se for o caso, em dinheiro.

Resulta disto que existe um verdadeiro direito de crédito, e isto agora fica muito claro na Lei Complementar 87/96, que fala no art. 23 em direito de crédito para efeito de compensação. Mais ainda: hoje, os créditos acumulados do ICMS relativos às exportações podem ser objeto de um documento emitido a pedido do contribuinte, e esse documento é negociável. Para usar uma palavra moderna que existe no mercado financeiro, estes créditos tornaram-se securitizáveis, ou seja, dão origem a um papel negociável. Trata-se de um direito de crédito que só se pode utilizar contra o Estado para pagamento do ICMS; nada mais, nada menos, do que isto.

A existência de um verdadeiro direito de crédito tem um reflexo, por exemplo, na correção monetária de créditos acumulados ou de créditos extemporâneos. Pelo menos uma Turma do Superior Tribunal de Justiça já disse que, neste caso, se trata de restituição do indébito. O STJ, neste acórdão, não se deu conta de que não se trata de restituição do indébito. Restituição do indébito haveria se se pedisse de volta aquilo que foi pago, mas na verdade o que se pede é que seja reconhecido um direito de crédito.

O argumento do STJ leva ao absurdo. Se o crédito fosse restituição, então este imposto seria objeto de uma restituição permanente do crédito, porque direito de crédito sempre existe junto com o reembolso que o comprador faz ao vendedor do imposto que este paga de créditos e débitos.

Para evitar a cumulatividade, usa-se deste jogo. No entanto, isto exige que não haja direito de crédito quando alguma coisa vai sair com isenção ou não-tributação. Não haverá o direito de crédito. É claro que neste tipo de imposto qualquer isenção no meio do caminho pode ter um efeito cumulativo. Neste ponto a lei diz que operações tributadas posteriores àquelas isentas dão ao estabelecimento que as praticar direito a creditar-se do imposto cobrado nas operações anteriores às isentas ou não-tributadas, sempre que a saída isenta ou não-tributada seja relativa a produtos agropecuários e quando autorizado em lei estadual.

Eu discordo do "quando autorizado em lei estadual"; acho que isso deve ser feito sempre e que esta restrição é pura e simplesmente inconstitucional.

Bem sei que o depósito que menciono está preso no art. 155 da Constituição, que diz que o imposto será não-cumulativo e que a isenção ou não-incidência, salvo determinação em contrário da legislação, não implicará crédito para compensação com montante devido nas operações ou prestações seguintes, o que é correto, mas que acarretará a anulação do crédito relativo às operações anteriores, o que é incorreto, porque esta anulação produz um efeito cumulativo, quando a não-cumulatividade é da essência deste imposto. Na verdade, a Constituição aqui é, neste passo, antinômica e o intérprete tem que resolver esta antinomia.

Finalmente, a lei brasileira com 30 anos de atraso chegou ao crédito de tudo, acabando com a distinção arcaica entre crédito físico e crédito financeiro. Repito: tudo dá direito a crédito, exceto aquilo que for — e a lei diz — alheio à atividade do estabelecimento. Porque é evidente que, se o estabelecimento compra um presente para fazer um agrado a alguém, qualquer que seja a razão, o presente é completamente alheio à atividade do estabelecimento e não deve dar direito de crédito. No entanto, todos os bens do ativo, inclusive das lojas do comércio de qualquer contribuinte, dão direito a crédito. Os bens de uso e consumo — a partir de 1º de janeiro de 1998 — também dão direito a crédito. Todo serviço telefônico, toda energia elétrica gasta, vai dar direito a crédito, sem necessidade de qualquer outra demonstração.

É claro que eu acho muito difícil que o Fisco venha a impugnar o imposto relativo a telefonemas que o *office-boy* der para a namorada, porque alheios à atividade do estabelecimento. Seria um pouco de excesso.

Mas finalmente este imposto chegou ao ponto de não ter realmente efeitos cumulativos. Ou seja, usando de terminologia que resulta de uma análise de um imposto global sobre o valor acrescido, abrangendo mercadorias e serviços — e por isso eu faço as devidas reservas —, nós passamos de um imposto tipo produto bruto que tem efeito cumulativo para um imposto tipo consumo que não tem efeito cumulativo.

É isto que existe hoje em matéria de cumulatividade. É claro que, quando a mercadoria sai com isenção, o crédito por acaso feito deve ser estornado. No entanto, não se estornam créditos, conservam-se os créditos nas saídas para o Exterior. Ou seja, o legislador entende que, neste, caso a desoneração deve ser absolutamente integral.

Essas considerações sobre a não-cumulatividade nos levam a outro tipo de consideração. Por exemplo, quando o Supremo decidiu que, havendo isenção na importação, mesmo assim haveria o direito de crédito. Isso não tem nada que ver com a não-cumulatividade, isso tem que ver com a desacumulatividade, se assim me posso exprimir, porque, evidentemente, se eu dou direito de crédito de um imposto que não foi pago, quando a mercadoria chegar ao consumidor vai ter sido paga uma quantia inferior àquela que resultaria da aplicação da mesma alíquota num imposto de varejo; e, na verdade, na ocasião me parece que o Supremo também não levou em consideração a função das isenções, que é variada. Aquela isenção na importação realmente não havia sido dada para desonerar produto, no final, mas havia sido dada para aliviar o capital de giro dos industriais, tanto que ela se referia apenas à matéria-prima.

Então, são estas as considerações, eu diria até um tanto ou quanto desalinhavadas, que teria a fazer sobre a não-cumulatividade, repetindo que agora, realmente, o princípio está sendo obedecido pela lei complementar.

Sujeição ativa

E me atribuem também a tarefa de falar sobre a sujeição ativa. Não há muito o que dizer, mas há um caso curioso, que é o das operações interestaduais. Diz a Constituição que nas operações interestaduais que destinem bens de serviço a consumidor final localizado em outro Estado adotar-se-á a alíquota interestadual quando o destinatário for contribuinte do imposto, e a alíquota interna quando não for contribuinte. Mas acrescenta que, na hipótese de o destinatário ser contribuinte, caberá ao Estado da localização do destinatário o imposto correspondente à diferença entre a alíquota interna e a interestadual.

Aqui cabem duas considerações.

A primeira é que, realmente, numa operação interestadual a operação é uma só, não há duas operações de venda. Alguém vende para um contribuinte localizado noutro Estado um bem do ativo. Há uma operação só. E, curiosamente, vai haver dois sujeitos ativos em relação à mesma operação. O Estado de origem cobrando alíquota interestadual e o Estado de destino cobrando o que faltar para completar a alíquota interna.

Eu repito: o fato gerador é um só. No entanto, o sujeito ativo, no caso, é duplo. Ou seja, vai nascer uma sujeição passiva em relação a dois Estados. Num caso a sujeição passiva será do contribuinte do Estado de origem, no outro caso a sujeição passiva será do contribuinte do Estado de destino, mas a operação é uma só, e isto é uma curiosidade.

E mais ainda, o fato gerador não será a mera entrada no estabelecimento, porque entrada não é operação, entrada é um fato físico, assim como a saída. A entrada pode determinar o momento em que o imposto torna-se devido, mas o fato gerador vai ser um só, e não dois.

Já esgotei o meu tempo. Perdoem-me por ter sido um pouco desalinhavado nas minhas considerações. Muito obrigado. (*Palmas*)

PROF. ESTEVÃO HORVATH — Muito obrigado, Prof. Alcides, pela sua — como sempre — brilhante e clara exposição.

Passo a palavra, agora, ao Dr. Osiris de Azevedo Lopes Filho, que vai tratar do ICMS e tratados internacionais, Mercosul. Dada a impossibilidade de comparecimento do Prof. Célio Batalha, o Prof. Osiris gentilmente aceitou o convite para tratar um pouco do tema.

ICMS E TRATADO INTERNACIONAL. MERCOSUL

PROF. OSIRIS DE AZEVEDO LOPES FILHO — Estou mais ou menos na posição de estepe de substituição. Na minha opinião, o Mercosul foi um tratado que decorreu — essencialmente um tratado de integração econômica — da vontade política dos titulares dos Executivos dos quatro países que o integram. Quer dizer, falando um linguajar menos jurídico e mais definidor da questão, ele foi feito "na marra", porque os governantes sentiram que, em face da formação de blocos no mundo inteiro, seria importante um bloco aqui no Sul da América, exatamente para fortalecer as economias e poder se relacionar com um maior poder de barganha com o resto do mundo.

Harmonização tributária

O Mercosul é, substancialmente, uma tentativa de realização de integração econômica, de colocar em compatibilização as economias dos quatro países integrantes — Brasil, Uruguai, Paraguai e Argentina. Mas ele tem uma falha técnica fundamental: todos os processos de integração, e o mais importante, um modelo vivo existente hoje, foi o do Tratado de Roma que introduziu então o Mercado Comum Europeu, que depois virou Comunidade Econômica Européia e hoje é União Européia, mostram que é ponto fundamental para o desenvolvimento de uma área de integração econômica que antes de começar-se a disciplinação do intercâmbio econômico entre as economias nacionais se faça o que se chama harmonização tributária, dotar os sistemas tributários de cada um dos países de relação de compatibilidade de uns com os outros, para que não haja diferenciação, em função da carga tributária, no custo das empresas, no custo produtivo e no preço e não dos bens produzidos.

Eu digo que o Mercosul foi feito "na marra" porque não se fez o menor esforço de integração econômica no ponto fundamental da formação de mercado comum, que é uma legislação aduaneira compatível. De forma que se tem uma tarifa externa comum para o resto do mundo e que se faça a liberação de barreiras alfandegárias no comércio interno existente entre os quatro países.

Para se ter idéia de como isso não funcionou, há um arremedo de Código Aduaneiro que, aprovado às pressas na Câmara dos Deputados, está encalhado agora no Senado Federal, tal o primarismo com que foi concebido. Eu conversei com alguns dos autores e eles criticavam o Código Aduaneiro da União Européia, queriam ter uma produção própria aqui do País.

Mas as dificuldades nessa área aduaneira são muito grandes, porque a única mudança significativa foi a tentativa de fazer-se uma tarifa externa comum. E esse é o erro que vem sendo praticado no Brasil há muito tempo. Nós temos feito reformas tarifárias, e vale dizer, de alteração da alíquota do imposto de importação, esquecidos de que alíquota é uma parte da base de cálculo. Eu às vezes fico condoído do primarismo dos nossos setores industriais, porque eles ficam discutindo alíquota. Juridicamente e matematicamente, a alíquota é uma parte da base de cálculo; se a base de cálculo é infiel, não corresponde efetivamente à realidade dos preços praticados, se ela é artificialmente manipulada para efeito de subfaturamento ou superfaturamento, a alíquota passa a ser uma excrescência e confirmar na incidência tributária do imposto de importação uma farsa que o Governo Federal desde o início da década de 90 está praticando.

Não se sabe quais são os preços efetivos praticados nas importações. E nós adotamos nessa matéria o código de valor do GATT, agora Organização Mundial de Comércio, que foi, na realidade, uma imposição americana ao nível do GATT que é mera tradução do *trade act* americano, aprovado depois de 40 anos de discussões no Congresso americano.

Quem cotejar esse *trade act* com o acordo sobre valoração aduaneira do GATT vai ver que é mera transcrição, e é uma imposição dos países desenvolvidos, porque a base de cálculo consagrada lá é o preço da transação. O que é o preço da transação? É o valor efetivamente pago ou a pagar pelo importador do país importador ao país exportador.

Então, em função dessa definição, a possibilidade de discordância do preço declarado é quase que impossível. E às vezes eu fico vendo autoridades federais falando "isso é caso de subfaturamento", porque, principalmente no caso de veículos, eles consultam o *blue book* ou o *black book*, são publicações internacionais que dão os preços dos veículos, dos seus componentes etc. E eles esquecem algumas coisas importantes no estabelecimento de preços: a época, o tempo, o lugar, as condições de venda.

Pelo tratado do GATT para se discordar do preço de transação e passar para o preço de mercadoria equivalente, depois de mercadoria similar, e finalmente o preço reconstituído no Exterior, se exige uma complexidade muito grande da Administração aduaneira. Para ela discordar de um preço que ela sente que é um preço artificial, um preço declarado, ela tem de provar que na mesma época, do mesmo país exportador, do mesmo exportador foi feita a outra transação a preço diferente, a preço mais elevado. Quer dizer, tem um registro de importações fantástico, sistema de computação muito bem-organizado, uma administração ágil nessa parte de valoração.

Bens de capital: tributação

Então, voltando ao Mercosul, se discutiu essencialmente tarifa. Por exemplo, a grande preocupação (eu acompanhei parte das negociações), a grande discussão, foi do Brasil com a Argentina com relação a bens de capital. A Argentina queria uma tributação baixíssima, tendendo a zero, nos bens de capital, porque ela desejava se industrializar, está muito atrasado o parque argentino. E o Brasil queria uma tributação eu não diria elevada, mas em torno de 10 a 15%, para proteger a indústria nacional de bens de capital e, portanto, criar uma reserva de mercado no Mercosul para a produção nacional de bens de capital. Daí as listas de equação, as listas de reserva que foram criadas.

O grande obstáculo no Mercosul, na minha opinião, ainda que todo esse processo de integração tenha como instrumento básico a complementariedade das economias, é o fato de nós estarmos relacionados com um país que é, inegavelmente, um paraíso financeiro, que é o Uruguai, e estarmos relacionados também com outro país que, inegavelmente, é um paraíso de contrabando para o Brasil, que é o Paraguai, e estarmos relacionados com um país que não tem política monetária, que abdicou da soberania, e que, na minha opinião, é um mero endereço geográfico hoje no mundo, que é a Argentina. Depois que se estabeleceu a paridade com o dólar, a situação monetária da Argentina é igual à do Panamá, apenas à diferença é que o Panamá tem uma moeda estrutural chamada *balboa* e a Argentina tem uma moeda que não é tão estrutural, porque é uma moeda que corre nas ruas, mas que equivale ao dólar artificialmente.

Então, esse é o grande problema do nosso sistema de integração.

Mas o tema é relacionar a integração do Mercosul com a questão do ICMS. Realmente, se não foi equacionada adequadamente, ainda hoje, a questão do imposto de importação, quer dizer, a relação com os terceiros países, porque tantas são as listas de exceção e as listas de adequação, tão numerosas, que nós continuamos quase que na mesma lista de negociação da antiga ALALC, hoje ALADI, como chegar ao ICMS?

Há uma influência hoje do FMI e do Banco Mundial de divulgação tardia das excelências do IVA-Imposto de Valor Agregado. E há aqui no Brasil o que os argentinos falavam, os *macaquitos*. Eu acho que essa expressão pejorativa para o Brasil termina sendo aplicável às pessoas que ficam pensando no IVA, na TVA francesa, como modelo de excelência do Brasil.

O Prof. Alcides mencionou com muita clareza; quando foi feita a reforma constitucional em 1965, em função da estrutura que se desejava implantar e assegurar no Estado brasileiro, a estrutura federativa, não se copiou o modelo francês, se separou mercadoria tributada no ICMS e serviço nos Municípios, para dar, dentro da concepção federativa, um imposto importante para os Municípios. E o senhor sabe que, quando se desenvolve a economia, cada vez é mais importante o setor de serviços, a economia mais evoluída não é aquela que produz bens, mas a que produz sistemas, que presta serviços complexos. E hoje o serviço dentro do produto interno bruto, o nosso PIB, representa algo em torno de 60% da riqueza nacional, daí essa concepção.

Isso que a tecnocracia de Brasília não aceita, que é o imposto mais importante do País, o imposto que afeta a vida de todo mundo, não está sob o controle da tecnocracia de Brasília. E nessa proposta de reforma constitucional um dos fundamentos é que, para haver integração econômica, esse imposto tem que estar controlado pelo poder central para que ele possa negociar com os outros países de igual para igual.

O grande equívoco do IVA é que ele foi praticado pelo pessoal do Fundo Monetário Internacional e do Banco Mundial, foi praticado nas pequenas Repúblicas aqui da América. E lá a grande função do IVA é de arrecadação na área aduaneira, é pegar Uruguai, Peru, Equador, e verificar que mais de 50% da arrecadação do IVA é decorrente da importação. Por que é da importação? Porque a cobrança do IVA na importação é facilitada, as alfândegas nesses países não são múltiplas. Então, ao passar a mercadoria ali, facilita-se a arrecadação, quer dizer, ela é muito mais viável. Mas, evidentemente, pela estrutura produtiva de consumo desses países, o mercado interno é mais importante do que o mercado externo, ainda que esses países não sejam grandes produtores de bens finais, mas é que são países que se caracterizam por um alto nível de evasão e se rivalizam conosco em percentuais de evasão, ainda que não se rivalizem conosco em montante de evasão, porque a receita nacional brasileira é muito superior à desses países.

Então, o desejo da tecnocracia brasiliense expresso nesse projeto de reforma constitucional é realmente tornar o Brasil um Estado unitário. E um grande equívoco, acho que histórico — e alguns professores de História foram responsáveis por isso —, é que sempre há uma insinuação de que a Federação Brasileira foi criação sábia e no fundo cópia que Rui Barbosa fez da Federação Americana.

Ora, quem examinar as lutas durante o império, Balaiada, Sabinada, Confederação do Equador, Revolução Farroupilha, vai ver que sempre houve derramamento de sangue no Brasil para afirmar a descentralização do poder político e financeiro. E, quando vem a primeira Constituição Republicana, vem concomitantemente a estrutura de Federação, que só realmente foi afirmada num pacto financeiro nessa Constituição de 88; mas por influência sobre a argumentação, a justificativa de facilitar a integração no Mercosul, está se propondo a criação desse ICMS híbrido, em que uma parte é federal e uma parte é estadual, mas ele passa a ser todo federal, porque se imagina uma única alíquota final, somada à estadual e à federal, a nível nacional. Num País com a pujança do Brasil, as desigualdades e o tamanho fantástico, imaginar que o Estado não possa decidir qual é a sua alíquota adequada para os produtos essenciais e ter uma alíquota por produto a nível nacional, isso ataca a racionalidade da tributação.

Quem é que vai fazer essa legislação toda? A legislação do ICMS não será mais estadual, vai ser toda feita pelo Congresso Nacional, e as alíquotas estabelecidas pelo Senado Federal. Então, ao Estado vai competir só a tarefa de fiscalizar e arrecadar, ele não tem mais vontade política de formulação do ICMS se for aprovada essa emenda.

Para facilitar essa integração dispõe o projeto governamental que está lá estacionado no Congresso que, em função de acordos, tratados e atos internacionais, a União poderá dar isenção de impostos estaduais e municipais. Ora, é concentrar todo o poder de negociação a nível internacional na União ela dispor não só sobre os impostos da sua competência, mas os impostos da competência dos outros entes. Quer dizer, é um tiro de misericórdia na Federação, e um absurdo, porque não é só instrumentos internacionais de alta dignidade, como um acordo, um tratado que tem ratificação pelo Congresso, mas atos internacionais; quer dizer, um burocrata lá do Itamaraty assina um ato internacional dando isenção em determinado bem, e autoriza a União a estabelecer a isenção de impostos estaduais e municipais.

Bem fez o Deputado Mussa Demes que, para prestigiar o Congresso Nacional no seu substitutivo — que já foi produzido há mais de um mês e que não é colocado em votação —, uma das restrições foi exatamente essa, de retirar esse poder absurdo antifederativo, e um poder que se confere à burocracia do Ministério das Relações Exteriores, de negociar não apenas a isenção de impostos federais, mas também dos impostos estaduais e municipais.

Então, na minha opinião, voltando ao Mercosul, o que tem de ser feito? Começar a discutir a harmonização dos sistemas tributários. Aqui em São Paulo tenho notícia de que se presta consultoria de engenharia, se fazem os projetos, projetos complexos, mas se fatura no Uruguai, porque lá não tem imposto de renda.

Está certo, a economia brasileira é tão pujante, tão forte, que essas perdas de arrecadação, essas fraudes que se praticam, essa economia tributária, não causam danos significativos, mas realmente nós entramos no Mercosul com alto nível de perda inicial, principalmente nessa área tributária, exatamente porque não houve essa harmonização tributária, colocar os sistemas tributários ao mesmo nível de intercâmbio. E um sistema tributário evoluído como o nosso em relação ao atraso, por exemplo, do Paraguai, do Uruguai, agora está querendo involuir para o modelo do IVA a nível nacional, destruindo a Federação.

É como eu tenho visto dizendo, que esse ICMS híbrido, na realidade, é o grande instrumento para evitar a guerra fiscal. Ora, a guerra fiscal, um litígio, uma certa concorrência em matéria tributária de favores, é ínsita, é típica da Federação. Se dois Municípios fronteiriços querem instalar lá uma determinada atividade comercial, um pode oferecer isenção do IPTU por 10 anos, outro pode oferecer por 20 anos. Quer dizer, a Federação tem esse custo, mas a Constituição prevê que a União pode baixar uma lei complementar para dirimir esses conflitos.

Nunca foi feito. E agora se fala em criar um ICMS da União, em que o Estado só faz o papel menor de arrecadar e fiscalizar a sua parte exatamente para possibilitar a integração do Mercosul com outros mercados. Ora, isso é uma farsa, tem que ser discutido a nível nacional, e tem que ser, não deveria dizer a verdade, mas se contrapor aos argumentos. A verdade é mais ou menos inatingível, mas há convicções de oposição.

O que move o mundo não é a verdade, o que move o mundo é a convicção. As pessoas que têm convicções contrárias a esse "oba-oba" carnavalesco que tem caracterizado a disciplinação do Mercosul e a tentativa de se fazer um arremedo de sistema tributário (*falha na gravação*) Esse "oba-oba" não pode prosseguir como se o Brasil fosse o País do carnaval o ano inteiro, como dizem aí as nossas propagandas turísticas, mas na ótica tributária não pode ser, não. (*Palmas*)

PROF. ESTEVÃO HORVATH — Obrigado, Prof. Osiris. Sem mais outras considerações, passo a palavra ao Prof. Américo Lacombe, que tratará do princípio federativo e conflito de competência entre ICMS e IPI.

PRINCÍPIO FEDERATIVO

PROF. AMÉRICO LACOMBE — Meus senhores e minhas senhoras, vamos entrar logo no tema, porque o atraso já está grande.

O Prof. Osiris falou aqui, já me dando um gancho, que o princípio federativo é inerente à alma brasileira desde os tempos da Colônia. Isso é verdade, todas as revoluções feitas no tempo do Império — e isso os senhores conhecem da História — tiveram como idéia-força a autonomia regional.

Essa autonomia regional só foi possível com a República, porque com o Império ela não vingou, não por falta de propostas, até houve uma série delas propondo ao Imperador que proclamasse uma série de Repúblicas, quer dizer, cada Província seria uma República, colocando por cima delas uma Coroa. Apenas o poder central seria monárquico, com todas as Províncias autônomas e administradas sob a forma republicana.

Isso não vingou. Tanto não vingou que foi por essa razão que Rui Barbosa passou a adotar a idéia republicana, porque viu que era incompatível a idéia federativa com a idéia do Império, com o poder monárquico.

No Brasil isso tornou-se cláusula pétrea em todas as nossas Constituições. E não é só a Federação que não pode acabar; todas as emendas tendentes a abolir que venham causar, ainda que num futuro remoto, a perda da autonomia dos Estados não podem ser discutidas. Isso ontem foi dito aqui com todas as letras pelo Prof. Roque Carrazza.

Por conseguinte, a Federação é intocável. Até que ponto, no entanto, esta Federação é intocável? No Brasil, eu vinha dizendo, quase todos os governos a primeira coisa que dizem é o seguinte: "com essa Constituição é impossível governar. Temos que mudar a Constituição". E a tecnocracia de Brasília — aí eu dou toda a razão ao Prof. Osiris —, o que ela quer, na realidade, é centralizar o poder em Brasília. Quer dizer, não pode haver poderes autônomos ou poderes paralelos — que não são paralelos, são poderes com outras esferas de competência. É isso que não se admite, a centralização do poder é muito grande.

Todo poder tende a se expandir, isso é verdade, isso não é segredo nenhum. Em política não há espaços vazios. Quando há um espaço vazio vem alguém e ocupa. E quando eu disse, em despacho ainda como presidente do Tribunal dessa Região, que o Poder Executivo era abusivo e invasivo por natureza, parece que isso criou uma certa mágoa na Fazenda Pública, que ficou muito chocada com isso. Eu disse que é, e é, eu não disse mentira nenhuma, na realidade é isso que acontece.

A tendência do poder central ou de qualquer poder é não só invadir a esfera de competência alheia, como também se perpetuar no poder. A tendência é sempre se perpetuar no poder, ainda que não pela própria pessoa que ocupa, pelo menos por um grupo de pessoas que ocupam o poder. Há um revezamento de pessoas no poder. Hoje em dia, parece que nem isso.

Hoje, se os senhores viram o "Bom dia, Brasil", viram uma notícia que me alarmou um pouco: o nosso Presidente da República vai receber daqui a um ano, da Rainha da Inglaterra, o título de *Sir*. Então, nós seremos governados por *Sir* Fernando e *Lady* Ruth. (*Risos*) De modo que eu tenho a impressão de que essa questão da reeleição é apenas uma etapa para a perpetuação.

Prof. Estevão Horvath — Mas é um título muito baixo; ele quer o de Imperador.

Prof. Américo Lacombe — Pois é. Então viremos primeiro à reeleição e depois à coroação, é a etapa seguinte.

Mas, voltando aqui à questão da Federação e à questão do ICMS federal, é óbvio, é claro que, se o novo ICMS tirar dos Estados a possibilidade política de jogar politicamente com suas alíquotas, dar isenções e fazer a guerra fiscal ... Por que não? Eu sou plenamente favorável à guerra fiscal, eu acho uma beleza a guerra fiscal, porque é isso que faz a competição entre os Estados, meu Deus do céu!

Nós queremos simetria num país totalmente assimétrico. Como é que nós vamos poder ter uma organização política e jurídica simétrica num país como o Brasil, cuja assimetria é evidente em todos os lugares? Não há possibilidade de nós fazermos isso. Se houver, nesta tentativa de federalização do ICMS, de tirar dos Estados a capacidade de definir alíquotas, incidências, não-incidências, isenções, isso é atentatório ao princípio federativo.

Nada impede que a União deixe de cobrar o IPI. Não quer cobrar, não cobra, isso ninguém é obrigado. A Constituição não cria tributos, a Constituição simplesmente define competências para cobrança e criação de tributos. Se a União não quiser cobrar o IPI e quiser fazer uma emenda constitucional criando um ICMS federal, até aí não há, no meu modo de ver, ofensa ao princípio federativo, pode haver um ICMS federal ao lado de um ICMS estadual, desde que tanto a União quanto os Estados possam dispor de maneira ampla sobre os seus impostos.

Nos EUA, onde nós tiramos o exemplo da nossa Federação, apesar de obviamente sermos diferenciados — não quero transportar para o Brasil a Constituição americana —, lá existe imposto de renda federal, imposto de renda estadual, até imposto de renda municipal em alguns Municípios. Isso lá é tranqüilamente administrado, bem administrado, e as coisas convivem e funcionam.

Logo, o fato em si de haver um ICMS federal não atenta, por si só, contra o princípio federativo, desde que os Estados possam ter eles mesmos os seus próprios impostos, o seu próprio ICMS, e fazer essa guerra fiscal tão benéfica para a economia brasileira.

Não parece, mas eu já falei mais ou menos 10 minutos, e como os meus antecessores falaram um pouco mais de 15, eu encerro por aqui, estando pronto a responder a qualquer pergunta. (*Palmas*)

DEBATES

PROF. ESTEVÃO HORVATH — Muito obrigado, Prof. Lacombe. Vamos passar rapidissimamente pelo menos a algumas das questões formuladas.

Eu pediria em primeiro lugar ao Prof. Alcides Jorge Costa que respondesse às centenas de perguntas que lhe foram endereçadas. Imagino que ele, com a sua natural objetividade, saberá contornar a falta de tempo que nós temos.

PROF. ALCIDES JORGE COSTA — Para acelerar o processo, eu não vou ler as perguntas.

Desoneração dos produtos semi-elaborados

A primeira é sobre o problema da constitucionalidade da desoneração dos produtos semi-elaborados. Entendo-a perfeitamente constitucional, porque a Constituição declara que o imposto não incide sobre produtos industrializados, exceto semi-elaborados definidos em lei complementar.

A lei complementar é, no caso, uma forma de o Congresso decidir como lidar com o comércio externo. O Congresso pode abster-se de definir o que é semi-elaborado; então, o semi-elaborado deixa de existir, porque é produto industrializado que só se torna semi-elaborado se a lei o definir como tal.

O Congresso pode definir, por exemplo, como produto semi-elaborado só casca de árvore. Está, pois, dentro dos poderes do Congresso definir ou não definir o que é semi-elaborado, e, se ele não o define, o semi-elaborado é um produto industrializado. E nem teria sentido que ficassem sem imposto as exportações de produtos industrializados, de produtos primários mas não os tais de semi-elaborados. Seria completamente contrário à lógica do sistema.

Se há crédito e sobrevém uma isenção, a não-manutenção, ou seja, o estorno, contraria o princípio da não-cumulatividade? Não, se há isenção, o estorno será valido, ainda que o crédito seja anterior à isenção.

Créditos de bens do ativo anteriores à vigência da lei complementar são possíveis naquelas condições que eu mencionei, há uma disputa judicial para dizer que o não-crédito conduz à cumulatividade, e que, portanto, é inconstitucional.

Se alguém, antes da LC 87/96, creditou-se do imposto relativo a bens do ativo fixo, vai ficar sujeito à autuação e vai eventualmente discutir em juízo a constitucionalidade ou não-constitucionalidade do crédito.

Sempre entendi que, se uma empresa encerra suas atividades, tem direito de receber em dinheiro os créditos acumulados que porventura tiver na data. Essa história de a lei estadual dizer que, neste caso, não há devolução é violentamente inconstitucional e, diga-se mais, é imoral.

Substituição tributária no álcool

Abordo, agora, o problema da substituição tributária no álcool. Quero dizer que sou frontalmente contrário a essa mal-denominada substituição tributária; mas, como ela existe e nos termos da lei, se as empresas de álcool não aproveitam o crédito do que adquirem, obviamente, vai haver um efeito cumulativo.

Com os combustíveis e energia elétrica acontece que quiseram mudar nesta lei o que a Constituição diz; basta pôr a Constituição ao lado da lei, para ver que a lei, no capítulo de energia elétrica e de combustíveis, muda a Constituição. Perguntam-me, ainda, se, ao definir o serviço de comunicações como geração, emissão, recepção, transmissão, retransmissão, repetição e ampliação de mensagens, a lei complementar estaria ampliando o conceito constitucional.

A Constituição fala em imposto sobre serviços de comunicação de modo genérico. Comunicação é conceito amplíssimo, nós estamos nos comunicando agora, a rigor talvez estejamos sonegando imposto. O latido do cachorro também é comunicação? (*Risos*)

A melhor idéia teria sido restringir o imposto sobre comunicação àquela feita por meios elétricos e eletrônicos; mas os Estados conseguiram uma definição ampla, evidentemente impraticável nessa extensão. Eles vão ter de restringir mesmo a tributação às formas de comunicação que são tributáveis de acordo com o bom senso.

As empresas de transporte vão ter o crédito de tudo que utilizam na sua atividade, dos caminhões, dos pneumáticos, do combustível, do telefone, da energia elétrica, tudo vai dar direito a crédito daqui por diante. E, se os Estados forem recalcitrantes, estarão descumprindo a lei complementar neste particular.

Há uma pergunta sobre alíquota, sobre o diferencial de alíquota. Imagino que seja nas operações interestaduais, assunto que já abordei.

Uma empresa que compra mercadoria em São Paulo e vende no Estado do Rio, dada a diferença de alíquota, ficaria com direito a crédito contra qual Estado? A empresa que compra mercadoria em São Paulo e leva para o Rio tem o direito de crédito lá no Rio, isso faz parte do sistema.

PROF. ESTEVÃO HORVATH — Professor Alcides, o senhor me permite uma observação? (*Assentimento*)

Eu estou cansado de ouvir, aqui, falar negócio de destino e tal, modelo da União Européia. Mas a União Européia, a não ser que tenha havido outra diretiva, está aprazado para a partir de 1º de janeiro de 1997 adotar o princípio de origem.

Eu conversei com vários dirigentes tributários em 1994, na Argentina e na União Européia, e eles tinham abolido o controle de fronteira, tinham levado a conseqüências maiores o tráfico entre os países, que eles chamam livre prática. Então, o que eu achei mais veraz foi o depoimento do dirigente italiano. Ele falou: "Eu acho que, depois que nós tiramos o controle de fronteira intracomunitário, 30% das nossas exportações para os países da União Européia estão com fraude" — porque eles tentaram "bolar" agora ... (eu não me lembro o nome da rede de computação), para saber quando é que a mercadoria exportada da Itália para a Inglaterra chegaria lá. Mas é que o sistema lá é muito complexo, porque há uma diversidade muito grande de línguas entre os países integrantes da União Européia. Então, para evitar essa fragilidade do sistema, eles previram para o ano que vem a tributação na origem: paga na origem e depois divide o tributo com o país de destino.

Ora, no Brasil, em que não há administração tributária adequada, tentar se tributar no destino ... Quer dizer, uma das regras básicas para uma norma jurídica tributária ter eficácia é a viabilidade dela, e essa viabilidade da tributação do destino é impossível de ocorrer no País, tal o tamanho do País, mas principalmente a debilidade da Administração Tributária.

De forma que, quando se fala em tributação de destino, se espelhando, aí, nesse modelo europeu, se está na contramão da História, porque a partir de 1º de janeiro a tributação vai ser na origem, e com partilha da arrecadação com o país de destino, é a mais eficaz.

Sistema de cobrança na origem

PROF. ALCIDES JORGE COSTA — Bem, já que isso foi citado, eu me permito adicionar algumas considerações. Eu sempre fui contrário a copiar simplesmente modelos estrangeiros, porque eu lembro que até no meu tempo de serviço militar tinha um fuzil *mauser* modelo brasileiro, porque a ele se tinha acrescentado mais um detalhe qualquer.

Não dá para copiar. Por exemplo, copiar um IVA geral abrangendo serviços. Pessoalmente, acho que, agora e ainda por algum tempo, um IVA geral vai ser impraticável no Brasil.

Em segundo lugar, o problema da origem e destino. O Brasil tem hoje um sistema misto. Alíquota interestadual diferenciada não é senão um misto de origem e destino. Se o imposto fosse arrecadado pelo Estado de destino teríamos o princípio de destino.

O princípio de destino é, porém, de difícil aplicação, porque poderia dar margem a muitas práticas fraudulentas. Para evitá-las já se pensou em vários sistemas, inclusive cobrar na origem e haver uma espécie de câmara de compensação entre os Estados, para que depois eles repartissem de acordo com o destino; mas também este sistema é complicado, porque precisaria haver um processamento de todas as operações interestaduais que se realizam no Brasil.

Enquanto esses problemas não se resolvem, e acho que a solução deles é extremamente difícil, temos que usar o princípio de origem, fora de qualquer dúvida. A Europa começou com o princípio de destino baseada no relatório Neumarki, que examinou bem o princípio de origem e de destino; naquela época, o relatório sugeriu o princípio de destino, mas já dizendo que se devia voltar posteriormente ao princípio de origem.

Isto é um pouco como usar no Imposto de Renda o princípio do domicílio ou o princípio da fonte. Os países desenvolvidos querem o princípio do domicílio, os menos desenvolvidos querem o princípio da fonte. E por que os desenvolvidos adotam entre si o princípio do domicílio? Porque os prós e os contras acabam se igualando, e tanto faz. Mas numa relação entre um país menos desenvolvido e um desenvolvido os prós e os contras não se igualam, e por isso os países menos desenvolvidos batalham pelo princípio da fonte e pelo alargamento da noção de estabelecimento fixo.

Acrescento só, muito rapidamente, que o fato de a lei falar na aquisição de petróleo, entrada de petróleo e energia elétrica vinda de outros Estados não significa de forma nenhuma que bens de uso e consumo vindos de outros Estados não dêem direito a crédito. A lei criou regras muito específicas para o petróleo e derivados e para a energia elétrica. O que a lei quis foi "corrigir" a Constituição. Não corrigiu. Agrediu.

A questão envolve o problema da isenção nas operações intermediárias, que já abordei na minha palestra; o que se pergunta é se é constitucional a restrição para transferência de crédito acumulado para outro estabelecimento da mesma ou para outra empresa fornecedora. A rigor, o crédito acumulado depois de um certo tempo deveria ser devolvido em dinheiro, coisa que no Brasil é "sonho de uma noite de verão". Quanto mais ampliada for a possibilidade da transferência, tanto melhor será atendida a finalidade do imposto; mas é preciso, aí, um certo cuidado, porque, aqui como fora daqui, não há maior fonte de fraude do que os créditos, e a lei precisa tomar, obviamente, uns certos cuidados.

E, finalmente, uma pergunta sobre operações interestaduais com derivados de petróleo. Pergunta-se se não deveria haver uma alíquota diferenciada nestas operações. A resposta é difícil, porque a Constituição manda simplesmente que não haja tributação. Se admito por hipótese, como a pergunta admite, que a tributação é constitucional, é claro que no Estado de origem o crédito deveria ser devolvido, e aí tanto faria ter a alíquota menor como não, porque não haveria efeito cumulativo de forma alguma. Eu reconheço que a Constituição, no capítulo do ICMS e petróleo, não tem o melhor texto do mundo, mas ela existe e deve ser obedecida.

Acho que já respondi às perguntas.

PROF. ESTEVÃO HORVATH — O Prof. Heron Arzua queria fazer uma pergunta para o Prof. Alcides, e eu aproveitaria para que ele, em seguida, respondesse e escolhesse, por favor, umas duas perguntas que lhe foram formuladas que fossem mais abrangentes, porque nós não temos mais tempo.

Substituição tributária

PROF. HERON ARZUA — Professor Alcides, eu fico tentado a fazer uma pergunta a respeito da não-cumulatividade com respeito à substituição tributária. Vamos esquecer tributação de fato futuro etc.; o fato é que o substituto paga por operações que vão ocorrer. O senhor não veria a possibilidade, diante da nova lei complementar — eu sempre vi —, de o substituído se creditar de todo o imposto, ou do substituto, o próprio e o da frente? Porque, se a Constituição fala em operações anteriores que dão direito a crédito para abater de futuras operações, e vem a lei, através da Emenda 3, aquele parágrafo, e diz que se pode tributar operações futuras, então por que negar o crédito, como fazem hoje as leis estaduais, integral ao substituto, e acabava o problema da restituição de crédito?

É só uma indagação.

PROF. ALCIDES JORGE COSTA — Eu não sei, eu tenho até um pouco de alergia por essa substituição, mas diria que, de modo geral, ela tem sido aplicada aos produtos que são destinados ao consumo. Vou lembrar o exemplo dos veículos: saem da fábrica já com a tal substituição, e quando a concessionária os vende não paga o imposto. Então, não haveria razão para a concessionária ter o crédito, dado que a saída que vai promover não fica sujeita ao imposto.

Esse regime suscita, no entanto, problemas complicadíssimos se aplicado a outras coisas. Ontem mesmo, numa conversa profissional sobre o assunto, tratava de tributação por substituição de alguma coisa que vai ser utilizada como matéria-prima. Dizia que, no caso, a substituição é inaplicável. Se o substituto paga, e se o produto for matéria-prima, quem se utilizar não vai ter crédito e haverá cumulatividade. Para evitá-la, seria necessário um terrível emaranhado de documentos.

Com este emaranhado de papel, talvez a vida do Fisco ficasse facilitada, mas a do contribuinte ficaria definitivamente infernizada.

Fornecimento de alimentação

PROF. HERON ARZUA — Respondendo telegraficamente às perguntas que eu sei responder, quanto à incidência sobre os serviços de fornecimento da alimentação, o Decreto-lei 406 já tratava assim, a Lei Complementar 87 também repete. Mas eu pertenço à corrente vencida, que entende que fornecimento de alimentação é prestação de serviço, ontologicamente e pela Constituição. Portanto, seria, a meu ver, mais uma inconstitucionalidade.

ICMS e IPI sobre fornecimento de concreto. A questão foi pacificada pelo Supremo e há muitos anos eu vi que o

Supremo definiu que isso era prestação de serviços sujeita ao ISS. Não me consta que haja alteração nessa jurisprudência do Supremo ou que isso tenha sido provocado por alguém.

Financiamento

Outra pergunta é sobre os acréscimos, se eles não comporiam o valor da operação. Efetivamente, aqui são as duas tendências: nós temos a lei complementar, a jurisprudência etc., que entendem que tudo compõe a base de cálculo. E temos um novo pensamento: se pudermos distinguir dois negócios jurídicos, um de financiamento e um de venda, não haveria a inclusão daquele na base de cálculo do ICMS.

Com isso também respondo à pergunta sobre se isso não é uma bitributação, porque o comerciante vai pegar dinheiro no banco e essa operação já é tributada. Mas no Brasil tudo o que nós fazemos é multitributado. Vai ser tributado no IOF, vai ser tributado no ICMS, vai ser tributado no IPMF, vai ser tributado no COFINS e no PIS.

Aqui há uma pergunta interessante: a Lei Complementar 87 dispõe que o ICMS incidirá não apenas sobre o serviço cuja prestação tenha se iniciado no Exterior, como também sobre o serviço prestado no Exterior. E, efetivamente, ela diz aqui, no art. 2º, II, sobre o serviço prestado no Exterior ou cuja prestação se tenha iniciado (*falha na gravação*) teríamos de consultar o membro do CONFAZ ou do COTEP que escreveu isso, para ver o que ele estava pensando.

E aqui pergunta-se se esse dispositivo não fere o princípio da territorialidade.

Fui estudar o princípio da territorialidade e cheguei à conclusão de que ele quase não existe, ainda mais nos termos mundiais, agora, em que as coisas estão tomando um avanço muito grande. Portanto, o princípio da territorialidade, muito discutido em matéria de Imposto de Renda (o Prof. Alcides Jorge Costa citou fontes, residência), e temos também no ISS casos de infringência típica do princípio da territorialidade, principalmente quando o art. 12 do Decreto-lei 406 estabeleceu como estabelecimento prestador de serviço o local da operação, mesmo que o serviço tenha sido prestado em outro local.

Portanto, esse princípio, temos de vê-lo com reserva.

Penhora sobre faturamento

"Como entendem a penhora sobre o faturamento das empresas?" Eu até perguntaria aos companheiros, porque não conheço essa questão. Eu, quando procurador municipal, em Curitiba, penhorei muito a receita de cinemas na boca do caixa, e ninguém nunca discutiu. Os juízes achavam isso ótimo. Mas eu não sei dizer se isso seria inconstitucional.

PROF. ESTEVÃO HORVATH — O Prof. José Eduardo...

PROF. JOSÉ EDUARDO SOARES DE MELO — Não, não entendo nada. Apenas vou lembrar, e talvez exista jurisprudência maior, de um acórdão recente que fala que é possível até 30% do faturamento. Mas eu pergunto: e o resto, os 70%, será que é suficiente para pagar a matéria-prima, operações financeiras, mão-de-obra e outros? Digo mais: aqui em São Paulo existe uma situação em que algum juiz determina a penhora não só dos 30%, mas a penhora dos estoques das matérias-primas de todo o estabelecimento ou mesmo o administrador "pinta-e-borda", faz o que quiser, e eu pergunto: como é que fica aí a figura do depositário infiel?

Enfim, eu acho que isso é uma exorbitância e talvez até com um estudo mais alentado se poderia chegar a uma questão até de um confisco, não sei até onde essas garantias e privilégios do crédito tributário poderiam ir.

Bom, Prof. Estevão, eu não sei se chegou a minha vez de responder. (*Assentimento*) Espero que vocês não debandem. Vou responder rapidamente e também telegraficamente — aliás, por *fax*.

Documentação inidônea

Aqui diz: a legislação paulista veda créditos. Aqui é o seguinte, alguém vai a um posto de gasolina, um contribuinte, recebe aquelas notas de consumidor e depois quer apropriar o crédito de ICMS, o que seria uma compra de lubrificante. E diz mais: que houve retenção na fonte efetuada pelo distribuidor. Pergunta: "Tais documentos em sua opinião realmente são idôneos para apropriar o crédito?"

Aqui eu responderia como o Prof. Alcides disse: isso se vai ter que discutir judicialmente, porque eu não acredito que o Fisco vá aceitar documentos que não sejam apropriados, embora tanto o 406 como a lei complementar digam que o destaque é para mero fim de controle, nós não sabemos se há uma perfeita identificação. Às vezes a nota é do consumidor, não há identificação do destinatário.

Agora, me parece que, se conseguir comprovar a vinculação, o nexo, a despesa, o local, o momento, existe uma chance muito grande, porque, embora a lei complementar trate da inidoneidade documental, é uma mera obrigação acessória, mas eu preciso materializar essa operação. Eu acho que cabe, com todos os riscos que existe.

Prescrição e decadência

Há três perguntas que são mais ou menos vinculadas, que dizem respeito ao período que o contribuinte teria para apropriar o crédito. Uma delas o Prof. Alcides já respondeu, é a questão do bem do ativo permanente nos cinco anos anteriores; a outra, que é vinculada, diz: considerando que o crédito é não-cumulativo e que esta cadeia não pode ser interrompida, a prescrição, o aproveitamento retroagiria a 5 anos pela homologação, a 10 anos, ou pelo direito potestativo não é passível de prescrição e decadência? Um outro diz: será que seriam 10 anos?

Bom, em primeiro lugar a Constituição diz que à lei complementar é que caberia tratar da prescrição e da decadência. Posso até não concordar, mas está lá na Constituição. Em segundo lugar, nós precisamos deixar bem assentes esses princípios. No Supremo já de longa data, tem lá uns 15 ou 20 anos, o Ministro Moreira Alves relator, ficou consubstanciado o entendimento de que ocorre a decadência dentro do prazo dos cinco anos do fato gerador; durante o processo administrativo não ocorre nada, não obstante tenhamos uma belíssima doutrina da perempção do Prof. Marco Aurélio Greco; e depois, quando o Fisco tiver o direito à inscrição da dívida, ele irá com a prescrição.

Com relação ao contribuinte a Lei Complementar 87 diz que não usa as palavras prescrição ou decadência, diz que extingue o direito dentro do prazo de cinco anos. E aí eu tenho que ver o seguinte: o Código Tributário, no art. 150, § 4º, quando trata dos tributos de lançamento por homologação, diz que, se a lei não estipular, não estabelecer um outro prazo, será ele de cinco anos.

Então, tendo todo esse arranjo jurídico, eu ficaria com o prazo de cinco anos, não, como diz a lei complementar, do dia em que emite a nota, e sim do fato, desde que a nota retrate aquela situação. Eu acho que o prazo, me parece, seria de cinco anos.

A outra questão, sobre o sentido da norma constitucional, que remete à lei complementar a não-cumulatividade e discussão entre créditos físicos e financeiros: também a Constituição outorga a competência ou diz que o veículo normativo competente é a lei complementar, no art. 155, XII, "c", para tratar do regime de compensação.

É evidente, eu penso — é uma mera opinião —, que é para operacionalizar, não para criar novas restrições, como nós vimos aqui ao longo da manhã.

Diferimento

Também tratam aqui da questão do diferimento para fins de apropriação de crédito de ICMS, qual seria a natureza jurídica do diferimento. Muito bem, nós temos doutrina para tudo quanto é lado, que o diferimento é o adiamento, é a procrastinação; mas depois a jurisprudência, já de longa data, tanto o Supremo e recentemente o STJ, reiterou, dizendo que não ofende o princípio da não-cumulatividade e é vedado o direito a crédito.

Base de cálculo sobre a energia elétrica

Mais duas questões, rapidamente, uma até interessante — aliás, todas são interessantes, mas esta aqui também —, que fala em constitucionalidade da base de cálculo sobre a energia elétrica em São Paulo, art. 33 da lei de São Paulo, e exige exclusão do próprio valor do ICMS sobre a energia elétrica e sua base de cálculo, acarretando uma elevação de alíquota e burlando o "Ato das Disposições Transitórias". Por que a discussão não se estende a outras hipóteses que não energia elétrica?

O Prof. Roque até deu um parecer que acho que foi veiculado na *RDT*, eu não me lembro, sobre a questão do cálculo do ICMS sobre energia elétrica, se era por dentro e por fora, e que isso chegaria até a uma alíquota de 33%. Ora, se a própria lei complementar diz — é um mero palpite — que integra a base de cálculo, quanto a isso nós não temos dúvida, que é um mero referencial essa sistemática de calcular por fora leva esse valor maior, mas a lembrança que eu tenho é que há decisão — não sei se é do Tribunal de Justiça — no sentido da legitimidade dessa exigência.

E, finalmente, com relação à expressão *montante cobrado*, *montante incidente*, há um companheiro que diz: "Gostaria de ouvir sua opinião sobre jurisprudência do Supremo que, examinando a questão do crédito de ICM e ICMS em razão da LC 7/80, declarou inconstitucional a alíquota, pelo entendimento de que o montante cobrado seria montante pago às entradas, e porque tais diferenças não foram lançadas".

Para ser sincero, não consegui captar bem a pergunta. Não sei se aqui está se tratando do diferencial de alíquota em operações interestaduais, o contribuinte mandou uma mercadoria alíquota 7, e a do Estado de destino — isso talvez na Constituição anterior — era mais elevada e vários contribuintes quiseram se apropriar da diferença, que o Supremo rechaçou, dizendo que não poderia. Não sei se é essa a questão. (*Assentimento*)

Então parece, salvo melhor juízo, que existe essa jurisprudência do Supremo já de longa data. E apenas uma ressalva: ainda se orienta muitas vezes no sentido de apropriar a diferença. Pode conceitualmente, juridicamente, ser lindo, mas esta eu acho que vai ser autuada e será difícil ganhar no Judiciário.

PROF. ESTEVÃO HORVATH — Muito obrigado, Prof. José Eduardo. Prof. Osiris, sobre essa questão que foi trazida.

PROF. OSIRIS DE AZEVEDO LOPES FILHO — Tem uma pergunta aqui que diz que o nosso modelo estaria encaminhando-se para a situação da Alemanha após o Tratado de Versalhes que ocorreu depois da I Guerra Mundial, em que a Alemanha foi extorquida pelos países vencedores.

Eu, lendo essa pergunta, lembrei que um dos líderes civis do golpe de 1964, para assegurar a continuidade militar da ditadura que se implantou, foi mandado à Europa (o Sr. Carlos Lacerda) para explicar a revolução. E ele conta nas suas memórias que nunca foi bom (ele era um excelente orador, um tribuno parlamentar fantástico), que ele saía sempre perturbado dos vôos de avião. Não havia os transportes supersônicos aéreos, e ele foi para Paris num vôo da então Panair do Brasil, num *Constellation*. Logo que ele chegou foi posto no aeroporto de Orly para dar uma entrevista à imprensa internacional, à imprensa francesa. Ele começou a falar na revolução brasileira e melhorava o *status* do golpe de Estado dado em 1964. Aí, um repórter, quando veio a hora da pergunta: "Mas que revolução é essa, sem sangue?" O Carlos Lacerda deu uma resposta que eu acho muito semelhante, em posição, ao que De Gaulle falou do Brasil, que o Brasil não era um país sério. Ele disse: "As revoluções no Brasil são como os casamentos na França, sem sangue".

Então eu acho que, sem termos tido uma guerra e sem que nos tenham imposto condições leoninas, abusivas, de concessão, o nosso Governo atual adotou a tese da globalização — que sempre existiu; o Império Britânico antes do final da II Guerra Mundial o símbolo dele era um império onde nunca o sol se punha — dominava o mundo inteiro. A globalização sempre existiu no Brasil no período de colonização etc. Mudaram os atores, os protagonistas, os dependentes na colonização.

O Governo atual está fazendo ressurgir uma palavra que eu não gostava desde o meu tempo ..., porque rimava com vigarista, e também porque significava a contrariedade aos interesses nacionais. Eu acho que o nosso Governo é um Governo entreguista, o Governo Federal atual, porque está abrindo o País aos investimentos estrangeiros sem proteger os interesses nacionais.

Já existe a *Light* aqui, a *Light* está voltando às suas origens, a política energética da *Light* hoje está sendo feita na França. Foram despedidos os engenheiros que cuidavam da expansão da linha. Essa política está sendo feita. E agora, em homenagem à história de São Paulo, só falta nós termos a *City* aqui também.

Quer dizer, qual o investimento que está sendo feito efetivo no Brasil, desses 60 bilhões que estão aí, de capital de risco? Está se comprando os serviços públicos a preço de banana, quer dizer, estamos voltando ao início do século, em que as estradas de ferro não eram estradas de ferro, era a *Rail Way*. O serviço público da cidade de água e esgoto era da *City* e a energia elétrica pela *Light*.

Um País da pujança do Brasil, eu fico muito admirado. Eu ando muito pelo Brasil, não tem cataclisma, não tem terremoto, não tem maremoto, não tem inverno rigoroso, não tem tempestade, não tem tornados, não tem nada disso. E com a riqueza mineral, a riqueza vegetal fantástica, com um povo trabalhador e criativo, por que o Brasil não dá certo? Só posso imaginar que é a nossa caixa de dirigentes, que não tenho nem como chamar de elite, porque uma elite que não pensa no interesse do País e pensa sempre reflexamente abrindo o País desmesuradamente à invasão estrangeira, em detrimento dos interesses nacionais ...

Então eu acho que nós estamos entregando o País sem sangue.

A outra pergunta já foi respondida, essa questão de a União poder dar isenção dos impostos estaduais e municipais. A Carta de 69 consagrava isso, o que realmente destrói a Federação. Muito obrigado.

PROF. ESTEVÃO HORVATH — Agradeço a todos os Professores componentes da Mesa, aos ilustres Colegas que nos deram a sua atenção até este momento, e convido a todos para o reinício dos trabalhos, às 14h.

MESA DE DEBATES (C) (24.10.96)

ICMS E ISS — PROGRAMA DE "SOFTWARE". TRIBUTAÇÃO — REFEIÇÕES E TRIBUTAÇÃO. "BUFFETS" — INSTALAÇÃO E MONTAGEM DE EQUIPAMENTOS QUE SE AGREGAM AO SOLO — TRATADOS INTERNACIONAIS E ISENÇÃO DE IMPOSTOS ESTADUAIS E MUNICIPAIS

AIRES BARRETO
ANNA EMÍLIA CORDELLI ALVES
EUGÊNIO DOIN VIEIRA (Presidente da Mesa)
JOSÉ EDUARDO SOARES DE MELO
MARÇAL JUSTEN FILHO

ICMS E ISS — ISS e Lei complementar. Lista de serviços. PROGRAMA DE "SOFTWARE". TRIBUTAÇÃO — "Software" de prateleira. REFEIÇÕES E TRIBUTAÇÃO. "BUFFETS" — INSTALAÇÃO E MONTAGEM DE EQUIPAMENTOS QUE SE AGREGAM AO SOLO — TRATADOS INTERNACIONAIS E ISENÇÃO DE IMPOSTOS — DEBATES — Mercadorias com serviço. Cessão de direito de uso do "software". "Software" de prateleira. Tratado e ISS.

PROF. AIRES BARRETO — (*falha na gravação*) que não foi suficientemente versado no período da manhã por falta de tempo: tratados internacionais e isenção de impostos estaduais e municipais, que é tema do maior relevo.

Inauguralmente, tenho a satisfação, o privilégio e a honra de passar a palavra ao Prof. Marçal Justen Filho, a quem muito admiro por suas obras, por seus trabalhos, que vai discorrer sobre atividades gráficas, consertos, reparação, recondicionamento, restauração, manutenção de máquinas, veículos, motores, elevadores, relativamente a esse confronto ICMS e ISS.

Tem a palavra o Prof. Marçal Justen Filho.

ICMS E ISS

PROF. MARÇAL JUSTEN FILHO — Ilustre Professor Aires, caríssimos Professores integrantes desta Mesa, meus amigos, eu gostaria de iniciar com uma breve lembrança à memória do Professor Geraldo Ataliba. Esta é a primeira vez que eu me manifesto de público e gostaria de aproveitar a oportunidade para apenas destacar um aspecto da personalidade do Professor Ataliba, que sempre tem sido ponto comum de referência, que é a sua generosidade. Eu me considero especialmente um exemplo disso, porque o Professor Ataliba sempre me dedicou um prestígio e uma delicadeza que, sob certo ângulo, tenho certeza que superavam largamente os meus méritos pessoais.

Feita esta ponderação e sob a égide da lembrança do Professor Ataliba, a questão que se põe para ser analisada envolve essa problemática de conflito entre ICMS e ISS no tocante àqueles serviços que possam relacionar, pressupor a aplicação de materiais cuja operação relativa à sua circulação, isoladamente, poderia dar margem à previsão de incidência do ISS.

Estamos, como dizia o meu caríssimo Professor Heron Arzua, sempre retornando a esses temas, que têm sido ponto comum e constante na abordagem destes Congressos. Isso não os deve preocupar. Talvez possamos, na esteira do Professor Souto Maior Borges, nesse magnífico trabalho que ele está dando a público que é *O Contraditório no Processo Judicial*, destacar a necessidade de enfocar o conhecimento científico como um processo contínuo. Não há revoluções que permitam superar de um modo dramático o enfoque do conhecimento.

Apesar da sua presença na Mesa, e sem querer constrangê-lo, lendo apenas o seu livro, pude alegrar-me pela possibilidade da convivência com o Prof. Souto Maior Borges, que até na sua análise dos momentos do seu trabalho científico destacou quão importantes eram, a meu ver, os momentos do trabalho científico pessoal dele; cada obra do Prof. Souto Maior representa uma transcendência acerca da evolução do pensamento jurídico nacional. Ainda que nós possamos pensar que essa sua última obra não se refere a Direito Tributário, digo a todos, acho que vale a pena ser lida, pela profundeza e pela generalidade e indispensabilidade das considerações ali feitas.

Portanto, a questão que pode nos consolar é a da impossibilidade da solução de um modo abrupto de certos problemas do conhecimento, especialmente quando possam envolver algum tipo de decisão humana, como se passa com a questão da jurisprudência acerca de ISS e ICMS.

Eu gostaria de começar com uma advertência que se relaciona a algo que não passa muitas vezes pela mente de quem estuda o ISS, que é uma modificação radical na norma-matriz de origem constitucional do ISS. Há uma certa tendência a supor que o artigo da Constituição atual que disciplina a figura do ISS, a norma-matriz, o art. 156, III, seria uma mera reiteração do que constava na Constituição anterior.

ISS e Lei complementar

A Constituição anterior previa que competia aos Municípios instituir impostos sobre serviços não compreendidos na competência da União e dos Estados, especificados em lei complementar. Isso deu margem a inúmeros debates, onde o Prof. Ataliba e a escola da PUC foram precursores da defesa da tese de que era incompatível com qualquer interpretação constitucional supor a possibilidade de uma lei complementar definir a competência tributária do Município para tributar serviços. Ou seja, isso contrariava o sistema, ofendia a autonomia dos Municípios, era inviável supor que a lei complementar poderia ir além da mera eliminação de algumas dúvidas no tocante a alguma espécie de conflitos. Nessa linha, mesmo a problemática do conflito entre ICMS e ISS se punha como uma solução de definição da natureza jurídica da obrigação de que se tratasse.

Lista de serviços

Há escritos belíssimos do Prof. Geraldo Ataliba e de Cléber Giardino nessa linha, lembrando que a operação relativa à circulação de mercadorias envolve uma obrigação de dar, e que a prestação de serviços envolve, suponho, uma obrigação de fazer. Eu mesmo tive oportunidade, em dissertação de mestrado, de trilhar esse caminho e tentar demonstrar que o problema acabava por retratar questões extratributárias sob um certo ângulo, no sentido de que o critério da distinção se reportava não à própria lei tributária, mas a institutos que tinham pacífico tratamento no campo da teoria geral do Direito Privado.

Apesar dessa situação, houve a prevalência na jurisprudência do entendimento de que a lista de serviços era válida, tinha cunho taxativo e que incumbia à lista definir os limites da competência do Município para tributar serviços.

Insisto com vocês com a definição da extensão que a jurisprudência deu e reconheceu à lista de serviços. Entendeu-se que a lista de serviços poderia delimitar o âmbito da competência tributária do Município para tributar serviços. Se isto é um despropósito em termos sistêmicos é outra questão, mas foi isso que a jurisprudência entendeu. Daí, então, se fazia uma espécie de repartição no universo tributável pelo Município. Dir-se-ia: o que é serviço? Dentro do conceito de serviço, o que foi eleito pela lei complementar para ser tributável pelo Município. E daí, então, os limites da competência do Município eram os limites da lei complementar.

Veio a Constituição de 1988 e alterou a norma-matriz e estabeleceu o serviço em que a competência dos Municípios iria incidir, inclusive sobre serviços de qualquer natureza não compreendidos no art. 155, II, definidos em lei complementar. Ora, não há mais referência à competência tributária da União e se faz uma alusão a serviços não compreendidos no art. 155.

O art. 155, II, atual alude à norma-matriz do ICMS e tem a previsão conhecida por todos. Mas, além disso, há um dispositivo de fundamental relevância para enfocar o problema específico que nós temos de resolver. Há um dispositivo expresso na Constituição que diz o seguinte: o art. 155, § 2º, IX, "b", diz que o ICMS incidirá também sobre o valor total da operação, quando mercadorias forem fornecidas com serviços não compreendidos na competência tributária dos Municípios. Esse dispositivo retira a validade, ou, melhor, importa um obstáculo à recepção das regras da lei complementar que traduziam uma solução de compromisso na bendita lista de serviços que foi atualizada pela Lei Complementar 56.

A discussão básica do nosso tema é a seguinte: há certos serviços que envolvem a agregação de materiais, essa é a discussão fundamental, e nos itens da lista de serviços, quando se tratou do tema, houve uma opção por fracionar, por seccionar a situação tributável. Assim, por exemplo, o item 68 diz: lubrificação, limpeza e revisão de máquinas, veículos, aparelhos, equipamentos, exceto o fornecimento de peças e partes, que fica sujeito ao ICM. Idêntica redação se põe no tocante a conserto, restauração e manutenção no item 69, recondicionamento no item 70.

Em todas essas hipóteses há uma espécie de fratura da situação tributável. Aquilo que é serviço é tributável por ISS, aquilo que é fornecimento de objeto, de coisa agregada para a prestação de serviço, ficaria sujeito à incidência do ICM, hoje ICMS. Portanto, haveria dupla incidência tributária, não sobre o mesmo fato, mas sobre a mesma situação econômica, repartindo-se base de cálculo, afinal, e supondo-se que a parte de serviço seria tributável por ISS e a parte de fornecimento de mercadoria seria uma espécie de operação relativa à circulação de mercadorias e, portanto, tributável por via do ICMS.

Ocorre que essa solução é incompatível com a regra acima lembrada acerca do ICMS. Quando a Constituição definiu a incidência do ICMS ela impediu a possibilidade de seccionamento da prestação de serviços, porque o dispositivo — e eu o releio, porque ele passa desapercebido, a sua relevância acaba sendo oculta numa primeira leitura, nessa selva de dispositivos sobre ICMS que a Constituição contém — diz, repito, sobre o valor total da operação quando mercadorias forem fornecidas com serviços não compreendidos na competência tributária dos Municípios, o que faz supor, *a contrario sensu*, numa interpretação que dê razoabilidade lógica à Constituição, que se mantém a solução no tocante a serviços compreendidos na competência tributária do Município, deverão eles ser sujeitos integralmente a essa competência tributária do Município, o que tornaria bastante questionável. Aliás, parece-me inconstitucional a regra do art. 2º, V, da nova Lei Complementar 87, que pretende subordinar a competência tributária dos Estados por via do ICMS. Lê-se: o fornecimento de mercadorias com prestação de serviços sujeitos ao imposto sobre serviços de competência dos Municípios, quando a lei complementar aplicava expressamente o sujeitar a incidência do imposto estadual.

Ou seja, esse dispositivo pressupõe uma nova função para a lei complementar. Não se trata mais de definir quais são os serviços tributáveis, não se trata mais de, dentro do universo dos serviços, estabelecer quais são os tributáveis pelo Município, mas muito mais do que isso, trata-se de excluir da competência tributária do Município também os serviços que possam, ao ver do legislador, envolver algum tipo de competência tributável por via do ICMS, ainda com a seguinte característica: transformando, transplantando, deslocando a competência tributária para o campo do Estado.

Ou seja, não apenas a lei complementar teria o condão de definir a competência do Município, como teria o condão de ampliar a competência dos Estados, os Estados não mais teriam a competência para tributar por via do ICMS aquilo que consta na Constituição, teriam a competência para tributar por via do ICMS aquilo que consta da Constituição e aquilo que a lei complementar determinar.

Portanto, não se trata mais de reduzir a esfera tributável por Municípios, trata-se de ampliar a esfera tributável por parte dos Estados. Portanto, isto nem mesmo à época da Constituição anterior, quando se pretendia que a lista tinha cunho taxativo, se imaginou possível. Nunca se imaginou que fosse possível a alteração da órbita de competência do Município para transferir competência e ampliar competência dos Estados.

Ou seja, todos aqueles argumentos que continuam válidos acerca da inviabilidade, da incompatibilidade frente ao sistema da previsão de uma lei complementar ter natureza exaustiva ou ser condicionante da competência tributária de Municípios, agora, além desses argumentos há novos, há os argumentos contrários à possibilidade de a lei complementar exercer esta função modificativa do pacto federativo, em última análise, porque o que nos deparamos é com um problema dessa ordem. Em última análise, nós estamo definindo competência tributária de Estados e Municípios por via de lei complementar e alterando aquilo que a Constituição determinou que (*falha na gravação*) apoio na sistemática constitucional vigente.

Era o que eu tinha a dizer. Muito obrigado. (*Palmas*)

PROF. AIRES BARRETO — Quero convidar o Prof. Eugênio Doin Vieira para vir presidir esta sessão. *Assume a Presidência dos trabalhos o Prof. Eugênio Doin Vieira.*

PROF. EUGÊNIO DOIN VIEIRA — (*interrupção na gravação*) a questão de placas, painéis luminosos e similares, programas de *software* e paisagismo. Vejam que se trata de temas bem específicos que objetivam a aplicação da lei a casos concretos, permitindo um conhecimento de doutrina e sobretudo de jurisprudência assaz proveitoso.

Damos a palavra à Profa. Anna Emília Cordelli Alves.

PROGRAMA DE "SOFTWARE". TRIBUTAÇÃO

PROFA. ANNA EMÍLIA CORDELLI ALVES — Senhores colegas de Mesa, caros colegas congressistas, nós estamos aqui tentando analisar algumas questões referentes à incidência de ISS. O tema que me foi dado refere-se à "Confecção de placas, painéis luminosos e similares, programa de *software* e paisagismo". Por ser, na verdade, um tema amplo, e dada a exigüidade do tempo, permito-me fixar na discussão de tributação de programa de *software*, até mesmo pela atualidade dessa discussão e pelas dúvidas ainda reinantes em matéria doutrinária e também na própria jurisprudência.

A colocação que o Prof. Marçal fez a respeito das generalidades, das regras gerais aplicáveis ao ISS referentes à obrigação de fazer, obrigação de dar; quando se está diante de hipótese que enseje a cobrança de ICMS; quando se está diante de uma situação que enseje a cobrança de ISS, acho que é absolutamente pertinente e tem que ser tomada em conta para tentar solucionar essa questão da tributação do *software*.

Mas, antes de adentrarmos a questão puramente jurídica e constitucional mesmo, seria importante estabelecermos o conceito de *software*.

Então, tendo em conta que o programa de *software* é uma coleção de dados, digamos assim, um conjunto de dados a ser colocado num computador, num *hardware*, para que essa máquina possa executar determinadas tarefas, nós temos, e até por definição legal, que se trata de uma propriedade intelectual.

Esta definição legal nos é dada pela Lei n. 7.446, de 16 de dezembro de 1987, que conceituou o *software* como uma propriedade intelectual, como uma coleção de dados, um conjunto de dados necessários para que o computador possa executar a sua tarefa.

Essa lei tratou também da proteção do *software*. Então, quando analisamos esta lei, verificamos que os programas de computador, os chamados *softwares*, são protegidos pela lei de direitos autorais, Lei 5.988, e mais, que o titular dos direitos de comercialização de programas de computador é obrigado, de acordo com a lei, a prestar serviços técnicos aos respectivos usuários durante um determinado prazo.

A exploração econômica do *software* no País, de acordo com esta lei de proteção desses programas, será objeto, de acordo com o art. 27 da lei mencionada, de contratos de licença ou de cessão.

Essa, portanto, a natureza jurídica do *software*.

A respeito temos alguma jurisprudência muito interessante. Eu gostaria de mencionar aos senhores um acórdão que foi prolatado numa apelação cível de n. 177.101-2/6, de São Paulo, em agosto de 1992, sendo relator Telles Corrêa, e que na verdade analisou muito bem essa questão da tributação do *software*. Essa decisão, antes de analisar a natureza jurídica do *software*, faz uma análise técnica do mesmo. Quer dizer, não só antes de analisar a natureza jurídica, analisando propriamente, tecnicamente, o que é o *software*. De fato, só quando nós temos efetivamente a referência técnica correta é que podemos aplicar o regime jurídico correto, também.

Então, quando falamos de *software* nós vamos ver que a expressão "programas de *software*" pode ensejar uma série de situações no mundo concreto, no mundo fático.

Primeiro, a mera assistência técnica, ou seja, eu adquiro um programa e uma empresa me dá assistência técnica, no sentido da boa utilização daqueles dados, ou seja, a fim de que eu possa chegar aos resultados desejados com aquele programa.

Por exemplo, um programa de gerenciamento de carteira de investimentos que existe no mercado: como é que eu vou atuar, como é que eu vou utilizar aquele programa da maneira mais útil para as minhas necessidades, as necessidades da minha empresa? Então, estaria falando em mera assistência técnica. Pensamos que com relação à mera assistência técnica não há dúvida de que configura fato gerador do ISS. A nosso ver, a dúvida não residiria aí.

"Software" de prateleira

Nós devemos, então, verificar uma outra situação. Nós temos o chamado "*software* de prateleira", ou seja, aquele *software* que eu comprar na loja e colocar no meu computador para obter determinados dados. E há também o "*software* por encomenda". Ou seja, eu tenho uma determinada necessidade e não sou atendido por nenhum programa preconcebido que está no mercado e, portanto, encomendo a realização daquele programa específico; nesse caso, nós estaríamos diante do chamado "*software* por encomenda".

Vamos analisar, então, um *software* de prateleira: se eu vou a uma loja e compro um *software*, estarei comprando uma mercadoria? Há incidência do ICMS ou do ISS?

A respeito da questão, Carlos Augusto Silveira Lobo, em artigo que foi publicado na *IOB* 19/92, nas páginas 350 a 353, analisa a incidência do ISS sobre o chamado *software* de prateleira.

O que é esse *software* de prateleira? É, como visto, aquele elaborado para a generalidade de um determinado tipo de usuário. No exemplo que eu dei, administração de carteiras de investimento, o *software* não é dirigido a uma única pessoa, é dirigido a um grupo de usuários. Mas nós não estaríamos diante de uma mera comercialização; teríamos, aí, verdadeira prestação de serviço, muito embora seja feita a um grupo grande de usuários.

E mais, o próprio autor Carlos Augusto Silveira Lobo, que acabei de mencionar, diz o seguinte: "quando eu adquiro numa prateleira, quando eu adquiro numa loja um *software*, na verdade não estou adquirindo uma mercadoria, porque o usuário do programa, quando ele vai se utilizar do programa, quando ele chega na sua casa ou no seu escritório e abre o programa, ele vai ver na embalagem o quê? Ele vai ser advertido de determinadas cláusulas contratuais, ele está aderindo a algumas condições contratuais".

Ainda neste caso do *software* de prateleira, parece, salvo melhor juízo, que nós temos uma cessão de uso, sim, é um contrato de cessão de uso. Então, essas condições normalmente são: o programa só pode ser utilizado em um único equipamento, normalmente é uma das condições. Ele só pode ser transferido para terceiros mediante condições prefixadas, a qualquer tempo o usuário poderá pôr termo ao contrato de utilização mediante a inutilização daquele programa. E o licenciante, aquele que está cedendo o uso, só pode pôr fim ao contrato quando houver inadimplemento por parte do usuário daquelas cláusulas contratuais preestabelecidas.

Então, mesmo quando eu vou a uma loja e compro, na prateleira, eu estou necessariamente aderindo e estou firmando um contrato de cessão de uso. Aí nós teríamos, sim, a incidência de ISS, e não do ICMS.

Não podemos confundir o programa com o seu suporte físico, que é um disquete, que é um CD, que é uma fita. Não há que se confundir. O disquete é um mero suporte físico, até porque o programador pode, na verdade, prestar um serviço fazendo um programa diretamente no computador, sem nenhum suporte físico. Ele coloca direto na alma do computador. Quer dizer, não há necessidade do disquete. Como o programador não pode estar em todos os momentos em todos os lugares, então ele multiplica aquele programa previamente estabelecido num disquete, num CD, seja lá o que for, mas ele é mero suporte físico.

Eu acho que o tema mais difícil de definir era esse. Parece-me que a discussão da tributação do *software* de prateleira é a que gera mais dúvidas, porque, na verdade, em relação ao *software* que é feito por encomenda parece não restar nenhuma dúvida de que nós estamos diante de prestação de serviço, dentro daqueles conceitos clássicos de prestação de serviço que nós temos. Ou seja, é a prestação de uma utilidade. Segundo o Prof. Aires num artigo na *RDT* 20 e 30, prestar serviço é colocar algo à disposição de alguém para o seu uso. Na verdade, este algo pode ser algo material ou imaterial, mediante necessariamente um esforço humano, apenas dizendo que eu entendo que a expressão "serviços de qualquer natureza" posta na Constituição, não se limita à locação de serviços prevista no Código Civil, mas seria todo e qualquer esforço humano prestado a alguém, mediante retribuição, sem, na verdade, o vínculo de trabalho, de modo a propiciar um bem material ou imaterial.

Temos um perfeito encaixe do programa de *software* neste conceito, de prestação de serviços, na medida em que há, sim, em todos os casos, a meu ver, a produção de um bem imaterial. E a própria legislação que cuida do assunto assim o traduz, como uma propriedade intelectual.

Essas idéias poderiam ser muito aprofundadas; mas, como a proposta é fazer algumas colocações, para que depois possa haver o debate, então eu efetivamente me restrinjo a isso neste momento e espero poder discutir com os Colegas e com os Congressistas a respeito dessa matéria, que se apresenta absolutamente atual.

Muito obrigada. (*Palmas*)

PROF. EUGÊNIO DOIN VIEIRA — Agradecemos à Profa. Anna Emília a abordagem que fez de um problema tão atual no campo da economia e da tributação, e vamos ouvir, em seguida, a palavra do Prof. José Eduardo Soares de Melo, que nos irá falar sobre mais um tema de debate habitual, que se renova nos nossos Congressos, gerando soluções e dúvidas, que é o fornecimento de refeições em restaurantes e estabelecimentos congêneres. Nós pensamos que o assunto já está resolvido há muito tempo. Vamos verificar agora que se renovam os problemas e se atualizam. Organizações de festas e recepções. *Buffets*.

Tem a palavra o Prof. José Eduardo Soares de Melo.

REFEIÇÕES E TRIBUTAÇÃO. "BUFFETS"

PROF. JOSÉ EDUARDO SOARES DE MELO — Quem estava para vir aqui era a Profa. Elizabeth Carrazza, que infelizmente não teve condição de vir à tarde. Realmente, não estou suficientemente preparado para tratar do assunto com profundidade. Vou tecer algumas considerações e quem já esteve aqui, acho que todos pela manhã tiveram a paciência de me ouvir, espero que tenham à tarde, juro que à noite eu não estarei aqui, porque no fim a gente repete os mesmos conceitos. Mas é uma satisfação estar nesta Mesa, e mais satisfação ainda é não ter ouvido o Prof. Aires e o Prof. Souto, porque aí não teria quase mais nada. Seria mais fácil repetir, enfim.

Esse tema de refeições, esse tema de organização de festas, é claro que é tema relativamente localizado em âmbito de tributação, mas o que vale aqui acho que são idéias, conceitos que a gente sempre deve meditar, repensar e refletir, dentro da sistemática tributária.

O Marçal colocou muito bem, a Anna Emília também concordou, parece que talvez a Mesa seja unânime — aliás, quando a Mesa é de fiscalistas e procuradores do Estado nós já vimos isso aqui, tudo é constitucional; quando a Mesa é formada por outro grupo, é inconstitucional.

Mas, então, esse tema de fornecimento de alimentação enseja nova reflexão, é claro, porque o Supremo, não obstante já tenha decidido a questão do fornecimento de alimentação e bebida, nós temos aqui uma nova lei complementar e não estamos no Congresso apenas para dizer: "O Supremo já disse, a súmula falou e acabou". Não é bem isso.

A Constituição reservou materialidades distintas para o ICMS e para o ISS. É claro que isso não é tão simples. Se no ICMS só disse que a competência dos Estados e do Distrito Federal é para instituir o imposto sobre dois ou três tipos de serviços, o de transporte interestadual, intermunicipal e o de comunicações, não precisaria nenhuma interpretação, bastaria a leitura simples do texto da Constituição; é claro que a Constituição não define, mas aí vêm a doutrina, as colocações precisas do Prof. Aires, de que existe um conceito constitucional de serviço. É claro, não é aquele que nos agrada, mas o que eu posso extrair da dicção constitucional.

Então, a primeira leitura me diz: na partilha das competências os Estados têm três tipos de serviços; todos os outros seriam serviços afetos aos Municípios. E quando o art. 156, III, trata da competência dos Municípios para instituir ISS e usa essa expressão, não sei se infeliz ou não, "definidos em lei complementar", é claro que eu não posso entender que, se não houver lei complementar ou essa definição não for precisa e ampliar o campo de abrangência do ICMS, eu não posso, é difícil entender que o Estado teria competência para tributar outros tipos de serviços.

Nós sabemos que em diversas atividades mercantis, industriais, fabris, enfim, os negócios jurídicos envolvem sempre um dar ou fazer de maior ou menor intensidade. Baixando, agora, um pouco o nível e indo para os exemplos, se eu vou a uma loja de calçados, é evidente que eu quero uma mercadoria, eu quero um bem corpóreo, é um ato jurídico mercantil. Mas há aquela atividade de procurar na prateleira o tipo de calçado, dar uma opinião, colocar no pé e tudo o mais. Enfim, várias atividades que são típicas mercantis envolvem uma colaboração, um esforço pessoal. Mas isso não quer dizer que o negócio jurídico seja aquele adstrito ao fazer, ele continua sendo adstrito ao dar.

Eu não posso deixar de relembrar aqui exemplos dados pelo Prof. Geraldo Ataliba e que já nos primórdios — aliás, eu acho que foi no I Congresso Brasileiro de Direito Tributário patrocinado pelo mesmo grupo — se discutia essa questão da obrigação de dar, obrigação de fazer, e sempre o Prof. Ataliba dizia o seguinte: ora, não se confunde mercadoria com serviço no fornecimento; se eu quero comprar carne eu não irei ao Maksoud. Pode ser até que o Maksoud tenha uma loja de necessidades e venda a carne, então eu estaria cometendo uma gafe, um equívoco. Mas ele diz o seguinte: eu vou ao açougue, lá é que tem a mercadoria. E se eu quero o alimento, a refeição, o preparo, todo o *merci beaucoup* que existe em termos do *maître* — se bem que muita gente não gosta de *maître*, porque o *maître* fica olhando e não toma providência nenhuma, e sai mais cara a comida —, se eu quero o serviço, reparo no ambiente, o tal do *watch people*, enfim, participar, eu vou escolher determinados restaurantes ou determinados barzinhos. Enfim, eu vou atrás do fazer, embora envolva coisa corpórea.

Esse é um assunto importante, porque até há pouco tempo atrás ou durante muito tempo sempre a doutrina dizia o seguinte — ou a Fazenda, o Fisco: se é um bem corpóreo material, é mercadoria. Hoje cedo eu até, *en passant*, disse: bom, mas eu não posso tratar o arrendamento mercantil porque envolve coisa corpórea e porque está na lista de serviços, e não é um negócio mercantil, não envolve a mercadoria.

Também se perguntou aqui o negócio do concreto, da argamassa; embora seja coisa corpórea, enfim, ele trata de serviço. Então, esse não é o melhor caminho para se distinguir. Tenho que lembrar as competências, que o Estado não pode ou não deveria se imiscuir na competência do Município, ele só tem aqueles três tipos de serviço, e também dentro das obrigações de dar e da obrigação de fazer.

Feito esse intróito, eu verifico, eu vou à lista de serviços. Como o Marçal falou: "Bom, mas o Supremo diz que a lista é taxativa, nós sabemos que isso fere a autonomia dos Municípios, é um argumento surrado, mas muito importante". A lista no início tinha 55 e depois 56, e agora foi para 100 serviços. E há Municípios até muito inteligentes que colocam lá: 101 outros serviços não especificados na lista. Ou outros Municípios mais inteligentes ainda, que nem adotam a lista, eles têm códigos, têm classificações, e ali tem uma enxurrada de atividades. Aliás, há um trabalho preciso do Aires sobre *franchising* que examina a questão de ser ou não ser serviço.

Então, há que se fazer uma análise, mesmo dentro daqueles itens que estão arrolados na Lei Complementar 56/87.

Com relação a este tema eu tenho, de um lado, hoje, a Lei Complementar 87/96, art. 2º, item 1, ela é categórica em termos de leitura, não em termos de extrair a constitucionalidade. E diz que é fato gerador, o imposto incide sobre o fornecimento de alimentação e bebidas em restaurantes, bares e congêneres. É uma lei complementar.

Aquela lei complementar de que fala o art. 156, III, trata de matéria de ISS e fala "definidos em lei complementar" talvez com o objetivo não de ampliar ou diminuir a competência, mas sim para explicitar o comando constitucional. Então, não sei se este seria o veículo normativo próprio, está tratando indiretamente de ISS para anular a competência de ISS. É um ponto a pensar.

Mas, dando continuidade, a Lei Complementar 56/87, no tema aqui que nos interessa, dispõe, no item 42 — e vou ler, para ser preciso: "organização de festas e recepções, *buffets* (exceto fornecimento de alimentação e bebidas), que fica sujeito ao ICMS" — agora ICMS.

Nós sabemos que nessa organização de festas e *buffets*, recepções, há um envolvimento muito grande de atividades, há o fornecimento do salão, fornecimento dos garçons, dos cozinheiros, há música ambiente, decoração da festa, que eu posso contratar aqui em São Paulo se eu for ao Torres ou ao Baiúca, enfim, em qualquer dessas casas eu posso contratar o serviço integral ou parcial.

Chegamos na parte da alimentação e das bebidas. Muitas vezes esses estabelecimentos dizem não; então o cliente fornece o uísque, ou fornece o vinho. Aliás, eu fiquei curioso, porque a minha sogra agora vai fazer 80 anos e vou comemorar. A gente realmente não comemora aniversário de sogra, mas é uma pessoa excepcional, vamos comemorar. Então, comecei a adentrar este mundo desses *buffets* todos — e isto aqui é *a lattere*, não tem nada de jurídico: eu sempre achei muito curioso o desperdício de vinho que existe nesses *buffets*. Por quê? Porque o vinho é fornecido pelo cliente, geralmente é meia garrafa por pessoa. Então, se quatro ou cinco pessoas não tomarem vinho, aquilo vai sobrar e não vai ter controle.

Então, o que existe? Nesse fornecimento de bebida muitas vezes é o próprio cliente, o consumidor final, que fornece. E outras bebidas, como cerveja, ficam em consignação.

É claro que aqui existe um ponto importante: se esse prestador de serviços, além do salão, além da ornamentação, além da música ambiente, também fornecer bebida e alimentação, é claro que, se formos cumprir exatamente o que está na lei complementar, se houver uma conjugação das duas leis complementares, da 56 com a 87, parece que ficaria evidente que eu deveria pagar como prestador o ICMS sobre os fornecimentos de alimentação e também das bebidas. Mas o que é importante também, e hoje foi dito aqui citando-se Becker, é a questão da base de cálculo. É claro que o prestador de serviço não pode, a não ser que ele queira correr um risco fiscal muito grande perante o Estado de São Paulo, chegar a um ponto exagerado de baixar tanto a base de cálculo, por entender que aquelas bebidas e aqueles alimentos não têm a mais mínima significação econômica ou jurídica.

Em suma, também vou, como a Dra. Anna Emília, se for o caso, deixar mais para debate essas questões, chegando à conclusão do seguinte: temos sempre que repensar na Constituição, não olhando de baixo para cima, que seria o pior tipo de interpretação, mas sempre repensar e discutir, porque o próprio Supremo, quando decidiu a questão do fornecimento de alimentação num passado em que se discutia se a base de cálculo poderia abranger tanto o serviço que existe dentro do restaurante — ninguém nega — como esse fornecimento das coisas corpóreas, o próprio Supremo há tempos atrás pautava-se por uma diretriz diferente. Aqui em São Paulo as discussões foram tantas sobre a constitucionalidade ou não dessa exigência do ICMS, e o Superior Tribunal de Justiça dava ganho de causa até que houve uma guinada e o Supremo Tribunal disse que é fato gerador de ICMS, e um acórdão que eu pincei dizia o seguinte: salvo quando o serviço esteja relacionado em lei complementar. Ou seja, deu mais uma vez importância à lei complementar, quando o mais adequado, correto, criterioso, científico, seria verificar que serviços para o Estado são só aqueles do art. 155.

Era isso que eu tinha a dizer. Muito obrigado. (*Palmas*)

PROF. EUGÊNIO DOIN VIEIRA — Nós agradecemos a colaboração do Prof. José Eduardo Soares de Melo. É desnecessário lembrar que os temas voltam no momento oportuno, através das questões e dúvidas levantadas por escrito pelo auditório.

O Prof. Souto Maior Borges, para tranqüilidade nossa, adverte que voltará em seguida.

Vamos passar, então, a palavra ao Dr. Aires Fernandino Barreto, atual Presidente do IDEPE, que nos vai apresentar a sua jurídica e precisa exposição sobre instalação e montagem de equipamentos que se agregam ao solo. Tem a palavra o Dr. Aires Barreto.

INSTALAÇÃO E MONTAGEM DE EQUIPAMENTOS QUE SE AGREGAM AO SOLO

PROF. AIRES BARRETO — Senhor Presidente, Srs. Professores, companheiros Congressistas, eu quisera desde logo ter a facilidade de expressão daqueles que me antecederam, falar com essa facilidade com que falaram aqui Anna Emília, Marçal Justen, José Eduardo Soares de Melo. Vou fazer um esforço para não ficar muito distante dessas expressões nacionais do Direito Tributário.

A discussão relativa à lista de serviços, sua taxatividade ou exemplificatividade, já disse alguém, é hoje tertúlia jurídica. O Supremo faz ouvidos moucos a qualquer esforço exegético no sentido de demonstrar que lei complementar não pode circunscrever, suprimir, ampliar, modificar aquilo que a Constituição deu aos Municípios na partilha constitucional.

Era uma lição constante do Prof. Geraldo Ataliba a de que a Constituição não dá com a mão direita e retira com a esquerda, muito menos lei infraconstitucional. Ora, aceitar que só paga o ISS serviço que está na lista é restringir, contra a Constituição, é circunscrever indevidamente a competência municipal que vem expressa no art. 156, III, do texto constitucional. Ali se diz que os Municípios podem tributar serviços de qualquer natureza, não de determinada natureza, não de certa natureza, mas de qualquer natureza, tirantes, apenas e tão-só, aqueles descritos no art. 155, II. Este preceito descreve, refere, apenas e tão-somente, os serviços de comunicação e serviços de transporte intermunicipal e interestadual. Confesso que, por mais que me esforce, não encontro fundamento para qualquer ampliação de competência dos Estados, nem mesmo no art. 155, IX, "b", que diz que o ICMS incidirá também sobre o total da operação quando mercadorias forem fornecidas com prestação de serviços. A Constituição, ao atribuir competência aos Municípios, não fala em serviços não compreendidos na competência dos Estados, referidos no art. 155, II e IX, "b". Não, o Estado executa só os do art. 155, II, é dizer, serviços de transporte interestadual, intermunicipal e de comunicação. Nada mais. O preceito do art. 155, IX, "b", deve ser interpretado, destarte, como uma prévia definição de como deverá ser a tributação no campo do ICMS quando houver venda de mercadorias conjugada à prestação de serviços de competência dos Estados, e que são os de transporte interestadual, intermunicipal e de comunicação. Como poderão existir alíquotas diferentes para as operações mercantis e para a prestação desses serviços, se o que a CF diz é que, nesses casos, prevalece aquela definida para as operações mercantis, que incidirá sobre o valor total da operação? Não há, definitivamente, outros serviços que tenham sido atribuídos à competência dos Estados, senão esses (transporte intermunicipal e interestadual e de comunicação).

É hora de ver o critério para distinguir entre fatos sujeitos ao ISS e fatos submetidos ao ICMS. Penso que o único critério jurídico para estremar ICMS de ISS está na identificação das obrigações. Se nós estivermos diante de obrigação de dar, só caberá, inequivocamente, ICMS; se estivermos diante de obrigação de fazer — tirantes, é óbvio, os serviços de comunicação e de transporte interestadual e intermunicipal —, só caberá a exigência de ISS; se for necessário "fazer" alguma coisa previamente, sendo o "dar" mero corolário desse "fazer" — para usarmos a expressão de Washington de Barros Monteiro —, estaremos diante de fato sobre o qual só poderá incidir ISS; se a obrigação for singelamente a de dar, teremos ICMS.

A doutrina tem olvidado que os serviços não são apenas os serviços puros, como os prestados pelo cantor, mas também aqueles que se conjugam com a aplicação de materiais e com o uso de instrumentos, equipamentos etc. Deveras, os serviços comportam classificação. Tantas vezes estudamos isso, o Prof. Geraldo Ataliba e eu; o mestre e o discípulo. Os serviços envolvem hipóteses em que há a aplicação de materiais, em que há o emprego de instrumentos, equipamentos e utensílios, de máquinas; e, usando sempre os exemplos do mestre, não se pode supor que o dentista venda resina, venda ouro, venda porcelana e tantos outros bens; não, ele se limita a aplicar materiais sem os quais ele não pode prestar os seus serviços. O jurista, como mestre Souto, não pode expender os seus pareceres sem utilizar papel, mas ninguém suporá que mestre Souto é vendedor de papel. O engraxate não pode realizar o seu mister se não utilizar graxa; ninguém dirá que é vendedor de graxa, mas que ele, pura e simplesmente, presta serviço de engraxate, que, pela sua natureza, exige emprego de materiais (não de mercadorias).

É preciso relembrar o fato de que a diferenciação entre mercadoria e material não está no bem em si mesmo considerado, ela não é de natureza ontológica; essa diferenciação está na destinação que se lhe dá. Este copo na loja de presentes é mercadoria, mas aqui neste Congresso ele é mero utensílio, instrumento, material necessário à prestação de um serviço.

Outro pressuposto de análise dessa questão está em reconhecer ainda que a Constituição dá liberdade às pessoas para se estruturarem juridicamente, e elas podem fazê-lo dessa ou daquela forma, desde que não ofendam nem a Constituição, nem as leis. Ninguém é obrigado a estruturar os seus negócios, diz doutrina de primeiríssima linha de determinada forma — e invoco, apenas, aqui, para não me alongar, o também saudoso Sampaio Dória, quando dizia: o contribuinte pode estruturar seus negócios de qualquer forma, desde que não ofenda o texto constitucional e a lei; pode (e até deve) estruturar-se de sorte a pagar menos imposto. Nessa medida, pode organizar-se para realizar operações mercantis, assim como pode estruturar-se para prestar serviços; pode organizar-se, ainda, para prestar ambas as atividades. Em face disso, para saber se dado contribuinte está sujeito ao ICMS ou ao ISS, há que perquirir se estamos diante de uma obrigação de dar ou diante de uma obrigação de fazer (obrigações de dar conduzem ao ICMS; obrigações de fazer, ao ISS) (é claro, sempre tirantes aquelas duas exceções consistentes na prestação de transportes transmunicipais e de serviços de comunicação).

Postos esses pressupostos, penso que é possível dizer que nos serviços de instalação e montagem a resposta se incide ISS ou se cabe ICMS estará sempre na resposta que dermos à indicação: trata-se de obrigação de dar ou trata-se de obrigação de fazer?

Decomposição desse tema é a que busca resposta para identificação do tipo de serviço que há quando se tratar de instalação e montagem que se agregue ao solo. Nesse caso, não tenho dúvidas, têm-se serviços de construção civil, que se submetem ao regime jurídico no campo específico do ISS, com base de cálculo própria, com alíquota definida de modo geral em percentuais diferentes e menores dos que as fixadas para outros serviços, nas várias leis municipais.

Se tivermos sempre em foco esses pressupostos, seguramente haveremos de dar tratamento adequado e constitucional à questão.

Por ora, era o que cabia dizer. Obrigado. (*Palmas*)

TRATADOS INTERNACIONAIS E ISENÇÃO DE IMPOSTOS

PROF. EUGÊNIO DOIN VIEIRA — Ouvimos o Prof. Aires Fernandino Barreto dissertando com a precisão, com a eficiência, com a profundidade que nele já nos acostumamos a ver e ouvir.

Eu havia segurado os colegas porque o Prof. Souto Maior Borges retornava. Para tranqüilidade minha, ele já está aqui conosco, e nós vamos ouvi-lo em seguida. Como já foi anunciado antes, ele vai falar sobre tratados internacionais e isenção de impostos estaduais e municipais, um tema candente, quase permanente e que ganha relevância nos dias atuais, sobretudo diante de todas estas promoções de entidades internacionais e extranacionais, grupando-se em mercados, estabelecendo legislação própria para esses mercados, no *Nafta*, na Comunidade Econômica Européia, no nosso Mercosul e em tantos institutos que ultrapassam as barreiras nacionais e que muitas vezes colocam em conflito o problema da soberania e da autonomia dos Estados e Municípios.

Tem a palavra, com muito prazer para nós, o Prof. Souto Maior Borges.

PROF. SOUTO MAIOR BORGES — E prazer para mim também, Dr. Eugênio.

A retomada desse tema se justifica amplamente, porque, se nós estabelecermos uma hierarquização dos problemas a serem enfrentados no presente Congresso de Direito Tributário, nessa ordem de hierarquização, em função da maior ou menor importância dos problemas, eu diria que é este precisamente o mais importante dos problemas, o que mais demanda ser posto em estado de questionamento.

Sobre esta matéria venho pensando há longo tempo, e a melhor definição do ato de pensar que conheço remonta a Platão, quando, em belíssima frase, ele diz: "O pensamento é um diálogo da alma consigo mesma". Esse diálogo que mantive comigo mesmo e com os pensadores que me antecederam na intenção de colocar adequadamente este problema resultou em algumas posições que me deixam inquieto, porque a conclusão a que cheguei é que, na verdade, o questionamento antecedente resulta em algo, que eu não teria dúvida de dizer, um mito em torno dos tratados e convenções internacionais.

Se minha ponderação procede, esse mito a que me refiro estará posto a descoberto, ou seja, em estado de desvelamento. Se não procederem as minhas observações, elas é que serão, na verdade, mitológicas. Mas, de qualquer maneira, eu me sinto no dever de colocar juridicamente esta questão exatamente porque ela é a mais digna de questionamento, fazendo para logo uma advertência: a de que o jurista, quando se depara com um problema novo, tem a tendência de tentar resolvê-lo não em função de um instrumental de conhecimento novo adequado para aquele problema novo, mas à luz de categorias jurídicas tradicionais que já não resolvem o problema.

Por outro lado, a questão que se coloca, e sobre a qual se moverá toda essa exposição — espero o mais breve possível —, consiste numa indagação: podem os tratados internacionais conceder isenções de impostos estaduais e municipais? Então, o desdobramento expositivo será todo ele condicionado pela questão mesma e em torno dela se moverá o meu pensamento.

Primeira observação: toda doutrina nacional ensina basicamente, tanto quanto posso reduzir a uma fórmula sintética o ensinamento doutrinário a respeito desse assunto, que o tratado internacional sequer existe antes de ser ratificado pelo Congresso Nacional e que a sua ratificação importa um efeito típico que seria precisamente a incorporação do tratado à ordem jurídica interna.

Primeira observação: o tratado, ao ser celebrado, pode ser considerado sob dois tipos distintos de análise. Ora, o tratado é um ato humano, reúnem-se o presidente da República e o presidente de outros países e celebram um tratado bilateral ou plurilateral. No momento em que se celebra esse tratado, ele tem plena existência jurídica, ou seja, reveste-se de validade, se for ele realizado de acordo com os cânones constitucionais que regem a sua instituição.

Dizia eu, no início da minha exposição: o problema é novo precisamente porque, por exemplo, no tocante ao Mercosul, União Européia etc., nós estamos no campo de um Direito que é comunitário; não é mais nem Direito internacional, a rigor, nem é Direito interno. Portanto, essa classificação ou contraposição dualista não tem mais nenhum campo para resolver os problemas respectivos. E, se nós insistirmos nela, estaremos insistindo no exercício de erro.

Por que existe o tratado? Porque ele, diferentemente do ato humano ponente de normas em que o tratado consiste, é o complexo de normas resultante desse ato bi ou plurilateral.

No momento em que se celebra esse tratado, como ensinam os autores que não são da área de Direito Tributário (por exemplo, Kelsen é, a meu ver, nesse ponto, insuperado), pode o tratado, que já é existente e válido, ser submetido a um *termo* de ordem temporal ou a uma *condição suspensiva* de eficácia. Portanto, não confundir o plano de existência do tratado com o plano de eficácia desse mesmo tratado. Ao celebrar-se o tratado, válido ele já é, mas a sua eficácia é limitada e ele já existe. Por quê? Porque ele condiciona um efeito da maior relevância no Direito Constitucional Brasileiro, que é abrir-se a competência do Senado para, especificamente, ratificá-lo ou não. Portanto, ele já vinculou o país que o celebrou, na medida em que essa homologação há de ser necessariamente definida como algo vinculado a um pressuposto e que, por ser pressuposto, é preexistente à validade do tratado. A ratificação é apenas um requisito de eficácia do tratado.

Do contrário, nós cairíamos à enormidade teórica e prática de o Congresso Nacional, ao ratificar o tratado, ratificar aquilo que é pura e simplesmente inexistente.

Portanto, primeira conclusão nada ortodoxa: o tratado, ao ser celebrado, já está, como complexo de normas que se agrega ao sistema jurídico nacional, incorporado à ordem interna. É um mito, portanto, afirmar que o tratado só passa a se integrar à ordem jurídica interna a partir do momento em que é ratificado pelo Congresso Nacional.

A ratificação, portanto, é um requisito de eficácia. A partir do momento em que o tratado é ratificado pelo Congresso Nacional, ele adquire eficácia plena, se se entender como eficácia a susceptibilidade à produção de efeitos jurídicos.

Esta é a primeira questão.

Outra objeção que eu coloco seria a seguinte: o que diz a Constituição em matéria de celebração de tratado? Ela não fala, em momento nenhum, que a União celebra esse tipo de tratado, o tratado internacional que dispõe, por exemplo, sobre isenções de impostos estaduais e municipais. Em momento nenhum a Constituição fala isso. A Constituição fala: compete ao Presidente da República celebrar tratados e convenções internacionais *ad referendum* do Congresso Nacional, que é coisa muito diferente.

Dizem os epistemólogos, que nos ensinam os limites das disciplinas dogmáticas, e entre elas o próprio Direito Constitucional Positivo, que, quando uma determinada teoria se vê falseada em um ponto crucial e decisivo, em geral a tendência é procurar imunizá-la à crítica num expediente *ad hoc* de construção de um argumento cuja finalidade é pura e simplesmente salvar uma teoria conclusivamente falseada.

O que está no Direito Positivo Brasileiro (é só compulsar a Constituição Federal), quando a Constituição fala em tratados internacionais, diz ela: "tratados internacionais (literalmente) em que" a União? Não! "(...) em que a República Federativa do Brasil é parte." Portanto, quem celebra o tratado é a República Federativa do Brasil, representada pelo Governo da União. Vejam bem: o que é a República Federativa do Brasil? É uma agregação de competências incluindo a União, Estados, Distrito Federal e Municípios (arts. 1º e 18 da CF).

Então, quem comparece ao ato internacional é o Presidente da República, mas o tratado é a resultante de um acordo de vontades que envolve não a União, mas a República Federativa do Brasil. E isso explica facilmente por que nós aceitamos certas distinções dualistas operativas, mas nem sempre tiramos delas todas as conseqüências que elas virtualmente envolvem. Por exemplo, a circunstância de, no sistema presidencial brasileiro, o Presidente da República estar investido ora da condição de chefe do governo federal, ora do *status* de chefe de Estado.

Ora, quando o Presidente celebra uma convenção internacional dispondo sobre negócios de exclusivo interesse e competência da União, ele o faz na qualidade de chefe do governo federal. Aí, sim, é uma característica típica dessa convenção vincular apenas o governo federal. Agora, quando ele o faz nome da República Federativa do Brasil, como diz o texto constitucional, age como chefe de Estado, e não mais como chefe de governo. Ele ali está representando é o país como um todo.

Então, a segunda objeção que eu colocaria contrapõe a esta posição o quê? A argüição de que é vedado à União instituir isenções de tributos da competência dos Estados e dos Municípios. Mera petição de princípio, porque, na realidade, o tratado não é celebrado pela União, mas pela República Federativa do Brasil.

Como eu dizia, é muito fácil tentar ladear essa questão procurando objetar ao Prof. Souto: "não, mas aí a Constituição Federal adotou o termo República Federativa do Brasil em sentido impróprio". Este é o melhor caminho para se usar uma argumentação a que eu me referi, *ad hoc*, cuja única função não é tornar mais aberta a teoria crítica, mas imunizá-la contra uma crítica que conclusivamente já falseou essa teoria nos seus fundamentos mais radicais.

Ora, as limitações constitucionais do poder de tributar são limitações constitucionais de *Direito interno*, porque, em verdade, a União pode discriminar contra os Estados e os Municípios na hora em que ela unilateralmente viesse a conceder isenções de impostos estaduais e municipais. Aliás, essa é uma decisão que depende do legislador constituinte, porque no sistema da Constituição anterior a regra era oposta, a União poderia conceder a isenção de impostos estaduais e municipais. Mas esse não é o campo apropriado de discussão dessa matéria. Violaria, fazê-lo agora, a regra fundamental de processualística constitucional, que é a regra da *pertinência*. O assunto tem que dizer respeito ao tema enfrentado; e, na realidade, nós não estamos no campo da competência da União. Mas, se ainda colocássemos o problema nesse terreno inapropriado, na verdade essas limitações seriam de Direito interno.

É espantoso conceber que se reúnam vários chefes de Estado para discriminar contra um Município brasileiro, por hipótese, através de um tratado internacional. Seguramente, isso viola outra regra de interpretação vetusta, tradicional: "as leis são feitas para aquilo que normalmente acontece". A argumentação contrária invoca um exemplo, e exemplo tem uma força iluminadora de mais de mil palavras. Qual seria esse exemplo? Se o tratado dispuser, por exemplo, sobre lixo domiciliar, esse tratado será inconstitucional, porque, de fato, ele vai violar a competência do Município, que é privativa. A discussão está mal-colocada, mas é muito difícil que um tratado venha a disciplinar lixo domiciliar mesmo a nível nacional. É muito difícil.

Por outro lado, também não provoca nenhum espanto que aí possa residir uma questão ligada, por exemplo, a lixo atômico, e interessar a vários países, e aí transcende seguramente o interesse peculiar dos Municípios. Já se vê que esse é um terreno desapropriado para colocar à discussão esta temática. Isso não existe, a meu ver não passa de um mito na interpretação constitucional. Essas limitações são limitações de Direito interno (CF, art. 151, III). Então, procurar transpô-las para o campo do Direito interestadual é incorrer em equívoco e desviar a questão do seu leito próprio.

Aí, finalmente, a questão do art. 98 do Código Tributário Nacional: "os tratados e as convenções internacionais revogam ou modificam a legislação interna e serão observados por aquela que lhes sobrevenha". É inconstitucional. Por quê? Exatamente porque a União não pode, via tratado, vincular o Estado e o Município sem automaticamente violar a autonomia dos Estados e dos Municípios.

De fato, o que eu expus antes já claramente, a meu ver, mostra que nada tem isso que ver com a questão da autonomia dos Estados e dos Municípios. Eles estão vinculados pelos efeitos do tratado.

Agora, imagine-se o seguinte: que confiabilidade poderia ter um tratado internacional que pudesse ser desfeito, não pelos meios que ele próprio prevê ou que a Constituição do país como um todo estabelece, mas simplesmente que a vontade de uma entidade federada pudesse invalidá-lo? Um Estado isolado? Um Município qualquer?

Eu vi, com espanto, um jurista brasileiro de respeitabilidade dizer que a sua interpretação inviabiliza o Mercosul. Eu digo, isso é um excelente motivo para se tentar uma alternativa de interpretação oposta, a interpretação segundo aquilo que exige a lógica do razoável do tratado que dá competência para conceder isenções de impostos estaduais.

O art. 98 do Código Tributário Nacional, meu caro Prof. Aires, é dispositivo que lembra um enunciado de jurista romano. Não é um enunciado de um "dever-ser", ele diz: os tratados e as convenções revogam ou modificam a legislação interna e serão observados por aquilo que sobrevenha. Não está enunciado sob a forma de um dever-ser normativo.

É uma norma meramente declaratória, porque o efeito revogatório do tratado decorrerá do próprio tratado, e não do 98 do Código Tributário Nacional. Portanto, é uma norma meramente declaratória.

Por outro lado, o próprio Supremo Tribunal Federal estabeleceu uma distinção. O pensamento moderno move-se sempre em torno de dualismo. É incrível, é Direito Público, Direito Privado, Direito Objetivo, Direito Subjetivo etc. Muito bem, o Supremo Tribunal Federal estabeleceu uma distinção. E eu falo em Supremo Tribunal Federal porque eu acho ..., repito aquela história de Ataliba, apoteose mental é a gente pensar que pode desconsiderar jurisprudência do Supremo, a quem compete a *guarda da Constituição*, por força do próprio texto constitucional em vigor. Então, ele não põe opinião, ele põe norma, e essa norma é vinculante para nós, que somos juristas e que pretendemos descrever o sistema como um todo, inclusive o sistema de normas individuais postas pelo Judiciário em sua mais alta Corte.

Então, o Supremo diz: tratados são de duas espécies, tratados normativos e tratados contratuais. A meu ver, essa distinção está absolutamente equivocada, porque tanto um quanto outro são contratuais, depende do tipo de norma. Um contrato não põe norma de caráter individual? Mas essa é a distinção. Ora, se nós estivermos diante de um tratado contratual que institui isenções de impostos estaduais e municipais, não haverá, nos termos do que diz o próprio Supremo Tribunal, como impugnar esse tratado, não há como fazê-lo.

Em verdade, o art. 98 do Código Tributário Nacional é incolor, insípido e inodoro, e tão acentuadamente o é que não dá nem para você dizer é inconstitucional ou é constitucional. Porque, na verdade, é um mero enunciado declarativo de efeitos. Para usar a nomenclatura convencional, é um fragmento de norma, uma norma incompleta; ou, para usar a terminologia do Dr. Paulo, é um mero enunciado que ainda não se veste da característica de um enunciado normativo, uma proposição prescritiva completa.

Então, em verdade, se essas considerações procedem, não passa de um equívoco generalizado pensar que o art. 98 do CTN atenta contra a autonomia — é outro mito — dos Estados e dos Municípios. Por quê? Porque a autonomia dos Estados e dos Municípios é necessária para a estruturação da Federação enquanto tal, não pode existir Federação no modelo teórico universal sem a autonomia recíproca da União e dos Estados. E a Federação no Brasil existe como um segmento, um complexo de normas sobre a competência da União, dos Estados e dos Municípios, e Distrito Federal.

Ora, isso é precisamente um instrumento de preservação de autonomias — autonomias, porém, que resultam apenas daquilo que a própria Constituição Federal prescreve. Não existe norma de Direito Positivo com âmbito de validade absoluto. Todas elas têm âmbito de validade material, pessoal, espacial e temporal limitado. Portanto, é de um desenho constitucional nítido que resulta a competência dos Estados e dos Municípios. A autonomia dos Estados antes e a dos Municípios têm de conviver com a regra do art. 19, § 2º, do texto constitucional vigente, que era a Emenda 1, de 1969, que dava à União competência para isentar de impostos estaduais e municipais.

Tudo, no fim, é um caminho de pensamento, como ensinava Heidegger, que não era jurista mas era pensador; e ele dizia, causticamente: a ciência não pensa; e, se nós nos recusamos a aceitar por estado de questionamento todas essas indagações, nós mereceremos a crítica de Heidegger e não mereceremos sequer o temperamento que ele próprio introduziu a essa observação: pelo menos a ciência não pensa no sentido do pensar dos pensadores originários.

Era só. Obrigado. (*Palmas*)

PROF. EUGÊNIO DOIN VIEIRA — Somos gratos ao Prof. Souto Maior Borges, e eu lembro ao auditório que ele está à disposição para as questões que lhe sejam dirigidas para explicitar algum ponto que nos pareça necessário nessa sua bela argumentação.

Vamos verificar se já há componentes da Mesa com perguntas a serem solucionadas.

Tem a palavra a Dra. Anna Emília, para atender às questões que lhe foram endereçadas.

DEBATES

Mercadorias com serviço

PROFA. ANNA EMÍLIA CORDELLI ALVES — Antes de responder às questões eu gostaria só de fazer uma colocação a respeito desse dispositivo mencionado pelo Prof. Marçal, o inciso "b" do § 9º do art. 155, que diz que o ICMS incidirá sobre o valor total da operação quando mercadorias forem fornecidas com serviços não compreendidos na competência tributária dos Municípios. Acho que é um dispositivo que nós realmente não podemos deixar de lado quando examinamos o raio de competência do ICMS e do ISS.

Mas me parece que o que está dito aqui, Professor, é que, quando a Constituição fala em fornecimento de mercadorias, não seria no sentido de mercadorias vendidas com os serviços, ou seja, onde a prevalência fosse a venda da mercadoria com um posterior serviço? Por exemplo, eu vou a uma loja, adquiro um carpete, e a loja se dispõe a fazer a colocação daquele carpete. Na verdade, a prevalência, aí, seria a aquisição do bem, a aquisição da mercadoria, com serviços.

Então, na verdade, a meu ver, quando se tem serviço prestado com material, você não está falando em mercadoria. Aqui eu coloco a distinção do Prof. Aires, quer dizer, mercadoria é aquilo posto no comércio, o material é algo utilizado para o serviço.

Quando se faz a distinção entre obrigação de fazer e obrigação de dar e mais entre material e mercadoria, acho que nos dá uma dimensão correta dos dois campos (ICMS e ISS), e, assim, penso que conseguimos distinguir perfeitamente os campos dos dois impostos.

Cessão de direito de uso do "software"

Agora, passando às respostas das perguntas que me foram formuladas, Márcio Marques, advogado, pergunta:

"Por que negócio jurídico de cessão de direito de uso implica incidência do ISS? Parece-me que só na prestação de serviços no que tange à assistência técnica. Qual o fato imponível no caso da cessão de direito de uso do *software*?"

Bom, no caso da assistência técnica, efetivamente, eu acho que não resta a menor dúvida de que nós teríamos tipicamente a prestação de um serviço. Agora, no caso de um *software* cuja utilização implica, por determinação legal, necessariamente um contrato de cessão de uso, isso não sou eu que estou dizendo, é a lei que regulamenta a utilização do *software*, que determina a utilização mediante um contrato de cessão de uso.

Então, nós temos que analisar se esse contrato de cessão de direito de uso configura uma atividade sujeita ao ICMS ou sujeita ao ISS. Como nós sabemos, serviço é o produto da atividade humana destinado à satisfação de uma necessidade, produto, esse, que se apresentou sob a forma material ou sob a forma imaterial, não importa seja material ou não, de repente eu encomendo uma obra de arte, eu recebo algo material, mas o que prevalece, aí, é o serviço contratado.

No caso do *software* nós temos nitidamente, por definição legal, um bem imaterial e que não dá efetivamente para ser caracterizado como mercadoria, porque a nossa tendência é confundir o *software*, o programa, com o disquete, com o seu suporte físico. Então, na verdade, como adquirimos o programa numa loja, por exemplo, temos a nítida sensação de que estamos diante de uma operação relativa à circulação de mercadoria, quando, na verdade, estamos recebendo um serviço, ou seja, uma obra intelectual.

E aí eu gostaria de mencionar a vocês Orlando Gomes, em sua obra sobre a proteção jurídica do *software*, que coloca isso muito claro: "na área da informática a computação exige o processamento de programas cuja elaboração pessoal requer do programador criatividade, isto é, um esforço intelectual original em sua composição e sua expressão. Na verdade, é todo esse esforço intelectual que está colocado naquele suporte físico, mas o programa de computador não se confunde com o suporte físico".

Então me parece que nós estamos habituados àquilo que o Prof. Aires chamou de serviços puros. A incidência do ISS nos chamados serviços puros é muito tranqüila, nós estamos habituados com isso. Acho que, aqui, no caso do *software*, gera-se dúvida, mesmo. E a jurisprudência entende que, se o programa for dirigido especificamente para mim, então teria uma prestação de serviço; se eu o adquiri numa loja, nós estaríamos diante de mercadoria.

Nós temos jurisprudência nesse sentido, sim; o que eu estou colocando aqui não é algo pacífico, não. Quer dizer, há esta divisão em termos de jurisprudência, mas a mim me parece que, em qualquer hipótese, seria o caso da incidência do ISS. Porque, na verdade, no programa em relação ao disquete, nós temos de novo o critério da prevalência. O que prevalece? É o disquete, o suporte físico, ou o esforço intelectual que está inserido nesse disquete? A meu ver, a prevalência é daquele esforço, e há todo um assessoramento e uma responsabilidade daquele que colocou à disposição do usuário ou que vendeu ao usuário aquele disquete.

"Software" de prateleira

Uma outra questão:

"O chamado *software* de prateleira, pelo fato de a sua confecção estar sendo feita em escala, o aspecto intelectual, nesse caso, não está subsumido pelo produto final?"

Acho que a questão se resume na mesma resposta: que, em última análise, tem feição puramente de mercadoria, acho que eu já respondi.

"O dado intelectual não estaria protegido somente para fins de direitos autorais?"

Também, mas acho que o produto final não é uma mercadoria, ressalvadas decisões judiciais que entendem que é isso mesmo, quer dizer, essa questão colocada pelo colega Wilson Barroso Filho é muitas vezes agasalhada pela própria jurisprudência.

E, finalmente, Antônio Sá, do Rio de Janeiro:

"Com relação ao *software* de prateleira, além do argumento de que há um contrato de licença, cessão de uso diferente de renda, podemos destacar que o que adquiro é um bem imaterial, e com isso sujeito ao ISS. Destaco que posso comprar um CD-Rom com determinado *software* e instalá-lo no meu Winchester, e jogar fora o CD-Rom, sem perder o bem que adquiri".

É melhor não jogar fora, senão corre-se o risco de qualquer problema com o *software* não se recuperar. Mas, efetivamente, a idéia é essa mesmo, juridicamente a idéia é essa. Logo, o CD-Rom é mera embalagem.

"Outro argumento em defesa dessa tese é que posso adquirir o mesmo produto via Internet, ou seja, comprar. Por fim, podemos utilizar o critério da análise e da preponderência, num livro a parte material corresponde (...)."

O Colega coloca a mesma coisa que eu coloquei. O disquete em relação à obra intelectual é mínimo. Portanto, pelo critério de preponderância, nós estaríamos diante de atividade sujeita ao ISS.

Essas as questões que me foram colocadas. Obrigada.

PROF. EUGÊNIO DOIN VIEIRA — Colegas, nós temos um compromisso de nova Mesa de Debates às 15h e faltam apenas menos de 45 minutos. (*Risos*) Nós temos um compromisso maior ainda, de um cafezinho que nos espera lá fora. E nós temos, ainda, uma palestra e uma conferência às 17h. De forma que nós vamos dar a palavra, agora, aos demais expositores, para que tenham um minuto para cada resposta. De preferência preenchendo quadrinho: sim, não ou talvez. Nós ficamos constrangidos de eliminar as questões, porque o colega que questionou quer ouvir uma resposta, quer ter atenção também.

Dr. Souto Maior Borges, esse desafio é para a sua competência e o seu poder de síntese.

Tratado e ISS

PROF. SOUTO MAIOR BORGES — Mas num minuto não dá não, Eugênio. Vou tentar.

Antônio Sá coloca a seguinte questão:

"Tendo em vista o seu argumento, poderíamos, *por absurdo*, chegar à conclusão de que um tratado poderia extinguir o ISS, bastaria esse tratado isentar todos os serviços sob o argumento de que o ISS não existe em outros países. Isso não feriria a autonomia municipal".

Pela sua própria boca eu o julgo, meu caro Antônio Sá, você mesmo é que diz que é por absurdo. Eu interpreto as coisas segundo aquilo que normalmente acontece. É evidente que um tratado não pode dispor sobre supressão de competência do Município. Pelo fato de ser celebrado um tratado em nome da República Federativa do Brasil, isso não significa que ele seja insusceptível de controle juridicional, como qualquer outro ato jurídico, até porque, veja-se bem, nós estamos caminhando a caravela, mas seguramente caminhando, na mesma direção da União Européia. A União Européia tem hoje um tribunal especializado, com a competência definida própria para julgar as questões relativas ao interesse exclusivo da União Européia, da Comunidade Européia, que não são mais *apenas* questões econômicas.

Portanto, existe uma corte constitucional interna e uma corte comunitária. É evidente que, como nós não temos isso no Mercosul, clarissimamente isso terá que ser resolvido pelos tribunais internos no Brasil, pelo Supremo Tribunal Federal. Não quer dizer, absolutamente, que isso não seja susceptível de controle constitucional, nem imputa supressão de competência tributária, nem isso tem nada que ver com isenção.

Essa é a primeira questão.

Segunda: é preciso que a gente atente a que, como dizia o Prof. Paulo de Barros Carvalho, não está escrito mas está nas dobras do ordenamento todo o princípio de segurança jurídica. Eu tinha muito coisa para falar sobre isso, mas evidentemente eu não posso. (*Risos*) Agora vejam, do mesmo jeito, o que interessa mais, as questões mais interessantes são as ligadas ao Direito comunitário. Ora, quais são os grandes valores que ele procura preservar? Liberdade de circulação de mercadoria, liberdade de circulação de pessoas e liberdade de circulação de capitais, tudo aquilo que entravar esses valores fundamentais é susceptível, evidentemente, de apreciação e decisão por uma instância judiciária competente, variável conforme o caso.

O Prof. Marçal Justen me honra com uma objeção muito bem feita, no seguinte sentido: "Não haveria um Direito dos Estados e Municípios que fossem especialmente prejudicados pelo tratado firmado pelo Estado brasileiro, a serem compensados pela União? O fundamento seria a impossibilidade de alguns entes arcarem com os encargos que beneficiam a toda a comunidade, que é uma espécie de solução para a garantia do pacto federativo".

Eu desconheço qualquer tratado internacional — é ignorância minha — que não envolva, quando se trata disso, exonerações tributárias, simultaneamente tributos da (União, Estados e Municípios). Eu não quero citar nenhum, para não me envolver com prática profissional, mas na realidade não conheço um só que não abranja conjuntamente essas três entidades. Mas vamos supor que não envolva: é evidente que aquela resposta que eu dei anteriormente seria para nós tentarmos uma solução para sua objeção, Prof. Marçal. Evidentemente, se a Constituição Federal fala em isonomia antes, no preâmbulo — o Paulo falou sobre o problema do preâmbulo aqui, e eu achei uma coisa muito bem elaborada, bem concebida —, ela fala e eu, entre outras oportunidades, não repeti aquilo que eu já disse muitas vezes: isonomia das pessoas constitucionais, o que envolve uma necessidade de na celebração do tratado a Federação brasileira, quando comparece para a realização desse ato, fazê-lo de acordo com os seus cânones constitucionais. Se ela transborda, algum órgão vai ter a competência para examinar se houve esse transbordamento. E não será um mero pretexto de que aquilo é um ato federal que vai torná-lo imune a essa apreciação juridicional.

Estou dizendo isso porque o Supremo Tribunal Federal em várias oportunidades já examinou o problema da aplicação do tratado, inclusive a questão de colocação da revogação da legislação interna ou não por via do tratado, respondendo afirmativamente relativamente aos tratados de natureza contratual.

Era só isso que eu queria esclarecer. (*Palmas*)

PROF. EUGÊNIO DOIN VIEIRA — Obrigado, Professor, pela síntese.

Tem a palavra o Prof. Soares de Melo, que tem 55 segundos.

PROF. JOSÉ EDUARDO SOARES DE MELO — Mais uma vez o Antônio Sá. A próxima vez vamos convidá-lo aqui, colaborando tanto ...

É mais a pergunta do que a resposta. Diz o seguinte:

"Em defesa da tese do ISS no fornecimento de alimentação, pode-se usar a classificação do IVA? Li num livro sobre o IVA português que esse fornecimento de alimentação é classificado como serviços e não como mercadoria. Já que os nossos burocratas de Brasília gostam de copiar o IVA europeu, eles não deveriam ter colocado esse preceito na lei complementar?"

Talvez levasse os burocratas para Portugal, acho que seria uma solução.

Eu acho que no fundo é questão de conflito de competência e a lei complementar não poderia, é claro, ir contra a Constituição.

PROF. EUGÊNIO DOIN VIEIRA — O Dr. Aires e o Dr. Marçal receberam questões que consideraram de tanta relevância que preferem conversar pessoalmente com os emitentes dessas perguntas. (*Risos*) O Prof. Marçal faz questão de que o Colega se apresente, o Dr. Aires também. Têm, inclusive, passagem aérea para Curitiba para poder consultar. Fazem questão que em seguida conversem com eles para fazerem uma exposição mais pessoal do tema e permitir o avanço dos nossos trabalhos.

Temos uma Mesa de Debates em seguida. Esta Mesa de Debates-C está encerrada.

MESA DE DEBATES (D) (24.10.96)

CONCESSÃO DE SERVIÇO, REGIME TRIBUTÁRIO, TAXA, TARIFA

ESTEVÃO HORVATH (Presidente da Mesa)
EUGÊNIO DOIN VIEIRA
LUCIA VALLE FIGUEIREDO
MARIA LEONOR LEITE VIEIRA
PAULO FRONTINI
ROSOLÉA MIRANDA FOLGOSI

CONCESSÃO — Concessão a empresas estatais. Natureza jurídica da concessão. Serviço público. Áleas ordinárias e extraordinárias. Tarifa. CONCESSÃO — Serviços públicos. Privatização. Cartelização. Concessão onerosa. TAXAS — Poder de polícia. Serviço público. Taxa e imunidade. TAXA E PREÇO — Serviço público. Tarifa e preço público. Atividade econômica e serviço público. SERVIÇO PÚBLICO, IMPOSTO, SERVIÇO PÚBLICO REMUNERADO POR TAXA — ICMS sobre conta telefônica. TRIBUTAÇÃO DAS ESTATAIS — Regime constitucional das estatais. Serviço público. Regime tributário das empresas estatais.

PROF. ESTEVÃO HORVATH — Boa tarde a todos. Recomeçando os trabalhos, esta Mesa tratará da "Concessão de serviço público, regime tributário, taxa, tarifa". A Mesa está assim composta: Profa. Lucia Valle Figueiredo, Profa. Rosoléa Folgosi, Prof. Eugênio Doin Vieira, Profa. Maria Leonor Leite Vieira, Prof. Paulo Frontini.

Para falar em primeiro lugar sobre a concessão, passo a palavra à Profa. Rosoléa Miranda Folgosi.

CONCESSÃO

PROFA. ROSOLÉA MIRANDA FOLGOSI — Não sou da área de Direito Tributário e nem me atrevo a dizer que sou da área do Direito Administrativo, porque estou aqui ao lado da Profa. Lucia. O Prof. Geraldo já dizia que o Direito Tributário está dentro do Direito Administrativo e ambos estão dentro da Constituição. Então, partindo dessa premissa, vou apenas levantar o tema que me foi estabelecido, dentro dos parâmetros constitucionais e da limitação do tempo, para possibilitar a sua discussão sob a ótica dos Professores aqui presentes.

Hoje está na moda o "ão": globalização, terceirização, flexibilização, reeleição, automatização, lipoaspiração, concessão e privatização. A privatização tirou do baú um instituto antigo, como uma bandeira para descentralizar o serviço público, diminuir o tamanho do Estado. O que é a concessão? A concessão é um instituto antigo, vem da Roma antiga, da Grécia, usado para a construção de obras públicas, por exemplo, para fazer portos, canais, pontes. No Brasil também nós temos utilizado a concessão desde o final do Brasil Império e da primeira fase da República. Era a época do liberalismo, da Cármen Miranda, da exportação do café; trazíamos de fora disco de vinil, geladeiras, chicletes, coca-cola. Já era uma globalização, só que não se falava o termo, não estava na moda. Enfim, naquela época já começaram as concessões na forma como se entende hoje, ou seja, tirar a prestação do serviço público das mãos do Estado e passar para as mãos do particular.

Concessão a empresas estatais

Posteriormente, no período Vargas e sobretudo a partir de 1964, houve uma mudança de enfoque, a concessão não mais tendo em vista uma empresa privada, mas sim as grandes estatais que foram então criadas, Radiobrás, Eletrobrás, Portobrás, Petrobrás... Era a época do Estado social, o Estado preocupado com o bem-estar de todos, do Estado preocupado com a isonomia *in concreto*. Era a época também, todos se lembram, do "Brasil ame-o ou deixe-o", da segurança nacional. O Estado executava diretamente ou indiretamente, por meio dessas estatais, os serviços públicos.

O Prof. Geraldo dizia — e eu não vou entrar nesse tema, não vou invadir a área da Dra. Lucia —, mas, enfim, ele dizia que não haveria concessão quando o Estado criasse uma empresa para fazer o serviço. Aí, o que haveria seria delegação e as conseqüências seriam outras, porque não se falaria em tarifa, e sim em taxa; haveria então imunidade para aquelas delegadas do serviço público, enfim, não seria concessão. Foi naquela época que começaram a aparecer as primeiras leis sobre concessão: Código de Águas, Código de Telecomunicações, a concessão para serviço de transporte aéreo e outras mais.

A partir da década de 80 as coisas voltam a mudar. É a época do neoliberalismo, do refluxo, da terceira onda, da reengenharia do Estado, que vem tirar do baú o velho instituto da concessão, como um instrumento da privatização. É o momento em que, se, de um lado, as necessidades coletivas recrudescem, aumentam, por outro lado, a capacidade financeira do Estado diminui. É o Estado falido. Mas a concessão volta com uma tonalidade diferente, com uma tonalidade, digamos, multinacional; é a interpenetração dos povos, é o que se diz hoje: o caminho sem volta da globalização.

Temos exemplo de concessão pelo mundo afora: construção e manutenção do eurotúnel entre a Inglaterra e França, das auto-estradas na Europa, do trem da Flórida; e no Brasil também, de forma incipiente, a manutenção da ponte Rio-Niterói, a duplicação da Dutra e, brevemente (estão para ser lançados os editais), da concessão da telefonia móvel celular, da banda B, da banda digital.

O que é concessão, numa análise sucinta?

O Estado deve prestar serviços públicos, aqueles serviços essenciais que têm que ser prestados a todos, sem interrupção. E o que faz? Ele transfere a execução do serviço para um particular, particular que visa ao lucro e vai trabalhar, vai prestar o serviço, em bases empresariais. Portanto, ele vai prestar aquele serviço, ainda que seja serviço público, de forma diferente, sem as amarras da administração direta e da administração indireta, sem licitação, sem concurso público, sem o controle do Tribunal de Contas. Mas, claro, fiscalizado não só pelo poder concedente, mas também pelo usuário, porque é uma relação trilateral: concedente, concessionário e usuário. Ele fará o serviço sob os olhos do concedente e do usuário e sob a régua e o compasso do poder concedente. É o que se chama *descentralização por colaboração*.

Natureza jurídica da concessão

A natureza jurídica da concessão foi muito discutida. O Prof. Celso Antônio Bandeira de Mello trouxe a teoria do ato complexo, dividido em três partes: a) o ato unilateral do Estado impondo o feixe de regras, impondo o regime jurídico do serviço, a maneira como o serviço deverá ser prestado; b) um ato-condição, que é o particular, o concessionário subsumindo, ou seja, se enquadrando debaixo daquele feixe de regras; e c) por último, a parte contratual, a parte privativa mesmo, referente às cláusulas chamadas financeiras, essas, sim, inalteráveis unilateralmente pelo Estado.

Alguns dizem que a concessão não é contrato, porque se trata de serviço público, o serviço público estaria fora do comércio; logo, não poderia ser objeto de um contrato. A Constituição de 88 pôs uma pá de cal no assunto, porque não só disse que é um contrato especial, como enterrou junto, nessa definição, o instituto da permissão. Até então, a doutrina — cito aqui a Profa. Lucia — sempre disse que a permissão se diferencia da concessão por ser a permissão um ato unilateral e não um contrato, como é a concessão, por ser um ato precário, e, portanto, para ser utilizado para empreendimentos de menor monta. O exemplo típico é a permissão do serviço de táxi. Mas a Constituição de 88 colocou na vala de contrato tanto a concessão como a permissão, causando, com isso, estupefação na doutrina.

Para o particular explorar o serviço público há de haver um ato de outorga do Poder Público. Quando se explora um serviço particular pode ou não se fazer necessária uma licença do Poder Público. Depende do serviço, conforme a atividade econômica seja mais ou menos regulada. Mas para prestar um serviço público sempre se faz necessário um ato de outorga, de delegação do Poder Público ao prestador do serviço público. Esse ato de outorga se chama concessão, permissão ou autorização.

Cabendo à União ditar normas gerais sobre contratos (art. 22 da Constituição Federal) e sendo a concessão um contrato (e, pela Constituição, a permissão também seria contrato), duas leis foram editadas em 1995, uma de iniciativa do então Senador Fernando Henrique Cardoso, a Lei 8.987; e a outra fruto de conversão de várias medidas provisórias, a Lei 9.074.

A Lei 8.987, de uma maneira geral, seguiu as pegadas da doutrina a respeito de direitos, deveres do usuário e do concedente e concessionário, mas se perdeu na definição de permissão; talvez pelo erro da definição constitucional, disse que a permissão seria um contrato de adesão, como se todos os contratos administrativos não fossem de adesão. Deveras, no contrato administrativo todo contratado deve aderir a cláusulas preestabelecidas na lei ou no edital de licitação. Portanto, todos os contratos administrativos são de adesão.

A concessão tem ínsitas em si duas idéias aparentemente antagônicas — de um lado, o serviço público que deve ser protegido e, de outro, a busca do lucro pelo concessionário.

Serviço público

Pela primeira, o serviço público deve ser universal, ser prestado a todos, portanto com tarifa módica; enfim, serviço adequado, prestado indistintamente a todos. Para alcançar isso há um sistema de proteção, atribuindo, por exemplo, ao concessionário faculdades públicas tais como promover desapropriação, constituir servidão, exercer o poder de polícia sobre os bens que estejam vinculados ao objeto do contrato, isto é, à prestação do serviço. E, da mesma forma, essa proteção do serviço público faz com que o poder concedente tenha poderes especiais: de encampação (que é a retomada do serviço público pelo poder concedente durante o prazo da concessão, por motivo de interesse público), de reversão dos bens (ao cabo do contrato de concessão, os bens aplicados ao serviço público, e que são do patrimônio do concessionário, sob condição resolutiva, passam ao patrimônio do poder concedente), justamente para que o serviço público não sofra solução de continuidade.

Já, sob a noção da busca do lucro pelo concessionário-empresário há de se respeitar o equilíbrio econômico-financeiro do contrato.

Áleas ordinárias e extraordinárias

Essas noções aparentemente antagônicas são conciliáveis, por força das chamadas áleas, riscos, ou seja, das áleas ordinária e extraordinária. Álea ordinária seria aquela previsível e comum ao contrato, comum a uma atividade empresarial, de risco decorrente da própria flutuação do mercado. Já, a álea extraordinária seria aquela imprevisível e imprevista.

Por esse sistema, atribuem-se os riscos decorrentes das flutuações do mercado (portanto, riscos previsíveis), ou seja, os riscos econômicos, técnicos, comerciais, ao concessionário, que responderá por essa álea ordinária. Já, quanto à álea extraordinária, os chamados riscos políticos, sociais (fato do príncipe), riscos, esses, imprevisíveis, ficarão sob a carga do poder concedente, obrigando à revisão do contrato, para manter o seu equilíbrio econômico-financeiro. Com isso conciliam-se as idéias aparentemente antagônicos, isto é, protege-se o serviço público e respeita-se o lucro do empresário-concessionário.

É a própria Constituição que assim o diz, em seu art. 37, inciso XXI: os contratos públicos têm que manter as condições estabelecidas na proposta. Se a concessão é um contrato, também terá ela que manter a proposta inicial, portanto, a tarifa inicial, pelo seu valor real, para, assim, manter-se o equilíbrio do contrato.

Tarifa

A fixação da tarifa é um assunto muito delicado. Eu diria até que foi ela que levou à derrocada ou levou ao abandono do uso das concessões nas épocas antigas, porque se fixavam tarifas irreais, eleitoreiras; isso afugentava investidores e prejudicava o equilíbrio do contrato.

Não vou falar da tarifa, da sua natureza e da sua diferença com a taxa, porque também não quero invadir a área do Dr. Estevão, mas gostaria de dizer que a tarifa deve abranger não só os custos, a remuneração do concessionário, mas também a amortização dos bens reversíveis. Na fixação das tarifas há de se levar em conta a possibilidade de haver receitas complementares, alternativas. O que são receitas alternativas? O Prof. Geraldo sempre dava o exemplo típico: concessionário de um serviço de manutenção de uma estrada (ou de duplicação, concessão de obras) não conseguiria se remunerar só com base em pedágios, mas também com receitas auferidas pela exploração de postos de gasolina, restaurantes, motéis à beira da estrada. Era o exemplo que ele sempre dava para as chamadas receitas alternativas. Na fixação da tarifa essas receitas alternativas terão que ser diminuídas da equação, para beneficiar não só o concessionário, mas principalmente o usuário, sempre na busca da universalização, da generalização do serviço público.

Em síntese, eram esses os pontos que eu gostaria de trazer aqui, dar um plano geral sobre a concessão. Eu não digo que é vôo de pássaro, porque pássaro tem um vôo harmonioso, bonito; eu diria vôo de asa-delta, com uma asa meio torta e sem vento ascendente. Mas espero que sirva como nota inicial para as lições dos colegas da Mesa. Muito obrigada. (*Palmas*)

Prof. Estevão Horvath — Muito obrigado, Profa. Rosoléa, apesar da sua não apoiada modéstia.

O Prof. Paulo Frontini falará também um pouco sobre a concessão.

CONCESSÃO

Prof. Paulo Frontini — Prof. Estevão Horvath, que preside esta Mesa, Profa. Lucia Figueiredo, Dra. Rosoléa, nossa grande amiga, Dra. Leonor, Prof. Eugênio Vieira, eu, convidado a participar deste evento do IDEPE-Instituto Geraldo Ataliba, em primeiro lugar quero me permitir o direito, ainda que em mínimo tempo, de um registro pessoal em relação à figura de Geraldo Ataliba, de quem fui colega de turma na Faculdade e amigo não tantos anos quanto o Prof. Celso Antônio, mas também dos bancos pré-universitários. De modo que, no dia 15 de novembro do ano passado, quando o Prof. Geraldo Ataliba faleceu, eu me senti morrer um pouco. Não é força de expressão, não; creiam que é um grande sofrimento que até hoje permanece em mim.

Eu pedi à Mesa que me fosse colocada a possibilidade de falar bem pouquinho sobre concessões porque vejo alguns problemas práticos que naturalmente estão surgindo na medida em que a sociedade brasileira, os meios jurídicos, econômicos e administrativos vão vivendo o problema.

Dizem que o povo que não conhece a sua história tende a repetir os erros que já cometeu no passado. Eu sou de um tempo, e não faz tanto tempo assim, em que nesta região da cidade a linha telefônica era de prefixo 3, tinha cinco algarismos e era acionada por magneto. Eu estudava Direito nessa época. E era uma concessão. Houve um impasse político entre o Município de São Paulo que concedeu serviços à Companhia Telefônica Brasileira e essa própria companhia concessionária, que era de capital estrangeiro. O resultado é que não tínhamos telefones em São Paulo, essa é a verdade.

Hoje, como existe esse modismo, esse apelo a que as privatizações vão resolver tudo, eu só me permito fazer esse registro porque temo que mais uma vez a falta de memória nos faça esquecer que não estamos aí diante de uma panacéia, um remédio para todos os males, não. As concessões envolvem riscos, e há certas situações, pelo que eu estou vendo, que não resolveram.

Mas, para ser bem breve e como há personalidades muito doutas à Mesa e no Plenário, eu vou fazer umas colocações para as quais não tenho resposta. Então, são menos perguntas e mais provocações.

Serviços públicos. Privatização

Sobre as concessões, que envolvem — conforme prevê genericamente o art.175 da Constituição — os serviços públicos — e o conceito de serviços públicos sempre foi algo que atormentou a doutrina e nunca foi resolvido pela lei —, eu manifesto muita preocupação de se saber qual é a linha divisória entre serviços públicos passíveis de concessão, portanto, dessa privatização na sua execução, e serviços públicos que realmente seriam insusceptíveis de privatização.

Nós acabamos agora de ver, neste mês, ser sancionada a lei da arbitragem, a lei processual do juízo arbitral. Isso é muito comum, comércio internacional, e o Brasil talvez precisasse realmente, tendo em vista o volume de serviços que há nos tribunais, de fórmulas desse tipo. Não deixa de ser um passo na privatização da Justiça.

A privatização da Segurança Pública é visível, pelo menos na sua função preventiva de atividade dissuasória de uma delinqüência potencial.

O serviço público de ensino gratuito assegurado pela Constituição vai mal e muitos problemas podem ser vistos no estudo da questão da educação, mostrando que, de certa forma, houve fortes interesses desprestigiando a escola pública.

Faço essas colocações porque eu acho que os estudiosos, particularmente os constitucionalistas, os administrativistas, os homens da ciência política e os homens do governo, as figuras da vida pública, têm que meditar um pouco sobre até onde nós podemos levar as concessões oficiais e até onde já devemos reconhecer que elas estão ocorrendo na prática. Então, esta é uma questão que eu considero não resolvida na lei, porque a Constituição não traça nenhum limite a respeito, e ela me preocupa porque eu não sei se o nosso Brasil, tão diferente culturalmente, em estruturas sociais e em valores culturais, em riquezas regionais, tem condições de assimilar bem uma fragmentação completa do Estado, como parece às vezes que estão querendo fazer.

Quero fazer outros pequenos enfoques nessa matéria das concessões, agora pelo ângulo oposto dos interessados nas concessões. Eu percebo na legislação atual e na própria Constituição um problema, uma dificuldade, um obstáculo para o qual não sei dar resposta — e me perguntam muitas vezes a resposta —, sobre a operacionalidade de uma concessão ao longo do tempo, diante não de equação econômico-financeira, que também é um problema grave, especialmente diante da tradição brasileira momentaneamente — e, se Deus quiser, definitivamente — interrompida, a tradição de inflação. Mas é um problema grave diante do que eu chamo risco político.

Um projeto de concessão representa para o concessionário candidato que se tornar adjudicatário da licitação e, portanto, se tornar concessionário, certamente — em todos os casos tem sido assim —, a necessidade de antecipar recursos, às vezes vultosos; ou seja, assumir riscos, para usar uma linguagem muito comum entre os empresários, pondo dinheiro na frente.

Nessa hora surge a pergunta: mas, num contrato de concessão, o concessionário está bem protegido contra os maus humores de eventuais futuros governos? Sim, porque é de se supor que o governo que assina a concessão não vá criar problemas, vai cumprir o que assina. Mas, e nas viradas políticas, como fica o risco político?

Hoje — eu posso estar absolutamente errado, gostaria de estar errado, gostaria de ouvir uma resposta que até me tranqüilizasse — eu não vejo resposta para esse problema, porque a Profa. Rosoléa acabou de falar rigorosamente de acordo com a verdade, até invocando a lição do nosso mestre comum Prof. Celso Antônio Bandeira de Mello, acabou de nos falar que o regime é de Direito Administrativo, e é mesmo, são contratos de Direito Administrativo, a Constituição diz isso até, com aquelas prerrogativas da administração pública, com as chamadas cláusulas exorbitantes.

De modo que o que fica a favor do concessionário é a garantia da equação econômico-financeira, muitas vezes manipulada em sua expressão numérica. Mas o que significa, hoje, uma garantia de equação econômico-financeira de respeito a ela, se o concessionário tiver de ir à Justiça pelas vias ordinárias para obter o ressarcimento do que ele considera o seu direito nessa equação, rescindida pela intercorrência de um risco político que se consumou?

Hoje (Deus queira que eu esteja errado) isto significa pleitear em juízo, ir até a última instância e obter um precatório. Está posta aí a questão, o que significa ser titular de créditos não-precatórios. Aqui em São Paulo, agora, com a Lei 9.306, uma lei do atual governo prevendo a privatização do setor energético, sua reestruturação, as sentenças de precatório serão título para servir de instrumento na aquisição de papéis que vão ser emitidos por uma sociedade de propósito específico, que não terá outras atribuições senão isto. Então, os credores de precatório poderão transformar os seus créditos em títulos.

Esses títulos terão cotação num mercado secundário ou servirão para outras privatizações, porque, se o titular de precatório quiser receber em dinheiro, eu não sei para quando se pode acenar com a esperança de esse dinheiro entrar em caixa.

Então, esse é um problema concreto, atual, que eu gostaria que me dissessem de modo a me convencer de que eu estou errado, e que é um grande obstáculo a qualquer projeto de privatização de prazo mais longo.

Queria colocar também aqui uma questão que vem daquela história que eu mencionei no começo, do povo que não tem memória e vai repetir seus erros, e é rigorosamente a verdade. Eu sou paulistano aqui do bairro da Bela Vista e a minha avó morava aqui, no Paraíso. Serviço telefônico péssimo, virávamos uma manivela até aparecer uma telefonista na linha.

Qual é a proteção do usuário se o serviço se deteriorar? A lei fala da obrigação de manter serviços adequados, sob pena de encampação, rescisão do contrato. Nada mais objetivo do que isso. Isto, se nós pressupusermos a possibilidade, não divorciada da realidade brasileira, de uma conjugação de interesses entre concessionário e poder político, nós veremos que o usuário vai ficar inteiramente na mão, desprotegido.

Então, me parece que nessa legislação de concessões faltou prever qualquer tipo de mecanismo que viabilizasse alguma fórmula que lograsse um serviço de qualidade quando ele não fosse adequado e quando o poder público se omitisse. Acho que isto é absolutamente necessário; do contrário, muitos serviços que ainda são razoáveis poderão se deteriorar de vez, definitivamente.

Cartelização

Quero colocar outro problema: acho que nessa questão das concessões e das privatizações — aqui entra, então, um adendo a mais, que é a privatização — nós deveríamos abrir os olhos, a nossa sociedade civil, para o risco de cartelização. Vou dar dois exemplos concretos: a ponte Rio-Niterói e a Nova Dutra, duas privatizações levadas a efeito com bom padrão técnico de processamento do procedimento licitatório etc., essas duas concessões já estão em poder do mesmo grupo empresarial que está disputando outras pelo Brasil.

Vem aí a privatização das energéticas paulistas e vem a da telefonia. Não teremos nenhuma regra, nenhuma norma limitando a concentração do poder econômico nessa área? Vamos ficar absolutamente omissos nisso, como estamos?

Eu disse que eu vinha para fazer perguntas, porque não encontro respostas para isso. Acho que, se a nossa telefonia ficar exclusivamente em mãos de um oligopólio, não sei não até quando o serviço vai ser adequado. No começo vai ser bom, depois não se garante nada. Mas uma coisa os jornais já noticiaram: que, feita a privatização da telefonia, as tarifas serão aumentadas em 200%.

Eu me pergunto: se nós aumentássemos hoje em 200% as tarifas, o desgaste político do governo seria enorme, é claro, mas acho que o serviço melhoraria e haveria recursos para instalar telefone para todo mundo, dentro do modelo — talvez superado, não sei, não sei discutir essas coisas técnicas e de economia — que foi implantado pelo regime militar da Telebrás e das suas subsidiárias.

Então, o problema da cartelização tem que ser enfrentado, tem que ser colocado, porque, de repente, todo um complexo de investimento em infra-estrutura feito pelo povo brasileiro, afinal, saiu do Tesouro, fica na mão de particulares, e a iniciativa particular é muito eficiente enquanto ela tem regime de competição; fora do regime de competição nem sempre ela é eficiente, e muitas vezes ela explora por demais pelo aspecto econômico.

São perguntas que eu faço.

Concessão onerosa

E termino com uma pergunta para os tributaristas, porque eu tenho sido questionado como advogado a respeito, que é o problema das concessões onerosas. A Lei de Concessões diz que um dos objetivos que se deve buscar é a modicidade do preço dos serviços, que, uma vez concedidos, têm que ser remunerados. Busca-se, portanto, a modicidade.

Vejam que interessante, eu falei que a privatização da ponte Rio-Niterói e da Nova Dutra foi um procedimento que eu achei muito bem conduzido no aspecto de elaboração do edital, porque o critério para atribuir a alguns dos licitantes a condição de vencedor foi o critério do menor preço: preenchidos os requisitos de pré-qualificação, de habilitação, etc., o licitante que fizesse a proposta de menor pedágio levaria, seria o vencedor. Só que nós estamos vendo pelo Brasil afora licitações para concessões onerosas, inclusive em matéria de rodovias. Isso significa que vai ser cobrado um pedágio que vai remunerar a concessionária, vai fazer com que essa concessionária possa funcionar como sociedade anônima — e é essencial da sociedade anônima que ela busque lucro —, vai, por força do que os editais estabelecem, obrigar a concessionária ou as concessionárias de cada privatização a separarem recursos da sua receita para investimentos, melhorias no serviço que está sendo concedido, e ainda vai se pagar um preço da concessão onerosa para o poder concedente.

Aqui eu me faço mais uma pergunta: meu Deus do céu, eu tenho um serviço — por exemplo, uma estrada colocada à disposição; eu vou usar essa estrada e vou pagar por esse serviço. E só se eu quiser eu vou pagar, se não usar a estrada eu não pago. Então, esse é um preço público ou um preço privado? Enfim, os tributaristas saberão dizer isso. Mas, o fato é que é um preço, se eu não usar eu não pago. Mas, na hora que eu estou pagando o pedágio, o pedágio tem base constitucional, eu só posso pagar por aquele serviço. Se eu estou pagando por aquele serviço, pelo custo de administração de serviço, por uma capitalização para investimento no serviço, ainda estou pagando pelo serviço; mas, se eu estou pagando um pedágio que ainda tem um *plus* a mais, que vai entrar para o Tesouro, eu pergunto: sob que rubrica, sob que título constitucional — porque o que o Tesouro arrecada tem sempre nome previsto na Constituição, como imposto, taxa ou contribuição —, esse dinheiro vai entrar para o Tesouro Público? Qual a natureza desse excesso de arrecadação de pedágio, que é o preço da concessão?

Eu tenho a impressão de que isso aí está parecendo um imposto inominado, e ando meditando muito sobre isso. Por que ando meditando? Até porque acho que a sociedade civil não está livre de se ver diante da seguinte surpresa: deferidas e outorgadas certas concessões, o concessionário, depois de algum tempo, levanta essa questão e pede para ser liberado desse pagamento, com base na Constituição.

Recebo aqui um recado muito gentil de que o meu tempo está esgotado e me sinto muito tranqüilizado porque exatamente chegou em boa hora. Até parece que nós combinamos, porque também o que eu tinha a falar está esgotado. Muito obrigado. (*Palmas*)

PROF. ESTEVÃO HORVATH — Muito obrigado, Dr. Paulo Frontini.

Passo a palavra agora ao Prof. Eugênio Doin Vieira, e automaticamente a Presidência da Mesa dos Trabalhos.

TAXAS

PROF. EUGÊNIO DOIN VIEIRA — Caríssimos Colegas, uma das virtudes da democracia é saber esconder certos atos de autoridade, atos discricionários. De forma que os componentes da Mesa, pelo menos aconteceu comigo, receberam os seus temas absolutamente à sua revelia e estão incumbidos de sobre eles discorrer sem haverem sido consultados se eram ou não de seu agrado. A mim me compete falar sobre taxas. Eu preferia falar, por exemplo, sobre a reelegibilidade do Presidente (*Risos*) e, conseqüentemente, do meu Governador, mas devo falar sobre taxas, tema muito pouco polêmico, nos dias de hoje felizmente alguma coisa há sempre que tende para se estabilizar na área do Direito Tributário.

Desde que se estabeleceu, por via da inspiração sábia do Prof. Geraldo Ataliba, a divisão dos tributos juridicamente estabelecida em vinculados e em não-vinculados, se caracterizou muito bem a taxa no Direito Tributário Brasileiro, como um tributo diretamente vinculado a um serviço estatal prestado ao contribuinte ou posto à sua disposição, distinguindo-o do imposto, que não teria nenhum tipo de vínculo com a atividade estatal, vínculo direto, e da contribuição de melhoria ou das contribuições, em geral, que teriam um vínculo deferido, um vínculo de segundo grau.

A Constituição de 1946 não definia, não explicitava a taxa. Foi com a Emenda Constitucional 18/65 que se introduziu no texto constitucional a definição de taxa, definição, essa, que se manteve depois e que está hoje presente na Constituição em vigor, no seu art. 145, II. Ao discriminar as competências tributárias, diz a Constituição que compete arrecadar taxas à União, aos Estados, ao Distrito Federal e aos Municípios.

Ainda uma vez citando o homenageado, diz o Prof. Geraldo Ataliba que essa explicitação era desnecessária, porque àquele que presta o serviço cabem, evidentemente, a cobrança e o lançamento da taxa.

A definição constitucional está repetida no art. 77 do CTN: "As taxas cobradas pela União, pelos Estados, pelo Distrito Federal ou pelos Municípios no âmbito de suas respectivas atribuições têm como fato gerador o exercício regular do poder de polícia ou a utilização efetiva ou potencial de serviço público específico e divisível prestado ao contribuinte ou posto à sua disposição".

Com todas as críticas que façam ao Código Tributário Nacional, é um modelo de definição didática que está presente atualmente na nossa Constituição, que, onde dizia "exercício regular do poder de polícia", suprimiu a palavra "regular", naturalmente por entender que só se entende ao Poder Público o exercício regular do poder, e nunca o irregular.

Caracterizada como tributo vinculado, a taxa se estabilizou no Direito Brasileiro e permitiu a eliminação de uma série de atritos e de inconstitucionalidades que havia na história da evolução desse instituto, mesmo porque ficou muito bem caracterizada a questão da especificidade e divisibilidade dos serviços.

Nós vimos que, na definição, a taxa se pode subdividir em dois itens: o exercício do poder de polícia e a prestação de serviços públicos.

Poder de polícia

Esse exercício de poder de polícia, que foi aqui encaixado e que acabou com o tempo se acomodando na conceituação de taxa, tinha sido motivo para muitas discussões, comentários e debates. O Prof. Aliomar Baleeiro, inclusive, em uma conferência (*falha na gravação*) clássica e melhor, que ainda hoje talvez prevaleça, vem do nosso respeitadíssimo e sempre lembrado Prof. Rui Cirne Lima, que diz: "Polícia é a expressão que designa a intervenção reguladora da administração pública, restringindo ou limitando a propriedade privada e a liberdade, para tornar possível dentro da ordem o exercício de todas as atividades e a conservação da propriedade privada".

Dizia Balleiro que o poder de polícia é uma criação norte-americana da Suprema Corte com vistas a amortecer e aliviar a rigidez da cláusula *due process of law*, daria ao Poder Executivo razoável autonomia para disciplinar o funcionamento da sociedade. E o exercício de poder de polícia foi incluído como referência primeira, como fato gerador da incidência de taxa.

Rubens Gomes de Sousa definiu também o exercício do poder de polícia no Código Tributário Nacional. É redação dele no art. 78, um pouco mais explicitada, um pouco mais longa: "Considera-se poder de polícia a atividade da administração pública que, limitando ou disciplinando o direito, o interesse ou a liberdade, regula a prática de ato ou abstenção de fato em razão do interesse público concernente à segurança, à higiene, à ordem, aos costumes, à disciplina da produção e do mercado, ao exercício de atividades econômicas dependentes de concessão ou autorização do poder público, à tranqüilidade pública ou ao respeito à propriedade e aos direitos individuais e coletivos".

Pela própria extensão da definição didática posta como norma, nós já vemos que não é fácil definir o campo do que significa poder de polícia.

O exercício do poder de polícia permite ao Estado a cobrança de taxa. O poder de polícia implica, de certa forma, uma iniciativa do contribuinte. Ele pede ao poder público um determinado serviço e em função disso lhe é cobrada uma taxa. Esse serviço geralmente é uma autorização, é uma permissão, é uma concessão, é uma vistoria, e ensinam os mestres: não é pelo certificado, pela certidão negativa, não é pelo papel de autorização que se cobra, mas sim pelos serviços que se acarretou ao poder público para chegar até esse documento final — e, portanto, essa cobrança estaria limitada legalmente aos custos desse serviço.

Por toda evidência, não é fácil definir essa base de cálculo, e muitas vezes ela é feita estimadamente, sem maior aproximação com a realidade dos fatos, como definir o custo para a emissão de uma certidão negativa, como definir o custo para a emissão de uma vistoria de estabelecimento público etc.

Serviço público

A utilização do serviço público, que é a mais conspícua, a mais importante das hipóteses de incidência da taxa, tem duas características fundamentais que nós lembraremos; e como disse, estamos apenas fazendo considerações que são preliminares e fundamentais, que o tempo mesmo não comporta outras. São a divisibilidade e a especificidade.

É preciso que o serviço seja divisível, que atinja diretamente aquele que será o contribuinte, que ele seja específico, que possa ser especificado.

Agora, diz também a norma: que ele seja prestado ao contribuinte ou posto à sua disposição. Ainda que o contribuinte não utilize, pela característica do serviço público, pelo interesse público que sobreleva o interesse privado, o poder público pode cobrar por aqueles serviços que ele instala, que ele aparelha, que ele organiza e que ele põe à disposição do contribuinte, e nós temos isso bem explicitado nos casos de energia elétrica, água etc.

Juridicamente, poderíamos definir ou categorizar os serviços públicos em duas espécies: os serviços públicos específicos e divisíveis utilizados pelo contribuinte, os serviços públicos específicos e divisíveis colocados à disposição do contribuinte, ainda que por ele não utilizados.

E teríamos, ainda, a outra categoria das taxas, que seria aquela incidente sobre o poder de polícia, o poder de polícia entendido como a prática pela administração pública, por provocação do contribuinte, de atos administrativos que o caracterizam.

Taxa e imunidade

Outra discussão que a doutrina trouxe e que a jurisprudência também definiu foi a questão da imunidade constitucional recíproca. A Constituição prevê que um Poder não poderá tributar outro com impostos. O imposto, como tributo não-vinculado, não se referencia a determinado serviço que se dirige ao contribuinte. A taxa é realizada em função do interesse do contribuinte, e, por isso, tem sido pacífica a jurisprudência no sentido de que não há imunidade para os entes públicos quando a taxa é devida e pode incidir. É exigível. Esse entendimento tem sido estendido àqueles entes públicos como autarquias e fundações, que geralmente pretendem se eximir ao pagamento de taxas em relação às exigências municipais de vistoria, de instalação, de funcionamento etc. Pacífico, hoje, entendemos nós, que, por se tratar de tributos não vinculados, não há proteger os entes públicos com qualquer tipo de imunidade.

Nós entendemos que, hoje, na melhor interpretação constitucional, teríamos que ficar no campo dos serviços que se vinculam diretamente às taxas, ainda que às vezes haja uma aparência de fornecimento de bens, como é o caso da energia elétrica ou da própria água. Mas, em verdade, o que se cobra é a instituição de um sistema que coloque esse bem à disposição do contribuinte.

Uma referência a taxas e preços públicos ou tarifas seria aqui necessária, mas esse é tema que está atribuído especificamente ao Dr. Estevão. Então, diríamos apenas que o que os diferencia é o fato de que a taxa está regida por um regime jurídico de serviço público e o preço ou tarifa, quando ocorre a presença do regime jurídico de Direito Privado. Essa diferença é bem explicitada, inclusive por Oswaldo Aranha Bandeira de Mello, e entendemos que prevalece, mas vamos ouvir o pensamento e a opinião do Prof. Estevão.

No que se refere à obrigatoriedade da taxa, ela, sendo tributo, tem caráter compulsório, vincula etc., mas há, como já foi referido aqui pelo Prof. Frontini, muitos casos em que é preciso que o contribuinte provoque o serviço para que seja incidida a taxa, para que seja exigida dele a taxa. É o caso dos serviços postais, em que o pagamento se fará por aquele que os utilizar, ou mesmo de telecomunicações e outros, quanto a determinados serviços que, por sua natureza, são exigíveis ainda que o contribuinte não os utilize, desde que estejam postos à disposição dele e seja possível especificar e dividir esse tipo de serviço para mensurar a base de cálculo e, conseqüentemente, o *quantum* devido.

Nós, com essas considerações, e também limitados ao tempo, concluímos aqui nossa rápida e preliminar exposição de noções propedêuticas sobre a taxa. Muito obrigado. (*Palmas*)

Diz-nos o Prof. Estevão Horvath que estamos agora ungidos pelo Espírito Santo, porque ele nos transmite a bênção da Presidência, a fim de que nós possamos, então, atribuir a palavra a ele mesmo. (*Risos*)

Tem a palavra o Prof. Estevão Horvath, com rigoroso cumprimento das limitações de tempo, mesmo porque temos uma conferência logo a seguir.

TAXA E PREÇO

PROF. ESTEVÃO HORVATH — Professor Eugênio Doin Vieira, ilustres Professores componentes desta Mesa, colegas congressistas, dispensando a minha santidade invocada pelo Prof. Eugênio, vou passar diretamente a tratar do tema, e tentarei fazê-lo da maneira mais breve possível, pelas razões já invocadas também pelo Prof. Eugênio.

Falar sobre taxa e preço — em tão pouco tempo, principalmente — é uma outra missão impossível, me parece, sem dúvida nenhuma, até porque muito já foi escrito sobre isto, aqui no Brasil e fora do Brasil, e até hoje não se chegou a muitas conclusões sólidas a esse respeito. Ontem mesmo estava tendo o privilégio de conversar um pouco com o Prof. Ferreiro e ele me disse que continua sendo esse um dos temas da sua preocupação também no Direito Espanhol, onde não se definiu muito ainda — ou pelo menos satisfatoriamente — a distinção entre um instituto e outro.

O importante é o seguinte: como o Prof. Eugênio Vieira acabou de dizer, são duas coisas completamente distintas do ponto de vista jurídico — ainda que possam não o ser do ponto de vista econômico ou financeiro — as taxas e os preços, porque, como é lição também, se não inventada, pelo menos bastante difundida do nosso homenageado Prof. Geraldo Ataliba, os institutos jurídicos são diferentes entre si em virtude do regime jurídico a que eles são submetidos. Então, a taxa se subsume ao regime tributário; portanto, tem que obedecer a todos os princípios tributários. Os mais evidentes são o da legalidade, estrita legalidade e anterioridade. O preço, não. Quer dizer, daí já parte toda a diferença absolutamente imprescindível para se tratar do tema.

Serviço público

A pergunta é a seguinte: quando incide taxa e sobre o que se cobra preço? Por que essa dúvida? Porque se considera normalmente na doutrina a prestação de serviços públicos. Muitos até dizem exatamente isso: pode dar ensejo à cobrança de taxa ou de preços. Então, quer dizer, serviço público como dando origem a essas duas figuras. Alguns até chegam a dizer, se não diretamente, implicitamente, indistintamente. E não me parece que seja assim, ou pelo menos não me parece que essa possa ser a melhor interpretação, até porque, como eu já disse, os regimes jurídicos a que se submetem são completamente diferentes.

Um detalhe bastante importante, como já foi reforçado aqui mesmo neste Congresso inúmeras vezes: o nosso sistema constitucional é muito peculiar, é muito minucioso em matéria tributária, e é muito restritivo, ou eu diria até o contrário, muito abrangente, deixando muito pouca coisa ao legislador ordinário, o que já diferencia também o tratamento deste tema com relação aos outros países onde a legislação ordinária tem uma liberdade muito mais ampla para tratar desses assuntos, inclusive esse tema de taxa e préços.

O que seria o serviço público? Eu vou tomar a noção do Prof. Celso Antônio Bandeira de Mello, para lembrar que ele diz que serviço público é toda atividade de oferecimento de utilidade ou comodidade material fruível diretamente pelos administrados, prestada pelo Estado ou por quem lhe faça as vezes, sob o regime de Direito Público, e instituída pelo Estado em favor dos interesses que houver definido como próprios no sistema normativo.

Então, o que seria o serviço público, que é o basilar para nós distinguirmos taxa de preço? Serviço público seria aquilo que está submetido ao regime de Direito Público. E de onde nós extraímos isso? Do Direito Positivo — no caso, do Direito Positivo Brasileiro.

A nossa Constituição é o primeiro diploma legal — até porque é o hierarquicamente superior a todos os demais — e já elenca alguns serviços públicos. Então, sobre eles não há dúvida de que serão serviços públicos.

Aí, embaixo de tudo isso está aquela discussão doutrinária: serviço público é tudo aquilo que é inerente ao Estado prestar, ou é aquilo que simplesmente o Estado presta e por isso já é serviço público, ou, ainda, como parece ser uma terceira visão, e, sem dúvida, a mais racional, a que diz que uma atuação é serviço público se a legislação a coloca sob o regime de Direito Público, ou pelo menos a legislação a considera como serviço público.

Podemos estabelecer o mesmo raciocínio que aplicamos quando tratamos das necessidades públicas. Quer dizer, acho que todos nós vamos entender que saúde e educação, por exemplo, são necessidades públicas. Existem outras necessidades que muitos vão dizer que são necessidades públicas e outros vão dizer que não são necessidades públicas.

Então, onde ficamos? Ficamos, como me parece a melhor alternativa, em que a lei é que vai dizer quais são as necessidades públicas, assim como a lei — e a nossa Lei Maior em primeiro lugar — vai dizer quais são os serviços públicos.

Em relação ao que seja serviço público, nós temos a seguinte alternativa: o art. 21 da Constituição diz alguns serviços públicos que são de competência da União. O art. 30 diz que são serviços públicos dos Municípios aqueles que atendam ao seu interesse local, e aponta expressamente, por exemplo, o de transporte coletivo urbano. Aos Estados restaria aquela competência residual — afora aquele de gás canalizado, que ela também menciona expressamente, que competirá aos Estados.

Tarifa e preço público

Pronto, definimos — pelo menos de uma maneira muito aproximada — o que é serviço público. Agora, ainda não resolvemos o problema. Para remunerar-se, o Estado (ou quem lhe faz as vezes), quando presta este serviço público, o fará por meio de quê? De taxa ou de tarifa? Aliás, essa já é a primeira precisão que me parece importante fazer: eu utilizo a palavra tarifa — não só eu, muitos — como sinônima de preço público.

Então, o preço é uma contraprestação por uma prestação contratual livremente fixada entre partes iguais. Essa é uma definição do Prof. Geraldo Ataliba, e é um resumo bastante sucinto do que é realmente o preço. Em resumo, está presente aquela noção contratual.

A taxa é totalmente o contrário, juridicamente: é um tributo, e se submete a um regime totalmente diferente daquele do preço.

Então, a pergunta talvez mais candente que eu sempre me faço com relação a esse tema — não que eu pretenda ter chegado a alguma conclusão definitiva, muito longe disso — é a seguinte: se o regime jurídico a que está submetida a taxa é tão diferente do regime jurídico a que está submetido o preço, será que fica ao arbítrio, à discricionariedade, do legislador ou do Executivo dizer: qual serviço público será remunerado por taxa e qual serviço público será remunerado por preço?

Parece que isso é totalmente inviável, até por uma razão prática muito facilmente perceptível: se um governante puder optar entre cobrar um preço, o qual ele pode aumentar a qualquer momento, e uma taxa — onde ele vai sofrer as restrições dos princípios constitucionais que sobre ela incidem —, a toda evidência, provavelmente, vai preferir instituir o preço. Então, não parece que seja essa a melhor alternativa.

Até aqui eu não estou trazendo nada de novo, e o que eu vou dizer também não. Eu sigo na linha de pelo menos um pensamento do Prof. Celso Antônio Bandeira de Mello, de Marco Aurélio Greco e Hamílton Dias de Souza, que para mim têm os melhores trabalhos sobre taxa, sobre essa distinção entre taxa e preço (e diferentemente disso ninguém conseguiu me convencer até hoje). O Prof. Geraldo Ataliba também parece que se encaminhava nesta linha.

Quer dizer, quando a nossa Constituição diz que a União, os Estados, o Distrito Federal e os Municípios podem cobrar taxas pelo exercício do poder de polícia ou pela prestação de serviço público específico e divisível e esses outros requisitos que o Prof. Eugênio já mencionou, se nós entendermos que podem cobrar taxa ou preço, então parece não ter sentido esse art. 145, II, da Constituição.

Levando à última análise disso, vamos chegar àquela velha história: a Constituição contém sugestões, ela recomenda ou ela determina? Quer dizer, se ela diz (claro que ela não diz nessa linguagem ordenativa, prescritiva — nesse sentido impositiva) que só se poderá cobrar taxa quando houver prestação de serviço público, ao dizer que compete a essas pessoas políticas cobrar taxa pela prestação de um serviço público, parece que está significando que não se pode cobrar outra coisa a não ser taxa pela prestação de um serviço público.

Mas, nessa distinção, fazendo um breve histórico, o que normalmente se entende, e então até vou citar uma súmula do Supremo Tribunal Federal a respeito, duas idéias pelo menos estão presentes: a taxa sempre decorre de um serviço, de uma atividade, inerente ao Estado; o preço, não.

Atividade econômica e serviço público

Ainda fica um pequeno problema, que é aquele ao qual eu já me referi ao tratar do serviço público. Quer dizer, o que seria a atividade inerente ao Estado? Seria a atividade que o Estado resolveu prestar? Cremos que não. Não é pela essencialidade, pela maior necessidade eventual de um serviço público, que vai ser uma atividade inerente ao Estado; a nossa Constituição já escolheu o que ela acha importante que o Estado preste diretamente ou preste mediante delegação — no sentido mais amplo da palavra, de transferência a outras pessoas —, e o que ao particular incumbe.

Aliás, a esse respeito eu nunca ouvi ninguém dizer com maior clareza do que ensinava o Prof. Geraldo Ataliba: a nossa Constituição separou claramente duas coisas totalmente diferentes: de um lado, a atividade econômica; de outra, o serviço público. A atividade econômica deve ser empenhada *preferencialmente* pelos particulares; o Estado só vai intervir excepcionalmente, com aquele dispositivo da Constituição que diz isso expressamente (art. 173, *caput*).

Já, o serviço público incumbe ao Estado, ou a quem lhe faça as vezes, mediante aqueles institutos da permissão, concessão — tudo isso detalhes importantíssimos do Direito Administrativo, mas em relação aos quais não me cabe aprofundar.

O Prof. Geraldo Ataliba faz até o resumo daquela distinção entre atividade econômica e serviço público, numa frase lapidar e de clareza de síntese: se se tratar de atividade pública, o correspectivo será taxa (art. 145, II, da Constituição). Se se tratar de exploração de atividade econômica, a remuneração far-se-á por preço. Essas são as palavras taxativas claríssimas do Prof. Geraldo Ataliba.

Essa é a primeira característica: algo é taxa toda vez que seja uma atividade inerente ao Estado. Trago à colocação as palavras do Prof. Villegas: as taxas são cobradas por atividades inerentes à soberania nacional (os preços, *a contrario sensu*, portanto, não o seriam).

Outro ponto que é muito importante: as taxas têm o caráter de compulsoriedade sempre, e os preços, não (facultatividade). Nesse sentido, sim, se pode compreender. Se preço traz em si a idéia de relação contratual, a taxa é um tributo; essas duas coisas não podem ser confundidas. Aí eu cito o verbete 545 da súmula do Supremo Tribunal Federal: "Preços de serviço público e taxas não se confundem, porque estas, diferentemente daqueles, são compulsórias, e têm sua cobrança condicionada à prévia autorização orçamentária em relação à lei que as instituiu".

Claro que isso foi feito quando vigia o princípio da anualidade. Quero ressaltar: está presente aqui o caráter de compulsoriedade.

Aí eu penso o seguinte: será que esse caráter de compulsoriedade é relevante, ou, antes, ele discrimina as duas situações: o preço da taxa? Parece-me que não, e isso de uma certa forma foi levantado pelo Prof. Régis Fernandes de Oliveira no seu *Manual de Direito Financeiro*. Ele traz o exemplo do transporte coletivo. Qual seria a natureza da remuneração que se paga por ele? Sendo serviço público, somente pode ser *taxa*. Então, perguntarão: mas não é facultativa a sua utilização? Eu utilizo, por exemplo, um ônibus urbano se eu quiser.

Agora, se o raciocínio for por esse caminho, o Prof. Régis faz essa seguinte observação: será que um operário que mora na periferia, a 20km da Capital — e presumivelmente ganhando um ou dois salários mínimos —, tem realmente a liberdade de escolha, ele tem a facultatividade de optar por um ônibus ou por um táxi, ou andar a pé os 20km? Onde estará a facultatividade do exercício dessa atividade? Quer dizer, eu me sirvo do ônibus se eu quiser ou se eu não quiser também, porque eu não tenho realmente outra alternativa. Então, parece que esse não é o critério que pode servir, ao menos taxativamente, para distinguir uma coisa da outra.

E, claro, junto àquela primeira idéia está aquela noção de serviço típico e serviço não-típico, e nós já vimos que quem decide isso é o ordenamento jurídico, e, de uma certa forma, ele já o fez.

Só para finalizar — mas aqui realmente eu quero jogar talvez um pouco mais de lenha na fogueira, e eu não tenho a solução; tenho a proposta. Alguém dirá: mas e quando o serviço é prestado por pessoas outras que não a Administração direta — perdoem a redundância — diretamente? Respondo: se o serviço continua sendo um serviço público, o raciocínio é o mesmo.

Estão me comunicando que o tempo está esgotado. Então eu vou concluir dizendo o seguinte. Vamos supor que haja concessão — eu vejo clarissimamente isso: existem duas relações jurídicas completamente distintas — uma é a que existe entre o Estado e o concessionário, e a outra entre o usuário e quem presta serviços, no caso do concessionário (ou seja o que for que faça as vezes do Estado). Esta relação do usuário é a relação que considera aquilo como serviço público, portanto ele só pode ser obrigado a pagar taxa. A forma de remuneração do concessionário é que pode ser ou uma taxa, com a capacidade tributária ativa delegada para o concessionário — ou seja lá quem for — ou, senão, fixa-se um preço e o Estado repassa para o concessionário aquilo, para manter a equação econômico-financeira de um eventual contrato. O que me parece é que, por ser serviço público, forçosamente seja taxa, sempre.

Aos preços sobraria, então, o quê? — talvez perguntassem.

A atividade industrial ou comercial do Estado. Um exemplo banal, mas acho que bastante sugestivo: se o Estado montar uma banca de jornal na esquina, o jornal que ele vende é um preço, porque é um preço igual ao outro, só chamado de preço público porque é ele (Estado) que está exercendo. A Companhia Siderúrgica Nacional (não sei se existe ainda ou se já foi privatizada), o aço ela vende por um preço, tem o adjetivo "público" simplesmente por ser do Estado.

Perdoem a demora e muito obrigado. (*Palmas*)

PROF. EUGÊNIO DOIN VIEIRA — Somos gratos ao Prof. Estevão Horvath pela boa exposição e pelo cumprimento do horário. Temos ainda dois debatedores para serem ouvidos. Por isso, passamos desde logo a palavra à Profa. Maria Leonor Leite Vieira, que vai discorrer sobre "Serviço público, imposto, serviço público remunerado por taxa".

Tem a palavra a Profa. Maria Leonor.

SERVIÇO PÚBLICO, IMPOSTO, SERVIÇO PÚBLICO REMUNERADO POR TAXA

PROFA. MARIA LEONOR LEITE VIEIRA — Depois do que já ouvimos — a Dra. Rosoléa sobre a concessão do serviço público, o Prof. Frontini, o Prof. Estevão e o Prof. Eugênio —, eu, tanto quanto o Prof. Frontini, também tenho algumas propostas ou algumas provocações para todos os componentes da Mesa e para todos os congressistas.

ICMS sobre conta telefônica

Fazendo um apanhado de tudo isso, temos que o preço público será cobrado sempre que for fornecido algum serviço. Então, eu já começo pela primeira questão: o uso da telefonia, se isto é preço que se paga, induz a concluir que pagamos imposto sobre o preço, porque nós pagamos ICMS sobre a conta telefônica, sobre o uso da telefonia.

Algumas indagações têm-me aparecido lendo os livros sobre ICMS do Prof. Roque Carrazza, do Prof. José Eduardo, do Prof. Sacha Calmon, ouvindo tudo o que nós já ouvimos até aqui sobre ICM, sobre o que significa o *S*. E agora, entrando diretamente neste *S* (serviço de comunicação), é que as questões me surgiram, analisando este tema que me foi proposto discutir neste Congresso: o serviço público, o imposto, o serviço público remunerado por taxa.

Esse serviço público da telefonia parece ser remunerado por imposto, Dr. Estevão, e não por taxa, ou remunerado pelo preço e pelo imposto. Isso me parece, e realmente até agora ninguém tem-se debruçado sobre o *S* desse imposto.

A Constituição, ao cuidar, no art. 22, da competência privativa da União, diz que compete privativamente à União, entre outras coisas, legislar sobre telecomunicações e radiodifusão. No art. 222, em que começa o capítulo sobre Comunicação Social, ao depois de passar pelo art. 173, que estabelece o regime de concessão, de autorização ou permissão para o uso de radiodifusão e de sons e imagens, me parece que separa bastante as coisas: o que seja telecomunicacão, o que seja serviço de informação.

Esse assunto tem chamado bastante a minha atenção. Ainda não tenho resposta também sobre isto, ou, se tinha algum caminho, agora tudo me confunde um pouco mais, ouvindo o que ouvimos aqui sobre a concessão do serviço público.

Então, temos o serviço de radiodifusão, e radiodifundir, tecnicamente, significa transmitir sons e imagens ou ambos por ondas radioelétricas. Se eu compro uma televisão e ligo na tomada, eu assisto 13 canais convencionais de televisão. E hoje em dia, se eu tenho um outro aparelho ou se eu tenho um aparelho já mais atual, tenho uma assinatura, eu assisto TV a Cabo (meio físico de transmissão da radiodifusão), aqueles mesmos canais convencionais e mais tantos outros quantos me apresentem.

Então, o que é que alcança o *S*: apenas a concessão fornecida às empresas de radiodifusão? Se é só isso, o telefone tem que estar fora do *S* do serviço do imposto exigido pelo Estado. Por isso eu disse que só agora muito mais dúvida eu tenho sobre este *S*.

Quando a Constituição fala em concessões dos serviços de radiodifusão, ela especifica serviços de radiodifusão. Disse o Prof. Frontini, agora há pouco, que há algum tempo atrás o serviço de telefonia era muito ruim, porque era feito por um monopólio. Agora temos a abertura desse monopólio, podendo favorecer ou podendo desfavorecer ainda mais o serviço que é efetuado, a concessão que é efetuada e o preço que é pago por esse serviço. Por isso eu fiquei pensando muito sobre o serviço público remunerado por imposto e me deparo com o serviço público remunerado por preço e por imposto.

A nova lei do ICMS, ao falar sobre o imposto de comunicação sobre o *S* do ICM, diz que o imposto incidirá sobre — tanto quanto falava o discutido Convênio 66 de 88 — prestações onerosas de serviços de comunicação, por qualquer meio, inclusive geração, emissão, recepção, transmissão, retransmissão e ampliação de comunicação de qualquer natureza.

Ensina o Prof. Roque Carrazza, em seu livro, que comunicação pressupõe o órgão emissor e o órgão receptor, senão eu não tenho a comunicação. Será que não é isto que levou o constituinte a estabelecer a divisão entre telecomunicações e entre serviços de radiodifusão — de som e imagem, portanto? Será que não é isso, pelo menos no serviço de telecomunicações, que vem sofrendo um avanço constante? O Código de Telecomunicações é de 1963, e falava que o serviço de radiodifusão era aquele serviço direto e livremente recebido pelo público em geral. Textualmente dizia aquele código: radiodifusão, serviço de comunicação, telecomunicação direta e livremente recebida pelo povo em geral.

Hoje temos esses canais de televisão por assinatura, TV a Cabo, Internet, em que também se contrata um provedor da Internet para que se possa ter acesso e poder, usando a linguagem própria, navegar pela Internet.

Tudo isso me parece que estaria dentro do regime de concessão, é o que a Constituição diz. Mas as minhas dúvidas, como eu disse, permanecem, e a pressa, porque nós também teremos conferência daqui a pouco, me leva a realmente transferir aos senhores estas minhas indagações. E gostaria de poder discuti-las com mais detença.

Ora, se pode ser objeto de concessão, eu pago um preço — ou tarifa, como diz o Prof. Estevão — pelo serviço que me foi prestado. Em cima disso eu deverei pagar ICMS. Isto, me parece, provoca aquela classificação tão acentuada e tão bem embasada pelo Prof. Geraldo Ataliba, em tributos vinculados e não-vinculados. Aqui eu tenho uma mistura de tudo, tributos vinculados e não-vinculados — atuação estatal de um lado, delegada para aqueles concessionários, e a não-atuação do Estado — e tenho a atividade própria do contribuinte pagando o imposto.

Por isso, Prof. Estevão, que agora já volta à Presidência, eu, bem rapidamente, sobre toda a questão que já foi discutida aqui, deixo as dúvidas que gostaria de debater à Mesa, com tanta coisa que já ouvimos. Posteriormente, quem sabe, possamos retornar ao assunto, que eu já peço desde logo, inclusive com alguns congressistas, para analisar este ponto e analisar em cima da concessão que é fornecida.

O adiantado da hora me permite, Dr. Estevão, rapidamente encerrar deixando essas indagações aos senhores. Muito obrigada. (*Palmas*)

Prof. Estevão Horvath — Doutora Maria Leonor Leite Vieira, nós agradecemos a sua contribuição. Vamos ouvir ainda a Profa. Lucia Valle Figueiredo, e há uma expectativa muito grande em torno de seu pronunciamento. Mas antes requeremos aos Drs. Aires Fernandino Barreto e Roque Antônio Carrazza que recepcionem o Ministro José Paulo Sepúlveda Pertence, que se encontra nas ante-câmaras, Ministro do Supremo Tribunal Federal que será o nosso conferencista e que merece essa nossa consideração. (*Pausa*)

A Dra. Lucia Valle Figueiredo falará sobre "Tributação das empresas estatais". Passamos a ela o microfone.

TRIBUTAÇÃO DAS ESTATAIS

Profa. Lucia Valle Figueiredo — Sr. Presidente desta Mesa, Srs. Expositores, Caros Colegas, Srs. Congressistas.

Realmente, minha tarefa é bastante difícil, vez que falo por último, na angústia do tempo, sabendo que nosso conferencista está a esperar e que nosso horário já foi ultrapassado. E, também, porque o tema já foi abordado por todos da Mesa, sobrando apenas fatia diminuta, tal seja, a tributação das empresas estatais.

Creio que, para poder me localizar no cerne do tema, a tributação das estatais, não posso deixar de fazer breve introdução sobre a posição dessas empresas no texto constitucional, seu regime jurídico, para, a final, verificar o regime de tributação e, sobretudo, o que se deve discutir, tal seja, se as estatais prestadoras de serviço seriam remuneradas por taxa ou preço, se são imunes, ou, então, se podem receber isenções.

Vimos uma série de opiniões, na Mesa, de posições diferentes; inclusive, o Prof. Eugênio Doin Vieira acenou com a tranqüilidade já existente no que concerne ao regime jurídico das taxas.

De outra parte, verificamos o Prof. Estevão afirmando que, para ele, os concessionários são remunerados por taxa, quando a Constituição fala expressamente tarifa. Mas o Prof. Estevão entende que, por se tratar de serviço público, a remuneração somente poderia ser por taxa.

Pincelo alguns excertos das falas, simplesmente para mostrar que o assunto não é pacífico e que impende, inicialmente, verificar o regime constitucional das empresas estatais.

Regime constitucional das estatais

As empresas estatais são formas de atuação da Administração Pública, quer para prestação de serviços públicos, quando expressamente autorizadas por lei, quer para intervenção na atividade econômica, nas balizas estreitas do art. 173 da Constituição da República.

Não me fixo nos conceitos legais de empresa pública e sociedade de economia, por imprestáveis; assim, prefiro veicular conceito doutrinário.

Empresa pública é uma das formas de atuação da União, Estados e Municípios, criada e extinta apenas por lei, para prestação de serviços públicos ou para intervenção na ordem econômica, dentro dos limites constitucionais e submissa, em boa parte, ao regime de direito privado, conforme o texto constitucional, em seu art. 173, que é bastante claro: "Art. 173. Ressalvados os casos previstos nesta Constituição *(que são, dizemos nós, os monopólios, ou as concessões e permissões de serviço público)*, a exploração direta da atividade econômica pelo Estado só é permitida quando necessária aos imperativos da segurança nacional ou a relevante interesse coletivo conforme definido em lei".

Portanto, se, de uma parte, cabem ao Estado, como uma de suas funções essenciais, a organização e prestação dos serviços públicos, é irretorquivelmente competência da iniciativa privada a exploração da atividade econômica com objetivo de lucro. Por definição, aquele que empreende atividade econômica assim faz com o fito inequívoco de lucro.

De conseguinte, a prestação de serviço público é uma das atividades precípuas do Estado, que a realiza por meio da função administrativa. Assim sendo, parece-me inexistir qualquer dúvida quanto à possibilidade da constituição de entidades descentralizadas que, gozando, no todo ou em parte, das prerrogativas do regime jurídico de direito público, sejam formadas com o fito de explorar serviço público.

É de se notar, entretanto, que na concessão de serviço público há o objetivo de lucro por parte do prestador do serviço. O serviço é o meio de obtenção do lucro. Os capitais, por conseguinte, não podem ser exclusivamente estatais.

De seu turno, *sociedade de economia mista*, também autorizada sua criação por lei, é forma de cometimento estatal para prestação de serviços públicos ou para intervenção no domínio econômico dentro do confinamento constitucional, revestindo-se da forma de sociedade anônima, mas submissa, em boa parte, mercê do artigo 37 do texto constitucional, ao regime jurídico administrativo.

É necessário, pois, cuidarmos, ainda que brevemente, de conceituar serviço público.

Serviço público

Serviço público é toda atividade material fornecida pelo Estado, ou por quem esteja a agir, no exercício da função administrativa, se houver permissão constitucional e legal para isso, com o fim de implementação de deveres consagrados constitucionalmente relacionados à utilidade pública, que deve ser concretizada sob regime prevalente do direito público. Será necessariamente de direito público o regime se o serviço não puder ser "terceirizado" ou delegado.

Critérios para verificar quais são os serviços públicos — O critério a perseguir para a disceptação de quais sejam os serviços públicos ou privados somente poderá ser o da competência constitucional.

Palmilhando o texto constitucional, verificamos que alguns serviços foram eleitos pelo Constituinte como *passíveis* de serem públicos.

Examinemos os arts. 21, X, XI (alterado pela EC 8, de 15.8.95), XII, XV, XXII e XXIII, e 25, § 2º.

No art. 21, X, encontramos a competência da União para manter o serviço postal e o correio aéreo nacional; no inciso XI, a de explorar, diretamente ou mediante autorização, concessão ou permissão, os serviços de telecomunicações, nos termos da lei, que disporá sobre a organização dos serviços, a criação de um órgão regulador e outros aspectos institucionais; no XII cabe a exploração diretamente ou mediante autorização, concessão ou permissão dos serviços arrolados nas letras "a" a "f"; no inciso XV temos a organização e manutenção dos serviços oficiais de estatística, geografia, geologia e cartografia de âmbito nacional; no XXII, a execução dos serviços de polícia aérea e de fronteira; no XXIII, o monopólio estatal sobre a pesquisa e a lavra.

Há, de outra parte, serviços que *não podem ser públicos*, por expressa proibição constitucional. É o que se verifica do art. 173 da Constituição Federal. São reservados à iniciativa privada, a quem compete a atividade econômica.

Há, ainda, serviços que devem ser estimulados pelo Estado, hipótese dos artigos 196, 199 (embora a assistência à saúde seja livre à iniciativa privada, nos termos dos artigos anteriores, 196 e 197, deve ser fiscalizada e regulamentada pelo Estado), 205 e 209 do texto constitucional.

Deveras, o Estado, se não houver proibição constitucional, poderá optar por "terceirizar" os serviços públicos que tenham alguma possibilidade de lucro, pois o lucro é da essência da atividade desenvolvida pelas empresas privadas.

De outra parte, os serviços poderão ser prestados por permissão ou concessão, quando devam ser prestados exclusivamente pelo Estado ou somente mediante esses institutos.

Diogo de Figueiredo Moreira Neto ("O sistema de parceria entre os setores público e privado. Execução de serviços através de concessões, permissões, terceirizações e outros regimes. Aplicação adequada desses institutos", *Boletim de Direito Administrativo, BDA*, Editora NDJ Ltda., n. 2, fevereiro de 1997, pp. 75/81) afirma:

"Vale observar que, ao contrário do que defendem alguns autores, não se estabeleceu uma distinção entre dois gêneros — *serviço público* e *atividade econômica* — mas, ao contrário, a partir de um único gênero — *atividade econômica* —, foram caracterizadas quatro espécies: uma privada, que é a regular, e três públicas, que são as excepcionais.

"Em suma: a atividade econômica ficou constitucionalmente reservada à sociedade, salvo nos casos excepcionados, entre os quais estão os *serviços públicos* que se perfazem no campo econômico, previstos específica ou genericamente na própria Constituição.

"Como corolário, a atividade econômica, ainda que cometida ao Estado como um serviço público, *continua vocacionada à colaboração do setor privado*, pois não perde sua característica de produtora de lucro, domínio adequado à livre iniciativa."

Traz o autor à colação as formas mediante as quais podem ser prestados os serviços públicos, tais sejam: por *delegação* (concessões e permissões de serviços públicos), mediante *contrato administrativo* — e, dizemos nós, sem contrato administrativo, na hipótese de serem criadas empresas estatais para esse fim específico; por *ato administrativo* (autorizações); por *ato administrativo complexo* (convênios, acordos de programas, consórcio; ou, então, sem delegação, por contratos administrativos, precedidos de licitação, salvo as hipóteses de dispensa ou inexigibilidade.

Evidentemente, de acordo com o tipo de prestação de serviço, aplicar-se-á um ou outro regime jurídico. Fica clara, pois, a gama variada de possibilidades diferentes para implementação dos serviços.

Regime tributário das empresas estatais

Imunidades e isenções — São proibidos incentivos fiscais, *ex vi* do § 2º do art. 173, para as estatais que se encontrarem na atividade econômica.

O critério é o da isonomia. Deverá prevalecer o princípio constitucional consagrado no art. 170, referente ao privilégio da iniciativa privada. Relembremos que o Estado somente pode criar empresas se e quando necessárias à segurança nacional ou à implementação de atividade de particular interesse para a coletividade.

Impende, todavia, refletir se isenções podem ou não ser dadas a empresas prestadoras de serviço público. Quanto a estas, não vemos obstáculos constitucionais. As isenções serão dadas em função da pessoa (isenções pessoais) e não atritam com o princípio da isonomia, pois são as empresas diferenciadas (consulte-se, a respeito de tema, a obra clássica de Souto Maior Borges, *Isenções Tributárias*, 1ª ed., Sugestões Literárias, 1969. Também nosso estudo "Imunidades e isenções", em *Estudos de Direito Tributário*, São Paulo, Malheiros Editores, 1996, p. 43).

Todavia, há vetores a serem respeitados. Somente poderão ser concedidas isenções se os mesmos privilégios forem concedidos aos iguais. É dizer, se prestadoras de serviços públicos poderão obtê-las, se em concessão ou permissão, também poderá ser possível, E, se na atividade econômica, somente se empresas privadas também obtiverem o mesmo benefício legal.

Geraldo Ataliba afirmava que as empresas estatais prestadoras de serviço poderiam gozar da imunidade constitucional.

A distinção que fazia o mestre era entre serviços públicos concedidos a empresas privadas ou serviços prestados por entidades estatais, *ainda que de economia mista*, para esse fim criadas.

Com a devida vênia e respeito que nos merecem as afirmações do ilustre publicista, ousamos divergir. Não temos dúvidas em afirmar, como, aliás, já fizemos em nosso *Curso de Direito Administrativo* (2ª ed., São Paulo, Malheiros, 1995, cap. II), a possibilidade de outorga de isenções, mas não concordamos que haja o bloqueio da competência impositiva pela imunidade.

Quando, no *Empresas Públicas*, afirmamos que o regime a que as empresas estatais se submetiam não era nem o de direito público, nem o de direito privado, e sublinhávamos o mar de desacertos e a areia movediça em que as afirmações se encartavam tanto no Brasil quanto no Exterior, não pretendíamos, entretanto, dizer ser o regime dessas empresas o de direito público (*Empresas Públicas e Sociedades de Economia Mista*, Ed. RT, 1978).

Dissemos que estávamos diante de terceiro regime. Deveras, se carreássemos a imunidade tributária às empresas prestadoras de serviço público, alargando o conceito constitucional, também deveríamos imputar-lhes inteiramente o regime público, pelo menos o concernente ao foro privilegiado para dirimir as controvérsias, aos prazos processuais, às execuções (que seriam fiscais), ao regime jurídico único para seus empregados, como também o regime público de bens, com suas notas tipificadoras, inalienabilidade em regra, impenhorabilidade e imprescritibilidade.

Não posso concordar com a assertiva de que sejam as sociedades de economia mista, ainda que prestadoras de serviço público, imunes a impostos.

Ora, se submissas inteiramente ao Direito Público, se nós tivéssemos que tratá-las assim, para que haveriam essas entidades de ser criadas? Foram criadas exatamente por necessidade de maior agilização, a fim de impedir que o ente central tudo absorvesse. Demais disso, criadas para atuar, ainda que em parte, no figurino do direito privado, não são totalmente — e nem podem ser — equiparáveis às entidades de direito público.

Enfim, não vejo coerência lógica em dizer que essas empresas têm regime especial, regime, esse, que compartilha do Direito Público e do Direito Privado, e, ao mesmo tempo, afirmar a possibilidade de terem algumas características tão marcantes de Direito Público, como, por exemplo, a imunidade.

Não pode haver desequiparação sem razoabilidade. Se prestadoras de serviço público poderão gozar de isenções, como já afirmado, todavia, entendo que o texto constitucional foi expresso quando se referiu à imunidade constitucional, afirmando taxativamente quem são os imunes, imunidade *ratione personae*.

Demais disso, o texto constitucional, para que ficasse claro, para que não houvesse dúvida, enumerou as autarquias expressamente como detentoras da imunidade no que tange a certos serviços prestados. Deixou claro que os serviços prestados que não fossem vinculados às finalidades das autarquias não seriam imunes.

Conseqüentemente, não vejo como carrear às empresas estatais a imunidade tributária, porque, como já reiteradamente afirmado, a imunidade tributária está expressa taxativamente na Constituição e não poderia, segundo penso, ser interpretada de maneira mais elástica. Deveras, o texto constitucional foi, nesse aspecto, absolutamente exaustivo.

Assim, entendo que imunes não são as estatais, ainda que prestadoras de serviços, mas são passíveis, sim, de se beneficiar de isenções.

Em síntese, o exame do aspecto tributário das empresas somente poderá ser efetivamente elaborado à luz de cada entidade examinada, *à luz do serviço prestado* e do regime constitucional que ao referido serviço foi traçado pelo texto constitucional.

O regime tributário será diferente se estivermos diante de prestador de serviço público direto, de concessionário de serviço público ou de autarquia fundacional. Neste último caso, ainda que se houvesse criado aparentemente outro ente, a imunidade poderia ser pleiteada com supedâneo no art. 150, VI, "c", do texto básico.

Atendido o princípio da isonomia, e atentos aos postulados constitucionais, isenções poderão ser outorgadas.

Taxa e preço — Na verdade, o que vem se afirmando sobre taxa e preço pode até ser pacífico.

Deveras, taxa é decorrência de atuação estatal, consoante os termos constitucionais, de uma atuação estatal seja ela fiscalizadora — e já coloco minha posição, de não aderir à expressão "poder de polícia", não a utilizo porque só induz confusão, uma vez que o termo *police power* vem do Direito Americano com sentido completamente diferente —, seja decorrente da efetiva prestação de serviço ou de sua disponibilidade.

Retomo, pois, a colocação do Prof. Estevão de que o legislador não poderá ser arbitrário e escolher como lhe aprouver o regime do serviço, para remunerá-lo por taxa ou preço. A mim, parece que não pode.

O legislador terá de atribuir o regime dependendo de se tratar de serviço público, de um serviço que possa ser prestado pelo poder público, mas não necessariamente somente por ele.

É dizer, um serviço que possa ser prestado pelo poder público para aumentar a comodidade do usuário, dos administrados — mas não serviço público monopolizado, portanto, insuscetível de colaboração, de poder ser prestado por outras pessoas que não as públicas, a não ser se autorizada a prestação por concessão ou permissão e, também, que não se insira obrigatoriamente na faixa da livre iniciativa, vedando-se seja prestado pela Administração.

Então, entendo que o legislador efetivamente não é livre para escolher o regime jurídico. Veja-se, por exemplo, o inciso XXII do art. 21, tal seja, executar os serviços de polícia marítima, aérea e de fronteira. São serviços tipicamente estatais para serem prestados diretamente, e não há qualquer possibilidade de concedê-los. Mas aí ainda não resolvemos o problema. Na verdade, não resolvemos coisa alguma. Na hora de o intérprete se defrontar com a questão prática, verificará as dificuldades.

As leis, na maioria das vezes, afirmam ser o serviço remunerado por taxa, mas tomam como base de cálculo a do imposto; ou, então, dizem ser preço público, mas, na verdade, não poderia ser, por se estar diante de *compulsoriedade da utilização*, ou da impossibilidade de o serviço ser prestado por outro.

Por exemplo, diante da necessidade de uma licença, não haveria possibilidade de a contraprestação ser preço, porque a licença é a única maneira de se remover um obstáculo para o exercício de determinada atividade. Em conseqüência, estaremos efetivamente diante de *taxa*, e não de *preço*.

Desde 1976 já afirmávamos, quando elaboramos nossa dissertação de mestrado, *Empresas Públicas*, que as empresas estatais eram regidas por regime diferenciado, misto de público e privado.

Esta Constituição deixou a coisa um pouco mais fácil quando abrigou as empresas estatais no capítulo referente à Administração Pública, em seu art. 37. Assim, as empresas estatais integram a administração pública.

Todavia, quanto à atividade econômica encontra-se na ordem econômica e social proibição de o Estado ingressar na atividade econômica, a não ser sob dois pressupostos elencados no art. 173, tais sejam: segurança nacional e interesse público relevante.

Só sob esses dois pressupostos pode o Estado ingressar na atividade econômica, e, ingressando por meio das estatais, não poderá competir com a iniciativa privada. Tanto assim é que não poderão ser dados incentivos não outorgados às empresas privadas. As estatais terão de ter o mesmo regime jurídico das empresas de Direito Privado no concernente às obrigações, à tributação e às relações de trabalho.

Entretanto, vejo que não adianta querermos tratar as estatais, se prestadoras de serviço, da mesma forma que as pessoas de direito público, porque isso não são, embora também não sejam de direito privado.

Com relação aos serviços concedidos, creio que são remunerados por meio de tarifas, embora haja discrepância doutrinária — há quem diga que tarifa também é taxa e chame de preço público uma terceira categoria.

Utilizando-se a linguagem comum, que vem sendo usada até então, tarifa, para mim, é o mesmo que preço público.

É dizer, não há compulsoriedade, porém o Estado deve colocar o serviço à disposição do usuário, deve fiscalizá-lo, monitorar os preços, para que não haja abuso, e, também, tratando-se de concessões, possibilitar justa remuneração do capital.

A remuneração das concessionárias, nos termos constitucionais (a Constituição, no art. 175, III, trata de *tarifas*, diz "política tarifária", e, no 145, II, refere-se expressamente a taxas), para remunerar os serviços não se fará por taxa; e, também, a tarifa, vejam bem, a tarifa deve remunerar o capital de forma tal que seja esse amortizado ao longo do contrato de concessão — para mim a concessão é um contrato.

Nada impediria, entretanto, que o poder público subsidiasse ditas tarifas para que o serviço custasse menos ao usuário e, não obstante, o concessionário pudesse ter a justa retribuição de seu serviço.

Aliás, o objetivo do lucro é lícito ao concessionário, o lucro é permitido, é objetivo da iniciativa privada.

Faço aqui um parênteses para dizer que o o Prof. Geraldo Ataliba afirmava que as empresas estatais, criadas por lei para o desempenho do serviço público, eram delegadas do serviço público e, portanto, em regime diferenciado do regime das concessionárias, que necessitariam de um contrato administrativo.

Deveras, não teria qualquer justificativa, realmente seria um *non sense* jurídico, criar-se uma estatal com a finalidade de perseguir determinado objeto, com a finalidade de prestação do serviço público, e, depois, se ter necessidade de celebrar contrato de concessão com essa entidade, exatamente para tal fim. Em conseqüência, e por isso mesmo, não tivemos dúvidas em afirmar, como, aliás, fizemos, a possibilidade de outorga de isenções, mas não concordamos que haja o bloqueio da competência impositiva pela imunidade.

O Supremo Tribunal Federal, em decisão proferida em julho/94, da relatoria do Min. Francisco Rezek (Ação Direta de Inconstitucionalidade n. 1.089-1, de 4.8.94), deixou assentado que as estatais não seriam imunes, embora pudesse ser a tese sedutora.

O Min. Francisco Rezek, ao comentar a tese de que um serviço público exercitado por empresas mediante concessão ou permissão quedasse, por isso e unicamente por isso, imune à incidência de tributos, afirmou: "A tese é bem fundamentada. Sob uma ótica estritamente teórica, ela faz sentido. Um serviço público não o deixa de ser, para determinar-se a pertinência ou não do princípio da imunidade recíproca, pelo fato de materializar-se na ação de empresa a tanto autorizada pelo poder público. A proposta nada tem de extravagante, mas colide com os ensinamentos da nossa prática tributária. Não é preciso ir longe para encontrar situações em que também nos vemos diante de concessão ou permissão do poder público sem que, por isso, a instituição particular concessionária ou permissionária esteja liberada de honrar determinadas obrigações tributárias. O princípio da imunidade recíproca, decididamente, não tem aí operado".

E o Min. Carlos Velloso:

"(...) Cuido agora da questão da imunidade recíproca, inscrita no art. 150, VI, "a", da Constituição. A imunidade posta no referido dispositivo constitucional, é sabido, é do ente público, é da administração direta, estendida às autarquias e às fundações públicas, na forma do § 2º do art. 150 da Constituição.

"A disposição posta no § 3º no mesmo art. 150 afastaria a pretensão de estender a imunidade a serviços que a Constituição considera públicos, cuja execução é concedida a particulares."

No mesmo sentido o Min. Marco Aurélio (voto):

"(...) S. Exa., o Ministro-Relator, já acompanhado pelo Ministro Ilmar Galvão, admitiu, com mestria, que não se pode cogitar, na espécie, de imunidade, porque o instituto está contemplado, na Carta de 1988, mediante preceitos exaustivos. Temos, no inciso VI do art. 150, mais precisamente na alínea 'a', a vedação quanto à instituição de impostos sobre patrimônio, renda ou serviços uns dos outros. A norma poderia suscitar dúvidas no tocante às autarquias e às fundações públicas. Objetivando afastá-las em definitivo, inseriu-se na Carta de 1988 o § 2º do artigo em comento. A vedação do inciso VI, alínea 'a', concernente à cobrança recíproca de impostos, é extensiva às autarquias e às fundações instituídas e mantidas pelo Poder Público, no que se refere ao patrimônio, à renda e aos serviços vinculados às suas finalidades essenciais ou as delas decorrentes.

"Não há como ousar e sustentar que, no caso, concorre o sinal do bom direito, considerado o instituto da imunidade tributária" (Liminar julgada pelo STF, Min. Francisco Rezek, decisão proferida em julho/1994, derrubou a cobrança do Imposto sobre Circulação de Mercadorias e Serviços (ICMS) incidente sobre o transporte aéreo de passageiros e carga. Ação Direta de Inconstitucionalidade).

Endossamos inteiramente as assertivas dos ilustres Ministros citados.

Entretanto, entendo termos, ainda, uma questão nebulosa — não com relação à imunidade, pelo menos até agora restou mais ou menos pacificada, mas acho que bastante nebulosa — no que tange à distinção objetiva entre taxa e preço.

Deveras, se a distinção teórica é fácil, pois a taxa está, no sistema, no regime de Direito Público e o preço fora desse regime, também não menos verdadeiro é que em certas ocasiões há uma zona cinzenta, como se poderá verificar em decisões jurisprudenciais da relatoria de juízes igualmente competentes, atentos à judicatura e dedicados ao estudo.

A dificuldade, realmente, está na prática, no caso concreto, pois não poderia a lei escolher a seu bel-talante o regime jurídico do serviço a ser prestado. A dificuldade, pois, é o tipo de prestação realizada.

Portanto, a única contribuição que pude trazer, modestíssima, é a de chamar a atenção para que estejamos atentos, porque há necessidade de revisão total; embora gente da maior suposição e talento já tenha versado o tema, afigura-se-me que, ainda, necessita-se de meditação mais aprofundada, e, sobretudo, sob aspecto multidisciplinar.

O instituto não pode ser analisado apenas à luz do Direito Tributário (imunidades, isenções, taxas e preço), menos ainda somente à luz do Direito Administrativo (pessoas estatais, serviço público), mas efetivamente é multidisciplinar. Assim, conclamo a todos a se debruçarem sobre as dificuldades, porque ainda há necessidade de muita contribuição, meditação e disponibilidade para inovar.

Muito obrigada. (*Palmas*)

PROF. EUGÊNIO DOIN VIEIRA — Somos gratíssimos à Dra. Lucia Valle Figueiredo.

Caríssimos colegas, quando um juiz decide de determinada forma e logo a seguir outro segue na mesma linha, no mesmo fulcro, na mesma diretriz, firma-se jurisprudência e todos o aplaudem. Quando nós usamos um simpático argumento para justificar a falta de resposta aos colegas, se quisermos utilizá-lo novamente acreditamos que não vamos ter a mesma receptividade, porque não faremos jurisprudência.

Os colegas Jorge Ruby, Anna Emília, Luiz Augusto Nahus, Carlos Eduardo Peixoto Guimarães, Edson Fernandes, Paulo Alexandre Dantas, Eliana Maria Bertachini, são doutores que nos honraram com suas questões. São tão relevantes — não sei se devo dizê-lo — que merecem um diálogo pessoal. Isso é tão verdade que o Prof. Frontini, que precisou se ausentar, deixou por escrito a resposta dele. Os que estão à Mesa fazem questão de dar a resposta verbal.

Essa justificativa, se não é verdadeira e sincera, é muito conveniente e oportuna, tendo em conta que nos espera à porta o ilustre Ministro do Supremo Tribunal Federal que nos honrará a seguir com sua conferência. Nós o estamos fazendo esperar há exatamente 52 minutos. Parece-nos válido, portanto, que, solicitando aos colegas que não se retirem dos seus lugares, sob pena de terem a lista de freqüência cortada, possamos encerrar este módulo para recepcionarmos o ilustre Ministro, que nos falará em seguida e que nós temos todo o interesse de ouvir.

De qualquer forma, as questões estão aqui colocadas, ficam com os debatedores, que estão realmente à disposição dos colegas para, no oportuno momento, hoje ou amanhã, discutir sobre isso.

Com estas considerações, agradecendo profundamente o interesse e a participação de todos, a quantidade de perguntas aqui endereçadas, nós declaramos encerrado este segmento de debates.

Muito obrigado a todos. (*Palmas*)

CONFERÊNCIA (24.10.96)

FUNÇÃO DO SUPREMO TRIBUNAL FEDERAL

MIN. SEPÚLVEDA PERTENCE

PROF. EUGÊNIO DOIN VIEIRA — (*falha na gravação*) gota mais e ele transbordaria. O jovem candidato, que era jovem mas já era sábio, entendeu a mensagem, inclinou-se, fez meia volta e dirigiu-se à porta de saída. Mas, ao dar o terceiro passo, vislumbrou à sua direita um buquê de rosas, colheu uma pétala, retornou à Mesa Diretiva do Plenário e a depositou delicadamente na superfície da água do copo. Em aplausos, foi recebido como aquele capaz de dizer muito dizendo pouco.

Nós admiramos nos homens como V. Exa. a capacidade da idéia, do conceito, do aprofundamento da análise jurídica, mas também a habilidade e a arte com que, manuseando a palavra, esculpem as idéias, forjam os pensamentos, materializam os conceitos, e nos encantam aos ouvidos, fazendo-nos repletar o coração.

Nós sabemos e conhecemos do alcance de V. Exa. nesse campo, em saber vestir o pensamento profundo com o dizer preciso, belo, escorreito, coerente, fluente como obra de arte, e é por isso que nós queremos ouvi-lo agora, e é por isso que nós, com a permissão do Presidente e com um pedido de salva de palmas ao auditório, lhe passamos a palavra. (*Palmas*)

MIN. SEPÚLVEDA PERTENCE — Eminentes Professores que me honram, compondo a Mesa desta reunião, colegas de todo o Brasil, eu vou começar por uma explicação verdadeiramente sem falsa modéstia. Creio que só porque se trata de um Congresso dedicado à homenagem da memória de Geraldo Ataliba pratiquei a temeridade de a ele comparecer com as galas de um dos conferencistas, cuidando-se de um Congresso de Direito Tributário que reúne alguns dos maiores publicistas brasileiros da atualidade.

Não pude fugir a essa oportunidade de fazer de minha presença neste conclave a homenagem do Tribunal, mas sobretudo a minha pessoal e intransferível homenagem a Geraldo Ataliba. Ataliba foi uma figura poliédrica, de tal modo que é muito difícil, para uma recordação de poucas palavras, a escolha do prisma a realçar, se o tipo humano verdadeiramente inesquecível, passional e afetuoso para os que tiveram a ventura da sua estima, o jurista dos maiores da nossa geração, um escritor de um brilho invulgar, o orador que, sem perda da dignidade científica de suas conferências, arrebatava o auditório.

Quero nesta homenagem trazer a recordação de um aspecto pouco comum entre tantos aspectos raros da personalidade de Ataliba. Não é raro que o raciocínio jurídico se ponha a serviço de convicções e interesses políticos ou de qualquer ordem. Evidentemente, para os que tivemos a ventura de conhecê-lo, Geraldo Ataliba foi um jurista comprometido, comprometido com o seu povo, com o seu tempo, com a luta de sua geração na resistência ao autoritarismo e na fixação dos alicerces para a construção do Estado de Direito Democrático, para a expressão sintética do qual ele foi resgatar um conceito de República pleno de valores.

Muito de sua obra, sobretudo nos três últimos lustros de sua vida, foi dedicado a esse compromisso. O incomum, o raro, num país onde tanto se dissimula de pregação e doutrinação de interesses ou convicções. A título de raciocínio jurídico é que Ataliba nunca o dissimulou. Jurista excepcional, fez, quando foi o caso, ciência pura, no clássico *Hipótese de Incidência*, no admirável *Sistema Tributário Constitucional*, no ainda insuperado *Lei Complementar da Constituição*.

Suas obras de doutrinação política, malgrado o prisma jurídico de sua formação, são indisfarçadas, são abertas, são apaixonadas e são passionais, às vezes, como era a pessoa, a figura que neste momento recordamos com tanta emoção.

A esse jurista invulgar, a esse jurista comprometido sem pejo dos seus compromissos, é que quero em público, neste auditório, trazer o preito de minha admiração, a que se soma a doída saudade de amigo.

E esta homenagem, a oportunidade dela, é que explicam a temeridade da aceitação do convite. Mas temeridade tem limites, a vida não me permitiu especializações, menos ainda a experiência vivida nos últimos anos de Juiz do Supremo Tribunal Federal. O ter diariamente de decidir sobre tudo, com a grave e triste responsabilidade para recordar o querido amigo que me aproximou de Ataliba, Aliomar Baleeiro, a triste, grave responsabilidade de errar por último, não gera a pretensão ingênua de um saber jurídico universal, mas ao contrário, para quem tenha o mínimo de autocrítica, a consciência de suas próprias limitações e a necessidade de estar a cada hora a recorrer aos especialistas, para deles aprender, não para dissertar para eles, abusando das honras devidas ao cargo, sobre os temas de sua especialidade e de seu estudo cotidiano.

Tudo isso vem a propósito de um tema não-tributário, de certo modo abusando da generosidade do convite, que me deixava livre a escolha do assunto desta conferência. Não é um tema tributário, ainda que nestas horas, por razões óbvias, de muito interesse e muitas batalhas tributárias passadas e outras que se aproximam. Não passará esta minha palestra de uma crônica de jurisprudência, como fiz questão de deixar claro em seu título, sobre um ponto extremamente delicado, um dos mais delicados, de tensão institucional no âmbito do papel político do Supremo Tribunal, no quadro das instituições da República.

Função do STF

Guarda da Constituição, a função do Supremo é, nos embates da vida democrática, não a de um partícipe das decisões do jogo político, mas de um agente da efetivação e da salvaguarda das regras desse jogo, em que consiste a própria democracia. É inevitável, assim, o eventual conflito do exercício deste papel e desta função com essa tendência a um tempo irremediavelmente humana, mas a que um grande autor já chamou de diabólica, de todo o poder político para expandir-se e para romper qualquer barreira que se lhe queira impor, qualquer limitação que se lhe queira ditar.

A reação é natural. Hoje tem nomes próprios. Fala-se muito em judicialização da política, quando não em tribunalização da política, para usar as expressões do meu amigo Ministro Nélson Jobim, com, freqüentemente explícito ou implícito, o questionamento da própria legitimação política do Judiciário em geral e em particular do Supremo Tribunal, para interferência e eventualmente inviabilização de opções políticas da maioria dominante, legitimada pelo voto popular.

Cinjo-me nesta palestra a uma crônica da jurisprudência atinente não a todo este imenso panorama de conflitos reais ou eventuais, de tensão institucional em que vive necessária e inevitavelmente o Supremo Tribunal, mas apenas no que diz respeito ao controle jurisdicional dos atos do Legislativo. E me dedicarei menos ao assunto mais tratado, ao assunto que é dos dominantes do Direito Público deste século, na medida em que se expandiu por todo o mundo o sistema de controle judicial da constitucionalidade das leis, que é o do controle da verificação da validade do produto acabado da ação legislativa, da lei ou da emenda constitucional, mas do controle do próprio funcionamento do Poder Legislativo, seja no curso da elaboração legislativa, sua função típica, seja no exercício de tantas outras funções suas, algumas de eminentíssima altitude política, do que vem, não é preciso enfatizá-lo, a extrema delicadeza dessa missão do Supremo Tribunal, a partir de um dado incontestável, de que temos uma Corte Suprema em nosso regime, neste particular, de controle da atividade parlamentar, um papel sem paralelo no Direito Comparado, por sua amplitude e por sua profundidade.

Não há país no mundo que eu conheça, de cujas instituições esteja informado, que tenha confiado tanto ao Judiciário, e em particular ao seu órgão de cúpula, um papel de controle tão intenso, tão amplo, tão profundo, sobre a própria atividade do órgão político por excelência, que é o Parlamento.

"Judiciarismo da República Brasileira"

A recordação de alguns casos da jurisprudência do Supremo Tribunal se fará, então, à busca da descoberta de pressupostos e limites objetivos desta missão delicadíssima de controle judicial do exercício das funções do Legislativo. Já na República Velha há marcos significativos dessa característica peculiar de nosso regime, a que já se deu o nome de "judiciarismo da República Brasileira". Um único exemplo basta para documentá-lo: a afirmação em 1926, provavelmente sem precedentes no Direito Comparado e seguramente contra os precedentes do modelo norte-americano, do poder de o Supremo Tribunal Federal, incidentemente, verificar a validade, a constitucionalidade de uma emenda constitucional, a profunda emenda de 1926, em que o Tribunal afastou de logo que no âmbito das limitações — é claro, limitações muito mais restritas do que as que temos hoje — era-lhe lícito investigar, quando necessário à decisão do caso, a validade da manifestação mais eminente do poder político que é a revisão da própria Constituição, da própria Lei Fundamental. E com ela a possibilidade, ainda então assunto altamente polêmico, de controlar a validade da emenda constitucional não só sob o prisma de sua constitucionalidade material — vale dizer, da infringência ou não do que nesta metáfora venturosa de Pontes de Miranda que se viria depois a chamar de cláusula pétrea —, mas também da própria regularidade do processo legislativo de elaboração da emenda constitucional, o que então chegava a ser verdadeiramente revolucionário.

A Suprema Corte Americana sempre se furtara, quer em relação às leis ordinárias, e com mais razão em relação a emendas constitucionais, a qualquer indagação nessa área, considerando imune a apreciação judiciária a título de atos políticos ou *interna corporis* de outro Poder.

Exame de questões políticas

Prefiro, no entanto, partir de 1946, quando a Constituição estabelece para o nosso tema dois pontos de extremo relevo: primeiro desaparece a vedação de exame pelo Judiciário das chamadas questões exclusivamente políticas, que eram dogma reputado implícito no regime de 91 e que a Constituição de 1934 explicitara. Suprimida a redação, a Constituição de 46, além de explicitar o cabimento do mandado de segurança contra ato ou omissão de qualquer autoridade, vai introduzir no texto constitucional brasileiro, para ficar, ao que parece, definitivamente, essa garantia do monopólio e da universalidade da jurisdição do Poder Judiciário, ao prescrever que a lei não poderia subtrair da apreciação do Poder Judiciário qualquer lesão — leia-se: pretensão de lesão — de direito individual, expandido na Carta vigente com alusão específica também à proteção contra ameaça de lesão a direito.

São numerosas no regime de 46 as decisões em que o Supremo Tribunal vai então, a partir desses dados, construindo ou tentando construir os limites da sua ação legítima de controle sobre atos do Legislativo. Uns poucos, recordações a título de exemplo. Em 1953 uma decisão particularmente importante, mandado de segurança de 1959, relatado pelo Ministro Luiz Gallotti, impetrado pelo Sindicato dos Bancos contra uma resolução da Câmara dos Deputados que no contexto da famosa CPI da *Última Hora*, que redundaria no 24 de agosto de 1954, resolvera publicar determinada sindicância da SUMOC, que então exercia os papéis do Banco Central, sobre atividades de determinados bancos. Neste mandado de segurança, embora para denegá-lo no mérito, o Supremo afirma a competência, primeiro a sua própria competência, para conhecer de uma impetração que se dirigia não contra a Mesa da Câmara dos Deputados, mas contra uma resolução do seu próprio Plenário.

Com efeito, traindo o pensamento de que o mandado de segurança se limitaria ao controle de atos administrativos, as sucessivas Constituições — e, curiosamente, até hoje — sempre se limitaram a colocar na competência do Supremo Tribunal o julgamento dos mandados de segurança impetrados contra a Mesa da Câmara dos Deputados e do Senado Federal, mas desde 53 o Supremo alarga as virtualidades do instituto, ao afirmar a sua possibilidade contra uma resolução do próprio Plenário da Câmara dos Deputados, até então mais ou menos explicitamente considerado um domínio invulnerável à revisão judicial, porque protegido pela capa da categoria dos atos políticos ou dos atos *interna corporis*.

Assim, nesta mesma decisão, o Supremo, num acórdão de feitura antológica, afasta definitivamente a argumentação de que, por se tratar de uma decisão do Plenário da Câmara dos Deputados, se cuidaria de um ato político, revivendo Rui Barbosa, Pedro Lessa, Castro Nunes, quando sepultam ainda no regime de 91 a alegação recorrente do ato político como obstáculo à revisão judicial, de que o ato político vai até onde for ou até onde não existir uma pretensão de direito subjetivo que se lhe possa opor.

Anos depois, em 1969 o Supremo afasta também outro tabu, o de que a jurisdição censória das Câmaras Legislativas sobre os seus próprios membros era por si mesma o ato *interna corporis* por excelência, tornando inviável qualquer verificação da sua legitimidade jurídica. E afirma o cabimento do mandado de segurança a um vereador declarado impedido para exercer o seu mandato por ato da sua própria Câmara, desde que se cuidasse de discutir a própria legalidade da decisão da Câmara.

Em 1968, recurso extraordinário relatado pelo Ministro Themístocles Cavalcanti afastaria de novo a alegação de atos *interna corporis* com que se pretendia cobrir decisão de uma Câmara Municipal atacada em ação popular, a título de dissimulação de um aumento de subsídios em época ou fora da época em que permitido. Afirmou-se então que a alegação de lesão ao patrimônio público, conseqüentemente gerando a legitimação para a ação popular, era bastante para tornar inadmissível a defesa do ato *interna corporis*.

Em 1979 outro tabu se quebra, o do *impeachment*, ainda que com relação a um prefeito municipal. Esse afirma a possibilidade de exame jurisdicional da legalidade formal do procedimento que resultara na condenação por chamado crime de responsabilidade, ainda que não sobre o mérito da decisão que acolhera a acusação.

Em termos similares também bem depois, já em 1988, acórdão do Ministro Aldir Passarinho tornaria susceptível de revisão o processo de cassação de mandato de vereador por falta de decoro parlamentar, para verificar a regularidade do processo mas não o critério de valoração do fato em que se fundara a cassação.

Em 1956 o Tribunal já se negara a intervir no andamento do processo legislativo, a pedido de particulares interessados em determinado projeto de lei, para discutir questão de distribuição de competência entre comissões.

Diversas decisões negam-se a interferir no andamento do processo legislativo em mandados de segurança requeridos por parlamentares vencidos na discussão parlamentar. A título de exemplo, em 1980, mandado de segurança 20.247 de Moreira Alves, discutia-se a existência ou não de conexão entre duas propostas de emenda constitucional ante uma decisão do Presidente do Congresso que se negara a anexar uma à outra. Em vários outros a inclusão ou não em pauta de determinadas propostas de emenda constitucional, e no mandado de segurança 20.471, salvo engano também relativo a problema de preferências, inclusões em pauta e outras nonadas como esta, aparece clara na dicção do relator, o Ministro Francisco Rezek, uma afirmação que voltaria a ser recorrente na jurisprudência do Tribunal e à qual voltaremos com mais vagar, a de que matéria relativa a interpretação pelo Presidente da Casa de normas de regimento interno, só por isso, é imune à crítica judiciária, circunscrevendo-se ao domínio *interna corporis*.

Em 1980 outra decisão se assentaria, com férteis repercussões no futuro. Eu me refiro ao mandado de segurança 20.257, conhecido por maioria, em que relator da corrente vitoriosa o Ministro Moreira Alves. Cuidava-se de um mandado de segurança impetrado pelo então senador Itamar Franco contra o andamento no Congresso Nacional de uma emenda de prorrogação de mandatos municipais a título de promover a coincidência de mandatos.

O Ministro Moreira Alves, nesse voto vitorioso, constrói contra o que parecia ser o destino fatal da impetração, a afirmação da falta de legitimação do parlamentar para discutir em juízo atos do processo legislativo; constrói uma tese audaciosa para firmar a legitimação do parlamentar. Reafirma o acórdão não caber examinar em mandado de segurança, no curso do processo legislativo, se determinado projeto é ou não constitucional. Mas afirma-se, o caso é singular, porque se tratava de questionamento não da inconstitucionalidade da futura emenda constitucional, mas de inconstitucionalidade de sua própria tramitação.

Recorde-se que ao fixar os limites materiais do poder de (*falha na gravação*)...

Na mesma linha, os primeiros anos desta década são marcados pela profundidade e variedade de temas levados ao Supremo Tribunal e relativos ao *impeachment*, ao instituto da responsabilidade por crime de responsabilidade, pelos impropriamente chamados crimes de responsabilidade do Presidente da República, que permitiu aos tribunais, seguramente, não obstante os séculos de existência do instituto, sobretudo no direito anglo-saxão, o maior acervo doutrinário sobre *impeachment* presidencial do mundo, tal a variedade de temas suscitados nestas questões no curso do único processo de *impecheament* presidencial que chegou ao seu termo. Antes dele, a série começa com o mandado de segurança 20.941, impetrado por parlamentares autores da denúncia contra o arquivamento *in limine* da acusação formulada contra o presidente José Sarney.

Na tramitação do processo contra o ex-presidente Fernando Collor, três foram os mandados de segurança: um a questionar resolução do Presidente da Câmara sobre normas procedimentais a serem observadas, adequando a Lei 1.079, o Regimento Interno, à Constituição, e os outros sobre o próprio andamento do processo no Senado Federal, a suscitar questões como suspeição de senadores, cerceamentos de defesa e tantas outras, e, finalmente, já findo o processo, a discussão que dividiu o Tribunal, literalmente, sobre a validade da imposição da pena de inabilitação para cargos públicos ao ex-presidente Fernando Collor, não obstante prejudicada a decisão sobre a aplicação da pena de perda do mandato em virtude da renúncia, no dia mesmo da sessão do Senado Federal.

O que nos interessa nesta conversa de hoje é o que vale nestes acórdãos, hoje objeto de uma publicação temática em separado do Supremo Tribunal, são as sucessivas discussões sobre o cabimento do controle do Poder Judiciário, especificamente do Supremo Tribunal, sobre a regularidade do processo por crime de responsabilidade. Discussões valorizadas pela notável contestação que opôs repetidamente, cada vez com novos argumentos, o Ministro Paulo Brossard, adversário, especialista, autor de obra primorosa sobre o *impeachment* de 1965 e que, coerente com o que então dissertara com grande brilho, se nega a admitir qualquer hipótese de controle judicial sobre o andamento do processo do *impeachment*. E a sua argumentação é impressionante, não há negar.

Não se trata de dizer que o *impeachment*, porque ato político ou por questão *interna corporis*, que evidentemente não é, na medida em que tem por objeto a acusação e a destituição do chefe de um outro Poder, seria imune à jurisdição. Ao contrário, embora uma jurisdição típica, *sui generis*, não-penal para Paulo Brossard, no que concordo, é uma jurisdição. O que ocorre, diz ele, é que, ao contrário de todas as demais questões, esta, embora sendo jurisdição, é privativa do Congresso Nacional, que a exerce, portanto, sem nenhuma ingerência possível do Poder Judiciário.

Dir-se-á: haverá abusos irremediáveis? É possível — dizia Brossard. A única salvaguarda, como ocorre freqüentemente no exercício do poder pelos órgãos supremos da estrutura constitucional, está, no caso do *impecheament*, no alto *quorum* exigido para a decisão final.

Cheguei a aderir, no primeiro caso relativo ao arquivamento da denúncia contra o presidente Sarney, à postura do Ministro Brossard. Mas dela recuei desde o primeiro mandado de segurança da série relativa ao ex-presidente Collor. Aí me pareceu que seria inviável, sem norma expressa que o dissesse, ruptura tão violenta com o universal judiciarismo da Constituição, marcado, no que interessava, sobretudo, pela enfática declaração do cabimento do mandado de segurança contra qualquer autoridade e a outorga sem limitações da competência para julgar do mandado de segurança quando em causa atos do Congresso Nacional.

Intercorrentemente, alguns casos de cassação de mandatos parlamentares levaram à reafirmação, com mais discussão, com mais aprofundamento, do STF, da possibilidade do controle judicial sobre o respeito ao devido processo legal no exercício da jurisdição sensória das Casas Legislativas sobre seus membros, afastada, quanto a este campo da regularidade processual, a alegação de cuidar-se de matéria *interna corporis*, salvo no que toca à própria decisão de mérito da existência ou não de causa bastante à cassação, sobretudo naquelas causas dependentes de decisão constitutiva da Câmara ou do Senado.

Ainda nos últimos anos, algumas comissões parlamentares de inquérito se deixaram entusiasmar demasiadamente com a cláusula constitucional que lhes entregou poderes instrutórios da autoridade judicial. Foi necessário, então, em sucessivos *habeas corpus*, que o Supremo Tribunal contivesse esse entusiasmo de um poder novo, mostrando que nele não havia autorização, por exemplo, para prisão, que chegou a ser decretada, para impor-se sob pena de prisão o juramento de testemunha a quem era tipicamente alvo de acusações no objeto de investigação da Câmara em proteção ao princípio do *nemo tenetur se detegere*, a proteção do sigilo profissional de advogados intimados para depor sobre temas relativos ao exercício, à defesa de clientes seus, e outras questões diversas.

Finalmente, tem tido intensa repercussão no tema a tentativa de continuidade no Supremo Tribunal de algumas batalhas parlamentare sobre os sucessivos ensaios de reformas constitucionais.

Na revisão constitucional de 1993, a batalha judicial se iniciou com a Emenda Constitucional 2, que antecipou a data do plebiscito. O certo é que, ao julgar a ação direta proposta contra esta Emenda Constitucional, que alterara o art. 2º do Ato das Disposições Transitórias, o julgamento dessa ação direta, a Ação Direta 830, propiciou ao Tribunal, que não enfrentava concretamente o problema desde a decisão de 1926, a reafirmação, sem maiores discussões, da sua competência para o controle da constitucionalidade de emendas constitucionais e também que se assentassem premissas sobre os limites explícitos ou implícitos ao poder de reforma constitucional, premissas que prepararam o caminho para as decisões, as dramáticas e polêmicas decisões, sobre a Emenda Constitucional 3, no ponto em que instituiu o IPMF (ADIn 926, proposta por governadores estaduais contra a incidência do tributo nas operações de que partes os próprios Estados-membros em nome da imunidade recíproca e, conseqüentemente, do próprio sistema federal, e ADIn n 939, relativa às diversas imunidades tributárias), e também à suspensão, por aquela Emenda, do princípio da anterioridade, que, como se sabe, acabaram acolhidas pelo Supremo Tribunal e constituem, assim como o *impeachment*, essas coisas que se vão tornando célebres no constitucionalismo brasileiro, porque só aqui acontecem.

Os livros de doutrina estrangeiros estão cheios de lindas páginas sobre o *impeachment*, pelo menos nos países presidencialistas, mas todas elas teóricas, sem um casinho para contar, (*Risos*) a não ser o caso americano de 1865, e também as limitações ao poder de reforma constitucional e conseqüente possibilidade da declaração de inconstitucionalidade de emenda constitucional que também são elucubrações teóricas que parecem insusceptíveis de acontecer e de repente acontecem no Brasil, nestas ações 926 e 939.

Já antes, no curso do processo legislativo da Emenda Constitucional 3, um deputado federal por São Paulo impetrara segurança e o Tribunal teve, então, a possibilidade de rediscutir a doutrina daquele caso de 1980, do caso Itamar Franco, e reafirmar, com a valente objeção do Ministro Paulo Brossard, a tese que então se construíra, de que, cuidando-se de alegação de violação de cláusula de intangibilidade, de cláusula pétrea, seria a única hipótese em que seria admitida a legitimação ativa do próprio deputado para, em mandado de segurança, contestar a própria admissão da proposta de emenda e sua tramitação parlamentar. Mas neste caso, embora reafirmada em tese a doutrina do precedente, ela acabou prejudicada porque se tratava de mandado de segurança de um deputado quando a proposta de emenda constitucional já ultrapassara a Câmara dos Deputados e já estava submetida ao Senado, o que esvaziava toda a construção duramente atacada pelo Ministro Brossard de um direito ao parlamentar de não ser chamado a votar emenda constitucional inadmissível.

Passamos por uma questão interessante, o mandado de segurança 22.183, proposto por um partido político em defesa do princípio de participação proporcional na composição da Mesa Diretora da Câmara dos Deputados. Os pormenores do caso não vêm a pêlo mencionar, apenas aludo a que, neste caso, se chegou a radicalizar, aí contra quatro votos, incluído o meu, o critério que se vai construindo de separar as questões conforme a fonte normativa do pretenso direito alegado. Se for norma constitucional, em princípio se pode conhecer, mas se for norma regimental, reduz-se a questão ao âmbito *interna corporis*, invulnerável ao controle jurisdicional.

Neste caso não se discutia segundo a letra expressa do art. 58, § 1º: os partidos políticos terão representação proporcional, tanto quanto possível —, diz a Constituição — na Mesa Diretora e nas demais Comissões Técnicas.

É claro que a partir daí há uma série de normas regimentais que procuram dar concreção a esse princípio. Bastou esta necessária imbricação da norma constitucional com normas regimentais para que a maioria entendesse que a questão era insusceptível de controle jurisdicional, porque protegida pelo círculo dos atos *interna corporis*.

Finalmente, dois casos muito noticiados, e com toda a vênia dos que pensam em contrário, em si mesmos me parecem de absoluta inconsistência, mas que geraram momento de indisfarçável tensão nas relações com o Poder Legislativo, dado que pela primeira vez a concessão da liminar em ambos os casos importou a suspensão de dois processos politicamente importantes: o primeiro, a abertura da revisão constitucional de 1993, e o último, a reforma constitucional da Previdência. Ambos deram margem a grande discussão — e nesse sentido é que têm valor — sobre os limites do controle judicial do processo legislativo.

No primeiro — o mandado de Segurança 21.754 — nenhuma questão constitucional foi sequer aventada pelos impetrantes. Tratava-se, enfim, de um típico episódio (está aqui esta figura que tanto ilustrou o Congresso Nacional, o Professor Doin Vieira) de obstrução parlamentar em todas as partes do mundo. Em princípio, a verificação da presença dos deputados no plenário da Câmara se faz pelo chamado painel eletrônico. Sucede que, tendo havido na primeira hora marcada para a sessão dificuldade de *quorum*, obviamente os deputados que se opunham à abertura da sessão não se inscreveram no painel eletrônico e pretendiam que só mediante o painel eletrônico é que se poderia, numa interpretação literal do Regimento, verificar a presença do número mínimo necessário à abertura da sessão.

O Presidente do Congresso disse que considerava presentes os que se haviam inscrito no painel eletrônico e mais os argüentes da falta de *quorum*, que estavam visivelmente no plenário. Então por isso eu disse que a questão é de uma inconsistência patente. Mas na verdade deu margem a uma grande discussão.

Primeiro, o seu remédio, o Tribunal não aceita o agravo contra a decisão que nega ou concede liminar em mandado de segurança. Mal ou bem — eu entendo que mal —, o certo é que não admite. No caso, isso foi razão de muitas críticas, sem razão, porque tinha precedente — claro — específico. Examinou-se não o agravo contra a liminar, mas o próprio cabimento do mandado de segurança, pressuposto da concessão de liminar. Aí, entendeu-se de logo de trancar o processo por inadmissibilidade do mandado de segurança. Para vários dos Ministros, aí voltou-se a esse critério que se vai afirmando, que a questão era puramente regimental, cuidava-se apenas de interpretar mais ou menos hígida e literalmente o dispositivo que determinava a verificação do *quorum* pelo painel eletrônico. Para outros, inclusive eu, por falta de legitimação ativa dos impetrantes.

O segundo, mandado de segurança 22.503, foi o relativo à reforma da Previdência, em que a impetração se fundava numa alegação tipicamente constitucional, a de que a votação da chamada emenda aglutinativa do Dep. Michel Temer teria violado o art. 60, § 5º, da Constituição, segundo a qual a matéria objeto de proposta de emenda constitucional rejeitada não pode ser objeto de nova proposta de emenda constitucional na mesma sessão legislativa. Invocavam-se ainda diversas normas regimentais.

O Dep. Michel Temer, porque disse ter colaborado na redação, considerava-se então autor da proposta e não poderia ser o relator, não indicara as propostas aglutinadas, e uma série de questões como esta. Foi intensa e longa a discussão sobre o conhecimento do mandado de segurança. O Ministro relator, Ministro Marco Aurélio, acompanhado pelo Ministro Celso de Mello, conheciam, sem limitações, do pedido. A maioria distinguiu e conheceu da alegação de ofensa ao art. 60, § 5º, da Constituição, e exclusivamente desta alegação, afastando o cabimento do mandado de segurança com relação aos dispositivos regimentais.

Essa retrospectiva cansativa, inevitavelmente cansativa, deixa entrever uma constante, um ensaio jurisprudencial de demarcação da área qualificada como de atos políticos ou de atos *interna corporis* usados esses conceitos de atos políticos ou atos *interna corporis*, como delimitadores de um âmbito de imunidade de determinados atos do Poder Legislativo, ou de sua direção, ao controle jurisdicional.

A primeira categoria, os atos políticos tiveram grande voga sob o regime de 91, até pela sua nítida filiação ao sistema americano e a toda a doutrina constitucional americana traduzida por Rui, e viriam a ter a consagração explícita na fugaz Constituição de 1934. A vedação de que conhecesse o Judiciário dos atos exclusivamente políticos dos demais poderes.

Mas, embora com grande voga, embora dada como uma verdade absoluta e muitas vezes utilizada com uma fluidez absoluta de critério, esta categoria de atos políticos foi aos poucos sendo corroída, quando submetida a uma análise mais consistente do seu significado, a partir do próprio Rui, que mostrou bem que atos exclusivamente políticos eram aqueles resultantes do exercício de poderes exclusivamente políticos, e poderes exclusivamente políticos eram aqueles não limitados pela existência de direitos subjetivos de indivíduos ou coletividades que devessem submeter-se aos efeitos do ato.

Em termos similares, foi este conceito reduzido à sua expressão, a praticamente equivaler-se ao conceito de atos puramente discricionários, por Pedro Lessa, por Castro Nunes e por todos os grandes nomes da época. Talvez por isso volta a alusão aos atos *interna corporis*, como pressupostos de uma área de decisões imunes, ainda que se cuidasse de controvérsias decididas no interior das Casas legislativas.

A fluidez do critério de atos *interna corporis* será talvez maior do que de atos políticos, daí a busca de um critério objetivo e que se vem materializando na jurisprudência mais recente do Supremo Tribunal, pela distinção a que aludi entre questões relativas à aplicação de normas constitucionais, em que, em princípio, o controle jurisdicional seria admissível, e as questões relativas à interpretação e aplicação de normas regimentais, que só por isso se caracterizariam como atos *interna corporis* insusceptíveis de controle judicial.

A partir daquele acórdão do Ministro Rezek, por volta de 1984, esse critério se vem repetindo em numerosas decisões, e constitui mesmo a razão mais freqüente, mais recorrente, na fundamentação dos votos vencedores nos dois últimos casos a que me referi, caso da revisão constitucional do painel eletrônico e o caso da reforma previdenciária.

Em ambos esses casos o meu voto se alinhou ao da maioria, mas divirjo, e divirjo fundamentalmente, fundamente, de suas premissas teóricas; diria mesmo que, para esse efeito de demarcar as fronteiras do controle jurisdicional dos atos do Legislativo, atos políticos ou atos *interna corporis* são, no Direito Brasileiro ao menos, categorias cujo desaparecimento, cuja proscrição, não faria falta a ninguém.

Na medida em que atos consistam na decisão de controvérsia sobre pretensões de direitos subjetivos, pretender subtraí-los a título de constituírem atos *interna corporis*, a meu ver, constitui uma antigualha, que briga de frente com a garantia da universalidade da jurisdição do Poder Judiciário. E, com todas as vênias aos meus colegas, lamento que o formulador da distinção deva estar, a esta altura, voando para aqui, para este Congresso — o Ministro Rezek.

Eu creio que esta distinção da fonte normativa ou do padrão normativo da controvérsia, se norma regimental ou norma constitucional, não melhora em nada o problema. A tentativa não é nova, é antiga. Já no acórdão de 1926 um dos Ministros, não me recordo bem se Godofredo Cunha, se Arthur Ribeiro, já aventava o argumento de que, ao passo que a Constituição (*falha na gravação*)...

Separação de Poderes

(*Falha na gravação*) é que eu creio estar o ponto, que não é, a rigor, um tema constitucional nem um tema que tem as galas e a hierarquia de princípios básicos, quais o da separação de poderes. No âmbito da separação de poderes o que rege no ordenamento positivo brasileiro é a garantia da universalidade da jurisdição do Poder Judiciário, o resto é processo. Por isso que eu creio que o que cabe indagar é se está em causa um direito; em tese, se alguém se afirma titular de um direito que, em tese, a ordem jurídica reconhece. Se alguém se afirma titular deste direito, tem legitimação para a causa, independentemente de saber se a fonte, se o padrão normativo da controvérsia suscitada sobre a existência e a titularidade do direito alegado, é norma constitucional, norma legal ou norma regimental.

Eu creio que o próprio Supremo se encarrega de mostrá-lo, ao abrir as comportas e examinar fundamente questões regimentais, sempre que em jogo um verdadeiro direito subjetivo. O exemplo mais claro é o da jurisdição censória. Não se trata apenas, como se chegou a dizer nas discussões do *impeachment*, por se cuidar de alguém alheio ao Parlamento; não, o parlamentar, por ser parlamentar, não sofre *capitis deminutio*, tem direitos, tem obviamente direitos quando objeto da jurisdição disciplinar, da jurisdição censória de sua Casa, tem direitos no próprio processo legislativo.

Procurador-Geral da República, tive oportunidade de opinar num mandado de segurança que é típico, em que afastei qualquer hipótese de ato *interna corporis*, de ato político, mostrando que o que existia era a clara defesa de um direito-função do parlamentar, no exercício do seu mandato. Cuidava-se da discussão por um deputado da norma regimental que estabelecera o famigerado voto de liderança, e o caso me parece exemplar, da existência de direitos subjetivos do parlamentar quer no curso de cada processo legislativo, quer no curso de todo o exercício do seu mandato. Infelizmente, este caso, mandado de segurança 20.499, ficou apenas no meu parecer, porque o impetrante teve o mau gosto de perder a eleição antes do julgamento.

Mas então, repito, o que eu creio é que a questão se resolve em termos processuais. O cabimento do controle em tese sobre qualquer pretensão de Direito resulta, sim, de uma norma que compõe a estrutura positiva do regime de separação de poderes da Constituição Brasileira. É a garantia de que não poderá ser subtraído ao Poder Judiciário; mas, para que se possa invocar esta garantia, é claro, isso está sujeito a limitações que são de ordem processual, a primeira das quais, dado que se trata de uma garantia destinada à proteção de direitos subjetivos, é a legitimação, é a pertinência subjetiva da lide, para usar da expressão de Buzaid, vale dizer, o ser, o alegar, o autor ser titular de um direito possível em tese.

Aí é que dissinto, de um lado, dos que, na maioria a cuja conclusão tenho aderido, fixam a distinção não na existência ou não de um direito em tese do parlamentar impetrante, mas na existência de questão regimental ou questão constitucional. E, de outro, divirjo, como divergi no último caso, no caso da reforma previdenciária, dos Ministros que abrem mais as comportas, abrem mais o domínio do controle possível, o Ministro Marco Aurélio e o Ministro Celso de Mello, que acertadamente, a meu ver, não distinguem entre norma constitucional e norma regimental. O voto do Ministro Celso de Mello neste particular, a mostrar como no desenvolvimento do processo legislativo a norma constitucional e a norma regimental incidem com a mesma força e podem constituir ambas pressupostos da validade do ato normativo resultante, é exemplar.

Onde eu discordo é na existência, repetidamente afirmada por ambos os votos, de um direito do parlamentar enquanto tal à regularidade do processo legislativo. Aqui está o ponto da questão. Se me convencesse dele não teria alternativa senão alinhar-me à minoria, mas não consigo me convencer. O parlamentar no processo legislativo é apenas integrante do órgão de decisão do processo legislativo; enquanto tal, não tem outros direitos que o do exercício de sua função, os direitos-função de sua condição de parlamentar.

Mas este suposto direito à validade, à higidez constitucional e regimental de cada processo legislativo, *data venia*, é um interesse; e como um interesse geral é do parlamentar e do cidadão, e que tem mecanismo adequado e amplíssimo na ordem constitucional brasileira de controle da constitucionalidade de ato normativo resultante, seja ele a lei, seja ele a emenda constitucional, quer na via difusa, aberto a todo legitimado como pretenso titular de direito subjetivo, quer até independentemente disto na via abstrata.

Por isso digo, assim como digo que da norma regimental podem surgir direitos, da violação da norma regimental pode surgir a ofensa ao direito, e, conseqüentemente, a legitimação, entendo que da violação da norma constitucional nem sempre surgirá direito. Então, a via adequada à verificação da constitucionalidade do ato normativo é a via aberta à defesa objetiva da Constituição, que é o controle abstrato da constitucionalidade.

Creio que o limite da construção desses mecanismos de interferência judicial no andamento do processo legislativo se esgotou com o mandado de segurança 20.257, que é — repito e sempre peço vênia ao Ministro Moreira Alves, que não gosta do adjetivo — uma construção audaciosa que eu creio subconscientemente fundada no trauma político excepcional que é o do veto judiciário a uma emenda constitucional já editada.

Creio que neste limite, mas não além dele, é que se pode explicar. No mais, eu creio que esta abertura que se faz a um suposto direito de cada parlamentar ao devido processo legislativo tem mais perigos e mais riscos institucionais que o próprio controle preventivo de constitucionalidade.

Sabem os Colegas que em diversos países, a partir da França, onde é exclusivo, mas hoje paralelo a outros mecanismos de controle *a posteriori*, onde se tem o chamado controle preventivo, ainda aí, que nós não temos, ele se exerce sobre uma obra legislativa acabada, à qual falta apenas o ato solene da promulgação, não interfere jamais no processo legislativo.

Creio que efetivamente é a tese da existência do direito genérico universal de cada parlamentar, a regularidade do processo legislativo tornará impossível a convivência civilizada do regime de poder. Não há regime de poderes que resista à conversão do Tribunal numa verdadeira câmara de revisão ordinária de cada fato de um processo legislativo que divida as correntes, as forças políticas do parlamento.

Senhores, todos os limites do abuso estão superados. Tenho, lamentavelmente, que devolver ao Prof. Doin Vieira o prévio elogio ao laconismo e ao poder de síntese (*Risos*) que evidentemente se esvaíram. Mas creio ter-lhes trazido uma questão não só politicamente relevante, mas juridicamente fascinante e seguramente aberta. Não foi minha pretensão trazer solução pronta — na qual, aliás, eu não acredito em princípio no Direito, particularmente no Direito Constitucional. O que eu lhes trouxe foi a inquietação de um Tribunal que efetivamente tem demonstrado, nestas décadas que tentei resumir, que não pretende usurpar o legítimo poder político e os outros poderes, legitimados pelo voto popular, mas que também não quer nem pode demitir-se de sua função num regime em que a universalidade da sua jurisdição é uma das marcas características da nossa leitura, sobretudo na medida em que este papel e esta função, que não admite demissões, fazem parte do seu papel fundamental no jogo da Democracia, que é o de ser, sobretudo, o garante das minorias.

Tenho insistido freqüentemente em que este é o papel fundamental do Judiciário, e por isso a sua legitimação não deve ser procurada no voto porque não tem, e não deve ter, porque a garantia das regras do jogo democrático que é pressuposto do poder da própria maioria — e Kelsen demonstrou em termos irretocáveis — é sobretudo a garantia das minorias.

Ontem, quando revia alguns escritos de Ataliba, tive a emoção de ver, que é claro, um outro brilho, outra grandeza, esta minha insistente defesa do papel do Judiciário na defesa da minoria já havia sido colhida e expressa pelo nosso inesquecível mestre e amigo há anos atrás. O encontro de idéias fez apenas aumentar a emoção da saudade que este Congresso e a recordação do seu patrono tanto me têm feito viver. Muito obrigado. (*Palmas prolongadas*)

PROF. EUGÊNIO DOIN VIEIRA — Queremos renovar os nossos agradecimentos ao Ministro Sepúlveda Pertence, DD. Presidente do Supremo Tribunal Federal, por essa gentileza, por essa amabilidade de ter aquiescido ao nosso convite e vindo proferir esta brilhante conferência. Agradeço aos componentes da Mesa, aos senhores congressistas, e convido-os para amanhã, às 8h30, cuidarmos do "Imposto de Renda, Base de Cálculo", com a presença do Prof. José Arthur Lima Gonçalves, do Prof. Luciano da Silva Amaro, Prof. Ormezindo Paiva, Prof. Sidney Saraiva Apocalipse e Prof. Fernando Albino de Oliveira.

Estão encerrados os nossos trabalhos de hoje. (*Palmas*)

MESA DE DEBATES (E) (25.10.96)

IMPOSTO DE RENDA, BASE DE CÁLCULO

AIRES BARRETO (Presidente da mesa)
LUCIANO DA SILVA AMARO
MISABEL DERZI
NATANAEL MARTINS
SIDNEY APOCALIPSE

FUNDAMENTOS CONSTITUCIONAIS DO IR — Dedutibilidade de despesas. Despesa necessária. Renda e proventos. Base de cálculo. Peridiocidade. Incidência na fonte. Princípios. Limites das deduções. Pessoas jurídica. BASE DE CÁLCULO DO IR — Deduções. COMPENSAÇÃO DE PREJUÍZOS — RENDA E PATRIMÔNIO — DEBATES.

PROF. AIRES BARRETO — Senhoras e senhores, bom dia. Iniciando os trabalhos desta manhã do X Congresso Brasileiro de Direito Tributário, em homenagem à memória do Prof. Geraldo Ataliba, nós teremos esta Mesa de Debates, que tratará, genericamente falando, sobre o imposto de renda e a sua base de cálculo.

Compõem a Mesa, como nosso convidado, que aceitou generosamente o convite para substituir o Sr. José Artur Lima Gonçalves (que teve um compromisso de última hora, de viagem), o Prof. Natanael Martins — muito obrigado pela sua presença e pela aceitação do nosso convite; o Prof. Luciano da Silva Amaro, à minha esquerda; o Prof. Sidney Apocalipse; e aguardamos a presença da Profa. Misabel Derzi, que brevemente se unirá a nós, aqui.

Então, sem mais delongas, eu passo a palavra ao Prof. Luciano da Silva Amaro.

FUNDAMENTOS CONSTITUCIONAIS DO IR

PROF. LUCIANO DA SILVA AMARO — Bom dia a todos. É uma satisfação estar mais uma vez no Congresso do IDEPE para esta proveitosa troca de idéias a respeito de temas atuais do Direito Tributário — eu digo proveitosa no que me diz respeito, porque sempre aprendo muito com os companheiros que participam deste evento.

Bem, o tema que cabe à Mesa examinar diz respeito aos fundamentos constitucionais do imposto de renda. Na previsão do programa, o Prof. José Artur falaria sobre o conceito constitucionalmente pressuposto de renda e respectiva base de cálculo, eu prosseguiria falando sobre liberdade do legislador ordinário para dispor sobre dedutibilidade e, na seqüência, os demais companheiros falariam sobre temas correlatos. Em razão da ausência do Prof. José Artur invertemos um pouco o roteiro; então combinamos, Natanael e eu, que eu daria o primeiro tema e ele daria o segundo.

Quando se fala em conceito de renda na Constituição, o que se tem é a preocupação com uma eventual discordância entre o conceito que possa ser inferido da Constituição e aquele conceito que eventualmente esteja sendo trabalhado no nível da legislação ordinária. Vale dizer: a gente se preocupa com o exame do conceito constitucional do imposto como uma premissa metodológica para o exame da validade da lei infraconstitucional — enfim, para ver se ela está adequada ou não ao modelo que decorra do texto constitucional.

A questão tem recentemente muito a ver com a base de cálculo, porque até há alguns anos, inclusive neste evento, discutíamos princípios constitucionais aplicados ao imposto de renda no que diz respeito a retroatividade, a anterioridade, a progressividade. Recentemente, em razão de mudanças justamente no plano da legislação ordinária, assumiu o centro das atenções, no campo do imposto de renda, a discussão da base de cálculo. Isso a partir do momento em que o legislador talvez se tenha excedido num deslize que ele já há algum tempo comete, qual seja, o de vedar a dedução de despesas legítimas. Então, na medida em que legítimas — e agora nós vamos tentar desdobrar esse conceito —, a dedutibilidade dessas despesas não poderia ser vedada no nível da legislação ordinária.

Dedutibilidade de despesas

Durante muitos anos convivemos com um conceito de despesas necessárias posto na velha Lei 4.506, cuja definição tem sido repetida nos vários regulamentos que a sucederam; disse o art. 47 da Lei 4.506: "São operacionais as despesas não computadas nos custos, necessárias à atividade da empresa e à manutenção da respectiva fonte produtora". Consideram-se necessárias — diz o § 1º — "as despesas pagas ou incorridas para a realização das transações ou operações exigidas pela atividade da empresa". E o § 2º arremata: "As despesas operacionais admitidas são as usuais ou normais no tipo de transações, operações ou atividades da empresa". Enfim, é uma redação talvez um pouco redundante, mas o que ela disse, em suma, é que a despesa necessária é necessária e, portanto, ela tem de ser deduzida necessariamente.

É evidente que, já dentro desse conceito, não se concebia que pudesse ser considerado necessário, ou como despesa da pessoa jurídica, o salário da empregada doméstica do dono da empresa, ou o salário do motorista do filho do dono da empresa, ou a conta do veterinário da cachorrinha da filha do dono da empresa — enfim, as despesas domésticas, pessoais do empresário, do sócio, do diretor ou do administrador, evidentemente, não eram despesas necessárias à atividade da empresa e nunca estiveram abrangidas por esse conceito.

Mas o curioso é que historicamente sempre houve uma briga muito grande do fisco contra os chamados *fringe benefits*. De vez em quando saía lá um parecer normativo dizendo "olha, isso é indedutível, isso é considerado remuneração, e tem de tributar"; aí saía uma entrevista normativa dizendo a mesma coisa e depois saía uma lei dizendo "o *fringe benefit* é tributado". Em vários momentos ao longo do tempo o fisco insistiu em dizer que as despesas desnecessárias não eram dedutíveis, justamente porque não eram necessárias. Despesas pessoais do sócio não eram dedutíveis, não eram necessárias, eram consideradas remuneração do sócio, foram enquadradas como distribuição disfarçada de lucros — enfim, em vários momentos, através de lei, de parecer normativo ou de outro tipo de manifestação do fisco, foi dito que essas despesas não poderiam compor (subtrativamente) a base de cálculo do imposto da pessoa jurídica.

No Brasil há certas distorções no que respeita à atuação da máquina estatal, e não se percebe, às vezes, que o que falta é operar a máquina, e não legislar para que ela opere. Aqui nós temos um exemplo muito claro desse fenômeno: procura-se resolver um problema que não é da tributação, é da fiscalização, através da mudança da regra; muda-se lei, baixa-se parecer normativo, achando-se que com isso se vai resolver o problema.

A Lei 9.249, sobre a qual daqui a pouco vamos ouvir o Dr. Natanael, pretendeu fazer a mesma coisa. É mais uma manifestação que diz "as despesas desnecessárias não são dedutíveis". Essa lei usou de uma redação que de início causou um susto muito grande, porque aparentemente estava dizendo que as despesas necessárias são indedutíveis. Realmente ela assusta, na primeira leitura, quando diz "são vedadas as seguintes deduções, independentemente do disposto do art. 47 da Lei n. 4.506" — e saiu lá a dizer que depreciação, provisão, aluguel, contraprestação de *leasing* e não sei mais quê, tudo isso era indedutível. Salvo se necessário...

Ora, isso é a mesma coisa que se dizia antes. A lei não disse exatamente "salvo se necessário"; mas sim "salvo se intrinsecamente relacionado com a atividade industrial ou comercial", e assim por diante. Mas as pessoas, de início, levaram um susto enorme: "Como, é proibido deduzir despesas?" Não. O que é proibido é deduzir aquelas que não têm nada que ver com a atividade da empresa. O fisco mesmo se apressou em reconhecer que as despesas não só da fábrica, não só do escritório de vendas, mas as demais despesas do *back office* da empresa também são dedutíveis, embora, literalmente, não sejam intrinsecamente relacionadas com a produção, diretamente imputáveis à produção ou diretamente imputáveis ao departamento de vendas.

Despesa necessária

Enfim, chegou-se de novo ao conceito de que despesa necessária é a despesa necessária e ela tem de ser admitida, apesar de a lei começar dizendo "o art. 47, deixe de lado; independentemente do que ele está dizendo, o que vale é o seguinte (...)". Ou seja, a lei não conseguiu ir contra a realidade. E qual é a realidade? A realidade, parece-me, tem de ser buscada a partir do texto constitucional que prevê a competência da União para instituir imposto sobre renda e proventos de qualquer natureza.

Renda e proventos

Mas o que é essa coisa de renda e proventos de qualquer natureza? Por que se diz renda e proventos de qualquer natureza? Bem, há uma explicação histórica, algumas dúvidas teóricas e assim por diante, mas parece fora de dúvida que aquilo que a Constituição pretende, ao dizer renda e proventos de qualquer natureza, é evitar a discussão de conceitos restritivos de renda, do tipo "renda é só o produto do capital, trabalho não dá renda", e assim por diante. Então, o legislador constituinte usou de uma locução — renda e proventos de qualquer natureza — para dizer que não interessa discutir qual deva ser a concepção teórica de renda ou de proventos; "o que vier é lucro". O proveito, o provento, o lucro, o ganho, seja de que ordem for, provenha ele de uma atividade pessoal do indivíduo, provenha ele da exploração do capital, provenha ele da sorte, não importa — de onde vier, ele é, em princípio, integrante desse universo de situações suscetível de ser eleito pelo legislador ordinário federal como suporte da incidência do imposto.

Aliás, não podemos entrar também numa discussão sobre o que é renda ou o que seja provento na Constituição porque nós não vamos chegar a lugar nenhum. Se a gente tentar identificar na Constituição uma diferença entre renda e proventos, em primeiro lugar vamos perceber que essas expressões não têm nada que ver com as definições que o Código veio a dar para elas. Em segundo lugar, a gente não vai conseguir interpretar nem a própria Constituição, porque ela dá à União competência para instituir imposto sobre "renda e proventos" e depois dá imunidade para "renda" dos entes políticos, na chamada imunidade recíproca. Será que alguém ousaria sustentar que os "proventos" dos Estados são suscetíveis de tributação pela União, a pretexto de que só a "renda" está imune, e não os "proventos"?

Parece que nós devemos chegar a uma primeira conclusão no sentido de que a Constituição, quando fala "renda e proventos", está, talvez, usando expressões sinônimas. A expressão tem sido mantida — aliás, isso está registrado nos anais da Emenda 18, de 1965 — justamente para evitar que a modernização do nome do tributo (que poderia ser apenas imposto de renda ou imposto sobre a renda, se preferirem) levasse à interpretação de que o seu espectro de incidência teria sido reduzido.

De qualquer modo, uma coisa há de ser posta e sublinhada, que é a inerência da base de cálculo ao fato gerador; ou seja, a base de cálculo do imposto sobre a renda e proventos de qualquer natureza há de ser adequada à materialidade do fato gerador desse tributo.

Base de cálculo

Se o fato gerador do tributo tem por materialidade a renda e os proventos de qualquer natureza, a base de cálculo não poderá ser, por exemplo, o capital do indivíduo. Não se pode tributar (com alíquota de 1, de 10, de 20, não importa) o capital a pretexto de se tributar a renda, porque, evidentemente, a medida de capital não é a medida de renda. Não se pode também tributar a despesa do indivíduo: teve uma despesa de mil, paga "x" de imposto de renda; despesa não necessariamente reflete a existência de renda. Eu posso estar tendo despesa porque estou consumindo meu capital sem ter ganho um tostão. Assim, também não é pela despesa que se há de achar a medida de grandeza do fato gerador do imposto de renda. A mera circulação de riqueza também não pode ser tomada como um parâmetro. Se eu compro um imóvel, se eu vendo um imóvel, o fato em si de eu estar comprando ou vendendo um imóvel pode ser um indício de que talvez eu tenha renda, mas a medida do fato circulação de riqueza não é a medida do fato renda; eu posso ter comprado o imóvel por 10, estou vendendo o imóvel por 10, não tive renda nenhuma. Portanto, nem a mera medida de um fato que traduza uma circulação de riqueza pode ser tomada como critério de mensuração da base de cálculo do imposto de renda, porque não há inerência entre a medida do fato circulação e a renda.

Muito bem, a ciência das finanças tem produzido muita discussão sobre o conceito de renda. Fundamentalmente, há duas grandes vertentes nas concepções teóricas de renda: a renda-produto e a renda-acréscimo. A renda-produto supõe uma fonte produtora da renda. É algo como eu ter um pé de laranja e esse pé de laranja produzir laranjas; estas são o produto do meu capital, que é o pé de laranja, e eu colho o fruto, a laranja, sem perder o capital. Ou eu tenho dinheiro, aplico esse dinheiro, colho o juro, que é o fruto civil, e mantenho o meu capital, de modo que renda seria algo produzido por um capital sem, claro, implicar o consumo, a destruição desse capital.

Há a outra vertente, que é o conceito de renda-acréscimo. Tudo aquilo que vem e se agrega à minha riqueza, todo ingresso de riqueza nova, também pode ser rotulado como renda, ainda que não seja produzido por algo permanente, por um capital que eu tenha e que seja apto a frutificar. Qualquer coisa — os ganhos trazidos pelo vento, a invenção de tesouro, a doação, sei lá, qualquer coisa que eu receba e que se agregue como riqueza nova ao meu patrimônio — pode ser rotulada como renda dentro dessa concepção de renda-acréscimo, ou seja, ingresso de riqueza nova.

A teoria da renda-produto ou teoria da fonte (fonte produtora da renda) é mais restritiva, porque supõe a existência de uma fonte de produção da renda. A teoria do acréscimo já é mais abrangente, porque, além da renda-produto, apresenta uma compreensão mais lata.

Diante dessas concepções teóricas e diante da previsão constitucional que fala em renda e proventos de qualquer natureza, mas que não optou por este ou aquele conceito, o Código Tributário teve a tarefa, através de norma geral, de detalhar, de particularizar esse conceito. E o legislador do Código Tributário visivelmente optou por uma salada mista em que pegou a teoria da fonte, misturou com a teoria do acréscimo, triturou, depois separou em duas caixinhas e chamou de fato gerador do imposto de renda a renda e os proventos — renda produto do capital ou do trabalho e provento o resto, ou seja, os outros acréscimos de patrimônio.

Desse modo, ele começa com a teoria da renda-produto, a teoria de fonte produtora da renda e depois acaba, no inciso II do art. 43, aderindo à teoria da renda-acréscimo. E, no final, se nós tentarmos sistematizar o que está no art. 43, o que ele diz é que o imposto de renda tem por fato gerador o acréscimo de patrimônio, assim entendido: primeiro, a renda, que é um tipo de acréscimo; segundo, o provento, que seriam os demais acréscimos. Se os proventos são os outros acréscimos, o primeiro, que é a renda, também seria um acréscimo, de modo que o gênero seriam os acréscimos, dos quais haveria duas espécies — a renda e os proventos —, renda como produto do capital, do trabalho e da combinação de ambos e proventos como os demais acréscimos que não se compreendessem no conceito de renda.

Bem, essa classificação do Código é totalmente arbitrária, não encontra nenhum respaldo na Constituição. Quando a gente volta a 1966 e olha a Constituição então vigente e a Emenda 18, não encontra, na Constituição, nenhuma indicação de que provento pudesse ser aquilo que o Código veio a dizer que era. Pelo contrário, a Constituição usava provento para designar remuneração de trabalho, remuneração de aposentados, remuneração de militares na reserva. Enfim, esse vocábulo era usado — aliás, ainda hoje é usado no Direito Administrativo — para designar a remuneração especialmente do funcionário público ou do aposentado. Nada a ver com "outras coisas que não fossem resultantes do capital ou do trabalho".

O Código usou realmente de uma dose grande de artificialismo nessa classificação. Mas, de qualquer modo, não me parece que a mera rotulagem inadequada possa comprometer o conteúdo normativo do art. 43 do Código. Ele poderia perfeitamente ter dito que o fato gerador do imposto de renda era a renda e os proventos de qualquer natureza, assim entendidos: produto do capital, do trabalho, da combinação de ambos e outros acréscimos não compreendidos como produto do capital, do trabalho, e tal, sem, artificialmente, separar essas situações em duas caixinhas. A legislação ordinária também nunca "deu bola" para isso, nunca procurou tratar separadamente de renda e proventos de qualquer natureza. A Constituição também não endossava essa classificação do Código, que, de vez em quando, exige, num evento como este, que a gente tenha de dizer algumas palavras a esse respeito; mas ela não perturba muito o quadro de normatividade do imposto de renda, nem enseja maiores questionamentos sobre eventual inconstitucionalidade do Código.

Em suma, renda é riqueza nova, seja essa riqueza produto do capital ou do trabalho, seja essa riqueza oriunda de outras circunstâncias.

Quando se fala em renda como acréscimo, uma idéia que vem correndo para a mente de todos é a idéia de período: "Ah!, então eu preciso ter um período — momento *a*, momento *b* — e tenho de ver o que acontece durante esse período; se eu saio com um patrimônio de 100 e no final do período tenho um patrimônio de 150, então a minha renda foi 50, porque o que acresceu ao meu patrimônio foi 50". Certo? Não, errado. Errado porque a renda não é aquilo que eu poupei. Se eu tenho um patrimônio de 100 e no final tenho um patrimônio de 100, isso não significa que a minha renda tenha sido 0. Eu posso ter tido uma renda de 1.000 e um consumo de 1.000; gastei, portanto, 1.000 de renda e continuo com o mesmo patrimônio, e vivi muito bem, obrigado. O meu patrimônio não cresceu, mas eu tive renda e, portanto, tenho de pagar imposto.

Periodicidade

Assim sendo, não posso dizer que o acréscimo de patrimônio só existe quando o patrimônio se apresenta maior no segundo momento em relação ao primeiro. Renda é aquilo que ingressou, que eu tanto posso ter destinado a consumo como a poupança. Não fosse assim, o imposto de renda se resumiria a um imposto sobre poupança: quem poupasse pagaria imposto e quem não poupasse não pagaria. Não é isso que se pretende com o imposto de renda.

Na pessoa jurídica as coisas se apresentam de um modo um pouco diferente, pois ela não é um centro de consumo; centro de consumo é a pessoa física. A pessoa jurídica, normalmente, acumula riqueza ao longo do período, de modo que a comparação do patrimônio final com o patrimônio no início do período tende a demonstrar um acréscimo de patrimônio (indicador da renda), que pode ser tributável ou não, de acordo com as especificidades da respectiva legislação. Mas pode acontecer também que ao final do período a empresa não tenha um patrimônio maior do que tinha no início e, não obstante, tenha tido renda porque, por exemplo, distribuiu dividendos.

De qualquer modo, a necessidade de o imposto de renda ser apurado por períodos decorre de outros postulados constitucionais. Quando se fala no princípio da igualdade, na capacidade contributiva, na progressividade do imposto de renda, a aplicação desses princípios, que levam à personalização do imposto, supõe necessariamente que se quantifique a base de cálculo do tributo em períodos. Eu não posso, por exemplo, tributar igualmente duas pessoas — uma que hoje ganhou 1.000 e a outra que também ganhou 1.000 no dia de hoje — se, para uma, essa é a única coisa que ela ganhou durante este ano, e a outra está ganhando 1.000 todo dia. Se eu ignorar determinado período (depois vamos discutir a duração de período, que é outro problema), se eu ignorar a necessidade de medir a renda ao longo de um período, posso estar comparando coisas absolutamente diferentes e tratando igualmente situações absolutamente desiguais. Alguém que fique, por exemplo, empregado 12 meses com um belíssimo salário não pode ter o mesmo tratamento de outra pessoa que tenha exatamente o mesmo salário, mas tenha ficado empregada um mês só, assim como não pode ter o mesmo tratamento alguém que ganha a mesma coisa que outra, mas teve uma vultosa despesa hospitalar.

Ou seja, para personalizar o tributo, atendendo a postulados constitucionais — a isonomia, a capacidade contributiva, a pessoalidade do imposto de renda, a progressividade do imposto de renda —, para fazer isso eu tenho necessidade de medir o fato em períodos. O ideal seria, talvez, medir durante a vida do contribuinte, mas, como isso é impraticável, nós temos de ter períodos menores e, procurando alguma inspiração no ciclo natural das coisas, a própria natureza vai nos sugerir que o período de um ano é razoável, porque de ano em ano as coisas se repetem; então, isso sugere que o período de um ano seja algo razoável, e por isso há uma tendência mais ou menos universal de se aceitar o período de um ano como período razoável para a mensuração da capacidade contributiva do contribuinte do imposto de renda — o que não impede que a incidência se dê em períodos diversos.

Incidência na fonte

Não há tempo aqui, talvez, para a gente discutir mais aprofundadamente essa coisa, mas há às vezes algumas conclusões apressadas, do tipo: "Ah, não pode haver incidência na fonte! A incidência na fonte é inconstitucional, porque é instantânea, não há período".

Eu não ousaria dizer que a incidência de fonte seja inconstitucional, porque ela é expressamente prevista na Constituição; não dá para dizer que é inconstitucional aquilo que a Constituição prevê nos art. 157 e 158. Normalmente o tributarista lê até o art. 156 e pára. Se ele prosseguir um pouquinho, nos arts. 157 e 158 vai encontrar referência na Constituição ao imposto de renda na fonte.

Mas, em suma, temos como regra a necessidade de um período. Isso nos leva à seguinte consideração: a incidência de fonte há de ser, em regra, antecipação do tributo apurável no período, que é a maneira de conciliar a incidência de fonte com os pressupostos constitucionais do tributo.

Na apuração da renda há algumas coisas que são necessárias, sob pena de se desnaturar o tributo. Há alguns ingressos que não podem ser tributados, sob pena de se ferirem pressupostos constitucionais, e há despesas que, necessariamente, precisam ser deduzidas, também sob pena de agredir-se o regime constitucional do tributo.

Em algumas situações, o próprio ingresso bruto não pode ser tributado, dadas as condições pessoais do contribuinte; por exemplo, a renda mínima necessária para atender às necessidades do indivíduo e de sua família não pode ser tributada. Certos ingressos não devem ser tributados (ou não o são) por opção de política fiscal. O legislador quer, por exemplo, incentivar a poupança. Então, ele diz: "O juro da poupança não é tributado". O ingresso decorrente da aplicação de recursos na poupança não é tributado, por razões de política fiscal.

Mas, a par da não-tributação para respeitar o mínimo vital, para respeitar a natureza de certos ingressos (p. ex., indenização por despedida sem prévio aviso) ou para atender a preocupações de política fiscal, uma coisa não pode ser esquecida: a necessidade da despesa para obtenção da receita. Uma empresa não pode, por exemplo, ser obrigada a pagar imposto de renda sobre o seu faturamento. Se ela vende por 20 algo que comprou por 10, já de plano o imposto só poderá incidir sobre 10. Mas, se para vender essa mercadoria por 20 ela pagou uma comissão para o seu vendedor de, digamos, 1, já sobram apenas 9. Além disso, ela teve de pagar aluguel, conta de luz, de água, sei lá mais o quê. Tudo isso é necessário para que ela perceba a sua renda, riqueza nova que se integra, que entra para o seu patrimônio. E isso não pode ser ignorado pelo legislador.

Assim, a minha renda numa operação em que eu compro algo por 10 e vendo por 15 certamente no máximo será 5. Se eu tiver outras despesas que são necessárias para a percepção do ganho — e são necessárias porque sem elas não consigo ter o ganho —, o que eu agreguei ao meu patrimônio é apenas o ganho líquido; e renda só pode ser a riqueza que se agrega ao meu patrimônio, ou seja, o ganho líquido. De modo que a despesa necessária à percepção da renda, como pressuposto decorrente da própria definição do fato gerador do tributo posta na Constituição e desdobrada no Código Tributário, integra o regime jurídico do tributo.

A lei não pode negar a dedutibilidade da despesa necessária.

E mais. Não pode também descumprir os pressupostos constitucionais que levam à personalização do tributo, de modo que, se um contribuinte tem uma situação pessoal diversa da de outro, porque, por exemplo, ele ganha a mesma coisa mas tem mais filhos, tem mais bocas para alimentar, ele teve um médico e o outro não teve, ele gastou com hospital e o outro não gastou, é necessário, para personalizar o tributo e para adequá-lo à capacidade contributiva, que esses dispêndios sejam considerados — não porque sejam despesas necessárias à percepção da renda, mas porque são fatores cuja dedução leva à aplicação concreta do princípio constitucional da isonomia, do respeito à capacidade contributiva e da personalização do tributo.

Em suma, o legislador ordinário não é livre, coisa nenhuma, para estabelecer o que é dedutível e o que deixa de ser dedutível na apuração do tributo. Ele está atrelado a princípios constitucionais e ao conceito de fato gerador — com todas as suas implicações — que decorre da Constituição.

Princípios

Um problema final que eu gostaria de colocar, e que é o grande problema quando se fala em princípios constitucionais, é medir a extensão do princípio. A gente nunca sabe até onde vai um princípio. O princípio nos indica uma direção, um rumo a seguir, mas, a gente nunca sabe até onde ele vai. Eu posso ir caminhando no sentido da progressividade, mas, se eu não parar, vai chegar uma bela hora em que estarei confiscando renda; e aí já estarei na contramão de um outro princípio, que veda o confisco. Temos, portanto, de harmonizar os diferentes princípios constitucionais; não posso caminhar ilimitadamente, cegamente, numa direção só porque algum princípio me mandou ir por aquele caminho.

Quando se tenta concretamente aplicar o princípio da personalização, da igualdade e, portanto, da desigualdade para atender às situações desiguais, nós vamos encontrar o problema da medida — essa medida não está posta na Constituição e temos de achá-la concretamente. Quem começa por achá-la é o legislador, através de decisões políticas.

Nós afirmamos há pouco que a pessoa física tem uma estrutura de apuração de tributo diferente da da pessoa jurídica, por razões mais ou menos óbvias. A pessoa jurídica visa ao lucro e tudo aquilo que ela gasta é necessário para obter o lucro — a não ser que ela saia por aí torrando dinheiro em outras coisas; mas, em princípio, se ela comprar embalagem mais ou menos sofisticada, isso é necessário para a venda do seu produto, porque ela pretende atingir determinado nicho de mercado, que só compra se tiver embalagem dourada e não sei mais o quê. Enfim, aquilo que ela gasta é para auferir sua renda. Pessoa jurídica não é um centro de consumo. A pessoa física, ao contrário, é um centro de consumo; nela se confunde a fonte produtora de renda — porque a pessoa física vai batalhar, é claro, para ter renda, aufere renda; e para isso ela tem despesas necessárias, mas por outro lado é ela mesma que consome essa renda, consigo própria ou com sua família, com os seus dependentes, e assim por diante.

Por isso, é preciso, na pessoa física, imputar certas despesas que seriam, digamos, as equivalentes às despesas necessárias na pessoa jurídica, e a par disso reconhecer a dedutibilidade de certas despesas que implementem os princípios constitucionais da isonomia, da capacidade contributiva, da personalização do tributo. De que maneira? Eu tenho de admitir que a pessoa física precisa comer, precisa vestir-se, precisa ter transporte, precisa educar-se, precisa educar os filhos, e assim por diante. Tudo isso é despesa necessária, que tem de ser admitida para personalizar o tributo. Alguém que está pagando um médico, em comparação com outro que não está pagando, tem de ter um tratamento diferente para personalizar o tributo e para respeitar a capacidade contributiva do indivíduo.

Limites das deduções

Aí é que entra uma decisão política do legislador, qual seja, a de estabelecer os limites. O básico, o necessário, o fundamental há de ser admitido para todos; todos precisam vestir-se, comer, passear, estudar, e assim por diante. Mas não de modo ilimitado. Todos precisam alimentar-se; mas o arroz e feijão, o bife ou o caviar? O filho precisa estudar, sem dúvida precisa; num colégio local ou num colégio na Suíça? Ele precisa de perua escolar, a perua é uma despesa escolar; mas por que não um Mercedes com motorista? Aí entra o legislador e por decisão política vai dizer: "Se eu admitir ilimitadamente essas despesas estarei deixando de aplicar o princípio da igualdade; para aplicar o princípio da igualdade eu preciso estabelecer um teto que seja igual para todos". Se esse teto for estabelecido em valores inadequados, podemos ir ao Judiciário e reclamar: "Os princípios constitucionais tais, tais e tais estão sendo desrespeitados pelo legislador". Agora, eu não posso pretender a dedução ilimitada desses valores na pessoa física.

Pessoa jurídica

Em suma, parece-me que as dedutibilidades na pessoa jurídica, no que respeita às despesas necessárias, não podem ser vetadas. Assim, não há, por exemplo, nenhum fundamento constitucional para a proibição de dedutibilidade de remuneração de administrador, porque pagar o administrador é absolutamente necessário em qualquer empresa do mundo.

Aliás, há uma incompatibilidade aqui na nossa legislação, porque o legislador supõe que a remuneração do administrador seja lucro distribuído e, portanto, tributa a despesa como lucro da pessoa jurídica. Só que se for lucro da pessoa jurídica não deve tributar de novo, na pessoa física, porque o dividendo é tributado uma vez só; ou, melhor, o lucro é tributado só na jurídica, o dividendo não é tributado na física, de modo que, se a remuneração correspondente ao excesso de retirada do diretor for considerada como lucro e, portanto, sujeita ao imposto de renda na pessoa jurídica, não pode, por isonomia, ser tributada na declaração da pessoa física.

Na pessoa física, a mesma coisa: as despesas necessárias, assim entendido aquilo que é o mínimo vital mais as despesas necessárias à personalização do tributo e ao respeito à capacidade contributiva, também não podem ser negadas. Reconheço que na pessoa física há uma margem maior para decisão política do legislador e, portanto, aí o controle de constitucionalidade das decisões do legislador também é mais complicado. Na pessoa jurídica parece-me que, como premissa inafastável, a despesa necessária tem de ser admitida, não pode ser negada pelo legislador.

Eu queria pedir o perdão da Mesa pelo tempo que excedi, mas pediria mais um minutinho de atenção porque não queria deixar de registrar uma palavra de saudade e de reverência por aquele que foi o mestre de todos nós. Mestre pelos ensinamentos que constituem, certamente, o mais precioso legado que ele poderia nos deixar a todos. Mestre pelo exemplo de dedicação ao Direito e de dedicação ao ensino do Direito que marcou sempre toda a sua vida. Mestre pela extraordinária capacidade de agregar pessoas em torno de ideais como este Congresso, por exemplo. Mestre pela plêiade de professores que formou e que têm agora a tarefa enorme de dar continuidade à obra fantástica que foi iniciada por Geraldo Ataliba. Muito obrigado. (*Palmas*)

PROF. AIRES BARRETO — O IDEPE agradece imensamente ao Prof. Luciano da Silva Amaro, e, como todos podem ter percebido, poderíamos continuar o resto da manhã e a tarde ouvindo as suas palavras, que nunca cansam e, ademais, são sempre bastante ilustrativas; mas, infelizmente, nosso tempo sempre é curto. Então, agora eu passo a palavra ao Prof. Natanael Martins e peço que ele tente não se exceder nos 15 minutos.

BASE DE CÁLCULO DO IR

PROF. NATANAEL MARTINS — Bom dia a todos! É imensa a satisfação de poder falar aqui a vocês — uma imensa satisfação e uma preocupação, porque falaremos de improviso, o que é muito difícil, principalmente após a fala de Luciano Amaro, que, como sempre, esgota o tema. Portanto, vamos nos limitar (e ousar até, em algumas colocações) a falar sobre a base de cálculo do imposto de renda propriamente dito, e mais propriamente a base de cálculo do imposto de renda das pessoas jurídicas, talvez porque tenhamos certa familiaridade com o tema. E lhes diria de início que não há como se falar na base de cálculo do imposto de renda das pessoas jurídicas, em qualquer de seus pressupostos — lucro real, presumido ou arbitrado —, sem falarmos nos métodos, nos critérios de determinação dessa base.

Diz a lei que a base de cálculo do imposto de renda poderá ser o lucro real, presumido ou arbitrado. O lucro presumido, algumas medidas que o legislador adota em face das diversas atividades econômicas e normalmente um coeficiente sobre a receita bruta que o contribuinte, querendo, dele se valha, é uma opção dada ao contribuinte. Já, o lucro arbitrado, de forma mais ou menos geral, pode-se dizer que é utilizado pelo fisco e também pelo contribuinte quando for impossível a mensuração da real base tributável; no que diz respeito às pessoas jurídicas, quando as suas demonstrações financeiras forem imprestáveis para determinação do lucro. Já, o lucro real, que é o que mais de perto nos interessa, diz a lei, "é o lucro líquido do exercício, ajustado pelas adições, exclusões ou prescrições autorizadas ou admitidas pela legislação tributária".

Diz, mais, a lei que lucro líquido do exercício é o apurado de conformidade com os preceitos da lei comercial. E a lei comercial (aí dizemos a lei das S/A) diz que o critério informador da apuração do lucro líquido das pessoas jurídicas é o regime de competência. Na conformação do lucro, diz a lei societária, devem-se observar os princípios de contabilidade geralmente aceitos.

Então eu diria a vocês, talvez até como uma heresia, que os princípios de contabilidade são, sim, confomadores da base de cálculo do imposto de renda. Então, em minha modesta opinião, nós temos de deixar de lado aquela idéia de que devemos analisar o fato apenas à luz da Ciência do Direito. Não, a partir do instante em que a lei juridicizou na determinação do lucro, que é a medida da determinação da base do imposto de renda, os princípios de contabilidade, não nos resta outra tarefa a não ser investigar o conteúdo desses princípios; verificar, na medida de utilização desses princípios, se o lucro líquido, ponto de partida de determinação da base, está ou não adequado — é evidente, não naquele intuito de refazermos o balanço, mas discutirmos aquele balanço à luz do Direito, à luz da legislação positiva vigente.

É evidente, o Luciano já disse, que de nenhuma valia será a lei dizer "todas as despesas são indedutíveis", porque há de haver uma pertinência entre a renda bruta e os dispêndios necessários para obtenção dessa renda; e onde houver essa pertinência dar-se-á a dedutibilidade do tributo. De nada adianta vir a lei ou medida provisória sucessivamente reeditada — já deve ter ido para a segunda ou terceira reedição, não sei — dizer que a contribuição social é indedutível na base de cálculo do imposto de renda. Na base de cálculo dela mesma vá lá, até acho que está correto. Ora, você quer um exemplo mais vivo de despesa necessária para manutenção da atividade produtora ou para obtenção da renda do que a despesa necessária ao custeio da Previdência? E espanta-me uma medida desse quilate.

Então, a investigação do lucro real é fundamental por quê? Porque base de cálculo do imposto de renda não é o lucro apontado no balanço. Será o lucro apontado no balanço na medida em que todos os fatos redutores daquela receita bruta, registrados pela contabilidade, tiverem sido necessários para obtenção daquele dado lucro.

Por outro lado, será base de cálculo do imposto de renda aquele lucro efetivo apontado desde que na conformação desse lucro, ou dessa receita bruta, os princípios de contabilidade tiverem sido adequadamente aceitos. Portanto — e é a grande e árdua tarefa da fiscalização —, deve-se investigar se aquilo que está registrado como despesa, despesa o é. Deve-se registrar se aquela quantidade de depreciação, amortização ou exaustão dos bens da companhia está adequada com a expectativa de vida útil do bem, com o exaurimento da fonte produtora, com a perda do direito anteriormente estabelecido. Deve-se investigar à luz do contrato, à luz do negócio, se as receitas foram adequadamente contabilizadas. E, aí, a tarefa do advogado, do jurista, é fundamental, porque, sem nenhum demérito, o contador sabe perfeitamente registrar as mutações patrimoniais, os fatos, mas às vezes a investigação daquele fato é fundamental; o contrato, a análise do contrato que motivou o lançamento na contabilidade, ou que deveria ter motivado, é fundamental.

Aquela receita está auferida? Temos de investigar à luz do contrato se efetivamente aquele é o momento para o seu reconhecimento. Aquela despesa está efetivamente incorrida? Temos de investigar. Ou seja, Bulhões Pedreira, que, inegavelmente, é um dos grandes estudiosos em matéria de imposto de renda, diz que na investigação da contabilidade ou no uso da contabilidade como ferramenta, como instrumento de quantificação do imposto de renda, nós poderíamos reduzi-la dentro da teoria das obrigações. O que é passivo da sociedade? Aquilo que a nível da teoria das obrigações como tal deva ser registrado. O que são os ativos da sociedade? Aquilo que à luz do Direito, da teoria das obrigações, como tal representar. E o que é o dispêndio ou a despesa? Aquilo que à luz também do Direito como tal se apresentar.

Dessa análise é que se partirá para a quantificação da base do imposto de renda. E aí está toda a problemática. É muito simples dizermos que renda é um acréscimo patrimonial, é uma riqueza nova que se incorporou ao patrimônio; teoricamente isso está perfeito. Agora, qual é a medida dessa riqueza? Qual é a medida desse acréscimo?

Deduções

Nas pessoas físicas, com todas as críticas que se possam fazer, a questão é relativamente simples, porquanto a lei define que dedutíveis são tais e quais, por tais valores; mas nas jurídicas o problema é imenso. Em que medida aquele dispêndio é uma despesa ou é uma inversão fixa, ou seja, é um gasto que deve primeiramente ser incorporado em contas do ativo permanente para somente após, ao longo do exaurimento daquele bem, ou daquele direito, ou daquela fonte produtora, ser levado a resultados? Quem acompanha a jurisprudência dos conselhos de contribuintes, mais do que na jurisprudência judiciária, podemos assim dizer, verifica que talvez 80% das autuações versam sobre essa problemática: a medida do conceito da despesa, contra a medida do conceito de inversões fixas, contra o conceito do que vem a ser custo e não despesa, inicialmente dito.

Só para citar-lhes um exemplo: todas as aquisições de bens utilizados como fonte produtora de receitas que durem mais de ano devem ser registradas no ativo permanente, para somente após, ao longo de sua depreciação, ao longo do exaurimento de sua utilidade, serem reconhecidas como despesa. Começa aí a grande discussão: esse bem dura mais ou menos de ano? A quem compete a prova disso? Mas, mais do que isso, diz a lei que todas as benfeitorias ou melhorias feitas que incrementarem o ativo da pessoa jurídica também devem ser imobilizadas. Diz a lei, ainda, que as conservações, os reparos, os consertos, são despesas correntes, salvo se agregarem maior vida útil àquele bem, maior vida útil, essa, prevista no ato de aquisição original do bem. Essa é a grande celeuma que se trava na relação fisco-contribuinte.

Enfim, senhores, na determinação do lucro real das pessoas jurídicas (e o tempo é curto), a mensagem que eu queria dizer a vocês, talvez sendo ousado demais, é que não há como investigarmos a determinação do lucro real das pessoas jurídicas sem investigarmos os fatos, os atos registrados pela contabilidade — claro, sempre à luz do Direito, porque a legislação tributária juridicizou tanto os princípios contábeis quanto as regras conformadoras da base de cálculo do imposto de renda. E a grande investigação repousa, evidentemente, sobre o regime de competência, porque ele é o princípio maior informador da determinação do lucro real das pessoas jurídicas. É a aplicação do regime de competência que ordena, que manda que os fatos devam ser registrados à medida que incorridos. Ou seja, a receita deve ser registrada à medida em que incorrida, os custos, as depesas devem ser contrapostos a estas receitas justamente em face do seu reconhecimento, e as despesas devem ser contabilizadas à medida em que forem sendo incorridas.

Críticas podem ser feitas, evidentemente, quanto à aplicação pura do regime de competência. Aliás, apenas abrindo um parêntese, a contabilidade registra duas grandes vertentes: regime de competência e regime de caixa. No regime de caixa o registro se dá à medida dos encaixes e desencaixes. Na sociedade empresarial o regime de competência se mostra absolutamente inadequado; as mutações patrimoniais nas sociedades empresariais são contínuas, são diárias, para não dizer instantâneas. Então, o regime de competência, mundo afora, é escolhido como o critério informador do lucro e, conseqüentemente, quantificador da base de cálculo do imposto de renda.

Mas, num excelente trabalho de Mitsuo Naharashi (do qual eu e o Luciano temos o prazer de compartilhar sua sabedoria, seu trabalho), em artigo publicado na revista *Zefir*, ele dizia que o regime de competência pode e deve ser aplicado, tudo bem que pode, mas desde que a progressividade, a capacidade contributiva, seja observada; desde que o regime de competência não me leve a uma tributação que não seja o verdadeiro lucro da companhia e tendo em vista, evidentemente, o seu caixa. E o legislador tributário, não obstante aplique o regime de competência, determine o regime de competência como informador da apuração do lucro real, tempera o regime de competência com algumas regras que diferem a realização da receita para o momento em que financeiramente ela, sendo redundante, se realizar. Por exemplo, nos contratos com entidades governamentais se difere a tributação do lucro à medida da realização da receita.

Enfim, o que eu quero lhes dizer é que o regime de competência não pode ser aplicado de uma forma pura, absoluta, sem se atentar para a necessidade de que deve-se dar efetiva personalização ao tributo, inclusive no que se refere à capacidade contributiva da sociedade empresária. Diria eu, até num exemplo muito absurdo, que, no suposto daquela sociedade empresarial que tenha tido uma receita bruta de 1 milhão, um lucro líquido de 500, e que toda aquela receita bruta esteja pendente de realização porque o seu credor entrou em mora, é devedor, é inadimplente, não se deveria pagar imposto de renda. É evidente que se deveria provisionar aquela possível perda. E vai aí uma crítica, porque o legislador tributário, preocupado em fiscalizar pela lei, ou preocupado com a arrecadação, cria regras de restrição à dedutibilidade de provisões — e nós poderíamos ficar horas aqui discutindo a problemática das provisões —, regras tais que quase impossibilitam o empresário na aplicação de mais um princípio que norteia a contabilidade: o princípio do conservadorismo, de reconhecer custos potenciais, despesas potenciais, perdas potenciais que deveriam ser também dedutíveis na apuração do lucro real das pessoas jurídicas.

Bem, senhores, são essas as minhas preocupações em torno da quantificação do imposto de renda das pessoas jurídicas, e que eu espero ter compartilhado com vocês. Obrigado. (*Palmas*)

PROF. AIRES BARRETO — Muito obrigado, Dr. Natanael. O próximo a falar será o Prof. Sidney Saraiva Apocalipse, pelo tempo regulamentar, por favor.

COMPENSAÇÃO DE PREJUÍZOS

PROF. SIDNEY APOCALIPSE — Professores integrantes da Mesa, é uma honra compartilhar com vocês desta sessão. Colegas congressistas, na realidade, é impossível para mim iniciar esta exposição sem lançar os olhos ao passado para nele buscar a imagem do Prof. Geraldo Ataliba. Faço isto porque me vejo com o inevitável propósito de confessar-me publicamente como seu admirador e com o incontrolável atrevimento de declarar-me um seguidor também desse mestre de todos nós.

Pensando sobre isso, imaginei que a vida explica este fenômeno e não apenas esta minha ousada vontade, esta audácia de imerecido discípulo. Vários de vocês assistiram ao clássico filme *Melodia Imortal*. Lembram-se, portanto, daquele enredo. Tratava-se de um conto sobre a vida de Eddie Duchin, um pianista, pianista, este, que, como todo artista, busca com incessante fervor aquilo que para o artista é fundamental — o sucesso. Conta mais o filme; conta ainda que esse homem de sucesso também empreendera grande esforço para conquistar algo muito simples: o amor de uma criança, seu filho.

É na cena final desse filme, em atuação de Tyronne Power, que Ed, estando a tocar sua música e prestes a morrer, vê seu filho, a quem tanto buscara conquistar, sentar-se ao piano defronte ao seu para tocar a mesma música. E é nessa cena, que aparentemente (apenas na aparência) deva retratar o fim com a morte, que o artista, antes de partir, demonstra o contínuo da vida dizendo: "Filho, eu não sei onde eu termino e você começa".

Talvez, meus amigos, esteja aí, nesse simples retrato da vida, a essência das nossas atuações neste encontro e em tantos outros que se seguirão: na circunstância de não mais sabermos onde termina Geraldo Ataliba e começa cada um de nós, cada um de vocês, professores da PUC por ele formados; onde terminam as suas lições e começam as nossas incursões doutrinárias, até mesmo porque — lembrando as palavras de Souto Maior no último Congresso aqui — não é possível renovação alguma nos estudos do Direito Tributário sem um ato contínuo e renovado de reverência ao passado e ao seu legado cultural naquilo que ele mais autenticamente representa e que agora se acrescenta na figura venerável do Prof. Ataliba.

Com os olhos, pois, nesse passado que afinal move o nosso presente é que pretendemos divisar o tema que nos foi proposto. Devemos aqui tratar do que eu chamo do negado direito de compensação de prejuízos obtidos no Exterior com os resultados apurados por pessoa jurídica no Brasil.

Determinou a lei que os lucros, rendimentos e ganhos de capital auferidos no Exterior serão computados na determinação do lucro real das pessoas jurídicas, e que os prejuízos e perdas decorrentes dessas mesmas operações não serão compensados com lucros auferidos no Brasil. Dessa maneira, à luz de lições de Alberto Xavier, pretendeu o legislador fazer integrar ao sistema norma cujo âmbito de incidência permitisse alcançar fatos localizados em território de outro Estado e adotando âmbito de eficácia que permite sua aplicação no território brasileiro. Sob esse aspecto não temos, em linhas gerais, reparo a fazer, porquanto o alargamento do campo de incidência da norma de tributação não está, no caso, a impedir sua eficácia coercitiva, o que poderia não se dar fosse necessária a exigência coercitiva no território estrangeiro.

Ressalvamos apenas, e ainda que brevemente, para atender aos reclamos do tempo, a impossibilidade desse alargamento do campo de incidência da regra de tributação naquelas situações em que tratado internacional impeça a tributação de lucros de empresas situadas no território do país que com o Brasil é do mesmo signatário. Nessa hipótese, diante do conflito, opera-se a supremacia da norma convencional.

Foi com o Prof. Paulo de Barros Carvalho que aprendi algumas das lições de Lourival Villanova, especialmente aquelas que ensinam ser o jurista o ponto de intersecção entre a ciência e a experiência, entre a teoria e a prática, e que, conforme Pontes de Miranda, não há diferença entre teoria e prática. Ou se conhece o objeto ou não se conhece o objeto. Vejamos, pois, ao menos um dos objetos que a norma em causa nos coloca para meditação: o chamado lucro das pessoas jurídicas.

Para esta exposição, e mesmo diante das que me antecederam, penso ser mais adequado sintetizar esse conceito na fórmula de que se serve o legislador para determiná-lo, dispondo sobre receitas, deduções ou ajustes que, computados, levam a uma das bases de cálculo do imposto de renda — o chamado lucro real. Com algumas nuança, tal base de cálculo poder-se-ia dizer que é o lucro líquido do exercício no qual já se encontram computados os prejuízos, ajustado por adições, exclusões ou compensações prescritas ou autorizadas em lei.

Conforme é consabido, as pessoas jurídicas são verdadeiras instituições, dada a continuidade temporal a que estão submetidas, razão pela qual a realização de lucro ou prejuízo ao longo da vida da sociedade surte efeitos não só no exercício em que foram apurados, mas por um lapso temporal mais extenso.

Dado esse fenômeno é que a legislação do imposto de renda introduziu há quase meio século (a Lei n. 154/47) o direito de as pessoas jurídicas compensarem os prejuízos de um exercício com os lucros dos seguintes. Entretanto, às vésperas de tal regime legal completar bodas de ouro, dá o Governo mostras, por essa norma que comentamos agora e por outras — já adianto, também inconstitucionais —, de que está perigosamente se divorciando do sistema, eis que o berço do direito à compensação de prejuízos reside no próprio texto constitucional, não se limitando, por esta razão, aos moldes pretendidos pelo legislador ordinário.

O que se quer significar com esta premissa acima afirmada é que impossibilitar a compensação de prejuízos em virtude do exercício da atividade empresarial, portanto legítima, consentida pelo sistema, além de ignorar a continuidade temporal da empresa, significa admitir que o sistema acolhe a possibilidade, ainda que remota, de pela via tributária fazer desaparecer a empresa, pela corrosão de seu patrimônio. Em outras palavras, admitir foros de validade à restrição em questão é possibilitar a tributação do que não configura lucro, acréscimo patrimonial, para se tributar o próprio capital, o patrimônio da empresa.

A competência reservada à União permite a tributação da renda, gênero do qual o lucro é espécie, e não do patrimônio que a produziu, e isso todos nós temos como assente. Nesse raciocínio, desconsiderar a ocorrência de prejuízos, como fazem essa norma e outras tantas, para fins de apuração do lucro tributável, é ampliar — e ampliar inconstitucionalmente — a competência atribuída pela Constituição e invariavelmente contrariar o princípio da capacidade contributiva, de vez que o sujeito passivo da obrigação tributária será compelido a contribuir de forma despropositada com a grandeza econômica que revelou. E, por via de conseqüência, é violar também o princípio da igualdade, que, como repisa Roque Carrazza, é onde, em cujas dobras, repousa o princípio da capacidade contributiva.

Têm razão também os que vêem nessa restrição uma forma de confisco constitucionalmente vedado, na medida em que, como nos ensina Rubens Gomes de Sousa, só é renda o acréscimo de patrimônio que possa ser consumido sem reduzir ou fazer desaparecer o patrimônio que o produziu. Do contrário, a renda se confundiria com o capital. Em conseqüência, se no âmbito até mesmo do direito privado, que o define, o lucro é o resultado do exercício, levando-se em conta também os prejuízos verificados, não pode o legislador ordinário, conforme frisa Antônio Roberto Sampaio Dória, ao criar uma incidência tributária, alterar aquela definição e alcance, sob pena de infringir o art. 110 do CTN. Ou seja, não cabe à legislação tributária alterar conceitos cuja semântica é imposta por outros ramos do Direito, já que, como asseverou o Ministro Luiz Gallotti, se a lei pudesse chamar de compra o que não é compra, de importação o que não é importação, de exportação o que não é exportação, de renda o que não é renda, ruiria todo o sistema tributário inscrito na Constituição.

Assim, quer a redução do direito à compensação de prejuízos fiscais acumulados, outra face deste mesmo tema, quer a supressão do direito de computar prejuízos na apuração do lucro real são procedimentos legislativos que suprimem garantias de sede constitucional, tais como o princípio da capacidade contributiva, o princípio da vedação ao confisco, além de incidir em extrapolação da competência impositiva deferida à União Federal, tudo em prol, em homenagem a um afã tributário de um Governo atual que se diz liberal, mas que tem no atual Congresso um avalista insensível e impassível, porque apático, que legisla num sentido que nem mesmo os governos militares travestidos de legislador ousaram trilhar.

Ao meu modo de ver, ao meu pensar, qualquer impedimento, restrição ou subestimação da possibilidade de compensação de prejuízos legitimamente verificados viola a norma que atribui competência para tributar o que Becker, com propriedade, chama de fato signo-presuntivo de riqueza, uma vez que tal proceder importa tributação, no caso, não do lucro, mas sim do patrimônio que o produziu.

Esperando ter cumprido com o tempo que me foi dispensado, agradeço a atenção de todos. Obrigado. (*Palmas*)

PROF. AIRES BARRETO — Muito obrigado, Prof. Sidney. O senhor ficou contando no relógio quando escreveu, porque deram cravados os 15 minutos.

Profa. Misabel Derzi, para relatar.

RENDA E PATRIMÔNIO

PROFA. MISABEL DERZI — Eu gostaria de pedir desculpas ao auditório presente porque estou também, como o Dr. Natanael, substituindo os originais participantes desta Mesa de Debates.

Mas não poderia falar-lhes sem deixar expressa a minha declaração de amor ao Prof. Geraldo Ataliba. Os homens não costumam falar isso: "Sou apaixonado por Geraldo Ataliba". Eu sou apaixonada, sempre fui, por Geraldo Ataliba. Foi o que disse também o Prof. Luciano, e foi o que disse o Dr. Sidney Apocalipse. Eu sou muito simples nessa matéria. Todas as obras que escrevi até hoje sobre Direito Tributário dediquei ao Prof. Geraldo Ataliba, e pretendo continuar dedicando ao Prof. Geraldo Ataliba.

Ele trouxe para mim lições imperdíveis no tempo, não só do ponto de vista intelectual, mas do ponto de vista pessoal, pela generosidade de seu caráter. Era impressionantemente generoso, estava a serviço da ciência; fundou, por isso, e só por isso, uma escola de Direito Tributário, porque prestigiava e reconhecia o talento onde quer que o visse.

Ao prefaciar uma obra de Aliomar Baleeiro que está sendo reeditada agora pela Forense, Geraldo Ataliba disse, a respeito de Aliomar Baleeiro, aquilo que se pode dizer, todos nós dizemos, a respeito do próprio Geraldo Ataliba: é uma estrela, foi uma estrela, um sacerdote da Constituição, que continuará a lançar as suas luzes sobre nós por milênios mesmo depois de morta. Eu só peço a Deus, meus senhores, que eu possa ter, como tive no passado como aluna de Geraldo Ataliba, condições de continuar recebendo as luzes dessa estrela, porque qualquer mensagem, qualquer comunicação, depende, é claro, das condições de recepção. Então, eu espero, eu desejo à intelectualidade brasileira e a todos nós que somos colegas desse afeto e desse amor, que nós possamos captar para sempre e no futuro exatamente os seus ensinamentos, suas luzes que hão de iluminar e continuar iluminando os nossos caminhos.

Coube-me falar depois de ouvir meus colegas especialistas desta Mesa, todos eles. O Prof. Luciano da Silva Amaro tem trazido uma contribuição muito especial à teoria da renda e do imposto de renda no Direito Brasileiro. Eu destaco especialmente a questão da irretroatividade das leis postas pelo legislador no final de exercício, irretroatividade, essa, que encontrou no Prof. Luciano, de longa data, uma resistência realmente esclarecedora à consciência jurídica brasileira.

O que me ficou claro depois dessa exposição é que nós temos de distinguir fundamentalmente o que o legislador faz, na prática, daquilo que é admitido pela

Constituição. Não podemos dizer que não há ou não deve ser perseguida a construção de um conceito constitucional de renda. É costume dizer, e há quem diga, que o que é renda depende sobremaneira daquilo que disser o legislador ordinário, mas não é verdade. Isso não é verdade à luz do sistema jurídico brasileiro. E foi isso que todos os que me antecederam tentaram exatamente mostrar. O nosso sistema é peculiar; é fundamental distinguir entre renda e capital e patrimônio; a União não tem competência para tributar patrimônio ou misto de renda e patrimônio por lei ordinária. Se quiserem inventar um tributo novo, como seria o imposto sobre o patrimônio líquido das pessoas, só poderão fazê-lo mediante edição de lei complementar.

Então, se em outros países em que a Constituição não é tão rígida se faz nítida distinção entre renda e patrimônio para fins de aplicação do regime correto de um e de outro imposto, é imperativo da Constituição, por mais difícil que seja o conceito, extrairmos dela a diferença substancial entre renda e patrimônio. Não podemos, não estamos autorizados a confundir isso, e nem pode fazê-lo a União, que tem competência para tributar a renda e tem competência residual para criar imposto novo.

Para isso o que se tem admitido no mundo inteiro — eu não sei se essa diferença é justa ou se não é profundamente justa — é uma tributação da renda diferente na pessoa física da tributação da renda na pessoa jurídica.

A rigor nós adotamos na pessoa física o conceito de renda-fonte excedente (é sempre excedente, renda é sempre excedente), comparamos o fluxo dos ingressos em relação às saídas em determinado período, de modo que a diferença entre as entradas e as saídas fundamentais ou necessárias dedutíveis nos dá exatamente aquilo que se considera excedente. Mas na pessoa jurídica o regime é distinto, porque o legislador ordinário entendeu que o sistema seria diferente, e usamos não só o sistema de fonte, mas o sistema de acréscimo patrimonial.

Por quê? Por que essa diferença de tratamento? Exatamente porque no desenvolvimento de atividade econômica da pessoa jurídica — assim justificaram no início do século os legisladores europeus, especialmente os alemães — é fundamental a afetação de um patrimônio especial àquela atividade. Como renda é excedente em qualquer conceito que nós tenhamos da renda, a intervenção do imposto deve-se fazer sem nenhum prejuízo a esse capital ou a esse patrimônio, sob pena de não haver sobrevivência da atividade econômica, de essa atividade se tornar profundamente comprometida, de se inviabilizar a própria atividade. Isso esbarraria em conceitos constitucionais como direito de propriedade, livre exercício da atividade profissional, capacidade contributiva.

Despesas feitas em excesso na pessoa física e que não sejam dedutíveis, e que não acarretem aumento do patrimônio líquido, entre nós, aceitamos que possam ser tributáveis. Por exemplo, despesas suntuárias em que o contribuinte passa o ano todo fazendo viagens internacionais de recreio, no final do exercício nós não teremos acréscimo patrimonial, mas teremos renda. Porém esse conceito não se admite na pessoa jurídica. Portanto, é fundamental aquele conceito do Dr. Natanael: depesas necessárias, ordinárias ao desenvolvimento da atividade, têm de ser, no mais amplo sentido, absolutamente dedutíveis; mas outras despesas que configurem acréscimo do patrimônio — aquisição de imóveis, por exemplo, necessários ao desenvolvimento da atividade — são ativadas e acrescem o patrimônio líquido, e só quando elas podem sê-lo, quando isso configura realmente um acréscimo, é que são tributadas. De modo que as perdas paulatinas do patrimônio líquido pelas depreciações também vão ter de ser registradas nas demonstrações financeiras e reduzir o conceito de excedente ou de acréscimo.

Então, sempre funcionamos com esses dois modelos. Se eles podem ser revistos ou não... O fato é que o legislador brasileiro o tempo todo pretende confundir prejuízo com lucro. Basta nós nos lembrarmos, senhores, das tentativas do legislador ordinário brasileiro, recentemente — de apenas algumas dessas tentativas. Ora, lucro, sem dúvida nenhuma, é acréscimo patrimonial; prejuízo é perda de patrimônio líquido, é simplesmente perda. Não obstante, o nosso legislador tentou recentemente criar tributação da pessoa jurídica por compartimentos estanques; havia um conceito de lucro da atividade operacional, lucros advindos de aplicações financeiras de renda fixa e lucros advindos de aplicações de renda variável incomunicáveis, de modo que o prejuízo acaso apurado em um desses setores não era compensável com o lucro advindo de outros.

Criou-se, assim, por obra e graça do legislador infraconstitucional, a idéia de que uma mesma pessoa pode ter patrimônios distintos, o que é inviável. Quer dizer, aquela pessoa está tendo perda de patrimônio porque teve prejuízos, por exemplo, na atividade operacional; mas, como teve um ganho muito menor na atividade de renda fixa ou variável, não-operacional, no entanto, estará a pagar imposto de renda. Depois o legislador tem tentado limitar, em nosso País, exatamente a dedução dos prejuízos acumulados quer no tempo, quer em seu montante; ora no tempo, ora em seu montante. Ora, tem razão o Dr. Luciano ao criticar o problema do período. A idéia de período funciona realmente e tem de funcionar para o lucro, mas ela não pode funcionar para o prejuízo. E não pode funcionar para o prejuízo porque o fundamental é manter aquele patrimônio afetado à exploração da atividade comercial ou industrial. Só isso é que justifica a tributação em separado da pessoa jurídica e da pessoa física, é por isso que ela existe.

Se nós temos perda de patrimônio em um exercício, o lucro em outro, no subseqüente, não significa recuperação daquele patrimônio. O que significa, por exemplo, a perda de 100 e o lucro de 30 no exercício subseqüente? Significa que se tributa no exercício seguinte, ainda, perda patrimonial se não se permite dedução integral. Limitar-se essa dedução a 30% é instituir um imposto sobre patrimônio ou até sobre perda de patrimônio. Não tem sentido, quer dizer, não é um favor, o que nós temos que entender é que não é um favor do legislador deixar que se deduzam prejuízos acumulados, ou um desfavor limitar dedução dos prejuízos a um percentual qualquer dos lucros. Nós não estamos falando de favor, estamos falando de conceitos que estão imbricados na Constituição.

Por isso mesmo, em países em que a Constituição não contém a rigidez do nosso sistema o conceito de renda tem exatamente esse perfil a que estou me referindo. Basta dizer que na Europa as tendências da Comunidade Européia são todas nesse sentido. Em matéria de dedução dos prejuízos, o que se quer? Dedução dos prejuízos de todos os estabelecimentos filiais e sucursais da mesma pessoa jurídica, quer estejam em um país, quer estejam em outro, essa é a meta da diretiva européia, e dedução dos prejuízos integralmente para trás, de forma retroativa, dois anos. Quebra-se a questão do período em matéria de prejuízo. Retroativamente por quê? Normalmente um prejuízo acusado em um período refere-se a um erro ou a uma iniciativa ou um investimento equivocado em períodos anteriores. Então, dois ou três anos para trás, com retificação de balanço, pedido de devolução de imposto que eventualmente foi pago, e eles devolvem, e sucessivamente para a frente, sem fim. Vários países já implementaram a mesma orientação — a Inglaterra, a Alemanha, a Dinamarca, a Holanda. Eles não estão constrangidos pela busca de um conceito de renda por imperativo constitucional. É uma busca racional.

Prof. Aires Barreto — Muito obrigado pelo improviso maravilhoso da Profa. Misabel. Vamos passar às respostas às questões que foram trazidas, rapidamente. Por favor, o Prof. Luciano da Silva Amaro podia começar?

DEBATES

Prof. Luciano da Silva Amaro — Há uma questão sobre a mesa do Dr. Marco Aurélio, procurador da Fazenda de Minas Gerais. O que o Dr. Marco Aurélio pergunta é o seguinte:

"No contexto da teoria do imposto de renda, que acha o senhor do imposto sobre grandes fortunas, ainda que seja um tributo independente?"

Bem, eu confesso que tenho alguma dificuldade para responder à questão nos termos em que ela foi colocada, porque realmente um imposto sobre grandes fortunas não deve talvez ser examinado no contexto da teoria do imposto de renda, e sim no contexto da teoria do imposto sobre patrimônio, porque o imposto sobre grandes fortunas é o imposto nominadamente inscrito na competência expressa da União para tributar-se patrimônio.

Concordo com a Profa. Misabel quando ela diz que a União pode tributar patrimônio. Eu apenas deslocaria o fundamento constitucional, da competência constitucional da União para tributar patrimônio, do art. 154 para o próprio art. 153, no inciso VII — grandes fortunas. Grandes fortunas, e não quaisquer fortunas; grandes patrimônios, e não quaisquer patrimônios. A atribuição de competência, já disse Forsthoff, traz ínsita uma limitação. Quando a Constituição dá à União competência para tributar grandes fortunas ela está negando competência à União para tributar quaisquer outros patrimônios que não sejam adequados ao conceito de grandes fortunas.

Bem, nós não temos ainda um conceito de grandes fortunas. Sabemos que não é patrimônio, é mais do que isso; é uma fortuna, e não é uma mera fortuna, é uma grande fortuna. É isso que diz a Constituição.

Muito bem, dentro dessa concepção, parece-me que, nos termos do art. 153, inciso VII, a União pode instituir imposto sobre grandes fortunas nos termos de lei complementar; é o que diz o inciso VII do art. 153. Esse tributo seguirá a principiologia aplicável a imposto sobre patrimônio, e não ao imposto sobre a renda. Mas, dentro da previsão constitucional de se tributarem grandes fortunas, parece que já há alguns desdobramentos necessários aos quais o legislador infraconstitucional estará submetido.

PROF. AIRES BARRETO — Muito obrigado. Dr. Natanael, por favor.

PROF. NATANAEL MARTINS — Pergunta-me Eliseu Stocco Júnior:

"Por que as financeiras podem diferir as receitas provenientes de financiamentos concedidos ao longo do prazo de recebimento, ao passo que as demais empresas, como as mercantis, por exemplo, são obrigadas pela legislação do IR a reconhecer à vista, pela totalidade, o montante integral das receitas que somente serão efetivamente auferidas em momentos futuros? Não estaria, aí, maculado o princípio da isonomia?"

Eu creio que o problema é similar ao que foi debatido aqui na Mesa ontem — o problema das vendas financiadas, base de cálculo do PIS e COFINS. Eu digo "similar" no sentido de que certamente a Mesa concluiu que a base de cálculo do PIS e do COFINS é o preço da mercadoria posta ali no balcão. É o preço à vista. Essa venda é que dá o lucro naquela medida. Não é que as financeiras podem diferir. O que dificulta a colocação do problema é que, quando as financeiras fazem um financiamento, está dito "estou entregando a você 1 mil, receberei isso em dois, três ou quatro anos às seguintes taxas", ao passo que numa venda mercantil, como é o exemplo citado, se vende à vista, se vende a 30, a 90 ou a 100, e é comum até, por um problema de segredo do comércio ou porque o comerciante não está querendo mostrar ao comprador a taxa de juro embutida, fazer-se a venda pelo seu montante global.

A fiscalização do imposto de renda, num parecer normativo acho que de 73, já disse aos contribuintes: "olha, se o contrato der abertura, você pode se agregar entre o que é receita financeira e o que é preço da aquisição do bem". Então, desde que haja o contrato, inequivocamente o contribuinte tem o direito de diferir aquela receita financeira realizável ao longo do contrato estabelecido. Mas, e no suposto de que não haja? Mesmo assim, entendo eu, o contribuinte continuaria tendo esse direito. Bastaria que ele demonstrasse à fiscalização qual é o preço à vista e qual é o encargo financeiro embutido naquela operação pelo financiamento que ele assumiu perante o seu cliente, porque todo dinheiro tem um custo financeiro.

Talvez a Receita Federal ou talvez a legislação devesse expressamente estabelecer uma taxa de expurgo equivalente à média do custo do dinheiro no mercado naquele dado momento. Se se estabelece uma taxa do SELIC para pagamento de tributos em atraso, por que que não se estabelece, como diz a legislação de ICMS de São Paulo, um desmultiplicador? A legislação de ICMS de São Paulo, nas vendas a prazo a consumidores finais, dá um coeficiente desmultiplicador para que a base de cálculo seja o que "em tese" seria o preço à vista da mercadoria.

Mas, Eliseu, eu entendo que as empresas, as pessoas jurídicas, teriam, sim, o direito de diferir essa receita financeira pelo prazo contratado e tendo como parâmetro as suas vendas à vista, tendo como parâmetro talvez o custo do dinheiro no mercado — enfim, é uma solução difícil, mas a jurisprudência certamente haveria de estabelecer ou haverá de estabelecer um parâmetro.

Prof. Aires Barreto — Muito obrigado. Então, agradecendo ao Prof. Luciano Amaro, ao Prof. Sidney Apocalipse e especialmente à Profa. Misabel e ao Dr. Natanael pela gentileza de terem substituído os professores faltantes, dou por encerrada esta parte dos trabalhos. Peço que saiam para o intervalo e não tardem mais de 10 minutos a voltar, para começarmos a próxima Mesa. Muito obrigado pela atenção de todos.

MESA DE DEBATES (F) (25.10.96)

LEGALIDADE E MORALIDADE

AIRES BARRETO
CARLOS MÁRIO VELLOSO
CELSO ANTÔNIO BANDEIRA DE MELLO
DIVA MALERBI (Presidente da Mesa)
FERREIRO LAPATZA
FRANCISCO REZEK
MISABEL DERZI
SOUTO MAIOR BORGES
VALDIR DE OLIVEIRA ROCHA
WAGNER BALERA

PRINCÍPIO DA MORALIDADE — Moralidade administrativa. Princípios da lealdade e da boa-fé. Função do princípio da moralidade. Legalidade e moralidade. PRINCÍPIO DA SEGURANÇA JURÍDICA — Permanente mutação. PRINCÍPIO DA LEGALIDADE — Desvio do poder legislativo. Convênios. SEGURANÇA JURÍDICA — PIS — LEGALIDADE E MORALIDADE — Constitucionalidade. ICMS e transporte aéreo. Prisão civil. Direito alternativo. DEBATES — Medidas provisórias e o princípio da moralidade. Moralidade administrativa: alcance.

PROF. AIRES BARRETO — O X Congresso Brasileiro de Direito Tributário prossegue agora com o nosso convite para que o Prof. José Souto Maior Borges venha compor a Mesa. (*Palmas*)

A Mesa está composta, então, do Prof. José Souto Maior Borges, da Universidade de Pernambuco e professor emérito da Pontifícia Universidade Católica de São Paulo, do Prof. Valdir de Oliveira Rocha, livre-docente de Direito Tributário da Faculdade de Direito da Universidade de São Paulo, da Profa. Misabel Derzi, professora de Direito Tributário da Universidade Federal de Minas Gerais, do Ministro Carlos Mário Velloso, do Supremo Tribunal Federal, do Ministro Francisco Rezek, do Supremo Tribunal Federal, da Profa. Diva Malerbi, Juíza do Tribunal Regional Federal da 3ª Região e professora de Direito Tributário da Pontifícia Universidade Católica de São Paulo, do Prof. Celso Antônio Bandeira de Mello, titular de Direito Administrativo da Pontifícia Universidade Católica de São Paulo, do Prof. Wagner Balera, professor da Pontifícia Universidade Católica de São Paulo, e do Prof. Ferreiro Lapatza, catedrático da Faculdade de Direito da Universidade de Barcelona. Eu tenho a satisfação e a honra de passar a presidência desta Mesa à Profa. Diva Malerbi.

PROFA. DIVA MALERBI — Obrigada, Prof. Aires. Dando início, então, a esta Mesa de Debates em torno do tema da legalidade e da moralidade, não poderíamos deixar aqui, todos amigos queridos de Geraldo Ataliba, de começar estes debates ouvindo o nosso dileto mestre Prof. Celso Antônio Bandeira de Mello.

PRINCÍPIO DA MORALIDADE

PROF. CELSO ANTÔNIO BANDEIRA DE MELLO — A mim me coube tecer algumas considerações sobre o princípio da moralidade. Primeiramente quero cumprimentar o Prof. Aires Fernandino Barreto e agradecer a distinção que me conferiu de participar desta Mesa, tanto mais porque é composta por juristas de notória reputação, alguns dos mais ilustres do País. Cumprimento, na pessoa do Dr. Aires, os demais eminentes colegas de Mesa, cuja presença nestes trabalhos aumenta a minha responsabilidade.

O tema é "moralidade". A mim me acode que este tópico suscita, quando menos, duas questões fundamentais. Uma é o que seria esta moralidade. É claro que se está a falar de moralidade pública, de moralidade administrativa, portanto de moralidade também no exercício da atividade tributária; e a segunda é qual a função deste princípio da moralidade, que veio aportar ao nosso ordenamento jurídico. A segunda questão me parece mais fácil; a primeira, entretanto, é dificílima.

Quando a si próprio se perguntou um eminente filósofo o que é justiça, ele respondeu a si próprio: eu sempre soube ou julguei saber, dentro de certa medida, o que é justo e o que é injusto; mas, quando se me pergunta o que é justiça, eu já não sei mais se sei a respeito desse tema. A mesma coisa se pode dizer da moralidade. Todos nós temos uma sensação clara de que sabemos que certos comportamentos são imorais e que certos comportamentos são morais; mas responder o que é a moralidade — e a moralidade administrativa — é algo extremamente difícil.

Moralidade administrativa

Nós sabemos que essa palavra vem do latim *mos-mores* (costumes). Moralidade, portanto, seriam os bons costumes. Moralidade administrativa seriam os bons costumes na administração. Mas o que serão esses bons costumes? São costumes probos, são costumes dignos, são costumes pelos quais o exercente da atividade respeita não apenas os interesses que ele deve curar, os interesses públicos, mas respeita também os interesses alheios, os interesses dos membros da sociedade. A mais do que isso é difícil chegar. Pode-se substituir a expressão "moralidade administrativa" por uma série de outras palavras que continuam demandando novas substituições e novas explicações, num regresso ao infinito.

A moralidade administrativa é alguma coisa que muito mais se intui do que se pode descrever, mas podemos tomar como ponto de partida os bons costumes. Que bons costumes seriam esses? A respeito de certas noções, noções que trazem consigo valores, a tentativa de identificação deles deve ser feita não em função do que se pratica, mas em função daquilo que se crê deva ser praticado. Nós temos de tomar isto como ponto de partida desde logo, porque, se fôssemos imaginar a idéia de costumes e aplicá-la à administração, não haveria o princípio da moralidade administrativa, mas o princípio da imoralidade administrativa no Brasil.

Logo, é preciso ter bem presente que, ao se falar em moralidade administrativa, não se pode, em nenhuma hipótese, buscar como pauta condutora, como rumo, como bússola orientadora, os costumes resultantes da prática administrativa, porque eles são notoriamente, em nosso País, costumes os mais degradados possíveis em todas as áreas. Isto vale para a área da administração em geral e vale especificamente para a área da administração tributária.

Parece-me que, nesta matéria, ainda numa tentativa de me aproximar do que seria a moralidade administrativa e tendo fixado este ponto de que os costumes não podem estar reportados à prática que se realiza, mas àquilo que uma sociedade crê que seria a prática correta, ética, sendo esse o ponto de partida, eu diria que a moralidade administrativa pretende ser algo ao tanto distinto da moralidade em geral, mas a moralidade específica que se deve e se pode esperar da administração pública. E aqui nós poderíamos fazer uma comparação com a expectativa de moralidade que os cidadãos reputam dever ter uns em relação aos outros, e transplantá-la para a órbita da administração.

Freqüentemente, diante de certos comportamentos administrativos, nós teríamos de dizer, se se tratasse de uma relação privada, que a nossa contraparte é um sevandija, é um bandido, é um bigorrilha, é um ladrão, é um safado irresponsável. Freqüentemente. Os exemplos a esse respeito são legião. Pense-se no tema da responsabilidade do Estado, por exemplo. Se os nossos devedores, se as pessoas que devessem responder perante compromissos assumidos conosco, se comportassem do modo como o Estado se comporta, nós os teríamos à conta de indíviduos indignos e desonestos. Se nas relações contratuais que alguém trava com o poder público ele devesse avaliar a conduta governamental pelos mesmos parâmetros com que avaliaria o comportamento de um cidadão qualquer com o qual travasse um vínculo dessa natureza, seguramente qualificaria sua contraparte numa relação de direito privado como um indivíduo desonesto, desleal, incorreto e, para dizê-lo numa palavra prosaica e simples, um deslavado ladrão, porque realmente, na prática administrativa, o relacionamento entre o cidadão e o poder público revela que em nome "do interesse público" sua contraparte procura prejudicar e lesar ao máximo o indivíduo e o cidadão, crendo nisto que está realizando o interesse público.

Portanto, pretendia apenas fixar desde logo alguns tópicos, a saber: que a noção de moralidade é certamente uma noção ligada a bons costumes; sendo embora ligada a bons costumes, não são os costumes tal como se realizam, mas tal como a sociedade crê que deveriam se realizar. Dirão que este é um conceito extremamente vago, extremamente fluido, e que, portanto, se ubica no campo dos chamados conceitos vagos, fluidos, imprecisos ou elásticos, e que é impossível, conseqüentemente, deles dar uma noção iluminada pela luz forte que se consegue, que se obtém, em relação aos conceitos precisos, os chamados conceitos teoréticos.

Disto também resulta que esta expressão "moralidade administrativa", exatamente por participar desta categoria dos conceitos vagos, fluidos e imprecisos, tem a sua acepção profundamente dependente das concepções sociais vigentes em dado tempo e lugar, o que não é absolutamente nada de surpreender em Direito. Inúmeras noções nossas são desta mesma compostura.

Nós sabemos que o Direito, na verdade, promove uma comunicação entre os homens, que o Direito é, neste sentido, uma linguagem. E, sendo uma linguagem, ele se reporta ao entendimento que se possa ter das palavras que recobrem esses conceitos. Logo, a densidade dessas palavras, no fundo, não é dada pelo emissor da linguagem, mas pelo receptor da linguagem. É certo que quem a emite já está fazendo uso do conceito ou da expressão refletindo aquilo que existe dentro de uma comunidade. É uma noção vaga, é uma noção fluida, é uma noção imprecisa, mas de toda sorte é uma noção estritamente dependente do entendimento social num dado momento e num dado tempo histórico.

É por isso que, em épocas de grande flacidez a respeito do que seja moral, também a moral administrativa vai ser contaminada, digamos, ou influenciada por esse mesmo fenômeno que se passe globalmente no seio da sociedade. É por isso também que, reversamente, em épocas em que a sociedade é muito estrita em suas pautas de conduta, em que se preza extremamente a palavra empenhada, a boa-fé, a lealdade, as exigências atinentes à moralidade administrativa serão muito maiores.

Neste tema de moralidade administrativa particularmente entendo que se deve dar um destaque, uma saliência, um relevo todo especial, ao chamado (*falha na gravação*) mereceu um tratamento simplesmente modelar por parte de um eminente publicista espanhol, o Prof. Jesus Gonzáles Perez, em seu trabalho *O Princípio da Boa-Fé no Direito Administrativo*.

Princípios da lealdade e da boa-fé

Gonzáles Perez, ao tratar do princípio da lealdade e da boa-fé, diz que tal princípio é exigível em quaisquer relações, nos atos, nas obrigações em geral, e que dito princípio existiria independentemente de consagração no Direito Positivo. Dele talvez se pudesse dizer que faz parte dos princípios gerais de Direito. E advertia Gonzáles Perez: não é pela circunstância de o Direito Positivo havê-lo consagrado que ele passou a existir a partir daí.

Realmente, muitas vezes se tem dos princípios gerais de Direito uma noção um tanto, eu diria, imprecisa, de que os princípios gerais de Direito correspondem simplesmente a sentimentos de justiça ou a aspirações e desejos sociais. Mas os princípios gerais de Direito são muito mais do que isso. Quem o disse com habitual acuidade e perfeição foi outro jurista espanhol, o Prof. Eduardo García de Enterría, observando que os princípios gerais de Direito não são de ser aplicados pelo juiz dependendo pura e simplesmente de um eventual sentimento de eqüidade ou de justiça que o juiz tenha e que retire meramente de padrões de boa conduta, mas são mais do que isso. Eles são, na verdade, o substrato de um ordenamento jurídico, e que, por isso, o integram e não podem deixar de ser aplicados.

Eu diria que o princípio da moralidade administrativa — e nisto revejo concepções antigas, já as revi por escrito expressamente — é um princípio geral de Direito e integra o ordenamento jurídico. E para nós ele se nos afigura particularmente visível nas exigências de lealdade e de boa-fé. É a conduta leal, é a conduta de boa-fé em relação à contraparte uma das principais características da moralidade administrativa, vista por um dos lados; vista pelo seu outro ângulo, o princípio da moralidade administrativa representa uma atitude leal e de boa-fé do administrador público em relação à própria administração, em relação à defesa do interesse público. É esta composição necessária, que tem de existir entre a preocupação de defesa do interesse público e o respeito aos direitos do cidadão, aquilo que vai permitir que se considere que há ou não há maior ou menor moralidade administrativa.

Passo para o segundo tópico, até porque não seria possível alongar-me a respeito do assunto numa Mesa em que eu tenho o máximo interesse em ouvir os meus colegas; e seguramente, tanto quanto eu, os senhores estão ansiosos em ouvir outros pontos de vista. Passo para o segundo tema.

Função do princípio da moralidade

Qual é a função do princípio da moralidade que está estampado no texto constitucional mais de uma vez, seja na previsão do art. 5º, LXXIII, ao tratar da ação popular, que permite anular atos agressivos à moralidade administrativa, seja no princípio da probidade da administração, cuja violação deve acarretar o impedimento do Presidente da República, seja no próprio art. 37, ao apontar entre os princípios regentes da administração direta, indireta ou fundacional do três poderes, de todas as esferas de governo, o princípio da moralidade administrativa? Qual é a função? Por que existe? Por que foi posto no texto? De que serve, afinal?

No meu modo de entender, o princípio da moralidade significou um acréscimo que o constituinte entendeu de colocar à disposição do cidadão para que um ato fosse atacado, uma conduta, uma política eventualmente — porque uma política é uma sucessão de atos administrativos — fosse atacada mesmo quando não pudesse ser atacada por uma visão estrita do princípio da legalidade, simplesmente o cumprimento das normas postas. A razão de existir do princípio da moralidade é ensejar aos administrados que, junto ao Poder Judiciário, obtenham a fulminação das condutas que eventualmente não poderiam fulminar com base simplesmente na contradição a um texto, a uma norma legal, ou quando, ainda que aquela conduta fosse em princípio ou em tese atacável em face do princípio da legalidade, concebido este em todas as suas implicações, concebido em seu sentido finalístico, concebido em sua necessária proporcionalidade e razoabilidade, ainda quando pudessem atacá-lo com fundamento no princípio da legalidade, a prova fosse particularmente difícil e tormentosa.

Legalidade e moralidade

Ataliba sempre teve uma consciência muito clara de que o Direito Tributário é um ramo, um capítulo, na verdade, embora muito desenvolvido, do Direito Administrativo. O que se pretende, portanto, com o princípio da legalidade é ofertar aos cidadãos, à comunidade, aos órgãos de controle, neles incluído, evidentemente, o Tribunal de Contas, a possibilidade de fulminar um ato, fulminar um comportamento; mesmo se a referência fosse feita apenas a uma regra, a uma norma encartada no sistema, e não pudesse à luz dela ser impugnada, que possa sê-lo perante o princípio da moralidade.

Logo, o princípio da moralidade vem como um *plus*, vem como algo a mais, seja porque oferece um meio de ataque a um ato, ainda quando não fosse atacável em face do princípio da legalidade, seja porque, atacável pelo princípio da legalidade, a prova, a demonstração, seria extremamente difícil, mas ao lume dos padrões de decência, de dignidade, de honra, de palavra empenhada pelo aparelho administrativo, pudesse sê-lo.

Isto suscita uma pergunta: mas, então, a moralidade é algo à parte? Eu diria que num sentido é; mas a partir do momento em que é consagrada na ordenação jurídica ela se converte também em um dos elementos da legalidade. Ou, se se quiser, para usar uma expressão mais ampla, em um dos elementos da juridicidade do comportamento administrativo — porque é óbvio que, a partir do instante em que se incorporou ao ordenamento jurídico positivo, e de modo estampado e expresso não apenas como princípio geral de Direito (que já seria boa razão para utilizá-lo), à medida que se incorporou, também ele faz parte do reino da legitimidade.

Vejamos, poder-se-á ter a impressão: mas será que existem hipóteses deste jaez, em que um ato não seria atacável do ponto de vista da legalidade, do ponto de vista do sentido, da teleologia da regra, e ainda assim poderia ser fulminado apenas por ofensa à moralidade administrativa?

Eu diria que o Brasil de hoje nos oferece um manancial fértil de exemplos de agressão ao princípio da moralidade. Cenas explícitas de imoralidade administrativa, de imoralidade pública, estão sendo praticadas aos nossos olhos. Eu diria que estamos assistindo a um verdadeiro *strip-tease* moral. Podemos ver, e trata-se às vezes de um *strip-tease* particularmente chocante, que poderia causar um repúdio das famílias pelo escândalo que, quem sabe, provocasse mesmo em indivíduos de sensibilidade moral um tanto rústica.

Eu vou dar um exemplo aos senhores, talvez o mais claro dos exemplos que se possa dar. É absolutamente imoral, ainda que não se possa aduzir uma regra jurídica em desfavor, uma proposta de emenda constitucional para que alguém, estando no poder, possa ser reeleito, mormente se não houver desincompatibilização. (*Palmas*) Pode haver algo mais escandaloso do que alguém jurar obediência à Constituição e propor, estando consignado na Constituição que não há reeleição, que possa ser reeleito ele mesmo, e sobretudo nesta última modalidade, sem desincompatibilização? Pode haver algo que fira de maneira mais evidente os princípios da moralidade pública? Parece-me difícil encontrar um comportamento dessa natureza, salvo os que já caíssem no campo sancionado por normas até penais.

Darei um outro exemplo: a troca de cargos ou vantagens públicas por votos. Esqueçamos totalmente o governante *a*, o governante *b*, o governante *c*, a época *a*, a época *b*, a época *c*; pode haver algo que fira mais evidentemente os princípios da moralidade administrativa do que oferecer cargos em troca de votos no Congresso Nacional, maiormente se os votos forem para atender ao interesse pessoal? É impossível. Eu peço empenhadamente aos colegas que, por favor, procurem não pensar especificamente no administrador *a*, no administrador *b*, no administrador *c*, na época tal ou qual, até porque, se pensarem, as inclinações pessoais de cada um evidentemente concorrem num ou noutro sentido. Praticamente não há ato imoral que não possa ser justificado. Sempre se pode trazer uma justificativa.

Num caso como este, por exemplo, seria fácil dizer: "Bom, mas eu estou gerindo este país com uma tal eficiência, com um tal sucesso! Por que submeter este país à infelicidade de ter eventualmente um outro indivíduo com orientação tão nociva ao país?" (*Risos*) É uma justificativa. "Eu preciso do voto *a*, do voto *b*, do voto *c*, no Congresso para realizar o bem da minha pátria. Como é que eu não vou usar dos meios que afinal estão disponíveis para defesa do interesse da minha pátria?"

Vejam, é sempre possível defender inúmeras condutas. Por isso é que eu peço: por favor, não personalizemos, para que possamos apreciar a valia ou não de certos exemplos a respeito de hipóteses em que não há ofensa ao princípio da legalidade, mas há ofensa ao princípio da moralidade administrativa.

Eu vejo que já passei demais, e peço desculpas aos meus colegas da Mesa. Muito obrigado. (*Palmas*)

PROFA. DIVA MALERBI — Certamente o Prof. Celso Antônio Bandeira de Mello disse o que Geraldo Ataliba gostaria de ouvir, se estivesse de corpo aqui presente. Sei que está profundamente feliz com as palavras que ouviu daqui, do seu querido amigo e, como dizia a todos nós, "meu mestre também". Eu passaria agora a palavra a uma outra figura também exemplar no nosso mundo jurídico e que contava com a maior aquiescência afetiva e intelectual do nosso mestre Geraldo Ataliba. Eu passo a palavra à nossa querida Profa. Misabel Derzi.

PRINCÍPIO DA SEGURANÇA JURÍDICA

PROFA. MISABEL DERZI — Eu tenho de repetir nesta manhã, mais uma vez, a honra que tenho de falar neste Congresso em homenagem a Geraldo Ataliba, nesta Mesa de Debates composta pelos mais ilustres juristas. Eu tentei lutar, antes de vir para cá, pelo direito de falar em outra posição, não logo depois do Prof. Celso Antônio, mas fui privada desse benefício. Então, os senhores vão ter de acolher as minhas observações com todas essas reservas que eu aqui estou a lhes assegurar.

PERMANENTE MUTAÇÃO

O tema que me foi designado é proibição de excesso, e depois permanente mutação. Na verdade, eu ia falar sobre proibição de excesso, mas, diante da fala do Prof. Celso Antônio, me ficou mais palpitante a permanente mutação. Não a mutação pela mutação do direito, e sim a idéia fundamental que devemos ter de permanência na mutação; ou seja, a vinculação desse tema a um princípio fundamental do Estado de Direito, que é a segurança jurídica.

O que temos é que a nossa realidade — não só a realidade social, mas a realidade jurídica — é mutante. E ela muda continuamente, não só por obra e graça do legislador que faz modificações ao texto da Constituição ou à legislação infraconstitucional, ou seja, a esses enunciados do Direito, como a mutação se dá por via do sentido continuamente, da real interpretação do Direito, independentemente da mudança do enunciado, da formulação posta na lei ou na Constituição. Enfim, um dispositivo qualquer da Constituição ou da lei pode ter num determinado momento interpretações diferentes, ou comportar leituras diversas. Tanto é assim que, independentemente da mudança do enunciado na sua formulação escrita, muda a jurisprudência, muda a interpretação.

É aquilo que nos dizia o Prof. Paulo de Barros Carvalho na belíssima conferência que proferiu na manhã de ontem. O que nós temos com certa rigidez no tempo, de que podemos determinar a estabilidade no tempo, é o enunciado escrito; mas a norma que se deduz dos enunciados, que é o Direito, é continuamente construída e é sempre implícita no Direito. Dizia ele que dizer que norma jurídica é implícita é até uma tautologia, porque, na verdade, o Direito é construído todo dia, por meio das suas contínuas aplicações concretas, por meio da interpretação que dele façam os tribunais e que dele façam o Poder Executivo provisoriamente, a própria administração provisoriamente. Então, a mutação que nós temos se dá não só diretamente, nos enunciados formulados, como no sentido que emprestamos ao próprio Direito.

Nesse contexto, o que buscamos o tempo todo? Segurança. E o que temos de garantia nessa permanência na mutação contínua? Os senhores viram que contra as mudanças na Constituição nós temos a teoria daquilo que é intocável, daquilo que se chama de imodificável ou de cláusula pétrea. Contra as mudanças do legislador nós temos o princípio, por exemplo, da irretroatividade das leis. E contra a mudança de sentido nós temos o princípio da irretroatividade do Direito. E é exatamente isso que eu gostaria de ponderar com os senhores que estão aqui presentes — na verdade, a inteligência dos princípios, enfim, das normas e dos valores e da eficácia da própria Constituição.

Como é que vamos viabilizar a sua eficácia? Depende da nossa construção do próprio Direito no dia-a-dia. Mas a Constuituição em vigor não nos protege apenas contra as mudanças que o legislador faça nos enunciados dos valores, princípios e normas diretamente; a Constituição nos protege contra as mudanças de sentido, desde que sejam possíveis e tenham sido sempre possíveis, a um mesmo enunciado. Por isso, nós deveríamos corrigir desde logo aquilo que chamamos de irretroatividade das leis. O que o nosso sistema jurídico garante, sem dúvida nenhuma, é a irretroatividade do Direito. Assim é que nós temos o mínimo de segurança na constante mutação da realidade.

Os senhores sabem muito bem que o fenômeno da interpretação não é linear, nem é sequer circular — o famosíssimo círculo hermenêutico interpretativo. Hassemer há muito tempo já dizia: a interpretação é um fenômeno, se formos lembrar uma figura geométrica, espiralado, porque nós o tempo todo vamos da norma ou do enunciado ao fato e do fato à norma, mas não encontramos nunca o sentido, depois de irmos ao fato, da norma num mesmo ponto. A nova visão dos fatos ilumina também o sentido que tínhamos dado à norma. A norma está em outro ponto, colhemos a norma em outro ponto, já não vamos reinterpretar ou qualificar os fatos no mesmo ponto em que estávamos antes.

Então, a construção do Direito se faz muito mais por meio de uma espiral do que por meio de um círculo. E o que a Constituição protege, na verdade, é a permanência nessa mutação. Então, ao legislador é vedado retroagir não só na formulação, como no sentido que foi dado a determinada norma. Ao Poder Judiciário é vedado voltar atrás num caso concreto depois da coisa julgada, depois de protegido o dissídio pela coisa julgada, por meio da uma nova interpretação que seja também possível. Portanto, o Poder Judiciário não se trava para o futuro, mas se trava para o passado; é o mínimo de segurança jurídica que a Constituição assegura.

Quando a Constituição diz lei, no princípio da irretroatividade, ela quer dizer no sentido possível da lei. Ela quer dizer norma; não quer dizer enunciado da lei. Mas o que se protege na Constituição é um sentido que se atribuiu à lei e que era possível. Não, é claro, um sentido contra a lei, mas um sentido possível da lei. E isso é que é segurança jurídica: a permanência na mutação. E o mesmo princípio acolhe a administração, e a administração na cobrança de tributos.

O que nós temos é uma proteção, e temos de defender isso continuamente, na confiança do Estado de Direito. De modo que não só é vedado refazer ou rever o ato administrativo contra os contribuintes; é um dever anulá-lo ou revê-lo quando ele se faz contra a lei. Mas, quando ele se baseia em uma interpretação mais favorável ao contribuinte, não só é vedada a revisão, como também não há possibilidade de retroação na interpretação para a administração fazendária.

Então, de uma vez por todas, eu vejo repetido nos livros e manuais aquilo de que, na verdade, nós ainda não nos conscientizamos profundamente. O Prof. Paulo de Barros Carvalho, ao dizer sobre o Direito continuamente construído, dizia também: "mas esse é um princípio tão elementar que dele eu nunca vi ninguém discordar". Quando eu digo que a norma é implícita, que ela é construída o tempo todo, também ninguém discorda, mas a pergunta é a seguinte: será que de fato não se discorda apenas do ponto de vista intelectual, mas ainda não se examinou a extensão do fenômeno? Pois algo que é tão simples, tão elementar — o Direito é continuamente construído, o sistema é aberto —, isso que é dito de forma tão elementar, não passou ainda pela reformulação dos mais elementares princípios do Direito. Por isso é que nós temos o tempo todo leis de reforma ferindo princípios da Constituição, básicos e fundamentais, ou leis infraconstitucionais tentando bloquear direitos e atos jurídicos perfeitos ou fatos jurídicos do passado.

Eu não vou me alongar mais. Muito obrigada a\ todos os presentes. (*Palmas*)

PROFA. DIVA MALERBI — Obrigada à Profa. Misabel. Eu passaria, agora, a palavra ao nosso estimado Prof. Wagner Balera.

PRINCÍPIO DA LEGALIDADE

PROF. WAGNER BALERA — O assunto que me foi designado é a legalidade. Eu gostaria de dizer que a legalidade poderia ser resumida como que a um *slogan*. Se eu fosse aquele político que falava em três segundos — meu nome é fulano —, poderia dizer assim: legalidade, meu nome é Constituição. De fato, no Estado de Direito, também para utilizarmos uma linguagem freqüente hoje em dia, o ambiente do Estado de Direito é a legalidade e o formato do Estado de Direito é a legalidade.

Mas por que será, então, que isso deve ser realçado, sublinhado duplamente, quando se trata do Direito Tributário? Talvez porque o Direito Tributário seja aquele que afeta os bens das pessoas, e os bens das pessoas são objeto de específica garantia constitucional no nosso ordenamento jurídico. Portanto, a legalidade ou legalitariedade, como preferia na sua linguagem apropriada Pontes de Miranda, é um requisito para a existência e legitimidade de qualquer sistema tributário.

Desvio de poder legislativo

Onde é, portanto, que se pode afrontar a legalidade? Em primeiro lugar, talvez o caso mais grave que se tenha em vista no Direito brasileiro dos nosso dias é através do desvio de poder legislativo. E é o que está acontecendo freqüentemente. Não é de se estranhar que haja desvio de poder legislativo. Santi Romano já afirmava que isso é perfeitamente possível, uma das formas de desvio de poder é de poder legislativo, e é exatamente o que está acontecendo, por exemplo, com a prática reiterada de medidas provisórias que não são apreciadas no prazo constitucional pelo Poder Legislativo e são automaticamente reeditadas. Isso, por si só, já constituiria uma cabal afronta ao Estado de Direito, e especificamente à legalidade — desvio de poder legislativo.

No Direito Tributário têm sido inúmeras as disposições desse jaez, embora nós tenhamos desde o início afirmado — nós aqui, os estudantes de Direito Tributário, alunos de Geraldo Ataliba — que medida provisória não seria o veículo apropriado para versar matéria tributária. O que se vê é medida provisória cuidando desse assunto, desviando poder legislativo e sendo reiteradamente editada, produzindo efeitos, efeitos que não são disciplinados pelo Poder Legislativo, como determina a Constituição. Então, talvez esse seja o mais grave dos desvios de poder legislativo e afronta à legalidade que se têm visto na prática da Constituição de 88.

Um outro aspecto que também merece consideração: pelo sistema tributário brasileiro foi reservado um papel importantíssimo à legislação complementar, à lei complementar, que é um instrumento formal e materialmente indispensável para a construção do sistema constitucional tributário brasileiro.

Pois bem, o que tem acontecido é que o Poder Legislativo Federal (*falha na gravação*) os Estados-membros se arvoram no direito de, na omissão de lei complementar, trabalhar em temas que estão sob reserva de lei complementar. Isso já não é desvio de poder; é usurpação da competência legislativa federal e, como tal, afronta o princípio da legalidade.

Convênios

Um terceiro aspecto — eu procurei situar três ou quatro coisas, só para mostrar o que está acontecendo, no meu ponto de vista, sobre isso — é a questão dos convênios. A legalidade exige, o atributo da legalidade exige, respeito a um princípio que estava implícito na nossa Constituição e que agora foi explicitado, que é o princípio do devido processo legal. O devido processo legal é uma variante da legalidade, e a elaboração de convênios, no nosso Direito Constitucional Positivo, exige todo um ritual, que é o devido processo legal, na perspectiva formal. Os Estados-membros podem, sim, elaborar convênios, mas eles têm de respeitar aquela formalidade inerente a essa forma excepcional de legislação tributária que é o convênio. E isso também não tem sido observado no nosso ordenamento tributário presente. A delegação legislativa que está implícita na possibilidade constitucional de edição de convênios não tem sido veramente observada na nossa área.

É bem verdade que a Constituição fez algumas atenuações ao princípio da legalidade estrita, da legalidade tributária. É o que acontece, por exemplo, com os tributos, que, nos termos da Constituição, podem sofrer alterações por ato do Poder Executivo. É o caso do imposto de produtos industrializados, do imposto sobre operações financeiras; mas mesmo aí o requisito da legalidade deve sobressair, se impor aos demais requisitos previstos na Constituição.

Em matéria de convênios é o caso, mesmo, de se pensar na influência toda que as exigências da política econômica podem determinar na conformação da legislação brasileira tributária infraconstitucional. É o que está acontecendo hoje em dia com os tratados que disciplinam a dupla tributação ou a tributação por vários países, e que também têm um ritual rigidamente estabelecido para celebração na Constituição, que tem sofrido os influxos de uma política econômica que, sob o pretexto do desenvolvimento, arrasta os valores constitucionais para debaixo da mesa.

Então, esses aspectos da legalidade, esses específicos atributos da legalidade, são exigência constitucional, devem ser respeitados. E o devido processo legal, como atributo específico da legalidade brasileira, não tem sido observado nas nossas elaborações legislativas mais recentes.

Alguns dos tributos que a Constituição atenua à matéria da legalidade têm justificação antes econômica do que jurídica, porém todos eles, sem exceção nenhuma no ambiente da Constituição de 88, devem respeitar os parâmetros estabelecidos pela lei tributária. A lei tributária brasileira estabelece uma hierarquia bem precisa nas fontes do Direito, de tal modo que sempre que a Constituição coloca exceções ao princípio da legalidade os limites constitucionais já estão traçados; os limites constitucionais devem estar embutidos especificamente na lei tributária. Esses limites não podem ser ultrapassados, sob pena de se estar praticando desvio do Poder Legislativo — e são centenas os exemplos dessa prática, como se verifica na jurisprudência dos tribunais — ou usurpação do Poder Legislativo, o que também se tem visto naqueles casos em que a repartição das competências tributárias está disciplinada na Constituição mas não está disciplinada corretamente na legislação infraconstitucional.

Esses são alguns aspectos que eu gostaria de levantar para os senhores. Eu nem mesmo ousaria utilizar o tempo que me foi reservado porque, numa Mesa tão ilustre, de pesos pesados, quem sou eu para ficar falando tanto tempo?

Mas gostaria de finalizar dizendo que o discípulo amado registrou algumas lições do mestre, e a lição do mestre que eu gostaria de citar aqui — lembrando do nosso mestre — é aquela que está bem traduzida nas várias traduções que houve do *Evangelho de São João*, a que está muito bem traduzida e que significa o que eu estou pensando a respeito da ausência presente de Geraldo Ataliba neste Congresso: "quem vive e crê em mim, não morrerá para sempre".

Muito obrigado. (*Palmas*)

SEGURANÇA JURÍDICA

PROFA. DIVA MALERBI — Como o Professor e Ministro Francisco Rezek pretende ficar um pouquinho mais para a frente, então falo eu dentro desta seqüência. O tema que me foi reservado aqui é o da segurança jurídica — tema tão querido do mestre de todos nós. O maior legado deixado por Geraldo Ataliba foi a metodologia de como se ver o Direito. Em todas as suas obras ficou cristalizada a idéia de que, para se entender, estudar, compreender qualquer instituto de direito público, depende-se de um exame prévio dos princípios ou dos valores postos na base pelo povo, na sua manifestação política plena, que é a Constituição.

Por isso, Geraldo Ataliba tratou do princípio mais importante posto na base da nossa comunidade, que é e sempre foi o princípio republicano, e, com sua didática inexcedível, demonstrou que, no edifício das instituições republicanas, os princípios da legalidade, da igualdade e os demais direitos fundamentais vêm a conformar aquilo que se pode entender como Estado de Direito. Ele dizia sempre: o Direito vale pelas suas normas, pelos seus ingredientes, mas vale também, e muito mais, pelo modo de arrumar estas normas e seus princípios. Ele deduziu do princípio republicano o cerne, a essência de todas as demais instituições.

É com este espírito que eu vejo que, no tema da segurança jurídica, o Prof. Geraldo Ataliba nos deixou o legado maior. Ele dizia: no relacionamento do Estado com o particular permeia toda a Constituição — e este é o sentido de que falava a Profa. Misabel Derzi agora há pouco —, o sentido que permeia todas as normas e os enunciados que estão na Constituição é o de que no relacionamento do Estado com o particular devem prevalecer os princípios da lealdade do Estado, da não-surpresa do particular com as medidas governamentais, sobretudo em matéria de tributação, e previsibilidade da ação estatal.

As belíssimas palavras do Prof. Celso Antônio Bandeira de Mello me levam a uma reflexão de quão importante se afigura hoje o exame do princípio da moralidade em si, tal como inserto dentro da Constituição. No controle jurisdicional dos atos estatais, o princípio da moralidade, como o Prof. Celso Antônio Bandeira de Mello disse, já estava embutido no controle de legalidade do ato. Parece-me, então, que a Constituição quis, na verdade, pelo elemento finalidade do ato, uma reafirmação, esse *plus* a que se referiu nosso mestre, de que tanto podemos fazer esse controle da imoralidade do comportamento estatal através da legalidade conjuntamente com a legalidade ou autonomamente. O inciso LXXIII do art. 5º nos diz: "mesmo atendidos os requisitos da legalidade".

Transposta esta questão, já que o tema é legalidade, moralidade e, aqui, a segurança jurídica, e repassando estas noções, eu penso que um exemplo típico em matéria tributária é o que nós verificamos nos casos de importação. É consabido que uma das exceções ao princípio da não-supresa, traduzido na anterioridade da lei tributária, são os tributos ligados ao comércio exterior, pois sua própria regulação está nas mãos da União e, constitucionalmente, é permitida a alteração de alíquotas em função desta regulação. Então, poder-se-ia ter realmente, nesta hipótese, alterações da alíquota, desde que atendidos as condições e os limites da lei.

Esta legislação vem, desde 1957, regulando estes limites e condições. Mas aqui eu já nem falaria do problema — me parece até que teriam sido vulnerados. Eu me atenho, aqui, a um outro aspecto que foi levantado pelo Prof. Celso Antônio Bandeira de Mello: como realizar esse controle jurisdicional autônomo da moralidade no Direito Tributário? Parece-me que, à medida em que houve atos estatais nos quais, por força ou não de atos internacionais, passou-se a ter um comprometimento, com a devida publicidade, de uma redução de alíquota a zero até o ano 2000, será, Prof. Celso Antônio Bandeira de Mello, que há aqui esta quebra? Então poder-se-ia ter pela legalidade uma alteração das alíquotas, mas seria possível ter, deste recôndito da moralidade, um comprometimento e posteriormente uma virada? Não estaria infringindo, nesta hipótese, tudo aquilo que o nosso mestre chamou de segurança jurídica?

Um outro caso que me leva também à meditação, depois de ouvir estas belíssimas palestras: eu me perguntaria se também nós não estaríamos, dentro do campo do princípio da moralidade administrativa, num outro fato, um outro comportamento estatal — falo aqui como professora, muito mais doutrinariamente, mas não posso deixar de fazer esta meditação. Havia dois decretos-leis, um deles de n. 2.445/88, ambos anteriores à Constituição atual, declarados inconstitucionais por um vício de forma pelo Supremo Tribunal Federal. Como isto implicaria, com a sua declaração de inconstitucionalidade e posterior expulsão do mundo jurídico por resolução do Senado Federal, uma diminuição de dinheiro no Tesouro Nacional, diversas medidas provisórias foram editadas contendo em seu bojo o mesmo conteúdo regulado pelos Decretos-leis — e não vou entrar, aqui, na questão em si —, todas elas em busca da não-perda desta arrecadação, isso foi evitado e buscado através de medida provisória.

Será que o princípio da moralidade administrativa aqui também poderia receber um tipo de controle autônomo? Quer dizer, já nem falo, com relação às medidas provisórias, quanto à posição doutrinária de poderem ou não editar normas tributárias; refiro-me, aqui, ao conteúdo. Há uma decisão do Supremo Tribunal Federal e esta busca só teve em vista este conteúdo. As medidas provisória poderiam ser editadas, não entro nessa questão, mas sim na questão da moralidade administrativa. Poderia ser buscado, mediante medida provisória, algo que havia sido afastado em declaração de inconstitucionalidade pela Suprema Corte do País?

PIS

Uma terceira questão, ainda ligada à segurança jurídica: nós sabemos que o chamado PIS recebeu uma nova fisionomia com o advento da Constituição de 1988, deixando de ter aquele destino de um fundo de participação do empregado na empresa e — como bem disse, em inúmeros julgados, o Ministro Carlos Mário Velloso — passou a ter, com o artigo 239, uma destinação previdenciária. Recepcionado, portanto, com esta destinação — e sem entrar em qualquer discussão a respeito das espécies tributárias —, o fato é que há na Constituição uma linha divisória, previsão de regimes jurídicos diferentes, que não pode ser deixada de lado. E um deles é o de que, tendo o PIS uma destinação previdenciária específica, passou a assumir uma natureza de contribuição social para a Seguridade Social, que aqui no nosso tema de segurança obedece não à anterioridade do art. 150, inciso III, letra "b", mas obedeceria à chamada anterioridade mitigada, ou seja, àquele prazo de 90 dias, a que se refere o artigo 195, § 6º.

Posteriormente, tivemos a edição da Emenda Constitucional Revisional n. 1/94 e, após, a Emenda Constitucional n. 10/96, que transmudaram esta destinação. Haveria aqui algum infringimento a este conjunto que nos liga àquilo que chamamos de princípio da segurança jurídica?

Estas são algumas questões que, embora tais temas venham no dia-a-dia, nos levam a meditar, e da lição do Prof. Celso Antônio Bandeira de Mello a esse respeito me parece que esse *plus* acrescentado pelo princípio da moralidade veio a reafirmar que a licitude, quer dizer, a composição, hoje, da juridicidade — como falou o Prof. Celso Antônio Bandeira de Mello —, não requer apenas legalidade; requer também aquilo que se chama de legitimidade. Que o Estado se submeta não só à lei, mas se submeta, ao fazê-la, à vontade popular para ser legítimo o ato. E há inúmeros dispositivos na Constituição que se referem ao Estado pedindo essa licitude no seu comportamento.

Parace-me que o princípio da moralidade administrativa se aplica a toda função pública, e estes atos deveriam passar pelo crivo do controle jurisdicional, quer de uma forma mais comportada, conjuntamente com o controle do desvio de finalidade ou abuso de poder da legalidade, quer autonomamente em certos atos, como nestes exemplos. Acho que está por merecer realmente esse controle autônomo.

O Prof. Geraldo Ataliba costumava se referir sempre a um provérbio chinês que diz: quanto mais usadas as escadas dos tribunais, menores serão as cadeias do país. Há que se ter por presente esta lição, e é somente através desses controles que poderemos ter esse Estado de Direito que sempre quiseram as nossas instituições republicanas.

Muito obrigada. (*Palmas*)

Me perdoem a emoção. Quando falo no Prof. Geraldo Ataliba é impossível não me emocionar. Eu passaria, então, a palavra ao nosso querido Ministro Francisco Rezek.

LEGALIDADE E MORALIDADE

MIN. FRANCISCO REZEK — Muito obrigado, Profa. Diva Malerbi. Eu lhes proponho que reflitam comigo sobre a alta incidência no Brasil contemporâneo da antinomia que se estabelece em todos os setores da sociedade entre os conceitos de legalidade e moralidade — como passou a fazer parte do discurso cotidiano na imprensa brasileira e no colóquio trivial dos cidadãos a assertiva de que tal situação é legal, porém imoral, ou é o oposto: vestida de inteira moralidade, porém não patrocinada pela lei. Reflitam sobre isto e chegarão, possivelmente, à conclusão, a meu ver elementar, de que isto retrata um fenômeno patológico. Isto é um quadro que não pode ser visto como normal nem como durável e revela o uso inapropriado da responsabilidade legislativa, em desvio aberto daquilo que deveriam ser as normas tradutoras dos anseios coletivos.

Não é possível ter-se como normal e passar-se a conviver naturalmente com um quadro onde a todo momento se destaca essa disfunção entre o legal e o moral. Fenômeno mórbido que é, ele há de ser enfrentado de modo que se fomente na produção legislativa maior fidelidade aos anseios coletivos.

Se se abre espaço para que a situação perdure com a durabilidade da antinomia, receio que a conseqüência será entregar nas mãos dos condutores de opinião pública e aos seus juízos inevitavelmente subjetivos o manejo, na consciência coletiva, do conceito de moralidade oposta à legalidade e vice-versa.

Quero lembrar-lhes que a Constituição do Brasil faz referências tópicas ao chamado princípio da moralidade e as faz, por exemplo, no que concerne ao exercício da função pública, à administração da função pública. Mas é rigorosamente exato estimar que a idéia da moralidade, a idéia da preservação cautelosa de tudo aquilo que à luz das consciências sadias num determinado momento histórico são os bons costumes, é a decência, é o amor da causa pública, isso permeia da primeira à última sílaba a carta política; assim ela deve ser lida. E assim sobretudo, à luz desse princípio, deveriam ser resolvidas as suas inevitáveis incongruências, texto ciclópico que é na sua extensão e pródigo que é com tanta freqüência no trato da miudeza de temas por sua natureza não-constitucionais.

Poucas vezes, entretanto, no plenário do Supremo Tribunal Federal o princípio foi expressamente referido. E, numa das vezes em que isso calou fundo na memória da Casa, Paulo Brossard suscitava o princípio da moralidade para dizer, a propósito de uma situação funcional na carreira diplomática, que esse princípio deveria nortear o julgamento do feito. Criara-se no Itamaraty o chamado quadro especial. Para que fim? Para dar maior mobilidade à carreira, para fazer com que as pessoas num certo momento saíssem de modo a dar lugar às outras, porque estava havendo um relativo estancamento numa casa cheia de talentos e onde a competição é cerrada.

Objetava-se ao quadro especial dizendo que ele mandava para a aposentadoria precoce, mandava para a disfunção, para o desserviço, para o ócio — com dignidade, mas sem proveito comum —, pessoas que queriam e podiam continuar prestando serviços. E o voto de Paulo Brossard, que, de resto, foi aderente à posição afinal majoritária, era no sentido de que se há de analisar a questão considerando que o interesse coletivo em não desperdiçar valores na função pública deve prevalecer sobre o interesse, ainda que legítimo, dos diplomatas de carreira em que maior rotatividade dê um lugar ao sol a todos no topo da carreira.

Não foram muitas, entretanto, as ocasiões em que o tema da moralidade aflorou expressamente e o princípio foi nominalmente invocado naquele plenário.

Constitucionalidade

A questão da legalidade é parte do nosso cotidiano, e ela se nos depara em todos os labirintos das grandes causas, quando se cuida, por exemplo, como se cuida agora, de avaliar a constitucionalidade da Convenção 158 da OIT, que se refere às relações de trabalho e às hipóteses de despedida, alegadamente não permitindo, senão na hipótese de justa causa, a exclusão de trabalhadores do quadro das empresas.

Não lhes falarei absolutamente sobre a visão isenta que há de ter o juiz do fenômeno, mas queria só lembrar-lhes como se coloca tecnicamente uma tese de inconstitucionalidade ante o Supremo Tribunal em caso que contenha um ingrediente complicador pouco comum. A proposta é a seguinte: a Constituição diz que o tema "relações de trabalho", precipuamente no que diz respeito ao seu desfazimento, há de ser versado em legislação complementar. É sabido que essa linguagem da Carta tem conteúdo preciso; a Carta há de ser complementada, naquilo em que ela pede para sê-lo, por essa categoria normativa — a lei complementar —, e, por outro lado, não se pode inventar o complemento por inventividade do legislador ordinário ali onde a Carta não o pede.

O Brasil se envolve num tratado internacional pertinente ao tema da relação (*interrupção na gravação*) é a de que a convenção é inconstitucional nesta matéria tópica que é o núcleo que atrai os interesses coletivos a respeito dela, e numa hipótese realmente rara — não falamos, aí, de inconstitucionalidade formal do tratado. A tese que se apresentou ao Supremo não é a da inconstitucionalidade formal do tratado porque ele foi canonicamente celebrado, aprovado pelo Congresso Nacional, depois ratificado pelo Governo e finalmente incorporado à nossa ordem jurídica mediante promulgação. Mas também não é uma hipótese de inconstitucionalidade material porque, naquilo que se lê na convenção, não há nada de conflitante materialmente com alguma coisa expressa na Carta da República. É uma hipótese híbrida e singular de alegada inconstitucionalidade por vício da categoria normativa. O Brasil teria regido determinada matéria mediante compromisso internacional quando a Constituição alegadamente pretende que isso se faça por lei complementar.

ICMS e transporte aéreo

Muito mais próximo do temário que nos envolve neste encontro evocativo da memória de um amigo e mestre tão querido de todos nós está o tema do ICMS como versado e já liquidado a esta altura na Suprema Corte no caso dos transportes aéreos. Propôs-se ao Supremo que considerasse inconstitucionais os convênios sobre ICMS celebrados entre os Secretários da Fazenda dos Estados federados, sob a presidência do Ministro de Estado da Fazenda, onde se estabeleceu que os transportes aéreos também estavam sujeitos ao novo ICMS. Ficou provado, e essa parte nunca foi controvertida, que essa cobrança nunca se fez no passado, que essa exação nunca foi afirmada no passado pelo Tesouro Público como válida; enfim, ela nunca foi pretendida.

Estávamos, pois, diante daquilo que Geraldo Ataliba chamava uma hipótese de incidência tributária que era nova. E o que afinal de contas decidiu o Tribunal foi que, embora exista no Ato das Disposições Constitucionais Transitórias uma regra dizendo que, enquanto não surgir legislação definitiva, do nível adequado, sobre o ICMS os convênios feitos pelos Secretários de Estado da Fazenda, sob a presidência do Ministro de Estado da Fazenda, regerão provisoriamente essa questão e dirão o que for de direito, o que o Tribunal entendeu foi que uma nova hipótese de incidência tributária não pode ser inventada por um colegiado de demissíveis *ad nutum*.

Relator do processo, enfrentei-o com dificuldade, muito ainda contaminado — e essa era a razão de meus eventuais dissídios muito amistosos sempre com Geraldo Ataliba —, muito contaminado pelo meu passado de Procurador da República, muito tendente, no confronto entre as dores do contribuinte e as angústias do Tesouro Público, a prestigiar mais as últimas do que as primeiras. Enfrentei, entretanto, neste caso a sensação de que existe um justo limite além do qual se destrói o que há de mais rudimentar na teoria, na principiologia e na idéia da moralidade do Direito Tributário, e que é o princípio da representação, aquilo que os barões ensinavam a João-Sem-Terra no medievo inglês. Não se criará a hipótese de incidência tributária — diria Ataliba — sem que representantes eleitos pelo povo para elaborar normas tenham assim decidido, tenham na trilha da Constituição, hoje, estimado justo e apropriado.

Queria dizer-lhes também que, por menos em voga que se encontrem hoje essas clássicas metáforas que nas escolas de Direito aprendíamos, há, sim, um espírito da Constituição que é preciso detectar, um espírito da Constituição que é preciso identificar; e a única coisa certa quanto ao resultado é que essa identificação tem muito a ver com a consciência de cada juiz, com a sua própria história e com a sua noção da história, com a sua idéia de sociedade, e de futuro e de interesse coletivo. As Constituições escritas têm, em geral — e a nossa tem às escâncaras, em grande quantidade —, zonas cinzentas que é preciso clarificar de modo compositor, de modo criador. E há situações que afinal se resolvem de modo consentâneo com o entendimento da maioria e de modo profundamente chocante, quase obsceno às vezes, sob a ótica da minoria.

Prisão civil

Os senhores encontram nesta Mesa dois votos vencidos no Supremo Tribunal Federal quando se discutiu um tema de grande relevo político dentro da aparente miudeza da Constituição, que é o tema da prisão civil.

Nós somos historicamente um País cuja Carta política não patrocina, não tolera, a prisão por dívida. Entretanto, a Carta excepciona; ela o faz há bom tempo, mas agora o faz com linguagem um pouco mais escandida. Ela excepciona a hipótese do alimentante omisso, daquele que em circunstâncias mais do que justificadas e convalidadas por decisão judicial está obrigado a prestar alimentos a quem dele depende. Na hipótese de omissão injustificada, inescusável, diz a Carta, é possível a prisão civil. E ela o é também na hipótese do depósito, na hipótese do depositário infiel.

Presume-se o equilíbrio do constituinte, e presume-se que, quando ele joga luz sobre um princípio eminente como o da proscrição da prisão por dívida dentro das fronteiras da República, as exceções que abre a essa regra de grande peso são equivalentes na sua importância e gravidade. É insolente a situação do alimentante omisso em circunstâncias inescusáveis. É também insolente a atitude do depositário infiel quando verdadeiro, na única hipótese honesta de depósito verdadeiro que é o depósito voluntário, aquele a quem o juiz honra com o bônus de guardar consigo os bens da viúva, os bens dos órfãos, os bens do espólio, os bens do ente público, e a quem quando pedidas contas não as dá, porque verifica-se que desapareceu com o bem e dele não dá conta. Este é o único depositário infiel vestido da reprovabilidade que a Carta entende capaz de justificar a exceção ao lado do alimentante omisso.

Mas o espírito civilista vem à cena e inspira o nosso legislador ordinário — vamos repetir o adjetivo, *ordinário* — (*Risos*) a criar situações absolutamente fictícias e, ouso dizê-lo, fraudulentas frente à Constituição, para criar coisas como penhor rural dando-lhe a categoria de depósito, e para no caso da alienação fiduciária em garantia dizer que isso aí também é um depósito.

O indivíduo compra um bem, acaba um dia não podendo pagá-lo por qualquer motivo que seja, não dispõe do bem para devolver; produziu-se em direito ordinário essa pantomima: não, ele é o depositário do bem e há de restituí-lo. Mentira. Mentira. Bens de consumo, do fato de serem tirados da caixa, perdem o valor venal e não é a restituição que se deseja. O que se armou foi um caprichoso mecanismo para, com a ameaça da prisão, instituto de Direito Penal, fustigar-se o devedor numa hipótese mais do que histórica, numa hipótese bíblica de dívida, que é o comprador que não tem mais a coisa e não pode pagá-la. Entretanto, entendeu-se por maioria que o depósito existe nesse caso, ainda que em razão de uma equiparação feita pelo legislador ordinário, e que a prisão é legítima, a prisão de índole civil é legítima.

Não bastasse, meus caros amigos, a convicção que estimo presente nos espíritos lúcidos em geral no sentido de que o depósito infiel de que fala a Carta não são essas invenções do legislador ordinário, é apenas o depósito autêntico, não bastasse isso, a convenção é de 69 e vários anos mais tarde o Brasil ratifica na sua parte substancial a Convenção de São José da Costa Rica, onde também se estatui que não há prisão civil, salvo no caso do alimentante omisso inescusável.

Já não se fala sequer no depósito infiel, já não se fala sequer na hipótese verdadeira do depositário infiel.

Isso também foi examinado para entender-se — foi talvez o único momento em tantos anos em que eu não acreditava que estava ouvindo o que estava ouvindo — que concordavam conosco, Ministro Velloso, em que a Constituição não manda prender essas duas categorias; ela faculta ao legislador ordinário reger as hipóteses de prisão do alimentante omisso e do depositário infiel. A Constituição não diz imperativamente "prenda-se o depositário infiel". Concordava-se com isso. Dizia-se então: o legislador ordinário no Brasil está autorizado a gerir esse tema como lhe parecer melhor, a administrar a questão da prisão do alimentante omisso e do depositário infiel. Mas foi o que se disse.

Ao dizer que não se pode prender o depositário infiel, a Convenção de São José da Costa Rica limita a liberdade que deve ter à luz da Constituição o legislador ordinário brasileiro. Falou-se então como se a Convenção de São José da Costa Rica fosse um produto de extraterrestres que houvesse desabado injustamente sobre nossas cabeças patrióticas, como se a convenção só não existisse para nós porque o Congresso Nacional a aprovou, pressuposto da ratificação pelo Governo. Como se aquilo não fosse, no mínimo, um produto vestido da autoridade do legislador ordinário, cuja liberdade parecia se estar querendo preservar.

Observem bem: o zelo pelo espírito da Constituição é uma tarefa extremamente angustiante, e quanto ao que seja o perfil desse espírito tão volátil os juízes freqüentemente divergem.

Tendo tocado nesse tema, queria dizer-lhes que em passagens que permitem esse tipo de interpretação, em algumas outras aparentemente bem fundadas, como aquela que fala de 88 para cá que em todo e qualquer processo, não só penal como antes, mas também civil, administrativo, há de facultar-se ampla defesa com todos os recursos a ela inerentes, receio que se tenha aberto o caminho não para a interpretação socialmente defensável, mas para a interpretação bastarda de certos mecanismos de defesa social.

Direito alternativo

Ela foi apelidada desde o seu nascimento "Constituição-cidadã". Ela o é, sem dúvida, em inúmeras de suas passagens. Eu a vejo, entretanto, aqui e ali, como uma Constituição patrícia — patrícia no sentido romano —, uma constituição que tem certas regras ardilosas e em certa medida perversas destinadas, em última análise, a garantir que nunca se fará neste País uma reforma agrária, que nunca se demarcarão neste País de modo durável os territórios indígenas, que pouco se poderá fazer no sentido da mudança social no que ela tem de essencial, sem que mecanismos de defesa do que há de mais rançoso no *establishment* se armem à luz da Carta e resistam.

Há poucos minutos, na sala onde se esperava, eu tive a felicidade de ver que o Prof. Celso Antônio partilha comigo uma idéia que tenho presente em todos os momentos, e cada vez mais reforçada em mim, sobre a função judicial. É verdade, em toda parte talvez, mas mais ainda em países cuja ordem jurídica não prima pela concisão, pelo método e pela qualidade: o juiz quase sempre decide em função daquilo que lhe parece ser justo, correto, consentâneo com a sua consciência e com o interesse público. Decide primeiro, usa depois o seu saber jurídico para fundamentar técnica e cientificamente a sua decisão.

Por isso é que me parece que uma proposta como o chamado direito alternativo, de par com representar assumidamente a usurpação do Poder Legislativo, que não foi confiado a juízes, talvez traduza uma política pouco inteligente. Não nos foi dado, pelo concurso que fizemos um dia na vida, poder para criar normas. Se assumidamente — porque essa é a característica do direito alternativo — jogamos fora o produto do legislador eleito pelo povo e dizemos que, por conta do nosso saber, testado em concurso, e da autoridade que exercemos como juízes, podemos fazê-lo e criar, embora nunca eleitos pelo povo, a norma, a grande pergunta foi feita certa vez pelo Prof. Celso Bastos: por que outras categorias funcionais, que não juízes, não poderiam pensar e fazer o mesmo? E se essas outras categorias fossem armadas, elas o fariam com extrema eficácia, e imediata eficácia. A filosofia do direito alternativo justifica o golpe de estado, e talvez isso não tenha ocorrido aos seus primeiros mentores.

Mas o que lhes sugiro é que, acima de tudo, isso é desnecessário, pouco inteligente porque desnecessário. Não precisa, santo Deus! Não é preciso dizer "vamos usurpar a função legislativa, vamos fazer abertamente aquilo para que o povo não nos elegeu". A ordem jurídica nos permite tanto e tanto e tanto em matéria de criação, em matéria de fidelidade aos nossos princípios, de fidelidade àquilo que nos pareça ser o caminho conducente à salvação pública!

Receio, e lhes confesso isso, que nos falte ainda hoje o sentido autocrítico bastante para capturar a grandeza do momento e ver como é importante que com alguma urgência — sem a demora que é própria da atitude dos operadores do Direito em geral, destacadamente juízes —, com alguma urgência nos ponhamos a refletir sobre qual o conceito social, no Brasil de agora, da função judiciária e, em sentido mais amplo, de todos aqueles que estudaram a ciência do Direito e têm nela o seu ofício. Com muita freqüência, em razão não apenas daquilo que no cotidiano se critica como marasmo do processo, mas em razão de tantas outras coisas mais que têm a ver com as demais carreiras, até quando não diretamente ligadas ao ofício cotidiano do foro, tenho medo de que a sociedade no seu conjunto perca a paciência conosco e comece a indagar-se para que exatamente servimos e se a relação custo-benefício justifica a manutenção, pelo conjunto da sociedade, de tantas e tantas e tantas pessoas entregues à tarefa de administrar a ordem jurídica.

Sabe o Ministro Velloso quanto me constrange a elevadíssima incidência, no foro em geral e destacadamente no plenário do Supremo Tribunal Federal, de feitos onde se discutem problemas da própria máquina. Ainda anteontem consumíamos metade da sessão cuidando de avaliar a constitucionalidade de uma lei de determinado Estado ou de uma lei federal que fala sobre vagas e promoções na Justiça do Trabalho.

É espantosa a quantidade de tempo que a Suprema Corte do País consome resolvendo problemas gerados dentro do próprio mecanismo da operação do Direito; questões salariais envolvendo delegados, promotores, procuradores, juízes de todos os níveis, juntas de conciliação e julgamento, questões relacionadas com o quinto, questões relacionadas com promoções e com a carreira, quando imaginávamos em princípio que ali estávamos para resolver problemas dos leigos, que os têm naturalmente, porque não versados naquela matéria, e em meio aos quais é mais natural que surja a lide por causa da divergência na interpretação da norma jurídica em que não são especialistas.

É muito importante assumir esse sentido autocrítico. A idéia da nossa moralidade perante os demais brasileiros está, sem dúvida, em causa neste final de século, e não temos um tempo indeterminado pela frente para administrar esse gravíssimo problema. Entretanto, seria tão fácil partir agora para uma atitude nova, porque este é um momento também de grande criação, de grande fecundidade.

Dá pena lembrar de tantas épocas da história recente e da história remota em que todos sabiam que, o que quer que dissessem, pensassem, escrevessem e fizessem, não adiantaria rigorosamente nada. Hoje acontece o contrário. Sabemos que cada palavra, cada gesto, cada ação, cada idéia ou cada iniciativa têm conseqüências, fecundam um pedaço qualquer desse grande terreno onde se desenha o perfil de um Brasil novo, reconciliado com seu próprio povo. Vale a pena viver este momento, e seria uma lástima se o estragássemos por falta de coragem, pertinácia e gosto pelo trabalho de pensar sobre aquilo que é hoje o espectro que mais nos assombra as noites.

Muito obrigado. (*Palmas*)

PROFA. DIVA MALERBI — Candentes as palavras do Ministro Rezek. Calaram profundamente em todos nós. Mas, devendo eu aqui continuar manejando o microfone, passar para um e para outro, perguntaria ao Prof. Souto Maior Borges: podemos ouvi-lo?

PROF. SOUTO MAIOR BORGES — Professora, me dispense porque realmente não teria nenhuma pertinência aqui eu falar, pois os outros já falaram tudo. (*Risos*)

DEBATES

PROFA. DIVA MALERBI — É o anseio de todos nós, Prof. Souto. Eu teria então um aviso a passar aos senhores, de que o plenário irá começar realmente às 14 horas, o plenário para aprovação dos trabalhos e resoluções. Eu passaria, então, a palavra ao Prof. Celso Antônio Bandeira de Mello para responder a algumas das questões que foram encaminhadas à Mesa.

Medidas provisórias e o princípio da moralidade

PROF. CELSO ANTÔNIO BANDEIRA DE MELLO — Eu vou procurar ser breve, inobstante algumas das questões tenham uma profundidade suficiente para despertar muitos comentários. A primeira delas é se a grande avalanche de edição de medidas provisórias afronta o princípio da moralidade. Eu diria desde logo que é claro que afronta o princípio da moralidade, mas antes de ofendê-lo está afrontando a Constituição Federal. Isso para mim é óbvio.

Uma revista publicou um levantamento segundo o qual até maio deste ano o número de medidas provisórias editadas correnpondia a alguma coisa de literalmente fantástico: uma a cada 19 horas. Deve ter aumentado muito esta relação, mas até maio era uma a cada 19 horas. Segundo o meu juízo pessoal, todas as medidas provisórias até hoje editadas — tenho alguma dúvida em relação ao Plano Real —, todas são inconstitucionais.

Evidentemente, não há tempo para desenvolver isso. Esse tema me atraiu muito, e duas vezes eu o desenvolvi. Uma num artigo especificamente sobre as medidas provisórias, na *Revista Trimestral de Direito Público*, e outra no meu *Curso de Direito Administrativo*, ao tratar das restrições excepcionais ao princípio da legalidade, onde me limito a dizer isto: se o texto constitucional estabeleceu como condição da produção da medida provisória cumulativamente a urgência ou interesse relevante, feito o exame com certa cautela e enquadrado no panorama constitucional, isso significa que a medida provisória só poderia ser editada em situações da mais extrema anomalia e excepcionalidade. Elas não são um substituto do Poder Legislativo.

Na verdade, se nós temos uma medida provisória a cada 19 horas, e nem de longe a produção legislativa se equivale, isso significa que o Brasil está sendo governado não pelo Poder Legislativo, mas pelo Poder Executivo. E quando é o Executivo que dirige o país, isto se chama, vulgarmente, ditadura. Eu não tenho a mais remota dúvida de que o Brasil está vivendo em uma ditadura, nenhuma dúvida. O ditador pode ser ameno, o ditador pode ser simpático, o ditador pode contar com todo o apoio da mídia, o ditador pode ser um homem fino, o ditador poderá ter as qualidades pessoais, e aqueles que concordam com suas medidas poderão dizer, então: é um déspota esclarecido. (*Risos*) Mas na verdade nós estamos na mais plena ditadura, não tenho a mínima dúvida a respeito. (*Palmas*)

E a respeito de medida provisória eu só queria acrescentar alguma coisa. Em primeiro lugar, eu discordo veementemente de quem afirma que a medida provisória é o exercício da atividade legislativa pelo Poder Executivo; não me parece que seja. A força jurídica e a eficácia própria das medidas provisórias, é só ler a Constituição, são completamente diferentes das das leis — e, aliás, eu procuro demonstrar isso nessas ocasiões em que escrevi sobre o assunto. Mas o que eu queria acrescentar a respeito da medida provisória, a única observação, é que, se ela é provisória e perderá seus efeitos desde o início uma vez não aprovada pelo Congresso, resulta óbvio que não pode ser expedida nenhuma medida provisória com ambição a reger definitivamente uma matéria. Logo, ela só pode oferecer providências que, de si mesmas, pela sua compostura, tenham vivência esporádica. Por exemplo, é possível extinguir órgão público em medida provisória? Não é possível. Extinguir não é possível, porque extinção é um ato de natureza definitiva. Poderia até suspender a vigência. Tomo esse exemplo, mas isso é válido para tudo.

Aqui há uma pergunta supinamente difícil e supinamente inteligente. A pergunta anterior foi do nosso colega advogado que apenas colocou João.

Moralidade administrativa: alcance

"As imoralidades citadas pelo professor parecem não ter repercussão negativa junto à sociedade. Se isto é verdade, qual é o alcance atual do princípio da moralidade? Ou, melhor, qual a real possibilidade de eficácia, hoje, do princípio constitucional da moralidade, tendo em vista que, segundo suas palavras, tal princípio tem seu fundamento no entendimento social num dado momento histórico?"

Vejam que a pergunta é de extrema pertinência, é extremamente aguda e extremamente difícil. Eu não tenho como respondê-la senão dizendo algo que não se gosta de dizer e que não se diz. (*Risos*) Em primeiro lugar, que nós somos real, efetiva e verdadeiramente um país subdesenvolvidíssimo. Ninguém gosta de dizer do próprio país que ele é efetiva, real e inquestionavelmente subdesenvolvido; é o primeiro ponto. E o segundo ponto é a conclusão dele: se os nossos 120, 130, 150, 200 milhões de habitantes — porque todos os números são ditos a nosso respeito — participam da vida social, participam da vida coletiva ou da vida política, nós sabemos que a parcela que participa verdadeiramente é ínfima; não é pequena, é ínfima, porque o número dos que participam não tem relação nenhuma com o número de eleitores. Isto é uma coisa inquestionável, indiscutível. Ninguém imginará que a multidão de deserdados da sorte e do seu próprio país tem qualquer espécie de participação na formação da consciência coletiva. Não tem, realmente não tem.

Num país com estas características é praticamente inevitável que a noção de moralidade pública termine por ser formada por um pequeno grupo, por uma pequena camada. Esta é que realmente conduz, constitui, modela, os padrões de uma dada sociedade. Esta é realmente aquela que faz, em tema de moralidade pública. Em tema de moralidade privada esses excluídos têm o seu código, têm os seus valores, e são, muitas vezes, da mais extrema dureza e seriedade contra quem viola seus padrões.

No âmbito da moralidade privada esta legião de excluídos tem a sua moral, e moral rígida; e a faz aplicar, ninguém ignora. E, por mais que a televisão apresente o que apresenta, no Nordeste, nas regiões mais recônditas, vá um desgraçado praticar um ato de mínimo desrespeito em relação à filha de alguém ou à mulher de alguém e a sanção que terá de experimentar é extremamente eficiente. Portanto, eu não duvido de que a moralidade privada seja bem-formada, bem-constituída, no sentido de eficaz, existente.

Na moralidade pública, entretanto, a noção de moralidade pública no Brasil é formada por um núcleo ínfimo em relação à totalidade dos brasileiros. E também não discuto que nós estamos assistindo na presente quadra histórica à mais absoluta inversão daquilo que tem sido considerado como padrões morais. O responsável por isso, o grande responsável por isso ou um dos grandes responsáveis por isso, é aquele pequeno número de brasileiros, aquele número irrisório de brasileiros que dispõem dos meios de comunicação.

A cabeça do brasileiro, para usar uma expressão tão ao gosto desses meios de comunicação, é feita pelos meios de comunicação. É feita sobretudo por uma única estação, uma única cadeia, uma única rede de televisão; esta é a verdade. E é lógico que a ação corrosiva, que a ação destrutiva, que a ação deletéria, que a ação desagregadora, que a ação impatriótica, desta espécie de gente vem corroendo, vem dissolvendo, qualquer noção de moralidade pública.

Entretanto, o próprio direito existente em um dado país, o próprio direito posto, já é, de algum modo, um reflexo dos padrões de moralidade do país. As normas jurídicas, quando surgem, consideradas na sua globalidade e no seu todo, de alguma maneira refletem a vivência social e aquilo que a sociedade espera; mais do que todas, a Constituição. Mais do que todas. A Constituição, mais do que qualquer outro documento, se propõe a ser um retrato de qual é o projeto que se considera digno.

A Constituição brasileira, no seu art. 1º, diz que a República Federativa do Brasil, formada pela união indissolúvel de Estados etc., constituiu-se um Estado Democrático de Direito e tem como fundamentos a soberania, a cidadania, a dignidade da pessoa humana, os valores sociais do trabalho e da livre iniciativa, o pluralismo político. E o art. 170 da Constituição nos diz que a ordem econômica, fundada na valorização do trabalho humano e na livre iniciativa, tem por fim assegurar a todos existência digna, conforme os ditames da justiça social, observados os seguintes princípios — destaco alguns: soberania nacional, função social da propriedade, livre concorrência, defesa do consumidor, defesa do meio ambiente, redução das desigualdades regionais e sociais, busca do pleno emprego, tratamento favorecido para as empresas de pequeno porte constituídas sob leis brasileiras e que tenham sua sede no Brasil.

Isto que aqui está induvidosamente reflete aquilo que os representantes escolhidos pelos brasileiros consideraram ser padrões de costumes desejados pelo País. Reflete certamente a idéia de que a justiça social é um bem, reflete certamente a idéia de que se deve defender o consumidor, reflete certamente a idéia de que a propriedade deve cumprir uma função social, reflete certamente a idéia de que devem ser reduzidas as disparidades sociais e as regionais. Tudo isso são padrões éticos de uma sociedade. Aqueles que se consagraram chegaram inclusive a ser explicitamente consagrados na Constituição.

Portanto, ainda que seja verdadeiro que a sociedade não reage, ela não reage porque não tem voz. Por isso eu comecei dizendo que não é aquilo que se pratica, mas aquilo que se imagina que se deveria praticar. Nenhum membro da sociedade, provavelmente, concordaria em que se fizesse uso dos recursos públicos em proveito dos ocupantes do poder. Nenhum, provavelmente, concordaria ou consideraria moralmente correto que os interesses pessoais devessem prevalecer sobre os interesses coletivos. O que há, a meu ver, é muito menos do que um olvido dos valores morais, um descrédito absoluto, radical e completo de que a vida político-administrativa do Brasil possa ser conduzida com dignidade e com decência. O que há é isso. É uma crença ou uma descrença, é uma crença na imoralidade ou uma decrença na moralidade dos responsáveis pela condução da vida pública. Isso não significa, penso eu, que a sociedade brasileira, diante desses desmandos horrendos que existem, diga "paciência".

Os senhores se recordam de que muitos anos atrás houve um político a respeito do qual se dizia "rouba, mas faz". Seguramente, os eleitores desse político não consideravam digno e decente que roubasse; mas, provavelmente, "partindo do princípio 'os outros roubam, mas não fazem', eu voto em quem faz". (*Risos*) Notem que este princípio não está banido da vida política brasileira, nem da vida política paulistana. (*Risos*) De modo algum. Portanto, eu não creio, Profa. Anna Emília, que, em despeito da propaganda da imoralidade, da propaganda da anormalidade que existe diuturnamente, que em despeito disso e dessa atitude passiva do povo... Quando não foi passiva? A minha pergunta é: quando não foi passiva? Quando se deu oportunidade de voz realmente à sociedade brasileira? Jamais. Eu sou daqueles que, certo ou errado, crêem que o golpe militar de 1964 não foi derrubado pela campanha das diretas. Ele implodiu, e implodiu por si mesmo, porque não mais atendia às necessidades das classes conservadoras do País, e por isso mesmo caiu; o resto é enfeite, o resto é confete.

Ainda essa realidade e tanto essa realidade subjacente e que diz, portanto, com esse nosso tema da moralidade, tanto isso é rigorosamente exato que os mesmos homens que sempre deram apoio e sustentação ao golpe militar, todos os homens da ditadura, ocupam hoje posição mais confortável do que ocupavam na época anterior, porque dantes tinham oposição, mas cooptaram a oposição. E são hoje mais atrevidos, não em tortura, mas mais atrevidos no seu projeto político do que foram no passado.

Eu lembro um único fato: o golpe militar estabeleceu que só haveria cinco carreiras no serviço público sob o regime estatutário. Qual é a proposta do governo na reforma? É idêntica. O golpe militar não teve a coragem de extinguir a estabilidade. Qual é a proposta? Extinção da estabilidade. O golpe militar nunca teve sequer o propósito, creio eu, de prejudicar interesses nacionais em nome de interesses internacionais; jamais fez isso. Dizia-se que este País era ingovernável, e ingovernável por causa de parte tributária — assunto dos senhores. Quais foram as reformas? Tributárias? Ou foi para flexibilizar o monopólio estatal do petróleo?

Não estou discutindo o mérito da medida, mas vejo a linha: flexibilizar o monopólio estatal do petróleo; eliminar a regra que outorgava a obrigação de que dois terços dos tripulantes dos barcos e aeronaves fossem constituídos por brasileiros; flexibilizar a exploração das telecomunicações; e, aquela que a meu ver é a mais perigosa, extinguir o conceito de empresa brasileira de capital nacional. E qual foi a outra, a que eu considero a mais perigosa e grave de todas? Estabelecer que o subsolo brasileiro não mais fosse explorável apenas por nacionais.

Vejam que agora vai-se privatizar uma companhia, talvez a única companhia brasileira estatal da mais plena eficiência, que compete internacionalmente com vantagem contra os maiores grupos internacionais, a maior exportadora de minério de ferro do mundo, e a companhia que, na verdade, detém concessões de exploração de ferro, manganês e ouro por mais de 25, 30, 40 anos. Agora liguem com aquela reforma a respeito da exploração do subsolo brasileiro. Como é que nós poderíamos atacar um ato deste? Que meios jurídicos existiriam? Será moral atender antes a interesses e conveniências internacionais do que aos do País? Será isto moral? Não vou discutir, entretanto, o mérito das medidas. Vou apenas mostrar — desnecessário mostrar —, vou apenas encarecer, que as tão necessárias reformas constitucionais foram todas elas de interesse internacional; a prioridade foi esta, a prioridade não foram as nossas.

Até esta questão — vejam, meu Deus do céu — de ter dois terços de brasileiros na nossa navegação, até na navegação de cabotagem, na navegação aérea, até esta coisinha de nada foi tirada. É claro que, numa situação desta, num clima como este, dir-se-á: mas o povo brasileiro não reagiu. Será que o nosso conceito de moralidade é outro? Eu chegaria a dizer: talvez seja desatenção do povo brasileiro. Quantos de nós aqui presentes não tínhamos prestado atenção nisso, que todas as reformas foram de interesse externo ou pelo menos ostensivamente de interesse externo, e aquilo que se dizia que era vital não foi tratado? Não é estranho isto? É claro que isto é estranho, é óbvio que isto é estranho. Nós não percebemos — nem por isso eu diria que mudou a moralidade da legião de desgraçados que forma o povo brasileiro. Não, esta não me parece que tenha mudado.

A moralidade é aquilo que se espera que se faça, aquilo que se acredita que seja o certo fazer-se, mas pode-se não ter mais esperança, pelo menos numa presente quadra, de que isso seja feito.

Penso eu que o povo brasileiro é hoje um povo absolutamente desesperançado e cético. É um povo que está afligido simplesmente pelo fantasma do desemprego. É um povo cujos empresários não sabem por quanto tempo vão sobreviver, em que há setores da economia brasileira em que, por força de certas alíquotas nas relações internacionais, todos os dias médias e pequenas empresas quebram sucessivamente por não poderem enfrentar a modernidade.

Eu, entretanto, dinossauro assumido, jurássico, (*Risos*) entendo que tudo isso que está a se passar no Brasil de hoje não revela, por parte do brasileiro, uma mudança nas suas crenças morais, embora eu tenha — e também não há por que não dizer — receio de que a ação corrosiva e avassaladora dos meios de comunicação que nós tanto defendemos, que os meios de comunicação a pouco e pouco consigam criar essa visão distorcida de moralidade.

Me perdoem, eu demorei demais, mas é que essa pergunta me pareceu de uma importância transcendente. Logo, às outras eu terei de — me perdoem — dispensar um tempo realmente muito pequeno.

"Como o senhor vislumbra o surgimento do novo princípio da amoralidade administrativa praticado pela administração pública?"

Esse princípio hoje é praticado às escâncaras, mas é tradicional entre nós. A partir do golpe militar de 1º de abril de 1964 — por isso foi no dia 1º de abril, dia da mentira — realmente o nosso sistema se corrompeu. Querem ver? Abram a Constituição de 1946, leiam os nomes dos constituintes. Quem eram? Eram nomes de escol, eram nomes seletos, eram grandes figuras. Abram, depois, as Cartas posteriores. Abram a nossa, mesmo a nossa. Que espanto! Que tristeza!

1964 é uma data que a história não esquecerá. Eu me lembro de muitas discussões que tive com o então íntimo, fraterno amigo e colega Celso Bastos, que veio a ser meu assistente na faculdade, a respeito do golpe militar. Ele defendia, e eu mal tenho como expressar aquilo que então dizia. E, afinal, chegamos a um ponto de tantas discussões que eu disse: "chega, não podemos mais discutir. Vamos olhar isto daqui a 15, 18 anos, e vamos ver se eu tenho razão ou se você tem razão". Eu não sei, porque esse tópico não conversei mais com o Celso, se ele ainda acha que foi bom ou se acha que foi mal. Eu creio que foi o início da dissolução dos costumes políticos e morais no Brasil, porque foi nesse período que a Globo cresceu tremendamente, e é a grande responsável pela dissolução dos costumes morais. Ela elege quem ela quer neste país, sem a menor dúvida, como tem feito sistematicamente. Talvez haja alguma exceção para confirmar a regra.

Creio, portanto, que, infelizmente, estamos vivendo uma quadra terrível, uma quadra de unanimidade. O fim da União Soviética para os países subdesenvolvidos foi literalmente uma desgraça, ainda que eventualmente possa ter sido, sei lá, uma maravilha para os soviéticos, ainda que possa ter sido — o que é questão discutível —, mas ainda que possa ter sido, porque não há mais a polaridade. Nós estamos com uma fonte de produção única de idéias, com força avassaladora, e que invadiu nosso país de uma maneira impressionante.

Quanto à outra indagação, portanto, esse princípio da amoralidade é antigo, hoje apenas ele é mais atrevido; ele se apresenta, digamos, em abertas e publicadas, sem o menor receio de vaias ou de reprovação.

"A efetiva aplicação do princípio da moralidade administrativa de forma autônoma não estaria intimamente vinculada com a responsabilidade e a conseqüente punição do agente público que a ele, princípio, vier a ofender?"

Sem dúvida, nós temos lei. Nós temos uma lei de uma severidade única a respeito dos atos de improbidade administrativa. A Constituição previra uma lei a esse respeito, esta lei existe e é de uma severidade draconiana. Quando será aplicada? Não será provavelmente no meu tempo de vida, e creio que também não no tempo de vida das minhas filhas. E se for ao tempo dos meus netos, ficarei felicíssimo.

"Nos casos em que uma política possa ser atacada simplesmente pelo princípio da moralidade, quais os limites e parâmetros do controle jurisdicional, uma vez que a crença acerca dos bons costumes é conceito vago e mutável?"

Esta indagação nos põe exatamente defronte do Poder Judiciário. Eu faço parte daquele número certamente ínfimo e irrisório de pessoas que acredita que, se alguma mudança boa vier para o Brasil, será por via do Poder Judiciário. E eu sei que o que estou dizendo aqui não conta com o sufrágio provavelmente de ninguém; mas é uma crença minha. Não conheço país nenhum realmente desenvolvido que não tenha um Judiciário forte, respeitado, de uma qualidade apreciável. Não tenho ilusões de espécie alguma a respeito do nosso Judiciário, nem poderia ter, pois, se eu sou advogado há mais de 30 anos, seria preciso uma incapacidade absoluta para aprender se eu ainda tivesse ilusões a respeito do Judiciário. Mas tenho a convicção de que é o melhor dos três poderes.

Algumas pessoas vão ocupar postos de direção no País. Eu tenho a convicção de que o melhor dos três poderes é o Judiciário. E o é do ponto de vista da moralidade, por muita crítica que se faça ao Judiciário nessa matéria, do ponto de vista da moralidade. Em segundo lugar, ele é o melhor porque é o tecnicamente mais preparado. É o único no qual alguém ingressa depois de demonstrar uma capacitação profissional. Como os outros não são assim constituídos — e nem deveriam ser mesmo —, como os outros são constituídos por um processo eleitoral, em país subdesenvolvido, em país atrasado, em país onde a população é manipulada simplesmente, ascendem a esses cargos indivíduos totalmente desqualificados sob qualquer ângulo que se os queira considerar.

Ao contrário do pensamento comum, eu considero que os piores de todos são os do Executivo, e não os do Poder Legislativo. Não pelas pessoas deles. Prestem atenção, quase todos vieram do Legislativo; quase todo mundo que está aí no Governo, no Executivo — não é no de hoje, sempre é assim —, veio do Legislativo. Portanto, não é pela origem, é pelo comportamento; a conduta é pior. O Executivo em um único dia realiza negócios escusos mais detrimentosos ao País do que o Congresso Nacional numa legislatura inteira. Lógico, distribuir para aquele número infindável é uma coisa terrível. Agora, distribuir para um número restrito de indivíduos é coisa muito mais fácil. Cooptar um pequeno grupo é muito mais fácil do que cooptar um grande grupo. Cooptar os majoritários é muito mais fácil do que cooptar um parlamento onde há representações de todas as gamas, de todos os pensamentos, e inclusive onde existem pessoas de uma dignidade inatacável, porque também isto é verdade.

Como penso que as coisas chegaram a este ponto, nesta destruição, digamos assim, fantástica, creio que é mais fácil — se pensarmos na situação atual — que alguma modificação venha por via do Poder Judiciário. E concordo em gênero, número e grau com o Min. Rezek quando diz que o Poder Judiciário, a título de interpretar as leis, dispõe de um poder literalmente fantástico. E não teria nenhuma necessidade de dizer que ele vai, através de suas sentenças, fazer as leis. Já se disse — infelizmente eu não consigo mais achar onde li essa frase, que achei maravilhosa — que o que se aplica não são as leis, mas a interpretação que delas se faz.

Eu até, em rigor — e sobre isso escrevi algumas palavrinhas no meu *Curso* —, retificaria um pouco a frase, dizendo: o que se aplica não é a interpretação que delas se faz, são as próprias leis, porque elas não têm outro sentido senão aquele mesmo da interpretação. Elas são uma coisa estática; o sentido delas é único, é delas mesmas a interpretação. Elas em si não falam por si, elas falam pela voz do intérprete. A fala do intérprete é o sentido da Constituição. E o supremo intérprete é o Poder Judiciário. E o Poder Judiciário, com essa Constituição nas mãos, com o princípio da moralidade sufragado aqui várias vezes, com o princípio da redução das desigualdades sociais, com o princípio da soberania nacional, com o princípio da justiça social, pode, na verdade, fazer o que quiser.

É próprio do subdesenvolvido copiar tudo aquilo que existe como última palavra do desenvolvido; viável ou não-viável, não importa: ele copia. Os nossos textos constitucionais sempre copiaram o que havia de mais moderno e mais avançado. Alguém que tenha concepções estritas de moralidade, alguém que tenha concepções sociais generosas, sempre pôde encontrar nas Constituições brasileiras, até na Carta de 67, a possibilidade de realizar a justiça mais plena; sempre teve.

Recordam-se os colegas de que, não muito diferentemente do que diz hoje, o texto constitucional antigamente dizia que a Constituição assegura aos brasileiros, aos trabalhadores, um salário mínimo capaz de atender a suas necessidades normais como às de sua família. Essas palavras são impenetráveis aos nossos ouvidos? Essas palavras são sons vazios, sem nenhum conteúdo, sem nenhuma significação? Era perfeitamente possível aplicar. É possível aplicar.

Eu diria que tudo depende de homens como estes que estão aqui, homens e mulheres como estes que estão aqui; depende deles. Se eles quiserem fazer a transformação incruenta, eles podem fazer. Será custoso, será difícil, exigirá prudência, certamente; exigirá habilidade. Mas só eles podem fazer. São só os juízes. Esperar do Legislativo ou do Executivo alguma grande transformação — outro que espere, eu não espero. Antes, creio que o Poder Judiciário, pouco a pouco, pode ir, na interpretação da Constituição e das leis, na aplicação das leis.

Outro dia, no encerramento do Congresso Brasileiro de Direito Administrativo — o Ministro Carlos estava presente —, eu comecei lendo uma sentença de um juiz federal de Minas Gerais, das coisas mais bonitas, mais edificantes, que um cidadão poderia ler. Eu já havia lido alguns anos antes uma sentença de um juiz estadual do Rio Grande do Sul, ambos manipulando o Direito com grande destreza. Eu pensei: se todos os juízes do Brasil tivessem 25% do que têm esses homens, seguramente este País seria outro. O Poder Judiciário brasileiro seria o ponto de referência do cidadão, como foi numa certa época (lembram-se?), quando o malsinado Governo Collor apropriou-se dos bens dos cidadãos e quando a Justiça Federal — e falo notadamente por conhecimento, não estou recusando o mesmo mérito a outras de São Paulo — começou a resistência para fins de aplicar o Direito. Lembram-se de como cresceu a imagem da Justiça?

Se a Justiça começar a responder às aspirações dos cidadãos brasileiros, ela será o nosso ponto de referência da moralidade e ela será a raiz da transformação. Não preciso dizer que esteja fazendo um apelo aos juízes aqui presentes, seria desnecessário. São homens que têm procurado efetivamente trilhar este caminho. Mas o que estou fazendo realmente é concitar todos os juízes do País a que não apenas adotem este caminho, mas a que acelerem a velocidade, a que intensifiquem as preocupações, porque fora deles, pelo menos quanto a mim, não tenho grandes esperanças. É só.

PROFA. DIVA MALERBI — Em nome do Instituto e do mestre, de onde estiver, eu agradeço a presença de todos nesta Mesa. Tenho certeza, mestre, de que nos esforçamos para conduzir os trabalhos desta Mesa, apesar da sua ausência. Com o coração na mão, mas com a visão que você nos passou.

Muito obrigada a todos. Está encerrada esta nossa sessão. (*Palmas*)

SESSÃO SOLENE DE ENCERRAMENTO (25.10.96)

REFORMA CONSTITUCIONAL, CLÁUSULAS PÉTREAS, ESPECIALMENTE A DOS DIREITOS FUNDAMENTAIS, E A REFORMA TRIBUTÁRIA

MIN. CARLOS MÁRIO VELLOSO

PROF. AIRES BARRETO — Estão abertos os trabalhos da sessão solene de encerramento do X Congresso Brasileiro de Direito Tributário. Compõem a Mesa o Ministro Carlos Mário Velloso, que será o nosso conferencista nesta sessão de encerramento, o Prof. Ferreiro Lapatza, que já foi nosso conferencista, o Prof. Paulo de Barros Carvalho, que também proferiu conferência neste X Congresso, o Dr. Pedro Gordilho, cuja atuação facilitou a viabilização deste Congresso e cuja presença nos honra muitíssimo, o Prof. Roque Antônio Carrazza, o Prof. Souto Maior Borges, o Prof. Eduardo Botallo, o Prof. Eugênio Doin Vieira, o Prof. Wagner Balera, o Prof. Estevão Horwath, o Prof. Waldir de Oliveira Rocha e a Profa. Misabel Derzi, que honra sobremodo os nossos Congressos com sua participação e sua simpatia.

Eu tenho a satisfação de passar a palavra ao Prof. Paulo de Barros Carvalho, que saudará o nosso conferencista, Professor e Ministro Carlos Mário Velloso.

PROF. PAULO DE BARROS CARVALHO — Senhor Presidente desta Mesa, senhores professores, prezados colegas, eu não vou propriamente saudar o Min. Carlos Mário Velloso, e muito menos fazer qualquer tipo de apresentação, por motivos óbvios; apenas dizer que o Min. Velloso foi um dos maiores amigos do Prof. Geraldo Ataliba, principalmente nos últimos quinze anos (não sei se estarei exagerando para mais ou para menos).

O Ministro Carlos Mário Velloso é uma figura de grande notoriedade. Pois bem, o Prof. Geraldo Ataliba, mais uma vez, com aquela sensibilidade que foi ressaltada pelo Prof. Celso Antônio Bandeira de Mello, viu essas qualidades todas que o Ministro hoje revela.

Eu apenas quero também dizer que, relendo esses meses o livro *Temas de Direito Público*, pensei comigo (naturalmente não me caberia fazer qualquer juízo de valor): que livro clássico! Como é bom conviver com obras como aquela do Direito tratado com elevada categoria, com elevado nível.

Pois bem, eu passo imediatamente a palavra ao Ministro Carlos Velloso, que hoje é uma das maiores expressões do mundo jurídico nacional. Obrigado.

MIN. CARLOS MÁRIO VELLOSO — Senhor Prof. Aires Barreto, que ora preside os nossos trabalhos, Sr. Professor Paulo de Barros Carvalho, em cuja pessoa saúdo todos os eminentes integrantes da Mesa, senhores professores, senhores magistrados, senhores advogados, senhores membros do Ministério Público, acadêmicos de Direito, minhas senhoras e meus senhores. Retornamos a São Paulo para participar do "X Congresso Brasileiro de Direito Tributário". Em nove Congressos anteriores, iguais a este, acostumamo-nos a conviver com a notável figura de homem, de amigo, de jurista, de professor, de advogado, que foi Geraldo Ataliba. Ele não mais está entre nós, pelo menos fisicamente. Há um ano que ele se foi para a Eternidade. É grande a saudade que todos nós dele sentimos. Eu chego até a dizer que é cruel a saudade, mesmo porque a perda é irreparável. Mas eu penso, tal como pensam os organizadores deste Congresso, que é preciso persistir, que é preciso continuar a obra de Geraldo Ataliba. O seu exemplo fará com que eventos como este continuem sendo realizados. A bandeira que Geraldo Ataliba fez tremular por tantos anos — a bandeira do jurista militante, do idealista, do homem de bem, do cidadão sumamente ético, repúblico — vai continuar tremulando no punho de seus discípulos. Eu me incluo, com muita honra, entre os discípulos do inesquecível amigo e mestre, que foi o professor Geraldo Ataliba.

Meus senhores, devo falar-lhes sobre os limites da reforma constitucional e suas implicações numa reforma constitucional tributária.

Eu pretendia, resumindo, dar um título a esta palestra. Vou subordiná-la a este título:

REFORMA CONSTITUCIONAL, CLÁUSULAS PÉTREAS, ESPECIALMENTE A DOS DIREITOS FUNDAMENTAIS, E A REFORMA TRIBUTÁRIA

Em termos metodológicos, ela seguirá o seguinte sumário: 1. Constituição: conceito. Constituição substancial e constituição formal. 2. O ajuste da constituição formal à constituição substancial. 3. O poder de emenda: limitações. 3.1 Limitações materiais: cláusulas pétreas. 3.2 Direitos e garantias individuais: conceito. 3.3 Direitos de 1ª, 2ª e 3ª geração. 3.4 Os direitos que constituem cláusulas pétreas. 4. Os direitos e garantias tributários: cláusulas pétreas. 5. As limitações inscritas na competência residual da União constituem cláusulas pétreas? 6. Conclusão.

1. Constituição: conceito. Constitutição substancial e constituição formal

A Constituição pode ser visualizada sob dois aspectos. Podemos conceituar a Constituição, por primeiro, sob o ponto de vista substancial, real, ou a Constituição que se assenta nas realidades de uma nação, nas realidades de um Estado. Ora, o Estado se compõe de diversas realidades: a realidade histórica, a realidade sociológica, a realidade religiosa, a realidade étnica, a realidade racial do povo, em termos culturais, a realidade econômica, e por aí vai. A Constituição substancial, que é a Constituição real do Estado, assenta-se nessas realidades. Mas é preciso estabelecer a norma que vai disciplinar, que vai reger essas realidades. Surge, então, o conceito de constituição formal, ou constituição jurídica, que é a constituição a que nós, juristas, comumente nos referimos. A constituição formal, em sentido jurídico, ainda pode ser conceituada sob o ponto de vista material e formal. A constituição material consubstancia um conjunto de normas que estabelecem a estrutura do Estado. Assim, o conjunto de normas que regulam a forma do Estado — federal ou unitário —, a forma do governo — república ou monarquia —, o sistema de governo — parlamentar ou presidencial —, o modo de aquisição e o exercício do poder, o estabelecimento de seus órgãos, os limites de sua ação (direitos e garantias fundamentais, inclusive no campo social e econômico), constituem a Constituição material (Manoel Gonçalves Ferreira Filho, *Curso de Direito Constitucional*, Saraiva, 17ª ed., pp. 9 e ss.; José Afonso da Silva, *Curso de Direito Constitucional Positivo*, 12ª ed., Malheiros, pp. 41 e ss.). Todavia, há normas que, embora não digam respeito à estrutura do Estado, foram incluídas na constituição. Essas normas são, portanto, puramente formalmente constitucionais. São constitucionais porque têm a forma de constituição. De regra, as constituições não distinguem, em termos de blindagem constitucional, entre normas materialmente constitucionais e normas puramente formalmente constitucionais. Têm, todas elas, como acontece com a Constituição do Brasil, igual blindagem constitucional. Constituem, então, as materialmente constitucionais e as puramente formalmente constitucionais, a constituição formal, a constituição jurídica.

A Constituição do Império, de 1824, era uma constituição semi-rígida, porque distinguia as suas normas, quanto à sua estabilidade, em formais e materiais. Estabelecia o seu artigo 178: "É só constitucional o que diz respeito aos limites e atribuições respectivos dos poderes políticos, e aos direitos políticos e individuais dos cidadãos; tudo o que não é constitucional pode ser alterado, sem as formalidades referidas (nos arts. 173 a 177) pelas legislaturas ordinárias". Quer dizer, somente as normas materialmente constitucionais é que tinham blindagem constitucional. As puramente formalmente constitucionais não passavam de normas ordinárias.

Não custa, entretanto, repetir: as Constituições brasileiras republicanas não distinguem, em termos de blindagem constitucional, entre normas materialmente e puramente formalmente constitucionais.

A constituição formal, em sentido jurídico, tem como elaborador o poder constituinte originário, que tem como titular o povo.

2. *O ajuste da constituição formal à Constituição substancial: construção jurisprudencial e emendas constitucionais*

A constituição em sentido formal deve estar ajustada à constituição em sentido substancial. Ou isto ocorre, ou a constituição formal será aquilo que Karl Loewenstein denomina de constituição nominal, quando, pior ainda, não passar de uma constituição semântica (Karl Loewenstein, *Teoría de la Constitución*, Ed. Ariel, Barcelona, Espanha, 2ª ed., 1970, pp. 216 e ss.), ou a simples "folha de papel" de que falou Ferdinand Lassalle na sua conhecida conferência de 1862 (*O que é uma constituição?*, trad. de Walter Stonner, Laemmert, Rio, 1969). A Constituição normativa, na classificação ontológica de Loewenstein, é a constituição formal ajustada à constituição substancial, ou, nas palavras de Loewenstein, "para usar una expresión de la vida diaria: la constitución es como un traje que sieta bien y que se lleva realmente" (ob. cit., p. 217). O corpo é a constituição real, substancial, a veste ou o traje é a constituição formal. O trabalho de Konrad Hesse, "La Fuerza Normativa de la Constitución" (*Escritos de Derecho Constitucional*, Centro de Estudos Constitucionales, Madrid, 1983, pp. 61 e ss.), é bastante esclarecedor a respeito do tema e merece ser lido.

Esse ajuste da constituição formal à constituição substancial se faz de dois modos: ou através de construção jurisprudencial, em que é mestra a Suprema Corte Norte-Americana, ou mediante emendas constitucionais, o que é próprio dos povos latinos, muito ligados ao positivismo jurídico.

Certo é que, se o ajuste não for feito, a tempo e modo, corre-se o risco de a constituição formal se transformar em constituição nominal, que resta descumprida e muita vez rasgada por setores da sociedade. Por isso, é necessária a construção jurisprudencial da constituição, efetivada comumente pela Corte maior do Judiciário, ou pela Corte constitucional, ou que a reforma se efetive mediante emendas constitucionais, que são votadas pelo Parlamento investido de poder constituinte derivado ou de segundo grau.

Registre-se, a propósito, que as emendas constitucionais, sabemos todos, não são produto do poder constituinte originário. As emendas à Constituição são elaboradas pelo constituinte derivado, instituído ou de segundo grau. Esse poder constituinte derivado é limitado pela criatura do poder constituinte originário, assim pela Constituição. Se é verdade que o poder constituinte originário não está limitado por nenhuma norma de Direito Positivo, certo é que esse poder está limitado, entretanto, pela idéia de direito subjacente ao movimento revolucionário legítimo, que é seu veículo usual.

Explica-se: de regra, o poder constituinte originário vem no bojo de um movimento revolucionário, de uma revolução legítima, e não de um golpe de Estado qualquer. Pode ele resultar, também, tal como ocorreu no Brasil, em 1986, de uma convocação. O chefe do Poder Executivo, com poderes para propor reforma constitucional mediante emenda, percebendo que uma mera reforma não satisfaz à consciência nacional, propõe ao Legislativo uma emenda constitucional convocatória do povo, titular do poder, a eleger e investir representantes de poder constituinte originário, a fim de elaborar uma nova constituição. O Legislativo, traduzindo a vontade da Nação, aprova a emenda constitucional. O povo é, então, convocado a eleger uma Assembléia Constituinte. Num caso ou noutro — movimento revolucionário ou convocação —, uma idéia de direito está subjacente, ou uma idéia de direito liberal, por exemplo, ou uma idéia de direito socialista. Evidentemente que, se uma sociedade faz opção pelo socialismo, e esta é a a idéia subjacente ao movimento revolucionário ou à convocação, elaborada a constituição em tais termos, ninguém poderá, com base nos seus títulos de propriedade, opor à nova constituição a alegação de direito adquirido.

Todavia, se a idéia de direito que fez eclodir o movimento revolucionário, ou que resultou na convocação, é uma idéia democrático-liberal, ela, a constituição, produto do poder constituinte que veio no bojo desse movimento ou dessa convocação, está limitada por essa idéia. É dizer, exemplificando: se uma constituição que vem no bojo de um movimento liberal, que proclama o liberalismo político, impõe a um grupo de indivíduos o confisco, a disposição constitucional que o institui é ilegítima.

É claro que essas questões, que são de teoria geral da constituição, sem nenhum embasamento de Direito Positivo, somente serão bem compreendidas num Estado cujo povo, cujos líderes e cujos juízes têm consciência do que seja uma constituição. Se isto não ocorre, vira adágio o que não passa de *slogan*, o de que "não há direito adquirido contra a constituição".

Voltemos ao poder constituinte derivado, instituído ou de segundo grau. Este não pode tudo, porque não pode desrespeitar as limitações postas à sua ação pelo constituinte originário, inscritas na constituição. Essas limitações ou são formais, ou são temporárias, ou são circunstanciais, ou são materiais, explícitas ou implícitas. A Constituição do Brasil de 1988 estabelece: a) *limitações formais*: o órgão do poder de reforma (o Congresso Nacional), a iniciativa reservada da proposta de emenda (CF, art. 60, I, II e III), o processo especial de elaboração (CF, art. 60, §§ 2º, 3º e 5º); b) *limitações circunstanciais*: a Constituição não poderá ser emendada na vigência de intervenção federal, de estado de defesa ou de estado de sítio (CF, art. 60, § 1º); c) *limitações materiais* (CF, art. 60, § 4º, I, II, III e IV).

Essas limitações, denominadas limitações ao constituinte derivado pelos constitucionalistas europeus, no Brasil têm sido chamadas de cláusulas pétreas, uma metáfora que parece ser do gosto de muitos.

3. O poder de emendas: limitações

3.1 Limitações materiais: cláusulas pétreas

As limitações materiais, ou as cláusulas pétreas, estão inscritas no art. 60, § 4º, I a IV, da Constituição Federal, a estabelecerem que não será objeto de deliberação a proposta de emenda tendente a abolir: I — a forma federativa do Estado; II — o voto direto, secreto, universal e periódico; III — a separação dos poderes, e IV — os direitos e garantias individuais.

A Constituição de 1988 não se refere mais, expressamente, à forma republicana de governo. Mas isto pouca importância tem, porque, como é sabido — o que foi acentuado hoje, na sessão matutina do Congresso, pela Profa. Diva Malerbi —, constituem traços caracterizadores da República, além dos princípios da legalidade e da igualdade e dos direitos fundamentais, também o voto direto, secreto, universal e periódico.

Ora, se se consagra a segurança máxima para o voto direto, secreto, universal e periódico (art. 60, § 4º, II) e para os direitos e garantias individuais (art. 60, § 4º, IV), certo que nestes se incluem os princípios da legalidade e da igualdade, então tem-se que a forma republicana de governo também é intangível à mão do constituinte derivado.

Essas cláusulas pétreas — art. 60, § 4º, I a IV — demandam exame aprofundado. De um modo geral, as três primeiras, ou as que se inscrevem nos incisos I, II e III — a forma federativa de Estado, o voto direto, secreto, universal e periódico e a separação dos poderes — não oferecem maiores dificuldades ao intérprete. A dificuldade maior está no inciso IV — os direitos e garantias individuais. É que é necessário indagar e perquirir se todo e qualquer direito assegurado ao indivíduo estaria incluído na cláusula pétrea do art. 60, § 4º, inciso IV, ou se seria lícito, presente a teoria geral dos direitos fundamentais, distinguir entre direitos individuais que, por sua importância, constituiriam direitos fundamentais, assim direitos humanos e outros direitos que, não obstante assegurados na Constituição, não se elevam à categoria de direitos fundamentais em sentido material e, por isso, não se incluem na cláusula pétrea indicada, pelo quê não seriam, como os primeiros, intangíveis à mão do constituinte derivado.

3.2 Direitos e garantias individuais: conceito

No voto que proferi, no Supremo Tribunal Federal, quando do julgamento da cautelar requerida na ADIn 1.497-DF — argüição de inconstitucionalidade da Emenda Constitucional 12, de 1996, que instituiu a CPMF —, dissertei longamente a respeito desse assunto, lembrando que o tema — poder constituinte originário e poder constituinte de revisão, distinção, limitações — foi por mim versado quando veio a lume, em 1969, a Emenda Constitucional 1, em artigo de doutrina — "Funcionário Público — Aposentadoria — Direito adquirido" — publicado na *RDP* 21/174, na *Rev. de Informação Legislativa* 37/109, e está no meu livro *Temas de Direito Público*, pp. 437 e ss. Voltei ao tema outras vezes, especialmente no voto que proferi por ocasião do julgamento da ADIn 829-DF, em 14.4.93, em que se examinou a constitucionalidade da Emenda Constitucional 2, de 1992, que antecipou o plebiscito de que trata o art. 2º do ADCT, para o dia 21 de abril de 1993. Esse voto está no meu livro *Temas de Direito Público*, pp. 449 e ss.

Registrei, também, no voto que proferi na citada ADIn 1.497-DF, ao examinar a questão dos direitos fundamentais em termos de sua teoria geral, que, primeiro que tudo, é preciso reconhecer que os direitos e garantias individuais, referidos no art. 60, § 4º, IV, da Constituição, são, na verdade, os direitos fundamentais, os denominados direitos humanos. Não são qualquer direito, portanto, mas direitos fundamentais, direitos humanos.

Esses direitos fundamentais, que os jusnaturalistas consideram inerentes à personalidade humana, surgiram em declarações de direitos, declarações, essas, assentadas em precedentes históricos e doutrinários que podem ser encontrados no território do velho mundo e até na velha Roma, "como o veto do tribuno da plebe contra ações injustas dos patrícios", ou "a lei de Valério Publícola proibindo penas corporais contra cidadãos em certas situações até culminar com o *Interdicto de Homine Libero Exhibendo*, remoto antecedente do *habeas corpus* moderno, que o Direito Romano instituiu como proteção jurídica da liberdade" (José Afonso da Silva, *Curso de Direito Constitucional Positivo*, 5ª ed., p. 134). Também em Atenas, registra Gustave Glotz (*A Cidade Grega*, trad. de Henrique de Araújo Mesquita e Roberto Corte de Lacerda, Difel, 1980), pugnava-se pelas liberdades democráticas. O discurso de Péricles, em honra aos heróis da

Guerra do Peloponeso, considera a igualdade inerente à democracia, faz a apologia do respeito às regras que defendem os oprimidos e proclama que a liberdade se confunde com felicidade. A Idade Média, contudo, é que foi pródiga nos antecedentes das declarações de direitos, com os pactos, os forais e as cartas de franquia, encontrados em toda a Europa: na Espanha, o de León e Castela, de 1188, pelo qual o Rei Afonso IX jurou defender a justiça, assegurando o domicílio das pessoas, a propriedade e a possibilidade de as pessoas terem um julgamento justo. O de Aragão, de 1265, e o de Viscaia, de 1526, reconheciam liberdades. A história constitucional inglesa é rica nesses pactos asseguradores de diretos: a Magna Carta de 1215, a *Petition of Rights* de 1618, o *"Habeas Corpus" Act* de 1679, o *Bill of Rights* de 1688, e o *Act of Settlement* (o Ato de Sucessão) de 1707 são magníficos antecedentes das declarações de direitos subjetivadas e positivadas nas Constituições que se seguiram à adoção do constitucionalismo na segunda metade do século XVIII. Importante é ressaltar, entretanto, antes da Constituição de Filadélfia, de 1787, e antes da eclosão do movimento constitucionalista, com a Revolução Francesa de 1789, o *Mayflower Compact* de 1620, a *Charter of New England* de 1620, a *Charter of Massachusetts* de 1629, a de *Maryland* de 1632, a de *Connecticut* de 1662, a de *Rhode Island* de 1663, a de *Carolina* de 1663.

A Declaração de Virgínia, de 12.1. 1776, foi a primeira declaração de direitos fundamentais do mundo. Ela é anterior à Declaração de Independência do Estados Unidos, de 4.7.1776. A mais famosa, entretanto, é a Declaração dos Direitos do Homem e do Cidadão, que veio no bojo da Revolução Francesa de 1789. Essas declarações inspiram-se, sobretudo, nas doutrinas de Locke, de Rousseau e de Montesquieu, preocupando-se em estabelecer em torno das pessoas um círculo de segurança no qual o poder não poderia penetrar. Nessa linha, o *Bill of Rights* do povo norte-americano, consubstanciado nas 10 primeiras emendas à Constituição de 1787, aprovadas em 1791, às quais acrescentaram-se, com o correr do tempo, outras mais. As Constituições que se seguiram positivaram os direitos considerados fundamentais do homem. A Constituição brasileira de 1824 inpirou a Constituição da Bélgica de 1831. A Constituição republicana de 1891 caminhou na mesma linha, consagrando os direitos individuais. A carta de 1934 realiza o compromisso do individual com o social, porque consagra direitos individuais e direitos sociais, o que se tornou constante nas Constituições seguintes: 1946, 1967, EC 1/69, 1988.

3.3 Direitos fundamentais de 1ª, 2ª e 3ª geração

Hoje, a doutrina dos direitos fundamentais distingue direitos de 1ª, 2ª e 3ª geração, registra o eminente Celso Lafer, — "Direitos humanos e democracia: no plano interno e internacional", em *Desafios: Ética e Política*, ed. Siciliano, 1995, pp. 201 e ss. —, que desenvolve assim o tema: os direitos de 1ª geração constituem herança liberal. São os direitos civis e políticos: a) direitos de garantia, que são as liberdades públicas, de cunho individualista — a liberdade de expressão e de pensamento, por exemplo; b) direitos individuais exercidos coletivamente — liberdades de associação: formação de partidos, sindicatos, direito de greve, por exemplo. Os direitos de 2ª geração são os direitos sociais, econômicos e culturais, constituindo herança socialista: direito ao bem-estar social, direito ao trabalho, à saúde, à educação, são exemplos desses direitos. Os de 3ª geração são direitos de titularidade coletiva: a) no plano internacional — direito ao desenvolvimento e a uma nova ordem econômica mundial, direito ao patrimônio comum da humanidade, direito à paz; b) no plano interno — interesses coletivos e difusos, como, por exemplo, o direito ao meio ambiente.

3.4 Os direitos fundamentais que constituem cláusulas pétreas

Estariam todos esses direitos cobertos pela cláusula pétrea do art. 60, § 4º, IV, da Constituição? Penso que não.

É preciso distinguir os direitos a que, na realidade, quis a Constituição conferir essa máxima segurança.

Bom indicativo dos direitos que poderiam ser incluídos como cláusula pétrea encontra-se no Título I da Constituição, que cuida dos Princípios Fundamentais.

No art. 1º estabelece-se que a República Federativa do Brasil, que se constitui em Estado Democrático de Direito, tem como fundamento a cidadania (art. 1º, II), a dignidade da pessoa humana (art. 1º, III). Todos aqueles direitos que digam respeito, portanto, à cidadania, valorizando-a, e que servem para emprestar dignidade à pessoa humana, são, na ordem constitucional brasileira, direitos que gozam da proteção máxima do art. 60, § 4º, IV. Essas disposições constitucionais — art. 1º, II e III — alinham-se com os objetivos fundamentais da República, inscritos no art. 3º, especialmente com os inscritos nos incisos I — construir uma sociedade livre, justa e solidária —, III — erradicar a pobreza e a marginalização e reduzir as desigualdades sociais — e IV — promover o bem de todos, sem preconceitos de origem, raça, sexo, cor, idade e quaisquer outras formas de discriminação, e com o princípio que rege a República nas suas relações internacionais, inscrito no art. 4º, II — prevalência dos direitos humanos — e VII — repúdio ao racismo. O princípio posto no inciso X do art. 4º — concessão de asilo político — demonstra a preocupação da Constituição com o homem como tal, como ser humano.

Esses fundamentos (art. 1º), objetivos fundamentais (art. 3º) e princípios (art. 4º) — princípios todos eles —, acima enunciados, constituem a moldura do quadro que, no ponto — direitos fundamentais —, o constituinte originário pintou e a que emprestou a proteção máxima do art. 60, § 4º, IV.

Não se pode perder de vista, também, as *têtes de chapitres* dos direitos enunciados no art. 5º da Constituição. *Têtes de chapitres* inscritas no *caput* deste — direito à vida, à liberdade, à igualdade, à segurança e à propriedade, certo que a esta associa-se a sua função social. Os direitos que, nos incisos do citado art. 5º, constituem desdobramento de tais títulos podem ser considerados direitos fundamentais.

Busquemos caracterizá-los, tanto aqueles que estão nos incisos do art. 5º quanto os demais que se espalham pelo texto constitucional.

Em precioso trabalho, Manoel Gonçalves Ferreira Filho pretendeu visualizar a natureza dos direitos fundamentais — "Os direitos fundamentais. Problemas jurídicos, particularmente em face da Constituição de 1988", na *RDA* 203/1. Começa o autor por afirmar que "a doutrina dos direitos fundamentais tem profundas raízes filosóficas — e assim não escapa das controvérsias mais abstratas e complexas —, envolve sempre conotações políticas — e assim se insere no dia-a-dia do poder estatal — e está no cerne do direito internacional que não ignora os indivíduos". Bem pos isso, essa doutrina interessa à filosofia do direito, à teoria do Estado, ao Direito Internacional e, claro, ao direito constitucional. Nas primeiras declarações esses direitos eram os inerentes à personalidade humana. Seriam, portanto, direitos naturais. Isto, entretanto, seria suficiente, hoje, para caracterizar a natureza dos direitos fundamentais, no sentido de que somente aqueles direitos que poderiam ser considerados naturais é que teriam o *status* de direitos fundamentais? A resposta é negativa, não obstante ser importante, para a caracterização que perseguimos, a doutrina do jusnaturalismo. Manoel Gonçalves Ferreira Filho registra que "a Carta de 1988 explicita numerosíssimos direitos 'fundamentais', muitíssimos mais que as anteriores e mesmo que as estrangeiras. Basta lembrar que a Constituição alemã enunciava cerca de 20 e poucos direitos fundamentais e o art. 153 da Emenda 1/69 arrolava cerca de 35 direitos e garantias e o art. 5º da atual enumera pelo menos 76, afora os 8 do art. 6º, afora os que se depreendem do art. 150, afora o direito ao meio ambiente (art. 225), o direito à comunicação social (art. 220), portanto, no mínimo, 86 e provavelmente uma centena, se considerarmos que vários dos itens do art. 6º consagram mais de um direito ou garantia. Quer dizer, três vezes mais do que o texto brasileiro anterior, cinco vezes mais do que a declaração alemã. Há, portanto, na Carta vigente uma 'inflação' de direitos fundamentais". Mas, acrescenta o ilustre constitucionalista, "o exame, por outro lado, desses direitos fundamentais enunciados em 1988 provoca dúvidas se muitos deles são realmente direitos fundamentais... A não ser que se desvalorize o sentido de 'fundamental', tornando-o não o equivalente a essencial mas a meramente 'importante'" (ob. e loc. cits., p. 4).

Após lembrar que a doutrina tem-se preocupado com a multiplicação desses direitos, procurando identificar os verdadeiros direitos fundamentais, invoca Manoel Gonçalves o publicista e cientista político Philip Alston ("Conjuring up new human rights: a proposal for quality control", *American Journal of International Law* 78/607 e ss., 1984, *apud* Manoel Gonçalves Ferreira Filho, ob. e loc. cits.), que informa que novos direitos fundamentais estão em vista de serem declarados, como o direito ao sono, o direito ao turismo, o direito de não ser sujeito a trabalho aborrecido, o direito à coexistência com a natureza, o direito de livremente experimentar modos de viver alternativos, dentre muitos. Traz ao debate outros estudiosos do tema, como Maurice Crasston, que, refletindo a preocupação da doutrina com o problema, indica critérios para que um direito possa ser considerado fundamental: "um direito humano por definição é um direito moral universal, algo que todos os homens em toda parte, em todos os tempos, devem ter, algo do qual ninguém pode ser privado sem uma grave ofensa à justiça, algo que é devido a todo ser humano simplesmente porque é um ser humano". Também G. G. Jacobs indica três critérios relevantes: "1) o direito deve ser fundamental; 2) o direito deve ser universal, nos dois sentidos de que é universal ou muito generalizadamente reconhecido e que é garantido a todos; 3) o direito deve ser suscetível de uma formulação suficientemente precisa para dar lugar a obrigações da parte do Estado e não apenas para estabelecer um padrão".

E o próprio Alston, registra Manoel Gonçalves Ferreira Filho, "indica seis critérios, mais preocupado com a inserção de tais direitos no plano internacional em geral e no da ONU em particular". Segundo Alston, um direito, para ser admitido entre os *human rigthts*, deve: "refletir um fundamentalmente importante valor social; ser relevante, inevitavelmente em grau variável num mundo de diferentes sistemas de valor, ser elegível para reconhecimento com base numa interpretação das obrigações estipuladas na Carta das Nações Unidas, numa reflexão a propósito de normas jurídicas costumeiras, ou nos princípios gerais de Direito; ser consistente com o sistema existente de Direito Internacional relativo aos direitos humanos, e não meramente repetitivo; ser capaz de alcançar um muito alto nível de consenso internacional; ser compatível, ou ao menos não claramente incompatível, com a prática comum dos Estados; e ser suficientemente preciso para dar lugar a direitos e obrigações identificáveis". Acrescenta o Prof. Manoel Gonçalves que "fácil é deduzir que os critérios assinalados levariam a recusar a qualidade de direitos fundamentais a muitos dos direitos que enuncia a Carta Brasileira" (ob. e loc. cits., p. 6), com o quê concordamos.

Essas doutrinas que vimos de expor impõem, no mínimo, a conclusão no sentido de que há direitos fundamentais materiais e direitos fundamentais formais. É dizer, há aqueles que se alçam numa categoria superior e direitos fundamentais que seriam secundários. Essa diferença hierárquica entre esses direitos é ressaltada, aliás, por Manoel Gonçalves (ob. e loc. cits.).

Os critérios que foram apontados para identificação dos direitos fundamentais que se inscrevem, no constitucionalismo brasileiro, na cláusula do art. 60, § 4º, IV, devem ser associados aos Princípios Fundamentais que constituem o Título I da Constituição, e bem assim às *têtes de chapitres* inscritas no *caput* do art. 5º, uns e outros já mencionados e referidos.

Posta nesses termos a questão, poderíamos identificar, a esta altura, na Constituição, os direitos que, na verdade, são fundamentais — direitos e garantias materiais — daqueles outros que, embora conferidos pela Constituição, não passam de direitos fundamentais formais. Não são direitos fundamentais materiais, por exemplo, os que estão referidos no artigo 5º, VII — prestação de assistência religiosa nas entidades civis e militares de internação coletiva; XXI — as entidades associativas, quando expressamente autorizadas, têm legitimidade para representar seus filiados judicial ou extrajudicialmente; XXVI — proibição de penhora sobre a pequena propriedade; XXX — direito de herança; LVIII — o civilmente identificado não será submetido a identificação criminal, salvo nas hipóteses previstas em lei. A menção é simplesmente exemplificativa, dado que há inúmeros outros direitos na mesma situação.

A pesquisa, entretanto, não ficaria apenas no art. 5º da Constituição. É que esta consagra direitos de 1ª, de 2ª e de 3ª geração, que se espalham por toda a Carta. Importa, portanto, aprofundar a pesquisa. Dela resultará a conclusão no sentido de que há, na Constituição, inúmeros outros direitos que são direitos fundamentais puramente formais, que não estão, por isso mesmo, cobertos pela proteção máxima do art. 60, § 4º, IV.

4. Direitos e garantias tributários: cláusulas pétreas

Vamos ao sitema tributário nacional. Neste, é possível identificar, no rol de direitos e garantias que constituem o Estatuto dos Contribuintes — arts. 150, 151 e 152 —, os direitos e garantias que estão cobertos pela cláusula pétrea do art. 60, § 4º, IV, da Constituição.

O princípio da legalidade tributária (CF, art. 150, I), por exemplo, é cláusula pétrea, como são, também, cláusulas pétreas o princípio da igualdade tributária (CF, art. 150, II), o princípio da irretroatividade tributária (CF, art. 150, III, "a"), o princípio da anterioridade (CF, art. 150, III, "b"), a proibição da utilização de tributo com efeito de confisco (CF, art. 150, IV), as imunidades tributárias (CF, art. 150, VI), dentre outros.

O Supremo Tribunal Federal, no julgamento da ADIn 939-DF, relator o Min. Sydney Sanches, que tinha por objetivo a Emenda Constitucional 3, de 1993, e a Lei Complementar 77, de 1993, decidiu:

"Direito Constitucional e Tributário.

"Ação direita de inconstitucionalidade de emenda constitucional e de lei complementar.

"Imposto Provisório sobre a Movimentação ou a Transmissão de Valores e de Créditos e Direitos de Natureza Financeira - IPMF.

"Arts. 5º, § 2º, 60, § 4º, incisos I e IV, 150, incisos III, 'b', e VI, 'a', 'b', 'c' e 'd', da Constituição Federal.

"I — Uma emenda constitucional, emanada, portanto, de Constituinte derivada, incidindo em violação à Constituição originária, pode ser declarada inconstitucional, pelo Supremo Tribunal Federal, cuja função precípua é de guarda da Constituição (art. 102, I, "a", da CF).

"II — A Emenda Constitucional n. 3, de 17.3.93, que, no art. 2º, autorizou a União a instituir o IPMF, incidiu em vício de inconstitucionalidade, ao dispor, no § 2º desse dispositivo, que, quanto a tal tributo, não se aplica 'o art. 150, III, 'b', e VI', da Constituição, porque, desse modo, violou os seguintes princípios e normas imutáveis (somente eles, não outros):

"1º. o princípio da anterioridade, que é garantia individual do contribuinte (art. 5º, § 2º; art. 60, § 4º, inciso IV, e art. 150, III, 'b', da Constituição);

"2º. o princípio da imunidade tributária recíproca (que veda à União, aos Estados, ao Distrito Federal e aos Municípios a instituição de impostos sobre o patrimônio, rendas ou serviços uns dos outros) e que é garantia da Federação (art. 60, § 4º, inciso I, e art. 150, VI, 'a', da CF);

"3º. a norma que, estabelecendo outras imunidades, impede a criação de impostos (art. 150, III) sobre:

'b) templos de qualquer culto;

'c) patrimônio, renda ou serviços dos partidos políticos, inclusive suas fundações, das entidades sindicais dos trabalhadores, das instituições de educação e de assistência social, sem fins lucrativos, atendidos os requisitos da lei; e

'd) livros, jornais, periódicos e o papel destinado a sua impressão.'

"III — Em conseqüência, é inconstitucional, também, a Lei Complementar n. 77, de 13.7.93, sem redução de textos, nos pontos em que determinou a incidência do tributo no mesmo ano (art. 28) e deixou de reconhecer as imunidades previstas no art. 150, VI, 'a', 'b', 'c' e 'd' da CF (arts. 3º, 4º e 8º do mesmo diploma, LC n. 77/93).

"IV — Ação direta de inconstitucionalidade julgada procedente, em parte, para tais fins, por maioria, nos termos do voto do Relator, mantida, com relação a todos os contribuintes, em caráter definitivo, a medida cautelar, que suspendera a cobrança do tributo no ano de 1993" (*RTJ* 151/755).

Quer dizer, o Supremo Tribunal entendeu que a supressão do princípio da anterioridade, pela EC 3/93, violava cláusula pétrea — CF, art. 60, § 4º, IV. Também é ofensiva de cláusula pétrea — art. 60, § 4º, I — disposição da EC 3/93 que sujeitava Estados e Municípios e suas autarquias ao imposto, assim afastando a imunidade recíproca do art. 150, VI, "a", e seu § 2º. Por isso mesmo, foi declarada a inconstitucionalidade da Lei Complementar 77/93 nos pontos em que deixou de excluir da incidência do IPMF as mesmas pessoas públicas. Também foi declarada a inconstitucionalidade da EC 3/93 no ponto em que afastava a imunidade dos entes mencionados no art. 150, VI, "b", "c" e "d".

Registre-se que declaração de tal natureza — declaração de inconstitucionalidade de uma emenda constitucional, assim de disposição incorporada à Constituição — ocorreu pela primeira vez na história do Supremo Tribunal Federal, ao que estou informado. Isto mostra que o Supremo Tribunal assume a sua condição de Corte Constitucional, guarda maior da Constituição.

No meu voto, acentuei que o desrespeito à imunidade recíproca, imunidade ontológica, na lição de Geraldo Ataliba, porque diz respeito ao cerne do pacto federativo, é ofensivo ao art. 60, § 4º, I, da Constituição. Também entendi e entendo que o desrespeito, por parte do constituinte derivado, ao princípio da anterioridade é violador de cláusula pétrea — art. 60, § 4º, IV —, dado que esse princípio tem conotação histórica, vem desde a Magna Carta de 1215, refletindo "um fundamentalmente importante valor social", assim satisfazendo, por exemplo, critério estabelecido por Philip Alston para que um direito possa ser admitido entre os *human rights*, conforme registrado por Manoél Gonçalves Ferreira Filho, no seu trabalho "Os direitos fundamentais. Problemas jurídicos, particularmente em face da Constituição Brasileira de 1988", em *RDA* 203/1. Todavia, questões muito mais de Direito Tributário, como a capacidade contributiva, não obstante a sua importância na realização da igualdade tributária, não consigo conferir-lhes as galas de direitos humanos, de direito fundamental. E foi assim que votei na citada ADIn 939-DF. Quanto à questão da não cumulatividade, a proibição, em princípio, é dirigida ao legislador ordinário, e não ao legislador constituinte derivado (CF, art. 154, I). Assim também votei na ADIn 939-DF. O mesmo pode ser dito em relação à não-observância dos fatos geradores ou base de cálculo já estabelecidos na Constituição: a proibição é também dirigida ao legislador ordinário e não ao constituinte derivado (CF, art. 154, I).

5. *As limitações inscritas na competência residual da União constituem cláusulas pétreas?*

Vale acentuar, repetindo, que as limitações inscritas na competência residual da União — art. 154, I —, que nem estão postas entre os princípios constitucionais tributários, asseguradores de direito individual, inscritos na Seção II do Capítulo I do Título VI, arts. 150, 151 e 152, não podem ser incluídas entre os direitos fundamentais protegidos pela cláusula pétrea do art. 60, § 4º, IV.

Com efeito: a técnica da competência residual da União, art. 154, I, da CF — a não-cumulatividade e o ineditismo do fato gerador ou da base de cálculo — não constitui, propriamente, direito individual, em termos de direito fundamental, mas técnica de tributação, que, se é verdade que institui direito e benefício para os indivíduos, nem por isso, entretanto, ostenta, essa técnica, vale repetir, as galas de direito fundamental, de direito humano.

Não pode, portanto, essa técnica de tributação, não obstante criar direito em favor dos indivíduos, ser considerada cláusula pétrea, a teor do disposto no art. 60, § 4º, IV, da Constituição Federal.

O mesmo pode ser dito, também, relativamente ao § 5º do art. 153 da Constituição Federal, a dispor que "o ouro, quando definido em lei como ativo financeiro ou instrumento cambial, sujeita-se exclusivamente à incidência do imposto de que trata o inciso V do *caput* deste artigo, devido na operação de origem; a alíquota mínima será de 1%, assegurada a transferência do montante da arrecadação nos seguintes termos: I — 30% para o Estado, o Distrito Federal ou o Território, conforme a origem; II — 70% para o Município de origem".

Ora, impedir que o poder constituinte derivado, mediante emenda constitucional, altere técnicas de tributação, sob o pretexto de que tais técnicas constituem direitos fundamentais do homem, é impedir qualquer reforma tributária, é gessar o sistema tributário, como prejuízo, muita vez, para as classes mais pobres.

Bem por isso é que, no voto que proferi por ocasião do julgamento da ADIn 939-DF (*RTJ* 151/755), que cuidou do IPMF, sustentei que a recomendação da não-cumulatividade, que é uma questão tributária, inscrita no art. 154, I, é dirigida ao legislador ordinário, e não ao legislador constituinte, o mesmo podendo ser dito em relação à não-observância dos fatos geradores ou base de cálculo já estabelecidos na Constituição: a vedação é também dirigida ao legislador ordinário, e não ao constituinte derivado (CF, art. 154, I).

O Supremo Tribunal Federal, julgando a cautelar requerida na citada ADIn 1.497-DF, para o fim de ser suspensa a eficácia da Emenda Constitucional 12, que instituiu a CPMF, relator o Min. Marco Aurélio, indeferiu-a, vencidos o relator e o Min. Ilmar Galvão, não aceitando, portanto, em sede cautelar, assim ao primeiro exame, a tese sustentada pelos requerentes, de que as limitações inscritas na competência residual da União constituem cláusulas pétreas (STF, Plenário, 18.9.96).

6. Conclusão

Meus senhores, devo encerrar, porque esta palestra já vai longe. Peço desculpas por ter abusado da paciência dos senhores. Devo dizer-lhes, ao fim e ao cabo, que, ao afirmar que praticamente todos os direitos e garantias inscritos no Estatuto dos Contribuintes — CF, arts. 150, 151 e 152 — estão cobertos pela cláusula máxima de proteção dos direitos e garantias individuais, assim constituindo cláusulas pétreas, penso que não incorri em nenhum exagero. Ao contrário, penso mesmo que, ao fazer tal afirmativa, estou realizando aquilo que o Patrono deste Congresso pregou a vida toda, e essa pregação está presente na nossa mente. É que a afirmativa torna realidade a segurança jurídica, também característica da República, uma e outra — segurança jurídica e República — pelas quais sempre se bateu, vigorosamente, o mestre que nos inspira, o Prof. Geraldo Ataliba. Ora, meus senhores, essas idéias, enunciadas em defesa da Constituição, contribuem para fazer felizes os homens. E já no *Digesto Romano* (Justiniano, D. 1.5.2) ficou expresso que: "Hominum causa omme jus constitutum est". Ou, em vernáculo: "é por causa do homem que se constituiu todo o direito".

Muito obrigado (*Palmas*).

PROF. AIRES BARRETO — Eu quero registrar a presença à mesa da Profa. Diva Malerbi e do Ministro Francisco Rezek. Informo, ainda, que se encontram conosco a Sra. Ana Maria Ataliba e seu filho Fernando Ataliba. Eu tenho a honra de passar a presidência da Mesa ao Presidente do X Congresso Brasileiro de Direito Tributário, promovido pelo Instituto Geraldo Ataliba-IDEPE, Min. Carlos Velloso.

MIN. CARLOS MÁRIO VELLOSO — É com muita honra que assumo a presidência do X Congresso de Direito Tributário em memória de Geraldo Ataliba. Vamos proceder à entrega dos diplomas de sócios honorários do IDEPE. É a grande homenagem que o Instituto Geraldo Ataliba presta àqueles juristas que à Justiça e ao Direito prestaram relevantes serviços.

Vamos fazer esta entrega — lembra o Prof. Aires que estes diplomas estão assinados pelo Prof. Geraldo Ataliba, de modo que esta é uma homenagem que o IDEPE presta a estes juristas, cujos nomes eu vou mencionar, por gosto do próprio Prof. Geraldo Ataliba. Eu vou outorgar ao Min. José Francisco Rezek o título de sócio honorário do IDEPE, diploma assinado pelo Prof. Ataliba, ao Dr. Pedro Gordilho igualmente, ao Prof. Souto Maior Borges (*interrupção da gravação*) eu peço ... (*Palmas*)

Tem a palavra o Dr. Pedro Gordilho, que vai agradecer em nome dos que receberam o diploma.

DR. PEDRO GORDILHO — Excelentíssimo Sr. Ministro Carlos Velloso, que preside esta Mesa, Dr. Aires Fernandino Barreto, Exmo. Sr. Ministro Francisco Rezek, demais integrantes da Mesa, senhoras, senhores; eu devo dizer que não tenho nenhum dos predicados que vêm de me ser associados justificando este honroso certificado. Sou apenas um advogado do Contencioso que os balcões dos cartórios forenses e as cortes judiciárias infortunadamente têm afastado das academias e dos centros de geração do pensamento jurídico. Sem as qualidades, mas com o mesmo espírito, quero evocar, como de certo fariam os companheiros que recebem neste final de tarde o diploma, evocar, dizia, a figura do saudoso mestre, conterrâneo e amigo Aliomar Baleeiro, ao ser recebido na Capital de São Paulo nos idos de 1973, em outro igualmente qualificado fórum de debates. Disse ele: "Muito obrigado, Prof. Ataliba. Meus jovens e caros colegas, eu, profundamente desvanecido pelo convite que me fez através do Prof. Geraldo Ataliba a Universidade Católica de São Paulo, apesar do peso dos cabelos brancos, ainda me comovo com a generosidade extrema das palavras com que este brilhante tributarista de São Paulo me acolheu nesta casa. Não levem muito a sério o que ele disse; ele é um homem generosíssimo, simpático, cavalheiresco, e as demasias do coração ele não as pode guardar lá dentro, derrama e faz estas simpáticas imagens bonitas. Eu confesso que fico satisfeito de receber, porque, se eu não sou, eu acredito que sou quando um jovem brilhante como este o diz".

É essa lembrança, senhoras e senhores, que também guardo do bom amigo Geraldo, que tão breve partiu, deixando uma grandiosa marca de luz em sua trajetória que tanto envaidece e comove toda uma geração. Que seu modelo perdure e frutifique!

Pouquíssimas entidades, senhoras e senhores, podem se envaidecer em apresentar ao País tão portentoso cabedal quanto o Instituto Internacional de Direito Público e Empresarial, agora justamente com o nome do seu imortal fundador. Não se limita à atualíssima irradiação acadêmica. Projeta, através de publicações especializadas, notadamente pela *Revista de Direito Tributário*, a memória do Instituto e o repositório no qual os cultores do Direito, os magistrados, os membros do Ministério Público, os advogados, iniciam sempre as suas pesquisas no grande universo jurídico tributário.

Este X Congresso, assim penso, é a imagem viva da fulgurante Instituição. Integrar os seus quadros, portanto, por todos esses motivos me anima e envaidece.

Muito obrigado. (*Palmas*)

MIN. CARLOS MÁRIO VELLOSO — Meus senhores, um Congresso desta envergadura depende muito de pessoas e de instituições. As pessoas que se responsabilizaram por este Congresso, nós as conhecemos e a elas somos gratos. Todos foram companheiros de Geraldo Ataliba, companheiros e discípulos. Mas é preciso agradecer, também, às instituições que colaboraram, que tornaram realidade o Congresso. Em nome dos organizadores, agradeço à Varig — cujo diretor, Dr. Pedro Gordilho, acabou de fazer uso da palavra —, agradeço à Unisa, à Dialética, ao IOB, à Malheiros Editores, à Ford, ao Itaú e à Golden Cross. Essas instituições colaboraram com os organizadores deste Congresso, tornaram realidade o Congresso. Muito obrigado a essas instituições. (*Palmas*)

Eu peço, agora, à eminente Professora Misabel Derzi, que faça a entrega de flores a Rita Hassan, secretária do IDEPE. (*Palmas*). A Rita é muito importante para o IDEPE. Muito obrigado, Rita.

Vou conceder a palavra, agora, ao Prof. Eugênio Doin Vieira, que é professor titular de Direito Financeiro da Universidade Federal de Santa Catarina e nós todos o conhecemos. Vai falar, como é da tradição, em nome de todos os congressistas.

PROF. EUGÊNIO DOIN VIEIRA — "Quando nasceste todos sorriam, só tu choravas. Vive de tal maneira que quando partires todos chorem, mas tu sorrias" — da sabedoria popular.

Excelentíssimo Sr. Presidente, ainda uma vez eu me pergunto por que ao veterano professor da província é dado o encargo honroso e o compromisso difícil de fazer a saudação final neste Congresso. Outros mais sábios, mais doutos, mais percucientes e mais profundos falaram e discorreram aqui sobre os caminhos, as estradas e os desvãos do Direito, em especial do Direito Tributário. E eu me respondo a mim mesmo que, em sendo um momento de despedida, é preciso dar a ele um toque de emoção e de humanidade. Somos tributaristas, somos juristas, precisamos ser humanistas também e viver a vida em toda a sua intensidade, realizando de certa forma aquilo que dizia o poetinha — saber ganhar dinheiro com poesia.

Senhor Presidente, pergunto a V. Exa. e ao eminente Souto Maior Borges quantas vitórias profissionais não trocariam pelo sorriso do neto que lhes assoma aos joelhos.

Pergunto aos colegas, para que tenhamos uma dimensão viva de como muitas vezes nos distanciamos dos encantamentos da realidade, quantos sabem que hoje é noite de plenilúnio e que daqui a pouco a Selene dos gregos, se nos permitir a bruma paulistana, banhará as terras com a sua poesia.

Pergunto aos que são paulistanos, e que percorrem as vias obstruídas de trânsito da cidade, quantos têm conhecimento de que na Gabriel Monteiro da Silva, onde se concentram as casas chiques de decoração, há dezenas de pitangueiras que floriram e frutificaram e que hoje, pejadas de frutos vermelhos, fazem o encanto da passarada e dos meninos vadios e repletam a passarela pública de gotas de rubi.

Perguntaria para o Jorge Luiz Borges quanto tempo faz que não molhamos os pés em um riacho, que não paramos para ouvir o riso das crianças, que não fazemos uma declaração de amor. São as emoções da vida que nos são preciosas e necessárias porque complementam a criatura humana. Todos nós, corpos que se movimentam porque têm dentro de si uma centelha da divindade, precisamos de duas asas para voar: a do conhecimento e a da emoção.

Caríssimos companheiros de Congresso, nós também às vezes ouvimos estrelas. E ainda há pouco, ao buscá-las nos céus, tivemos notícia, e dou ciência deste evento ao Sr. Presidente, de que uma nova constelação se forma no firmamento iluminando os caminhos de Santiago. Faz poucos anos que ela começou a se fixar. As estrelas já têm nomes, trazidos da sua própria origem, do gentílico que portavam. A primeira delas, luminosa, alfa de primeira grandeza que se situou nas proximidades de Sírios e de Aldebaran, recebeu o nome de Rubens; logo a seguir, Aliomar; depois Antonius, Cleber, Augustus; inúmeras delas se foram agrupando, formando uma constelação que tem a forma de uma balança de um prato só, prato, esse, que tem um feitio de coração e cujo fiel de ouro aponta para o infinito. Mais recentemente, uma doce e luminosa estrela azul, que recebeu o nome de Gilbertus. E, por último, esfuziante em explosões de gás e de lava, e de calor e de emoção, aquela que se chamou Geraldus.

Hoje elas iluminam os céus, formam uma coorte que nos encanta. E, nas noites em que Selene se recolhe à sua pudicícia das noites de lua nova, dá para perceber que esta constelação derrama do alto sobre a megalópole a sua luminosidade. E essa luz atravessa as brumas da cidade grande e atinge um Monte que se chama Alegre. De lá se irradia sua luminosidade para todo o país.

Permita-me, Senhor Presidente, façamos aqui a nossa saudação e a nossa homenagem àquela que se chama a Pontifícia Universidade Católica de São Paulo. Reverenciamos a escola do Capibaribe ungida no sangue libertário de Demócrito; aplaudimos a sabedoria morena que nos vem da baianidade; recebemos com carinho as lições que descem das Alterosas, muitas vezes por reverberações douradas; admiramos e aplaudimos a tradição da velha Capital; mas queremos fazer uma homenagem especial a esta Escola, que, ao lado das Arcadas, de onde saíram tantos homens ilustres para a direção do País, supera e lidera hoje no campo do Direito, em especial do Direito Público, e representa marco de luminosidade que também serve, aos astronautas que retornam à terra azul e àqueles que buscam a segurança do retorno ao lar, de farol, de guia e de diretriz.

Consolidada na tradição de velhos professores que já participam hoje da nova constelação que se chama *Jus et Tributus*, ela tem no seu escol de mestres figuras do prol e da proa de um sábio e contundente Celso Antônio Bandeira de Mello, de um percuciente Tércio Sampaio Ferraz, de um estóico Paulo de Barros Carvalho, de um eterno André Franco Montoro, dos Arruda Alvim, da Maria Helena Diniz e de tantos outros. Entre os novos, uma plêiade que aqui se encontra, essa promessa à realização que se chama Roque Antônio Carrazza, e Elizabeth Nazar Carrazza, e Wagner Balera, e Diva Malerbi, e Estevão Horwath, e Eduardo Botallo, e outros mais que constituem um conjunto precioso de mestres do melhor escol, que transformaram a PUC em escola-modelo e a primeira em todo o Brasil. Por isso nela surgiu e brilhou a luz de Geraldo Ataliba.

Nela se fundou, na melhor tradição grega, uma escola: escola de pensamento, escola de idéias, escola que combateu e enfrentou — não apenas no campo da doutrina, mas na realidade bruta e material — os percalços e as agressões da ditadura. Escola onde, nos melhores tempos, eu aprendi, contra toda a jurisprudência do momento, acomodada a uma situação excepcional, que o decreto-lei era uma aberração jurídica. Escola onde hoje se grita e se protesta contra a medida provisória definitiva, transformada em instrumento normal de legislação de cooptação do Poder Legislativo pelo Poder Executivo.

Colegas congressistas, pedem-nos que falemos em nome de todos, e nós queremos lembrar o significado de determinadas datas. Como diria Castro Alves, por uma destas fatalidades que descem do além este Congresso se encerra no dia 25 de outubro de 1996. Nesse mesmo 25 de outubro, há exatos 30 anos atrás, era promulgado o Código Tributário Nacional — a Lei 5.172, tão estudada, tão criticada, tão combatida, tão louvada, diploma didático que nos instrumentou os estudos e as pesquisas e que ainda hoje, com todas as modificações que sofreu no decurso da dinâmica legislativa, guarda preciosas lições hauridas da sabedoria de Rubens Gomes de Sousa.

Nossa homenagem àqueles que o elaboraram, nesses 30 anos decorridos. Mais 6 dias e nós teremos o primeiro aniversário da partida de Gilberto de Ulhoa Canto, que vinha da Guanabara para nos encantar com a sua sabedoria revestida de um profundo sentimento humano. A 15 de novembro comemoramos a República e pranteamos também a partida de Geraldo Ataliba. Devo dizer aos colegas congressistas que o entendo não como alguém que deve ser chorado, mas como alguém que deve ser louvado e imitado. E, se ele pudesse interferir sobre as nossas ações e sobre os nossos atos, estaria muito menos interessado numa cantilena monocórdica de lamentações e talvez mais num *blue*, *allegro ma non tropo*, que lhe pudesse saudar a partida para a nova constelação onde ele ilumina como estrela de primeira grandeza.

A vida segue e prossegue. É mister que todos nós, que acreditamos na imortalidade da alma, sob uma ou outra feição que o façamos, acreditemos efetivamente nessa imortalidade e saibamos que os que partiram continuam vivos, interferindo sobre nós não só pelas obras, pelos depoimentos, pelos estudos, pelas lições, pelo exemplo que deixaram, mas também pela irradiação permanente de seus espíritos eternos.

Caríssimos colegas, viemos de tantos lugares e de tão longe, ouvimos lições tão preciosas e enfrentamos, sem dúvida, no Brasil, um momento excepcional, que, como disse bem o Ministro Rezek, precisa ser intensamente vivido. Cada vez mais o mundo se transforma numa aldeia global, os processos de comunicação e de mídia uniformizam o pensamento, e a globalização, como força quase irresistível, a universalização, empolga as economias e os procedimentos. O princípio da privatização, que determina que o Estado seja enxuto a fim de bem cumprir suas primeiras finalidades, exige de nós, juristas, uma atenção especial. A automatização, que gera o desemprego e que concentra violentamente as riquezas, está a merecer dos pensadores e dos que elaboram e interpretam a lei todo o cuidado neste momento de transição por que passa o Brasil, por que passa o mundo.

A concentração de riquezas é de tal porte e se agrava com os processos de aperfeiçoamento industrial e de globalização que ainda há poucos dias apontava famoso economista norte-americano que 368 pessoas físicas no mundo são detentoras de 45% do patrimônio da humanidade em aspectos materiais. E Philippe von Parid, o filósofo belga, pela imprensa desta semana recomendava o que chamava de salário de subsistência, a fim de assegurar aos chamados "excluídos" condições de sobrevivência. Por certo não é isso que nós queremos.

O que nós queremos é que a lei e que o comportamento humano, desdobrando os princípios de função social da propriedade, permitam de tal forma a vivência e a convivência das criaturas que haja trabalho para todos, que haja renda para todos, que haja bem-estar para todos, que haja dignidade para todos. O Estado que se enxuga pelas privatizações precisa ser cada vez mais forte para resistir às pressões que a globalização gera, que a centralização de riquezas representa, a fim de poder conter o excesso de presença daqueles grandes grupos nacionais ou multinacionais que se adonam cada vez mais intensamente das forças e das linhas de produção.

Nós, os juristas, temos de, através da nossa consciência, do nosso estudo e do nosso comportamento, viabilizar esse Estado digno, esse Estado forte.

Prezados companheiros, precisamos partir e voltar aos nossos rincões de origem. Os que vieram de tão longe — de Varginha ou de Belém, de Poá ou de Barcarena, de Jaraguá do Sul ou de Cuiabá, de Manaus ou de Novo Hamburgo —, representando hoje cerca de 16 Estados neste Congresso, que já é um marco do estudo jurídico-tributário neste país, levem consigo esse sentido de escola, de fraternidade, de emoção. Nunca mais serão os mesmos depois que lhes toca o pensamento e o coração a força da conscientização e do conhecimento. Não somos iguais, mas a beleza do ramalhete colorido está justamente na variedade das flores. Cada um de nós no seu campo, no seu segmento, tem uma tarefa a cumprir. O estudo, o conhecimento, porque nós somos uma classe privilegiada nesse universo de excluídos, nos recomendam o senso da responsabilidade.

Mas, em nome da flama de Geraldo Ataliba, permita, Ana, que nós façamos uma referência à bandeira verde da esperança, que hoje como que desceu a meio mastro neste plenário repleto. Lembramo-nos de um evento nas Arcadas em que se prestava a primeira colaboração de estudos à Constituição recém-promulgada. Numerosos professores falaram, todos eles vestindo de cores pardas ou negras as perspectivas do futuro. Geraldo Ataliba, com aquela democracia autoritária que o caracterizava, nos impingiu a nós, que éramos meros assistentes, o compromisso da palavra e da manifestação. E nós dissemos e lembramos que, nos momentos difíceis da ditadura, que também a nós nos atingiram na carne e no coração, muitos tiveram que abandonar este país e partir para outras terras; outros terras onde os trens saem no horário, onde a criatura humana é profundamente respeitada, onde há tranqüilidade e fartura. Mas, tão logo os clarins proclamaram a queda do processo ditatorial e o retorno da liberdade, nenhum deles ficou por lá. Todos retornaram a este país de limitações, de incompetências, de Legislativo precário, de Judiciário limitado, de Executivo, quem sabe, corrompido. Todos retornaram, trazidos pelo quê? Pelo sentido da nacionalidade, pelo amor a esta bandeira que é aureolada de verde. Quando terminamos, levantou-se um doce velhinho que atendia pelo nome de Seabra Fagundes e dentre todos ele fez a proclamação da sua confiança no futuro. Não no futuro dele — que bem se aproximava já, e ele o sabia, do término da existência terrena —, mas do futuro desta pátria, deste país, desta gente, desta bandeira que tem superado tantos tropeços e dificuldades e que os há de levar adiante no processo de aperfeiçoamento continuado, que é característica da pessoa humana.

Não sejamos desalentados, ouçamos as críticas, mesmo contundentes, como alertas para cada um de nós, para que saibamos em que terreno estamos pisando e o que é mister consertar na estrutura jurídica, social, política e moral deste país. Mas tenhamos — e eu me dirijo em especial aos jovens —, tenhamos esperança. E esperança não nos outros; em nós mesmos, no trabaho que iremos realizar, como sal da terra que somos, como fermento do mundo, que é o papel de cada um de nós (*interrupção da gravação*) este sábio com rosto de menino, que se chama Carlos Mário Velloso; esta dicção jurídica vestida de *black tie* que atende pelo nome de Francisco Rezek; este dublê genial de Lourival Villanova que é Souto Maior Borges; este Cristóvão Colombo da atualidade jurídica que é o nosso querido Ferreiro Lapatza.

Meus amigos, nós precisamos encerrar e vamos partir. Mas vamos partir com o coração cheio de esperança, com a cabeça cheia de problemas, certos de que, com a nossa energia, com a nossa competência, com a nossa dedicação, com o nosso esforço, semeando pelo país inteiro, nós construiremos a pátria que sonhamos. E antes de nos despedirmos eu os convido para um rápido passeio. Aqui bem perto, onde as árvores de metal arremetem para os céus, há uma reserva ecológica. Nela nasce um rio que os indígenas denominaram Tietê. O destino dos rios, como o de alguns grandes homens, é o berço abissal dos oceanos. O Tietê está a pouco mais de 50km da Costa Atlântica, uma descida tranqüila, rápida, medíocre, covarde até. Ele não a aceitou como compromisso de trabalho. Olhou para o oeste e viu que a dimensão era infinita, e o enfrentou; contornou montanhas, fertilizou vales, irrigou cidades, estabeleceu reservas, gerou energia que abençoou a todos; em seu dorso viandante conduziu entradas e bandeiras e fez a integração nacional do sul, levando as fronteiras até os confins dos hispanos. Depois de percorrer 1.122 quilômetros, abraçou-se ao Paraná para o seu destino final do Atlântico coroado em prata.

Sejamos como o Tietê. Não aceitemos as ladeiras fáceis da vida. Sigamos o exemplo deste Geraldo Ataliba lutador, renitente, agressivo, teimoso e genial, que tantas lições deixou e que foi tão lembrado aqui. Tracemos o nosso próprio rumo, o nosso próprio leito, o nosso próprio oeste, e o façamos com competência, com dignidade, com esforço, com valor. Estaremos, assim, respeitando o compromisso que temos com a comunidade. Estaremos, assim, construindo o nosso Brasil.

Muito obrigado, companheiros. (*Palmas prolongadas*)

MIN. CARLOS MÁRIO VELLOSO — Não há mal que sempre dure, nem bem que seja eterno. Vamos encerrar o Congresso.

Eu pretendia dizer algumas palavras, fazer um pequeno discurso. Todavia, depois do discurso de Eugênio Doin Vieira, é impossível. Eugênio é o grande orador que põe forma linda em idéias, em idéias consistentes. Em mais de um congressista, enquanto Eugênio Doin perorava, eu vi lágrimas nos olhos. Muito obrigado, Eugênio, por mais este magnífico discurso.

Estão presentes aquela que foi a grande companheira de Geraldo: Ana Maria está presente — a Ana, a Aninha, como Geraldo gostava de se referir —, e o seu filho Fernando. O Congresso mais uma vez homenageia a grande companheira de Geraldo Ataliba e homenageia o seu filho, que eu sei que aqui representa também os seus irmãos, as noras e também o genro de Geraldo e a doce Marina, que foi o último grande amor de Geraldo

Ataliba. O homem tem, no curso de sua vida, alguns amores. Ele ama o seu pai, ele ama a sua mãe, depois ele ama a sua mulher, ele ama os seus filhos; e depois, quando ele não tem mais tempo para amar, surge o filho de seu filho, o filho de sua filha. O neto será, então, o seu último amor. A Marina foi o grande último amor de Geraldo Ataliba.

Vamos encerrar o Congresso, mas antes quero convidar a todos para o XI Congresso Brasileiro de Direito Tributário, que será realizado em São Paulo, no próximo ano, sempre, evidentemente, sob a inspiração de Geraldo Ataliba. Daqui para a frente não vamos chorar nem lamentar a morte do Geraldo. Bem disse Eugênio Doin Vieira, vamos louvá-lo e imitá-lo — este é o nosso compromisso.

O Congresso encerrou-se. Muito obrigado. (*Palmas*)

COMISSÃO DE TRABALHO — PLENÁRIO

PROPOSIÇÕES

Trabalho n. 1: "A revogação da correção monetária de balanço pela Lei 9.249/95 e a remuneração do capital próprio das pessoas jurídicas — Imposto sobre a renda e contribuição social sobre o lucro"

1. A remuneração do capital próprio tem natureza jurídica de juros e não de dividendos.

Aprovada por unanimidade.

2. É inconstitucional a restrição da dedução dos juros sobre o capital próprio na apuração da base de cálculo da contribuição social sobre o lucro.

Aprovada por maioria.

Trabalho n. 2: "A substituição tributária para a frente prevista na Emenda Constitucional (EC) 3/93 em face das cláusulas pétreas e do poder constituinte derivado"

A Emenda Constitucional 3/93 e, como conseqüência, a substituição tributária "para a frente", nela prevista, são inconstitucionais, por ofensa às cláusulas pétreas da CF/88.

Foram afrontados os seguintes direitos e garantias individuais:

a) direito de propriedade (art. 5º, XXII) e princípio da não-confiscatoriedade (art. 150, IV);

b) a estrita distribuição de competência tributárias (arts. 145 e ss.), com a ampliação das mesmas para possibilitar a tributação fundada na presunção de ocorrência de fato imponível;

c) a estrita legalidade (art. 5º, II) e a tipicidade tributária (art. 150, I);

d) a capacidade contributiva (art. 145, § 1º) e a isonomia (art. 150, II).

Todas as conclusões aprovadas por maioria.

Trabalho n. 3: "O instituto da compensação de tributos à luz dos princípios constitucionais, tributários e processuais"

1. A compensação tributária, por respeito ao princípio da legalidade e da indisponibilidade dos bens públicos, exige previsão de lei expressa, editada pela pessoa política competente para instituir a exação.

Aprovada por unanimidade.

2.1 Nos termos do art. 66 da Lei 8.383/91, é juridicamente possível a compensação de tributos federais líquidos e certos pagos a maior ou indevidamente com outros da mesma espécie.

2.2 A compensação é direito subjetivo dos contribuintes que nasce com a satisfação das condições estabelecidas pela lei, independentemente do atendimento às condições ou requisitos preestabelecidos na IN 67/92.

2.3 A compensação de tributos federais não pode ser restringida por nenhum diploma infralegal, em função do respeito ao princípio da legalidade.

Aprovada por maioria.

3. A compensação deverá ser feita corrigindo-se monetariamente o montante pago a maior ou indevidamente, a partir da data de recolhimento indevido — pelos índices oficiais, até 31.12.91, e, a partir de janeiro de 1992, de acordo com a UFIR, conforme determinado pela Lei 8.383/91 —, incluídos os juros de mora. O Fisco deverá suportar a correção monetária de seus débitos nos moldes em que efetiva a atualização de seus créditos; do contrário, restarão feridos os princípios da igualdade e do respeito ao direito de propriedade.

Aprovada por maioria.

4. As normas veiculadas pela IN 67/92, que, extrapolando a lei, restringirem a compensação aos tributos do mesmo código, à correção parcial desta e a requerimento são consideradas como inválidas. Hão de restar como válidas, entretanto, as normas veiculadas pela IN 67/92 compatíveis com as diretivas legais da Lei 8.383/91.

Aprovada por unanimidade.

Trabalho n. 5: "Limitação de 30% da compensação dos prejuízos fiscais"

1. A limitação imposta pelo art. 42 da MP 812/94, posteriormente convertida na Lei 8.991/95, fere contundentemente o princípio constitucional da anterioridade da norma tributária, que, tendo a sua vigência iniciada no ano 1995, apenas poderia produzir efeitos a partir do ano 1996.

Aprovada por maioria.

2. Ocorreu também violação ao princípio da irretroatividade, em função da alteração da forma de utilização dos prejuízos constituídos sob a vigência da legislação anterior à MP 812.

Aprovada por maioria.

3. O instituto da compensação dos prejuízos é indispensável à própria conformação do fato imponível do imposto sobre a renda e contribuição social sobre o lucro, impedindo, assim, a tributação do patrimônio. Os arts. 42 e 58 da Lei 8.981 violam os arts. 153, III, e 195, I, da CF/88, instituindo a tributação sobre algo diverso de acréscimo patrimonial.

Aprovada por maioria.

Trabalho n. 6: "A inconstitucionalidade da norma posta no parágrafo único do art. 167 do Código Tributário Nacional"

1. O Fisco cobra juros do contribuinte *a partir da data do vencimento do tributo*, no caso de recolhimento atrasado. Do mesmo modo, em respeito ao princípio da isonomia, no caso de devolução de quantia recolhida indevidamente, a título de tributos, o cômputo de juros se impõe *a partir do recolhimento indevido*, e não a partir do trânsito em julgado da sentença, se tal recolhimento não se deu por erro do contribuinte.

Aprovada por maioria.

TRABALHO DO X CONGRESSO BRASILEIRO DE DIREITO TRIBUTÁRIO APROVADO COM MENÇÃO HONROSA

A REVOGAÇÃO DA CORREÇÃO MONETÁRIA DE BALANÇO PELA LEI 9.249/95 E A REMUNERAÇÃO DO CAPITAL PRÓPRIO DAS PESSOAS JURÍDICAS — IMPOSTO SOBRE A RENDA E CONTRIBUIÇÃO SOCIAL SOBRE O LUCRO

JOÃO DÁCIO ROLIM

I — A ineficácia jurídica da revogação. II — A natureza jurídica da remuneração do capital próprio (dividendos ou juros). III — A correlação entre a correção monetária de balanço e a remuneração do capital próprio para efeito do IRPJ e da CSL. IV — Conclusões. V — Referências bibliográficas.

I — A ineficácia jurídica da revogação

1. O art. 4º da Lei 9.249/95 revogou o sistema de correção monetária de balanço para efeitos fiscais e societários. Realmente, a revogação será inócua do ponto de vista jurídico, uma vez que aquele sistema, ao menos para efeito fiscal, já está incorporado ao ordenamento jurídico brasileiro, perante a Constituição Federal e o Código Tributário Nacional, o qual tem *status* de lei complementar e não pode ser alterado ou violado por legislação ordinária. Na questão da Lei 8.200/91 o Poder Judiciário e o próprio Conselho de Contribuintes[1] têm considerado a lei ordinária desnecessária para aplicação do IPC integral de 1990, ou seja, mesmo que a lei não reconhecesse o direito de deduzir fiscalmente as diferenças entre os índices oficiais e reais, os contribuintes teriam este direito, uma vez que o que se deve tributar é o efetivo acréscimo patrimonial (art. 43 do CTN) e a correção monetária representa mera atualização do capital ou do patrimônio. Não há como se apurar o efetivo ganho de capital se primeiro não se corrige o custo de aquisição, mesmo em países de inflação baixa, de economia estável, tal como na lnglaterra, com índices anuais de 3% a 4%. Mas, retornando à sistemá-

1. "A correção monetária, por expressa determinação legal, deve refletir a desvalorização real da moeda, caso contrário estará sendo tributada uma renda fictícia. (...)

"Tal procedimento além de afrontar a melhor doutrina (v. artigo de João Dácio Rolim, "Efeitos fiscais da correção monetária dos balanços — Expurgos inconstitucionais dos índices oficiais de inflação", in *Imposto de Renda — Estudos*, n. 20, São Paulo, Ed. Resenha Tributária; de Alberto Xavier, "A correção monetária das demonstrações financeiras no exercício de 1990, BTN ou IPC", in mesma publicação; de Misabel Abreu Machado Derzi, "Os conceitos de renda e de patrimônio. Efeitos de correção monetária insuficiente no Imposto de Renda", in *Momentos jurídicos*, Belo Horitica de correção monetária de balanço, passemos a uma análise do por que ela não pode ser revogada ou expurgada.

2. O primeiro aspecto que passa a ser analisado é que a correção monetária do balanço é substância e não mera sistemática legal. Ou seja, independente de lei ordinária que a regulamente, deve ser ela efetuada de forma que seja expurgada do lucro líquido contábil a desvalorização da moeda disponível para apuração do acréscimo patrimonial ou do lucro tributado pelo imposto de renda e contribuição social.

Esta preocupação da tributação de lucros fictícios em virtude de não adotar um sistema de correção de balanço que expurgasse do acréscimo patrimonial a perda do valor aquisitivo do ativo circulante (moeda) ou capital de giro é antiga na doutrina. Já em 1970 escreveram sobre o assunto Julian Chacel, Mário H. Simonsen e Arnoldo Wald.[2]

Ora, como as legislações do imposto de renda e da contribuição social da Lei 7.689 partem do lucro do exercício, apurado através do levantamento do balanço, impõe-se depurar o lucro da parcela da desvalorização monetária do capital de giro para apuração do valor real do patrimônio da empresa e daí partir para o cálculo do acréscimo patrimonial ou do lucro real. Não há como se apurar o verdadeiro e real acréscimo de patrimônio se o lucro apurado em balanço não for reduzido na proporção do desgaste inflacionário do capital, em função do seu período de apuração.

O sistema de correção monetária do patrimônio líquido e do ativo permanente, cujo saldo é levado para o resultado do exercício (determinação do lucro), visa exatamente a recompor a perda do poder aquisitivo do numerário (capital de giro) não aplicado.

Neste sentido é a lição de Bulhões Pedreira[3] e de todos os especialistas da

zonte, Livraria Del Rey), afronta a garantia constitucional contida no art. 150, III, "a", que veda a aplicação da legislação que aumente tributo no próprio exercício financeiro em que for publicada.

"Constitucional. Tributário. Imposto de renda. Pagamento a maior. Demonstrações financeiras. Correção monetária. Desvinculação do Bônus do Tesouro Nacional-BTN do Índice de preços ao consumidor-IPC. Lei 8.088, de 1990. Entre a variação do IPC e a variação do BTN Fiscal. Lei n. 8.200, de 28 de junho de 1991, art. 3º, I, com a redação dada pela Lei n. 8.682, de 14 de julho de 1993. Inconstitucionalidade.

"1. A adoção do índice expurgado para a correção das demonstrações financeiras (Lei n. 8.088/91) gerou um lucro inflacionário.

"2. *A devolução da diferença, verificada no ano de 1990, entre a variação do IPC e a variação do BTN Fiscal, primeiramente em quatro parcelas, e depois em seis, a partir do ano de 1993 (Lei n. 8.200/91, art. 3º, I, com a redação dada pela Lei n. 8.682/93), configura típico empréstimo compulsório, que só pode ser instituído mediante lei complementar e para fins determinados (Constituição Federal, art. 148)*" (grifos nossos) (plenário do TRF da 1ª Região, no julgamento da ArgInconst 93.01.17222-4-MG).

2. Cf. estudos sobre este assunto na coletânea *Imposto de Renda — Estudos* n. 20, Ed. Resenha Tributária, jun./91 ("A correção monetária das demonstrações financeiras no exercício de 1990. BTN ou IPC?" Parecer, de Alberto Xavier; e "Efeitos fiscais da correção monetária dos balanços — Expurgos inconstitucionais dos índices oficiais de inflação", de nossa autoria).

3. Bulhões Pedreira, na sua valiosa obra *Imposto de Renda — Pessoas Jurídicas*, leciona:

"A inflação, ao modifcar o poder de compra da moeda nacional, tem efeitos sobre os elementos patrimoniais que distorcem as demonstrações financeiras levantadas com base em escrituração que adota o custo histórico como critério de avaliação e usa a moeda nacional como unidade de medida de valor. A finalidade do procedimento de correção monetária, previsto nas leis comercial e tributária, é eliminar essas distorções do balanço e da demonstração do resultado do exercício.

matéria, desde que a inflação foi atingindo valor relevante, em face da peculiaridade da base de cálculo do imposto de renda e demais tributos que tenham por ponto de partida o lucro apurado de acordo com a legislação societária (Lei 6.404/76), a qual, inclusive, estabelece a obrigatoriedade da correção monetária das demonstrações financeiras para o fim de que, conforme a Exposição de Motivos da Lei 6.404/76, as contrapartidas contábeis da correção do ativo permanente e do patrimônio líquido se compensem em conta especial, cujo saldo será computado no resultado do exercício: se devedor, eliminará desse resultado a parcela de lucros fictícios, que apenas preservam a integridade do patrimônio líquido (v. *Das Sociedades Anônimas no Direito Brasileiro*, de Egberto Lacerda Teixeira e J. Alexandre Tavares Guerreiro, v. 2, Ed. José Bushatsky, 1979, p. 553). Para tentar evitar a evidência do efeito confiscatório do ponto de vista fiscal, talvez, o legislador, pela Lei ordinária 9.249/95, tenha proibido os efeitos também societários da correção de balanço.

"O procedimento regulado pelo Decreto-lei n. 1.598/77 adota o princípio de corrigir, em cada balanço, a expressão monetária do valor histórico dos elementos estáveis do patrimônio — ativo permanente e patrimônio líquido — que são os que sofrem maiores distorções no curso da inflação (porque não estão sujeitos a contínua substituição, como ocorre com os elementos do ativo e do passivo circulante).

"As contrapartidas dos lançamentos de ajustes das contas do ativo permanente e do patrimônio líquido são registradas em conta especial transitória, cujo saldo é computado na deteterminação do lucro líquido do exercício.

"A correção dos efeitos da inflação sobre os resultados da pessoa jurídica é obtida através da transparência, para as contas de resultado, do saldo da conta especial transitória na qual são registradas as contrapartidas dos lançamentos de correção do ativo permanente e do patrimônio líquido. O saldo devedor dessa conta elimina das contas de resultado lucros contábeis que são fictícios porque têm a função de manter — em moeda de poder de compra constante — o capital de giro próprio da pessoa jurídica" (ob. cit., v. II, Rio de Janeiro, Justec Editora Ltda. 1979, pp. 694 e 695).

Incidindo o imposto sobre lucro fictício, não econômico, inconstitucional será a sua cobrança, como já ressaltava o eminente Prof. Geraldo Ataliba:

"1.1 No Brasil, Amílcar Falcão demonstrou que o chamado fato gerador é um fato econômico, isto porque ele haverá de servir de indício de capacidade econômica do sujeito passivo. Sublinha que a eleição legislativa de fatos tem em vista qualificar fatos idôneos a servirem de indícios de capacidade contributiva. Por isso, Alfredo Becker qualifica os fatos imponíveis como fatos-signo presuntivos de renda ou capital, sob pena de inconstitucionalidade da lei. A mesma coisa ensina Dino Jarach, ao lado de Cosciani, Da Empoli, Franco Gafurri, F. Maffezoni, Micheli, Vezio Crisafulli, Blumenstein, Buehler, Hensel e outros clássicos.

"1.2 Cuidando já do fenômeno da desvalorização monetária, Emilio Giardina denuncia os incrementos meramente nominais e, pois, aparentes, devidos à desvalorização monetária. Sublinha que a inflação exige especial cuidado do legislador e do intérprete, para evitar que a lei resvale para a inconstitucionalidade, ou que sua aplicação torne-se inconstitucional. Alerta contra o risco da oneração da capacidade contributiva ilusória que se via traduzir em manifestação fictícia de capacidade econômica.

"1.3 Moschetti, na mesma linha, mostra que a perda do valor da moeda leva a números (mera expressão gráfica) só formalmente mais altos, o que obriga a constante revisão legislativa, tendo em vista a necessária idoneidade dos instrumentos legais, para onerar aptidão econômica efetiva e não meramente fictícia, reveladora de real capacidade contributiva (em concreto, certa e atual). Michelli revela idêntica preocupação, diante da perda de poder aquisitivo da moeda, diante do fenômeno inflacionário" ("Intributabilidade das correções monetárias — Capacidade contributiva", Geraldo Ataliba e Cléber Giardino, *Princípios Tributários no Direito Brasileiro e Comparado*, Ed. Forense, 1988, Rio de Janeiro, Coordenação de Agostinho Tavolaro, Brandão Machado e Ives Gandra da Silva Martins, pp. 175 e 176).

3. Diante do exposto, não há como se concluir ser possível a extinção da correção monetária de balanço, para fins fiscais, a não ser que seja substituído por outro sistema mais aperfeiçoado, de acordo com a legislação de outros países, tal como o da correção integral, o que está muito longe de acontecer com a possibilidade de dedução dos juros sobre o patrimônio líquido do art. 9º da Lei 9.249/96, assunto, este, que se passa a analisar.

II — A natureza jurídica da remuneração do capital próprio (dividendos ou juros)

4. O pressuposto para a conclusão da completa desvinculação entre a remuneração do capital próprio[4] passa necessariamente pela análise formal da Lei 9.249/95, a qual não a correlaciona com a extinção da correção monetária do balanço, em sua literalidade e em sua contextualidade, e por sua natureza jurídica.

Em termos de definição da natureza jurídica de um instituto, deve-se perquirir a sua ontologia (o seu ser, substância ou essência), segundo a natureza das coisas e o regime jurídico aplicável, independentemente da sua denominação, titulação, invólucro ou traje. Consistiriam os juros pagos ou creditados a títu-

4. O art. 9º da Lei n. 9.249/95 tem a seguinte redação:

"Art. 9º. A pessoa jurídica poderá deduzir, para efeitos de apuração do lucro real, os juros pagos ou creditados individualizadamente a titular, sócios ou acionistas, a título de remuneração do capital próprio, calculados sobre as contas do patrimônio líquido e limitados à variação, *pro rata die*, de Juros de Longo Prazo-TJLP.

"§ 1º. O efetivo pagamento ou crédito dos juros fica condicionado à existência de lucros, computados antes de dedução dos juros, ou de lucros acumulados, em montante igual ou superior ao valor de duas vezes os juros a serem pagos ou creditados.

"§ 2º. Os juros ficarão sujeitos a incidência do imposto de renda na fonte à alíquota de quinze por cento, na data do pagamento ou crédito ao beneficiário.

"§ 3º. O imposto retido na fonte será considerado:

"I — antecipação do devido na declaração de rendimentos, no caso de beneficiário pessoa jurídica tributada com base no lucro real;

"II — tributação definitiva no caso de beneficiário pessoa física ou pessoa jurídica não tributada com base no lucro real, inclusive isenta, ressalvado o disposto no § 4º.

"§ 4º. No caso de beneficiário pessoa jurídica tributada com base no lucro presumido ou arbitrado, os juros de que trata este artigo serão adicionados à base de cálculo de incidência do adicional previsto no § 1º do art. 3º.

"§ 5º. No caso de beneficiário sociedade civil de prestação de serviços, submetida ao regime de tribulação de que trata o art. 1º do Decreto-lei n. 2.397, de 21 de dezembro de 1987, o imposto poderá ser compensado com o retido por ocasião do pagamento dos rendimentos aos sócios beneficiários.

"§ 6º. No caso de beneficiário pessoa jurídica tributada com base no lucro real, o imposto de que trata o § 2º poderá ainda ser compensado com o retido por ocasião do pagamento ou créditos de juros, a título de remuneração de capital próprio, a seu titular, sócios ou acionistas.

"§ 7º. O valor dos juros pagos ou creditados pela pessoa jurídica, a título de remuneração do lo de remuneração do capital próprio realmente juros como rendimento financeiro (para o beneficiário) e despesa financeira correspondente (para a pessoa jurídica que o pagar), ou seriam uma antecipação de dividendos, ou, melhor ainda, uma nova forma de caracterização de dividendos com notas também de juros financeiros pela utilização do capital? Ora, os dividendos igualmente constituem rendimento de capital para o beneficiário, mas têm tratamento fiscal diferenciado dos juros. Daí a importância da sua especificação, tanto no âmbito interno quanto internacional. Dentro do Direito Comparado, pelo curto espaço de tempo disponível, não nos foi possível fazer uma análise exaustiva do assunto e encontrar uma remuneração idêntica a esta do mencionado art. 9º da Lei 9.249/95. Em muitos países há a limitação de juros para os sócios ou acionistas, para fins fiscais, especialmente quando o capital não foi integralizado totalmente, quando a taxa excede à normal de mercado ou, ainda, como ocorre na França,[5] se a companhia está enfraquecidamente capitalizada. Quando tais limites são ultrapassados, em geral os juros são reclassificados como dividendos para fins de tributação.[6]

5. A justificativa relevante do ponto de vista jurídico e econômico para a remuneração de juros sobre o próprio patrimônio líquido das pessoas jurídicas aos seus sócios ou acionistas é o custo do dinheiro e a redução da desigualdade de tratamento com as empresas que são financiadas com capital de terceiros (que deduzem os juros sobre os empréstimos tomados), incentivando o autofinanciamento das sociedades. Malgrado as exposições de motivos e os debates parlamentares não constituírem a única nem a mais importante pauta para a interpretação da lei, o seu conhecimento é relevante para o mais perfeito entendimento e aplicação da lei, dentro dos outros métodos de interpretação, tais como o finalístico, o lógico-sistemático e o gramatical. Para se compreender a verdadeira *ratio legis,* a sua racionalidade jurídica, o seu contexto significativo e a eventual e possível hierarquização dos fins perseguidos pela lei,[7] inclusive para refutar ou corroborar a intenção do legislador no elaborar um texto legislativo, se faz útil tam-

capital próprio, poderá ser imputado ao valor dos dividendos de que trata o art. 202 da Lei n. 6.404, de 15 de dezembro de 1976, sem prejuízo do disposto no § 2º.

"§ 8º. Para os fins de cálculo da remuneração prevista neste artigo, não será considerado o valor de reserva de reavaliação de bens ou direitos da pessoa jurídica exceto se esta for adicionada na determinação da base de cálculo do imposto de renda e da contribuição social sobre o lucro líquido.

"§ 9º. À opção da pessoa jurídica, o valor dos juros a que se refere este artigo poderá ser incorporado ao capital social ou mantido em conta de reserva destinada a aumento de capital, garantida sua dedutibilidade, desde que o imposto de que trata o § 2º, assumido pela pessoa jurídica, seja recolhido no prazo de quinze dias contados a partir da data do encerramento do período-base e dedutível o imposto pago para fins de apuração do lucro real e da base de cálculo da contribuição social sobre o lucro."

5. Cf. Georges Ripert, René Roblot Patrick Serlooten, *Traité de Droit Commercial*, t. 3, "Droit Fiscal des Affaires", 4ª ed., LGDJ, 1995, pp. 124-127, 477-478.

6. Um dos temas do 50º Congresso da *International Fiscal Association* (IFA) é precisamente sobre os aspectos internacionais da capitalização insuficiente ou disfarçada, de 1996 (*Thin Capitalization*), regime, este, não adotado pelo Brasil.

7. Cf. Karl Larenz, in *Metodologia da Ciência do Direito,* Ed. Fundação Calouste Gulbenkian, 1983, pp. 395-402.

bém tomar ciência da inteligência ou desinteligência dos debates parlamentares e da exposição de motivos aos projetos de lei. Como se pode verificar do voto do Relator ao então projeto da Lei 9.249/95, especificamente com relação ao seu art. 9º, que consolida não só a intenção do redator original do Poder Executivo, como também as críticas, considerações adicionais e emendas rejeitadas e aprovadas pelo Poder Legislativo,[8] a finalidade foi reduzir a desigualdade entre as empresas que se financiam com capital de seus sócios ou acionistas e aquelas que tomam empréstimo de terceiros para obter capital de giro ou aplicar em bens do

8. "Art. 9º. Faculta às pessoas jurídicas a dedução de juros pagos ou creditados a sócios ou acionistas, para efeitos de apuração do lucro real e da base de cálculo da contribuição social sobre o lucro, calculados sobre o patrimônio líquido, até o limite da variação da TJLP, mediante incidência na fonte de 15%,

"A medida visa a estimular o autofinanciamento das empresas pela redução da diferença de tratamento que a atual legislação confere ao capital próprio e ao capital de terceiros. Como se sabe, os juros sobre empréstimos (capital de terceiros) são dedutíveis na determinação da base de cálculo do imposto de renda, enquanto os encargos implícitos sobre a parcela do capital próprio não podem ser deduzidos.

"Com isso, a empresa que se financia de forma preponderante com empréstimos de terceiros tem vantagem comparativa com outra empresa do mesmo porte, que opere no mesmo setor, mas que prefira financiar-se com capital próprio, pois que a primeira deverá pagar menos imposto de renda do que a segunda.

"O projeto tem o mérito de se propor a corrigir essa anomalia. Com efeito, o Governo manifestou a expectativa de que a medida constante do art. 9º 'deverá provocar um incremento das aplicações produtivas nas empresas brasileiras, capacitando-as a elevar o nível de investimentos, sem endividamento, com evidentes vantagens no que se refere à geração de emprego e ao crescimento sustentado da economia'.

"Os encargos implícitos sobre o capital próprio consistem no seu custo de oportunidade, vale dizer, no custo equivalente ao quanto renderia se aplicado no mercado financeiro. Como a variação da TJLP tende a convergir com a variação da inflação, pode-se dizer que a dedução dos encargos, calculados sobre o capital próprio, pela variação da TJLP, tende a equalizar o tratamento do capital próprio com o tratamento dispensado ao capital de terceiros.

"Observa-se, ainda, que, como mera conseqüência do critério de se avaliar o montante dos encargos implícitos sobre o capital próprio em função da variação da TJLP, convergente com a variação da taxa inflacionária, a dedução desses encargos, na determinação da base de cálculo do imposto de renda, deverá suprir, se for o caso, a falta dc correção monetária sobre o patrimônio líquido. Em contrapartida, a falta de correção monetária do ativo permanente deverá ser compensada, ao longo do tempo, pela diminuição do valor de depreciações e amortizações e pelo aumento do valor dos ganhos de capital na eventual alienação de bens e direitos.

"O projeto condiciona a dedução dos juros sobre o capital próprio ao seu efetivo pagamento ou crédito a sócios ou acionistas, de forma que sobre tais juros possa haver incidência do imposto de renda de 15%, a ser retido pela fonte pagadora. A incidência tributária é pertinente, pois, ao mesmo tempo em que se trata de encargo da empresa, trata-se de rendimento dos sócios ou acionistas. A alíquota de 15% corresponde à mesma alíquota que será aplicável aos rendimentos de renda fixa ou variável.

"Também nesse aspecto o projeto procura equalizar o tratamento do capital próprio com o tratamento do capital de terceiros. Pois os juros que se pagam sobre o capital de terceiros estão sujeitos, no mínirno, a uma tributação de 15%.

"Da necessidade de tributar na fonte os juros sobre o capital próprio advém a exigência de que esses juros sejam pagos ou creditados, para saque incondicional, a sócios ou acionistas, visto que a incidência tributária só haverá de sustentar-se no Poder Judiciário caso se configure a efetiva aquisição da disponibilidade desses recursos, por parte dos sócios ou acionistas. Vale dizer, caso se configure o fato gerador do imposto de renda.

"Por essa razão, não tivemos condições de acolher as sugestões que propunham a dedução dos juros como mero ajuste de exclusão do lucro seu ativo permanente, como já visto, e tentar compensar fiscalmente de alguma forma a extinção da correção monetária de balanço.

6. Mas, retornando ao tema da natureza jurídica da remuneração do capital próprio, entendo que, na verdade, os juros limitados à TJLP constituem despe-

líquido, para determinação do lucro real, independentemente de seu pagamento ou crédito a sócios ou acionistas. Pelo mesmo motivo, não acolhemos sugestões no sentido de desvincular o momento de débito dos juros do momento de seu pagamento ou crédito aos beneficiários.

"A faculdade proposta no art. 9º tem sido um dos pontos mais polêmicos do projeto. De um lado, é necessário mantê-la, visto que ela, ainda que esse não seja seu objetivo principal, supre a falta da correção monetária do patrimônio líquido. Mas, por outro lado, em que pese a ter sido proposta com o estímulo à capitalização das empresas, por tratar de forma eqüitativa o capital próprio e o capital de terceiros, não se pode ignorar que ela, na forma como se encontra no projeto original do Governo, provoca algum risco de descapitalização.

"Estaria em jogo uma redução de 8% de contribuição social e de 15% de imposto de renda, mais 10% de adicional, num conjunto que deverá representar carga tributária pouco superior a 30%, contra uma retenção na fonte de apenas 1 5% (considerada como tributação definitiva para as pessoas físicas beneficiárias). Em conseqüência, as empresas não deixarão de se valer desse expediente para reduzir a base de cálculo do imposto de renda e da contribuição social, mesmo tendo que se desfazer de disponibilidades.

"A proposta, ao permitir o cálculo dos juros sobre o valor global do patrimônio líquido, está facilitando a saída de disponibilidades correspondentes a reserva de reavaliação de ativos, que não representa efetivo ingresso de recursos na empresa. Considerando que as reavaliações de ativo tenderão a aumentar, devido à revogação da correção monetária, pode-se avaliar o risco de descapitalização que se oculta nessa liberalidade.

"Outra liberalidade consiste no fato de que, segundo o art. 9º, mesmo que a empresa venha a dar prejuízo, não estará impedida de debitar juros sobre capital próprio, bastando que tome a deliberação de pagá-los ou creditá-los a sócios ou acionistas. No entanto, o pagamento de juros por empresa que não tenha lucros ou reservas suficientes para tanto significaria, na verdade, a redução do seu capital social com restituição aos sócios e acionistas. A Lei das Sociedades Anônimas consagra o princípio de que o capital é garantia de credores e estabelece (art. 174) que visa a proteger os credores nas hipóteses em que os acionistas deliberam a redução de capital com restituição aos acionistas.

"Além de tudo isso, como a dedução dos juros foi condicionada, pelo projeto, a seu efetivo pagamento ou a seu crédito, para saque incondicional dos beneficiários (como condição para a ocorrência do fato gerador do imposto de renda, que é a aquisição de disponibilidade de renda), as empresas, além de pagar os juros sobre o patrimônio líquido, vão ter que enfrentar a justa demanda dos acionistas pelo dividendos obrigatórios. O desembolso cumulativo de juros e dividendos agravará o risco da descapitalização.

"Algumas emendas apresentadas oferecem sugestões valiosas para a solução desses problemas. A Emenda n. 02, do Dep. Basílio Villani, e a Emenda n. 26, do Dep. Sandro Mabel, propõem compensar os juros pagos com lucros e dividendos que devam ser distribuídos, de forma que se satisfaça, com o pagamento dos juros, a obrigação do pagar lucros ou dividendos. A Emenda n. 43, do Dep. Vilmar Rocha, sugere excluir a reserva de reavaliação da base de incidência dos juros.

"Reputamos oportuna também a sugestão de limitar o débito dos juros à existência de lucros ou reservas disponíveis, com o quê se atende, em parte, à sugestão contida na Emenda n. 33, do Dep. Basílio Villani.

"A Emenda n. 41, do Dep. Mussa Demes, sugere que a dedução dos juros sobre capital próprio não afete a base de cálculo da contribuição social sobre o lucro, bem como a base de cálculo do adicional do imposto de renda. Com relação ao adicional, a emenda não pode ser acolhida, vez que a formação da base do adicional observa exatamente as mesmas regras que definem o lucro real. Todavia, no caso da contribuição social, a proposta deve ser acolhida, pois, como está no projeto, implica a perda de considerável parcela da contribuição, sem possibilidade de resgate, como deverá ocorrer com o imposto de renda, através da incidência de 15% sobre os juros pagos ou creditados. Além disso, as circunstâncias presentes imsa financeira para a empresa do ponto de vista econômico e jurídico, pelo regime que lhe é previsto no mencionado art. 9º da Lei 9.249/95, e remuneração do capital (juros)[9] para os beneficiários (sócios ou acionistas), tributável a uma alíquota específica de 15% pelo imposto de renda. Isto por vários motivos. Assim como o capital de terceiros é remunerado por juros de mercado, do ponto de vista econômico o capital próprio (dos sócios ou acionistas) igualmente apresenta um cus-

põem a necessidade de se preservar a arrecadação da contribuição social, que se destina a atender às necessidades sociais da população. Assim, para atender à Emenda n. 41, estamos suprimindo do *caput* do art. 9º a expressão "... e da base de cálculo da contribuição social sobre o lucro líquido...".

"A sugestão da Emenda n. 57, do Dep. Moacyr Andrade, de suprimir o art. 9º, combinada com a idéia de se permitir a dedução, na determinação do lucro real e da base de cálculo da contribuição social, da parcela de dividendos equivalente ao resultado da aplicação da TJLP sobre o valor do patrimônio líquido (não havendo, nesse caso, restrições quanto à reserva de reavaliação), foi estudada como possível sucedâneo à falta de correção monetária do patrimônio líquido. A sugestão não foi aceita, por envolver solução que contraria enorme expectativa dos contribuintes, já criada com o projeto.

"A Emenda n. 78 propõe a dedução dos juros sobre o capital próprio, mediante constituição de reserva no patrimônio líquido, que somente sofreria incidência de 15% na fonte caso seja utilizada para pagamento a sócios ou acionistas. Caso seja utilizada para aumento de capital, deixaria de ser tributada. Parece-nos, todavia, que a dedução dos juros só deva ser autorizada caso haja a incidência tributária de 15% na fonte. Pois esses juros constituem rendimentos dos sócios ou acionistas, sejam pagos em espécie, sejam creditados para saques incondicionais, sejam transformados em ações ou quotas de capital que se incorporem no patrimônio dos sócios ou acionistas.

"Assim sendo, estamos acolhendo, totalmente ou em parte, na forma do substitutivo, as Emendas ns. 02 e 33, do Dep. Basílio Villani, n. 26, do Dep. Sandro Mabel, n. 41, do Dep. Mussa Demes, e n. 43, do Dep. Vilmar Rocha. Estamos rejeitando as Emendas de ns. 33, 57 e 78.

"Além disso, independentemente de emendas, constatamos a conveniência de fazer mais alguns ajustes nesse artigo.

"De acordo com o § 2º, o imposto retido na fonte será considerado: a) antecipação do devido na declaração, no caso de beneficiário pessoa jurídica tributada com base no lucro real; b) tributação definitiva, no caso de beneficiário pessoa física ou pessoa jurídica isenta.

"A redação da alínea 'b' do § 2º merece reparos, para definir também o tratamento a ser dado às pessoas jurídicas tributadas com base no lucro presumido e no lucro arbitrado. Estamos corrigindo a omissão no substitutivo.

"Acrescentamos um parágrafo ao dispositivo, para admitir a compensação do imposto de renda que foi retido sobre os juros recebidos pela pessoa jurídica com o imposto de 15% que esta deve reter por ocasião do pagamento ou crédito, a seus sócios ou acionistas, dos juros sobre o seu patrimônio líquido. Pois, em algumas situações, o imposto devido, apurado na declaração de rendimentos (§ 2º, 'a'), poderá não ser suficiente para compensar o imposto retido sobre os juros recebidos.

"Acrescentamos ainda mais um parágrafo (9º), para acolher oportuna sugestão do Dep. Francisco Dornelles, no sentido de oferecer às empresas, desde que façam o recolhimento do imposto de 15% até 15 dias após o encerramento do período-base em que os juros foram elevados a débito de resultado, a faculdade de registrarem os juros em conta de reserva destinada a aumento de capital. A sugestão tem o mérito de permitir às empresas valerem-se do expediente compensatório da revogação da correção monetária de balanço, sem que, para tanto, se vejam na contingência inexorável de prescindir das suas disponibilidades. Ou seja, a vantagem da idéia consiste no fato de que os objetivos visados pelo art. 9º do projeto seriam alcançados, sem que necessariamente haja saída de recursos da empresa (ou do Brasil, no caso das empresas estrangeiras)."

9. Orlando Gomes expressa com precisão o conceito de juros: "(...) O uso de capital alheio pode ser remunerado mediante o pagamento de quantia proporcional a seu valor e ao tempo da utilização. A essa retribuição chama-se *juro*" (*Obrigações*, Forense, 1984, p. 64).

to de oportunidade, representando na pessoa jurídica um passivo para com os beneficiários, também do ponto de vista jurídico. A legislação comercial trata o capital social, lucros acumulados, reservas de capital e reservas de lucros e outras contas que compõem o patrimônio líquido da sociedade como um passivo seu para com os sócios e acionistas, que constituíram e capitalizaram a empresa. Nada mais justo e razoável sofrer este passivo (da sociedade) e crédito (dos acionistas ou sócios) uma remuneração, inclusive considerando a personificação da empresa, com personalidade jurídica inclusive para efeitos fiscais. A eventual isenção de tributação dos dividendos não significa a adoção da desconsideração da personalidade jurídica da empresa, integrando fiscalmente sócios ou acionistas e pessoas jurídicas, mas, sim, primordialmente, um incentivo à aplicação de capital nas empresas. A qualquer momento poderão ser tributados novamente os dividendos, alterando-se o art. 10 da Lei 9.249/95. O fato de o § 1º do art. 9º condicionar o pagamento ou crédito dos juros à existência de lucros não lhes tira a sua natureza própria e não os identifica com os dividendos, pois, assim como o § 7º (possibilidade de considerar os juros como uma antecipação dos dividendos), tem a finalidade secundária, a qual não se sobrepõe à finalidade principal da dedução dos juros no sentido de constituir uma remuneração justa e razoável ao capital próprio, incentivando o autofinanciamento das empresas. Por outro lado, não há como equiparar dividendos e juros sobre capital próprio sob o argumento de que os sócios ou acionistas são remunerados por sua participação no capital social, uma vez que os dividendos dependem necessariamente da existência de lucros e os juros em tese não, por terem outro fundamento (custo do dinheiro), embora condicionado o seu pagamento, para fins de dedução na determinação do lucro real tributável, à existência de lucros acumulados ou lucros de exercício em montante suficiente para comportar a sua dedução no resultado societário (e respectivo pagamento). Ademais, há uma diferença formal entre juros e dividendos, de que nos lembra Orlando Gomes.[10] A lei societária não veda expressamente esta remuneração do capital próprio e poderia ela ter sido adotada antes, via estipulação no contrato ou estatuto social, mas os seus efeitos fiscais poderiam não ser os mesmos antes da Lei 9.249/95, pelo menos do ponto de vista do Fisco, em função da sua dificuldade em aceitar tal despesa eventualmente como necessária e relacionada ao objeto social da empresa, embora sustentável juridicamente o ponto de vista contrário. Sendo uma despesa prevista regularmente no contrato ou no estatuto social como uma obrigação para os sócios ou acionistas, de que, com parâmetros razoáveis de mercado, não há como limitar a sua dedução fiscal assim como os juros de debêntures ou juros pagos pela empresa que se financia com capital de terceiros, os quais não sofrem qualquer limitação. O

10. "A despeito de se caracterizar por traços incisivos, os juros devem ser distinguidos de outros frutos civis, dentre os quais, notadamente, os dividendos e as rendas. Os dividendos são a forma de participação nos lucros atribuída aos acionistas de uma sociedade anônima.

"Calculam-se mediante porcentagem sobre os mesmos lucros e são pagos periodicamente. Nisso se aproximam dos juros, pela forma. Substancialmente, constituem também remuneração de capital aplicado. Mas, no dividendo, a porcentagem não é invariável, como ocorre com os juros. Ademais, são diversas as finalidades econômicas."

que fez a Lei 9.249/95 foi estabelecer parâmetros máximos para sua dedutibilidade fiscal, nada impedindo que uma empresa estabeleça uma remuneração diferente da TJLP (IGP-M mais 0,5% ao mês,TR + 0,5% etc). O que ficará limitado, para fins fiscais, será a remuneração à TJLP, e não a possibilidade de se pagar uma remuneração eventualmente maior, sendo este excedente indedutível após a vigência do art. 9º da Lei 9.249/95. A condição de existir lucros suficientes para comportar a dedução e o pagamento dos juros realmente aproxima a remuneração do capital próprio aos dividendos, mas não representa uma identificação absoluta. A finalidade daquela condição é simplesmente para efeito fiscal, ou seja, para haver o pagamento; portanto, para ser dedutível no lucro real, uma vez que a dedutibilidade está condicionada ao pagamento dos créditos e estes, por sua vez, condicionados à existência de lucros. É possível pagar os juros em montante que ultrapasse o limite igual ou superior a duas vezes o valor dos lucros existentes, gerando prejuízo e descapitalizando em parte a empresa (agravada a situação pela indedutibilidade fiscal, questionável juridicamente pela concepção da renda como acréscimo patrimonial), sem que ocorra qualquer outro impedimento, assim como os juros pagos para o capital de terceiros não encontram qualquer limitação perante a legislação fiscal e societária. Seria razoável limitar o pagamento dos juros sobre o capital próprio? Em que circunstâncias?

Estas são as questões que devem ser enfrentadas não só pelo legislador, mas também pelo intérprete. A remuneração a título de *pro labore* do sócio ou acionista administrador da empresa pode ser limitada para fins fiscais? Até qual limite e sobre qual fundamento? Estas indagações são conexas e têm a ver com a concepção que se adote de renda como produto periódico de uma fonte permanente, como acréscimo patrimonial ou como aquilo que a lei ordinária estabelecer que é.[11]

Enfim, a condição da existência de lucros para fins de dedução fiscal dos juros representa um objetivo menor (evitar a descapitalização) em comparação com a finalidade de grau superior de tentar equiparar o autofinanciamento das empresas com o financiamento de terceiros, sendo que, nesta última hipótese, a descapitalização ocorre e não é evitada quando a empresa não tem lucro suficiente para remunerar os juros do capital de terceiros. Em outras palavras, o objetivo menor de evitar a descapitalização da empresa não pode se sobrepor ao objetivo maior que é a capitalização via remuneração do capital próprio. Isto posto, a condição de existência de lucros (objetivo menor de evitar descapitalização parcial) não se sobrepõe à própria natureza de juros da remuneração do patrimônio líquido, de forma que pudesse transformá-los em dividendos. E a faculdade prevista no § 7º do art. 9º (antecipação de dividendos obrigatórios) aplicável aos juros pela TJLP igualmente não tem o condão de identificá-los com os dividendos, pois é mera possibilidade e não obrigação, consistindo, se for adotada, uma alteração legal do próprio montante dos dividendos.

11. Cf. a respeito Horacio García Belsunce, *El Concepto de Rédito en la Doctrina y en el Derecho Tributario*, Buenos Aires, Ediciones Depalma, 1967, e estudo de nossa autoria sobre o imposto de renda e contribuição social sobre o lucro, in *Planejamento Fiscal — Teoria e Prática*, São Paulo, Dialética, 1995.

dendos obrigatórios, a ensejar, se for o caso, até o exercício do direito de retirada. Ainda analisando-se a Instrução Normativa que regulamentou a questão, IN 11/96, art. 29, § 4º, outra não seria a conclusão, pois esta esclarece que considera-se a remuneração do capital próprio como uma receita financeira para o beneficiário, sendo um contra-senso pretender tratá-la como dividendos para a empresa que remunerar o capital próprio ou torná-la indedutível na apuração da base de cálculo sobre o lucro. O princípio jurídico da não contradição não-pode ser violado ao se analisar a natureza jurídica da verba em questão.

7. Portanto, por esta análise do regime jurídico-positivo da remuneração do capital próprio, e pela natureza das coisas, do custo financeiro do capital, pelos objetivos colimados pelo legislador e pelo contexto significativo da legislação aplicável, concluo ter a remuneração do capital próprio a natureza de despesa financeira para a pessoa jurídica, integralmente dedutível na apuração do lucro tributável pelo IRPJ (Imposto de Renda da Pessoa Jurídica) e pela CSL (Contribuição Social sobre o Lucro) e de receita financeira (juros) para os beneficiários, e não de dividendos. Mas, para que toda esta discussão para se chegar à conclusão basicamente já expressa na própria lei? Por puro academicismo? Diria que não, pois a questão não é tão simples como parece, e da definição da natureza jurídica daquela remuneração se resolverão muitas questões práticas, como se verá a seguir, sendo a primeira delas a ilegítima, inconstitucional e fragilíssima restrição da sua dedução na base de cálculo da contribuição social sobre o lucro.

III — A correlação entre a correção monetária de balanço e a remuneração do capital próprio para efeito do IRPJ e da CSL

8. Não se trata, diante da natureza da remuneração, de um favor fiscal, de um benefício, de uma isenção específica para o imposto de renda, mas sim de uma despesa financeira efetiva, real, com fundamento econômico inegável, reconhecida agora pela legislação ordinária, ainda que com certas condições e restrições. Há pelo art. 9º da Lei 9.249/95 o reconhecimento de que a despesa existe e, se adotada pelas empresas, necessariamente afetará o resultado societário, causando-lhes um decréscimo patrimonial. Caso tivesse a remuneração a natureza de dividendos, aí, sim, a sua dedutibilidade para efeito do IRPJ seria um favor ou benefício fiscal, não extensível automaticamente à Contribuição Social sobre o Lucro, a não ser por lei expressa. Esta restrição quanto à dedução na base de cálculo da CSL não estava prevista no projeto original do Poder Executivo elaborado pela Receita Federal, que foi mais perfeito tecnicamente, inclusive não colocando a condição da existência de lucros para o pagamento dos juros e sua respectiva dedutibilidade, assim como ocorre com os juros do capital de terceiros. Entretanto, as emendas aditivas ao projeto original, especialmente as previstas nos §§ 1º e 7º, não foram suficientes para alterar a natureza jurídica da remuneração do capital próprio. O argumento político e não jurídico invocado no relatório da Câmara dos Deputados para a vedação da dedutibilidade dos juros na Contribuição Social é de uma fragilidade de palmar. Com efeito, alegar que não haveria incidência na fonte de CSL sobre os juros, para vedar sua dedutibilidade, é contraditório e incoerente, pois quem recebe os juros pagaria contribuição social ou não sobre eles conforme sua condição de contribuinte ou não (como empregador ou não, nos termos do art. 195, I, da CF/88 e Lei 7.689/88). Se fosse justificável invocar a extinção da correção monetária de balanço para introduzir a dedução fiscal dos juros sobre o patrimônio líquido, conforme pretendeu secundariamente o legislador, a não-extensão dos seus efeitos para a contribuição social também não teria qualquer fundamento econômico ou jurídico, pois o sistema de correção do balanço faz parte da essência da apuração do lucro num regime inflacionário, mesmo em países de moeda estável. Por fim, a restrição quanto à CSL acarretaria descapitalização na pessoa jurídica, uma vez que despesa com inegável fundamento econômico não seria dedutível.

9. Passando, enfim, pela questão da revogação da correção monetária de balanço, como uma das justificativas para a adoção da remuneração do capital próprio, conforme alegado nos debates parlamentares, não há qualquer relação formal na lei quanto à substituição de um instituto por outro, nem há como, por suas naturezas serem completamente diversas, equipará-las e um sistema ser sucessor do outro, ainda que parcialmente, por seus efeitos na apuração do lucro tributável, possam ser semelhantes, se consideradas isoladamente.

O correto é que, dentro da técnica mais acurada, ambos os institutos podem e devem ser adotados conjuntamente, pois a correção do balanço visa a expurgar do lucro tributável a parcela de recomposição patrimonial pela desvalorização da moeda, mesmo naqueles países em que há níveis de inflação anuais inferiores a cinco por cento, e a remuneração do capital próprio leva em consideração os juros pelo custo do dinheiro em paridade de tratamento com o capital de terceiros, a fim de não prejudicar o autofinanciamento das empresas. Se a extinção da correção monetária de balanço teve alguma relação com o reconhecimento da possibilidade da dedução dos juros sobre o capital próprio e o legislador reconhece uma motivação secundária para isto, então, na feliz expressão de Francesco Ferrara, trata-se de uma simples *occasio legis* com a sensível diminuição da inflação, e não da *ratio legis.*[12]

IV — Conclusões

1. A revogação da correção monetária de balanço não tem eficácia jurídica, na medida em que o legislador ordinário não pode alterar o conceito de acréscimo patrimonial, sendo a natureza jurídica da correção monetária de simples atualização do capital.

12. "Da *ratio legis*, que constitui o fundamento racional objectivo da norma, precisamos distinguir a *occasio legis*, que é a circunstância histórica de onde veio o impulso exterior para a criação da lei. Assim, uma lei restritiva da liberdade de reunião pode ser publicada por ocasião e por motivo de perturbações internas: tais circunstâncias constituem a *occasio legis*, ao passo que o fundamento racional será dado pelo fim de restringir a liberdade.

"No entanto, a circunstância que promoveu o surgir de uma lei também pode ser utilizada para determinar o fim e o âmbito desta. É de notar, porém, que a cessação das circunstâncias que fizeram nascer uma lei não exercita nenhuma influência sôbre o seu valor jurídico" (*Interpretação e Aplicação das Leis*, São Paulo, Livraria Acadêmica Saraiva & Cia. Editores, p. 38).

2. A remuneração do capital próprio tem a natureza jurídica de juros e não de dividendos.

3. Não há qualquer relação literal possível nem lógico-sistemática e finalística entre a revogação da correção monetária de balanço e o reconhecimento da dedução fiscal dos juros sobre o capital próprio. A revogação da correção de balanço seria apenas uma *occasio legis* para a instituição da dedução dos juros sobre o patrimônio líquido, e não *ratio legis* deste instituto jurídico.

4. É inconstitucional a revogação da correção monetária de balanço para efeito de apuração da base de cálculo do imposto sobre a renda e da contribuição social sobre o lucro.

5. É inconstitucional a restrição da dedução dos juros sobre o capital próprio na apuração da base de cálculo da contribuição social sobre o lucro.

V — Referências bibliográficas

ATALIBA, Geraldo. "Intributabilidade das correções monetárias — Capacidade contributiva". *Princípios Tributários no Direito Brasileiro e Comparado.* Rio, Ed. Forense, 1988.

BELSUNCE, Horacio García. *El Concepto de Rédito en la Doctrina y en el Derecho Tributario*, Ed. Buenos Aires, Depalma, 1967.

FERRARA, Francesco. *Interpretação e Aplicação das Leis*. São Paulo, Livraria Acadêmica Saraiva & Cia. Editores.

GOMES, Orlando. *Obrigações*. Rio, Ed. Forense, 1984.

LARENZ, Karl. In: *Metodologia da Ciência do Direito*. Ed. Fundação Calouste Gulbenkian, 1983, pp. 395-402.

PEDREIRA, José Luiz Bulhões. *Imposto de Renda — Pessoas Jurídicas*. v. II, Editora Justec, 1979.

RIPERT, Georges, ROBLOT, René, e SERLOOTEN, Patrick. *Traité de Droit Commercial.* t. 3, "Droit Fiscal des Affaires", 4ª ed. Librairie Générale de Droit et de Jurisprudence, 1995.

ROLIM, João Dácio. "Efeitos fiscais da correção monetária dos balanços — Expurgos inconstitucionais dos índices oficiais de inflação". *Imposto de Renda — Estudos* n. 20. São Paulo, Resenha Tributária.

TEIXEIRA, Egberto Lacerda, e GUERREIRO, J. Alexandre Tavares. *Das Sociedades Anônimas no Direito Brasileiro*. v. 2. Ed. José Bushatsky, 1979.

XAVIER, Alberto. "A correção monetária das demonstrações financeiras no exercício de 1990. BTN ou IPC?" Parecer. *Imposto de Renda — Estudos* n. 20. Ed. Resenha Tributária, jun./91.

XI CONGRESSO BRASILEIRO
DE DIREITO TRIBUTÁRIO

ENTIDADES IMUNES E ICMS

EDUARDO BOTTALLO
Professor Assistente do Departamento de Filosofia
e Teoria Geral do Direito da Faculdade de Direito da Universidade de São Paulo

A imunidade que a Constituição da República assegura às instituições de educação e de assistência social sem fins lucrativos (art. 150, VI, "c") tem sido questionada no sentido de que não se aplicaria a impostos que "repercutem".

Tal questionamento reflete-se, inclusive, em algumas decisões judiciais.

Sustenta-se, nesta linha, que, se as instituições beneficiárias realizam operações mercantis, não lhes seria dado beneficiar-se da imunidade em relação ao ICMS, posto que, em razão da alegada "repercussão", o encargo que a incidência representa recai sobre a figura do adquirente das mercadorias.

Trata-se, contudo, de visão que, com todo o respeito que merecem seus defensores, não tem fundamento, porque está assentada em raciocínio estranho ao direito e que, ademais, não leva em conta os fundamentos e o alcance do instituto da imunidade, os quais transcendem os limites do direito tributário para revelarem-se como próprios do direito constitucional.

É como bem aponta o lúcido magistério de José Souto Maior Borges:

"Sistematicamente, através da imunidade resguardam-se princípios, idéias, força ou postulados essenciais ao regime político.

"Conseqüentemente, pode-se afirmar que as imunidades representam muito mais um problema do direito constitucional do que um problema do direito tributário.

"Analisada sob o prisma do fim, objetivo ou escopo, a imunidade visa assegurar certos princípios fundamentais ao regime, a incolumidade de valores éticos e culturais consagrados pelo ordenamento constitucional positivo e que se pretende manter livres das interferências ou perturbações da tributação.

"A imunidade, diversamente do que ocorre com a isenção, não se caracteriza como regra excepcional frente ao princípio da generalidade do tributo.

"Sob certo aspecto, a índole da imunidade é essencialmente política, o que — como pondera Amílcar Falcão — *impõe ao intérprete fazer os imprescindíveis confrontos e as necessárias conotações de ordem teleológica, toda vez que, concretamente, tiver de dedicar-se à sua exegese" (Isenções Tributárias,* Ed. Sugestões Literárias, SP, 1980, 2ª edição, pp. 184-185 — destacamos).

Estes preciosos ensinamentos revelam a necessidade de examinar-se a questão com a necessária largueza.

As normas imunizantes devem ser interpretadas com generosidade, posto expressarem a vontade do constituinte, explicitamente manifestada, de preservar da tributação valores e pessoas de relevante e significativo papel social.

É preciso, ainda, que se dê a necessária dimensão ao que consta do art. 150,

§ 4º, da Carta Magna, segundo o qual a imunidade "compreende somente o patrimônio, a renda e os serviços relacionados com as finalidades essenciais" das entidades beneficiadas.

O preceito, longe de impedir, confirma o entendimento segundo o qual as instituições imunes podem exercer atividades econômicas, explorar seu patrimônio e perceber rendas visando a extrair dessa atividade, desta exploração ou desta percepção tanto proveito quanto lhe seja dado.

O importante é que tal ocorra como meio para manutenção das entidades, assegurando-lhes a subsistência e garantindo o custeio e a gratuidade dos serviços que prestam à comunidade.

Observado este limite, nenhuma incompatibilidade haverá, apta a comprometer a tutela constitucional que as imunidades materializam.

Cabe, neste contexto, invocar o magistério do saudoso e inesquecível mestre Geraldo Ataliba que, juntamente com o insigne Aires Barreto, nos ofertou estas preciosas reflexões:

"A norma constitucional que confere imunidade pressupõe a existência de auferimento de receitas pelas instituições que põe a salvo da instituição de impostos. Visto de outro prisma: a imunidade pressupõe a realização, por essas instituições, de atividades remuneradas.

"De fato, é de uma clareza hialina, ostensiva mesmo, a circunstância de que a eficácia da norma constitucional imunizante somente terá lugar se e quando existirem bens ou rendas e, tratando-se de serviços, se e quando esses proporcionarem receitas; forem, enfim, serviços remunerados.

"Com efeito, é evidente o fato de que sem o pressuposto da existência de receitas provenientes de serviços (ou, visto de outro ângulo, da realização de serviços sob remuneração), pelas entidades nela referidas, nenhum efeito poderá ser atribuído à cláusula que veda à União, aos Estados e aos Municípios instituir imposto sobre serviços dos partidos políticos e de instituições de educação e de assistência social, que, assim, será cláusula ineficaz, vazia de conteúdo, nula de sentido e alcance" ("Imunidade Tributária", *Revista de Direito Tributário*, v. 51, p. 53).

Traçado este importante e necessário pano de fundo, vejamos agora em que medida pode afetar a imunidade a circunstância de haver "repercussão" do tributo, ou, por outras palavras, de sustentar-se a ocorrência de transferência de seu ônus financeiro a terceiro, em razão da mecânica operacional de apuração do respectivo montante.

Trata-se, como se vê, de trazer à discussão a questão atinente à posição do denominado contribuinte "de fato" em face da relação jurídico-tributária.

A irrelevância desta figura no contexto ora examinado é manifesta. Decorre da equivocada compreensão de conceitos tanto econômicos como jurídicos, o que levou o incomparável Alfredo Augusto Becker a qualificá-la como fruto da "simplicidade da ignorância" (cf. *Teoria Geral do Direito Tributário*, Saraiva, 1963, pp. 492-494).

Na demolidora crítica a que submeteu a teoria segundo a qual tributos "repercutem", o notável jurista gaúcho, entre outras irrespondíveis argüições, asseverou:

"A) *Simplicidade da ignorância: Tributo indireto repercute*. É inacreditável que ainda hoje proferem-se acórdãos e promulgam-se leis baseadas na "obviedade científica" desta teoria que, já no século passado, a ciência condenou e que a doutrina, há cinqüenta anos, vem demonstrando sua total erronia. Além disso, nos últimos trinta anos, a doutrina demonstrou que a classificação dos tributos em diretos e indiretos, sob qualquer critério, não tem fundamento científico nem é praticável e deve ser abolida no tríplice plano: técnico, administrativo e jurídico".

Na verdade, quando a Constituição veda às pessoas jurídicas de direito público interno a instituição de impostos sobre a *renda* das instituições de educação e de assistência social, o está fazendo de forma genérica, de sorte a alcançar todas as suas possíveis projeções.

Ora, como demonstrou o pranteado publicista Antonio Roberto Sampaio Dória, tanto o imposto federal sobre produtos industrializados como o ICMS têm, abstraídas suas diferenças jurídico-formais, assento na mesma base, qual seja, a renda em um momento particular de exteriorização:

"Tomando-se a renda (ou seja, poder aquisitivo) como base essencial de toda a incidência tributária em seus efeitos derradeiros, tem-se decomposto, inclusive para permitir a convivência da multiplicidade de instrumentos tributários, aquela realidade essencial em algumas formas, ou signos, de exteriorização diferenciada, tais sejam, os momentos em que a renda é *auferida* (impostos sobre a renda propriamente dita), *poupada* (impostos sobre o patrimônio) ou *despendida* (impostos sobre a circulação das riquezas).

"Esta última hipótese, que interessa ao objeto do presente estudo, abrange aqueles impostos que tenham como assento econômico ... o momento da produção ou da transmissão da propriedade da coisa produzida e o seu consumo" (os destaques constam do original).

Assim, a extensão da norma imunizatória aos tributos incidentes sobre operações que expressem referidas formas de exteriorização (o que inclui o ICMS) se impõe como verdadeiro corolário ("Imunidades Tributárias e Impostos de Incidência Plurifásica", *Revista de Direito Tributário*, v. 5, pp. 70-71).

E mesmo que o entendimento ora exposto encerre interpretação ampla do preceito constitucional em testilha (art. 150, VI, "c"), nem por isso se desmerece.

Como já foi sustentado em outra parte deste trabalho, e diferentemente do que ocorre com preceitos isencionais, os que expressam imunidades comportam, sempre e necessariamente, exegese deste tipo:

"A distinção (entre isenção e imunidade), além da importância que possui sob o ponto de vista doutrinário ou teórico, tem conseqüências práticas importantes, no que se refere à interpretação. É que, sendo a isenção uma exceção à regra de que, havendo incidências, deve ser exigido o pagamento do tributo, a interpretação dos preceitos que estabelecem isenção deve ser estrita, restritiva.

"*Inversamente, a interpretação, quer nos casos de incidência, quer nos de não incidência, quer, portanto, nos de imunidade, é ampla, no sentido de que todos os métodos, inclusive o sistemático, o teleológico etc., são admitidos*" (Amílcar de Araújo Falcão, *Fato Gerador da Obrigação Tributária*, 1964, Rio, pp. 130-135 — os destaques constam do original).

Na relação jurídico-tributária que tem por objeto o pagamento do ICMS resultante das operações de circulação de mercadorias que venham eventualmente a promover, as entidades imunes assumem a condição de contribuintes *de jure* e bem por isso é que se apresentam como titular da imunidade do tributo em pauta.

Na verdade, sobre ser de natureza econômico-financeira, e não jurídica, e, portanto, inábil para solucionar situações que se verificam no campo do direito, o fenômeno da repercussão pode ensejar, na melhor das hipóteses, o estabelecimento de um vínculo obrigacional de natureza privada entre o *solvens* e o chamado contribuinte "de fato", vínculo este que, em razão de sua natureza, não se mostra suscetível de afetar a configuração do problema da imunidade aqui abordado.

A obrigação de pagar tributos tem natureza de direito público, nela em nada interfere o direito privado, pelo quê se pode concluir, com total segurança, que somente o contribuinte *de jure* é parte da relação jurídico-tributária. E, se somente a ele é atribuível tal título jurídico, então também lhe cabe a fruição da imunidade, atendidos os demais pressupostos constitucionais.

Por último, é oportuno trazer a lume o enunciado n. 591 das Súmulas do Egrégio Supremo Tribunal Federal, segundo o qual:

"A imunidade ou isenção tributária do comprador não se estende ao produtor, contribuinte do imposto sobre produtos industrializados".

Esta proposição, quando interpretada *a contrario sensu* permite apontar a verdadeira inteligência do preceito constitucional aqui discutido, pois, se o tributo alcança o comprador (contribuinte "de fato"), não obstante seja ele titular de imunidade, por certo não haverá de fazê-lo se este (ou seja, o titular da imunidade) for o promotor da circulação, em outras palavras, o contribuinte *de jure*.

É, pois, de reconhecer-se que instituições desinteressadas, que canalizam todos os seus recursos para o sustento e manutenção de atividades de alta relevância social, não podem ser penalizadas por decorrência de interpretação distorcida e equivocada que se dê ao preceito contido no art. 150, VI, "c", da Carta Magna, amesquinhando-o e afastando-o dos elevados objetivos que determinaram sua concepção.

CONSTRUÇÃO CIVIL — ISS E ICMS?

José Edurado Soares de Melo

Advogado — Doutor em Direito — Professor da Faculdade de Direito da Pontifícia Universidade Católica de São Paulo — Juiz Contribuinte do Tribunal de Impostos e Taxas-SP

I — *A previsão constitucional tributária e a legislação complementar*

Os lineamentos, os contornos, as balizas e os limites de tributação encontram-se estatuídos na Constituição Federal, em razão do quê o exame da matéria tributária impõe, necessariamente, a análise e a compreensão de seus peculiares princípios e normas, sendo cediço que, tratando-se de lei fundamental e suprema do Estado, a Carta Magna confere poderes, outorga competências e estabelece direitos e garantias individuais.

A Constituição contém conceitos dogmáticos, compreendendo verdades normativas que devem ser rigorosamente obedecidas por todos seus destinatários e perseguidas até suas últimas conseqüências. É inadmissível que o hermeneuta tenha como ponto de partida normas infraconstitucionais (a lei ou qualquer ato administrativo), uma vez que estas devem sempre estar embasadas em norma de escalão superior (a própria Constituição).

A estrutura jurídica tributária deve assentar-se nos postulados constitucionais, especialmente na *competência* e *materialidade* tributária, dispondo sobre as pessoas jurídicas de direito público interno que têm aptidão para a instituição do tributo, bem como estabelecendo as próprias matérias sobre as quais deve recair este gravame.

Esta temática constitucional tem manifesta implicação com a estrutura federal do Estado brasileiro, outorgando competências privativas, específicas e indelegáveis à União, Estados, Distrito Federal e Municípios, representando uma das pedras fundamentais do edifício jurídico, além de estar expressamente consagrada no primeiro artigo da Constituição, e reiterada em inúmeros outros preceitos constitucionais. O timbre de sua relevância encontra-se consagrado no art. 60, § 4º, I, da mesma CF, que proíbe deliberação do Congresso Nacional sobre eventual proposta tendente a abolir a Federação, vedando sua indissolubilidade.

Importante realçar que, pela própria autonomia consubstanciada na reserva de competência, existe absoluta igualdade entre as mencionadas pessoas de direito público, delineando-se seu absoluto caráter isonômico. Inexiste qualquer tipo de hierarquia, mas apenas distintas faixas de competência; o que constitui premissa indiscutível para qualquer estudo de direito tributário, haja vista que todas as leis encontram seu fundamento de validade na própria Constituição.

Outrossim, embora os Municípios não integrem formalmente o pacto federativo, e nem mesmo possuam representatividade no Senado Federal, também constituem pessoas de direito público, dotadas de idêntica autonomia (art. 30 da CF) e providas de mesma igualdade jurídica.

Todavia, à obviedade, a Constituição não cria tributos, nem contempla especificamente todos os elementos integrantes da norma tributária, carecendo de legislação complementar, e de lei ordinária, para possibilitar a eficácia do tributo no ordenamento jurídico interno de cada unidade federativa.

Nesse passo, é imperioso tornar precisa a participação da *lei complementar* no processo de elaboração legislativa, e sua harmonia com as demais espécies normativas, delimitando os respectivos âmbitos materiais. Trata-se de lei nacional, autêntico produto do Estado total (global), que inspira, fundamenta e permeia a edição das normas federais, estaduais e municipais (ordens parciais do Estado brasileiro).

O artigo 146 da Constituição Federal confere à lei complementar um âmbito abrangente no pertinente às normas gerais de direito tributário, especialmente sobre definição de tributos; suas espécies; fatos geradores, bases de cálculo e contribuintes dos impostos; obrigação, lançamento, crédito, prescrição e decadência tributários.

Embora seja questionável a atribuição cometida à Lei Complementar para "definir" tributos — por representar temática apropriada ao campo doutrinário — ou mesmo dispor sobre os aspectos da regra tributária, porquanto representa mera explicitação dos implícitos comandos constitucionais, o fato é que a Constituição Federal de 1988 (art. 156, III, com a redação da Emenda n. 3, de 17.3.93) dispôs sobre a competência dos Municípios para instituir "imposto sobre serviços de qualquer natureza", *definidos em lei complementar*.

Assim, considerando que após a CF-88 não foi editada nenhuma lei complementar para esta finalidade constitucional específica, há que ser examinada a viabilidade eficacial de dar-se continuidade à aplicação da Lei Complementar n. 56, de 15.12.87, que elaborou lista de serviços tributáveis pelo Município, respaldada na anterior CF-67 (art. 24, III).

Nesse desiderato, é imperioso destacar que a CF-88 alargou o campo de incidência do ICMS — de competência dos Estados e do Distrito Federal —, passando a incidí-lo, também, sobre *serviços de transporte interestadual e intermunicipal e de comunicação* (art. 155, I, *b*).

Por decorrência lógica, há que se proceder à devida harmonização das faixas de competência dos Estados-Distrito Federal (ICMS) e dos Municípios (ISS), para possibilitar-se a adequada aplicação da Lei Complementar n. 56/87 (por força do fenômeno da recepção — § 5º do art. 34 do ADT), na medida em que não se imiscua nos serviços contemplados àquelas unidades federativas (art. 155, I, *b*, da CF/88).

Permanece, entretanto, significativa celeuma jurídica no tocante (a) à legitimidade da Lei Complementar para listar serviços tributáveis pelo ISS, de modo discricionário, em razão do princípio da autonomia outorgada aos Municípios para instituir e arrecadar os tributos de sua competência (art. 30, III, CF-88); bem como no que tange (b) à aplicação da regra constitucional (art. 155, IX, *b*) que comete aos Estados e DF o direito para instituir ICMS sobre serviços (não compreendidos na competência tributária dos Municípios) prestados concomitantemente com o fornecimento de mercadorias.

A vetusta diretriz firmada pelo STF, no sentido de que a lista de serviços é taxativa, não pode constituir um dogma insuperável, não só porque traduz uma postura antiga que merece ser objeto de acurada reflexão — sequer projetando efeitos vinculantes — mas também pela circunstância de que desrespeita e viola o cânone da *autonomia municipal*, compreendido como o direito exclusivo de criar tributos sobre serviços de qualquer natureza (excetuados aqueles de exclusiva competência estadual).

A pretexto de definir serviços, o legislador complementar pode deixar de enumerar diversas espécies de serviços (como biólogo, guardador de veículos, radialista, farmacêutico, etc.), criando verdadeiras hipóteses de não incidência do ISS — excluindo a competência dos Municípios —, e, na medida em que tais atividades impliquem o fornecimento de mercadorias (como é o caso do farmacêutico), poderia configurar-se hipótese de incidência do ICMS.

Estranhamente, a lista nacional considera tributáveis atividades que não se caracterizam como autênticos serviços, como é o caso do *leasing* (item 59 da LC n. 56/87), que constitui negócio atípico, envolvendo atividades pertinentes a outras modalidades de negócios jurídicos (mercantil, financeiro, etc.), sem implicarem um autêntico *fazer*; ou mesmo do *franchise* (item 48 da mesma LC), que compreende uma cessão de direitos, transferência de tecnologia, treinamento de pessoal etc.

Os Municípios sequer deveriam cogitar da listagem de serviços alcançados pelo ISS; só o fazendo com objetivos práticos, a fim de possibilitarem aos seus munícipes a sua caracterização como contribuintes, com as decorrentes obrigações legais. E a circunstância de deixarem de listar determinados serviços, por si só, não terá o condão de deslocar a competência para os Estados, não só porque a competência é indelegável, irrenunciável e facultativa, mas ainda pelo fato de que não pode existir antinomia constitucional, em face de que o art. 155, IX *b*, só pode significar mera explicitação da própria competência dos Estados e DF, no espectro dos serviços de *transporte interestadual e intermunicipal e de comunicação.*

Importante registrar que, estranhamente, a Lei Complementar n. 87, de 13.9.96 (art. 2º), dispôs sobre a incidência do ICMS relativamente a serviços com aplicação de bens, desprestigiando a competência dos Municípios, conforme exame empreendido em tópico posterior.

II — O âmbito de incidência do ISS

A Lei Complementar n. 56/87 — tradicionalmente acolhida em legislações municipais — estabelece o seguinte:

"32. Execução, por administração, empreitada ou subempreitada, de construção civil, de obras hidráulicas e outras obras semelhantes e respectiva engenharia consultiva, inclusive serviços auxiliares ou complementares (exceto o fornecimento de mercadorias produzidas pelo prestador de serviços fora do local da prestação dos serviços, que fica sujeito ao ICM);

"...

"34. Reparação, conservação e reforma de edifícios, estradas, pontes, portos e congêneres (exceto o fornecimento de mercadorias produzidas pelo prestador dos serviços fora do local da prestação dos serviços, que fica sujeito ao ICM)".

A conceituação de uma obra como *construção civil,* para fins de responsabilidades e obrigações (civis e tributárias), deve ser pesquisada e considerada de conformidade com a legislação que regra as atividades de engenharia. O CONFEA (Conselho Federal de Engenharia e Arquitetura) apresenta relação de atividades consideradas trabalhos ou obras de engenharia, arquitetura ou agrimensura, que deve ser utilizada como diretriz para observância dos respectivos efeitos fiscais.

O fato de as legislações ordinárias cuidarem da construção civil de modo diferenciado (sucinto ou ampliativo) das normas ditadas pelo aludido Conselho não deveria constituir empeço à instituição da adequada incidência tributária, porque o conceito e os critérios técnicos devem defluir das diretrizes fixadas pelo respectivo órgão de classe, e não de meras ficções legais.

Realmente, o CTN (art. 110) é peremptório no sentido de que "a lei tributária não pode alterar a definição, o conteúdo e o alcance de institutos, conceitos e formas de direito privado, utilizados, expressa ou implicitamente, pela Constituição Federal, pelas Constituições dos Estados, ou pelas Leis Orgânicas do Distrito Federal ou dos Municípios, para definir ou limitar competências tributárias".

Tais atividades caracterizam-se pelo *fazer,* compreendendo a execução ou elaboração de uma utilidade ou comodidade a alguém, independendo da utilização de máquinas, equipamentos, etc., ou a aplicação de materiais, situação em que tais bens corpóreos constituiriam meros elementos intermediários à atividade central das construtoras. As questões afetas a "critério de preponderância funcional do bem fornecido" ou "atividade mista" só geram confusões, sem permitir a fixação de um tranqüilo critério jurídico.

Para fins de qualificação da natureza jurídica das atividades pertinentes à construção civil, revela-se totalmente irrelevante o fornecimento, trânsito, circulação ou emprego de coisas corpóreas, uma vez que se compreendem no contexto da atividade empresarial; o mesmo ocorrendo no que tange aos serviços auxiliares ou complementares, no caso de encontrarem-se materializados.

À guisa de exemplo, o *concreto* (mistura de componentes heterogêneos como água, cimento, pedra e areia, etc.) não é considerado como mercadoria, mas serviço, tendo a jurisprudência firmado posição no sentido de que seu fornecimento, por empreiteira, para construção civil, preparado no trajeto até a obra em betoneiras acopladas a caminhões, é prestação de serviços, sujeitando-se apenas à incidência do ISS (Súmula n. 167 do STJ). Neste contexto (técnico-tributário) também situa-se a *argamassa,* definida como mistura, em proporções adequadas, para o caso de um ligante (cimento, cal, etc.), e de alguns agregados (areia, pedra), adicionando-se água aplicada de acordo com recomendações técnicas. O STJ também decidiu que "o preparo e fornecimento de argamassa para construção civil, mediante empreitada, é serviço da mesma natureza jurídica que a elaboração de concreto, em iguais circunstâncias. A suposta qualificação técnica diferenciada, no fornecimento de concreto, é irrelevante, para fins de incidência do ISS" (REsp 11.970-0-SP-1ª, T., un.,

Rel. Min. Humberto Gomes de Barros, j. 28.4.93, *DJU* 24.5.93, p. 9.080).

Ademais, a ressalva contida na parte final do item 32 da lista anexa à LC n. 56/87 (que pode ser também considerada para o item 34) deve ser objeto de adequada interpretação, não só porque a empresa de construção civil tem a essência de prestador de serviços, mas também pelo fato de que a norma trata de "produção" de mercadorias (para terceiros, obviamente), e não, propriamente, de elaboração de materiais destinados especificamente à obra, o que é significativamente diferente.

Esta específica questão foi exaustivamente examinada pelo STJ, que houve por bem fixar o entendimento seguinte: "Na construção civil pelo sistema de pré-moldados, sob regime de empreitada global, em que a empresa construtora produz as peças a serem montadas em edificação específica, sem comercializá-las individualmente, transportando-as para o local da obra, não incide o ICM, cuja base de cálculo para a cobrança é inexistente" (REsp n. 40.356-SP- 2ª T., Rel. Min. Peçanha Martins, j. 29.11.95, *RDT* , v. 12, pp. 145-159).

O julgado demonstrou que nas atividades da espécie não se cogita de fabrico de peças, e decorrente fornecimento a outros construtores para empregá-las na montagem das construções; o que, então, poderia implicar fornecimento de mercadorias com valor preestabelecido, estranho ao âmbito do ISS.

Por conseguinte, qualificando-se a construção civil como atividade de pertinência exclusiva a serviços, as pessoas (naturais ou jurídicas) que promoverem a sua execução sujeitar-se-ão exclusivamente à incidência do ISS, em razão do quê quaisquer bens necessários a essa atividade (como máquinas, equipamentos, ativo fixo, materiais, peças etc.) não devem ser tipificados como mercadorias, sujeitas a tributo estadual.

III — A excepcionalidade do ICMS

A materialidade da hipótese de incidência do ICMS concerne a *operações relativas à circulação de mercadorias* (art. 155, I, *b*, da CF-88), compreendendo negócio jurídico pertinente à transmissão de propriedade de bens objeto de comércio (de caráter profissional, realizado com habitualidade e intuito lucrativo, por produtores, comerciantes e industriais).

A tributação estadual incide, grava, materializa uma obrigação de *dar* um bem (mercadoria ou energia elétrica), embora tal atividade empresarial possa consubstanciar uma atividade-meio diferenciada (fazer), mas que dela não se distingue nem é dissociada para quaisquer efeitos jurídicos (inclusive de natureza tributária).

Apenas duas espécies de *serviços* podem ser objeto de exigência tributária pelos Estados e Distrito Federal: *transporte interestadual e intermunicipal e de comunicação.* Nenhum outro serviço pode vir a ser onerado pelo ICMS, porque redundaria no mais completo menoscabo à competência dos Municípios, a quem a Constituição conferiu a receita dos *serviços de qualquer natureza.* Todavia, estas simples mas candentes posturas têm sido vilipendiadas, inclusive pela Lei Complementar n. 87/96, que, a pretexto de regular o texto constitucional relativo ao ICMS (alínea *b* do inciso IX do art. 155), estabeleceu o seguinte:

"Art. 2º. O imposto incide sobre:

"...

"IV — fornecimento de mercadorias com prestação de serviços não compreendidos na competência tributária dos Municípios."

É evidente que quaisquer coisas corpóreas (materiais) que estejam relacionadas com atividades de construção civil (inclusive obras hidráulicas, semelhantes, materiais auxiliares e complementares) enquadram-se no âmbito destes serviços, só constituindo materialidade do ISS, e nunca do ICMS.

Caso a empresa de construção civil produza bens e com eles realize negócio jurídico totalmente distinto daquele constante de seu objeto societário, tal como a pura e simples venda a terceiros, é que poderá, então, verificar-se a incidência do ICMS, mediante qualificação como comerciante, desde que tal prática mercantil seja realizada com habitualidade ou em volume que caracterize intuito comercial (art. 4º da LC n. 87/96). Somente nesse caso excepcional — estranho e diferente dos serviços de construção civil — é que o legislador ordinário poderá caracterizá-lo como contribuinte do tributo estadual.

Os negócios relativos à importação também poderão ser objeto de imposição do ICMS, na medida em que se confira ampla conotação ao preceito constitucional (alínea *a* do inciso IX do art. 155), pela circunstância de conter um espectro mais abrangente do que o previsto na regra matriz (alínea *b* do inciso I do art. 155), ao cogitar também de *bem destinado a consumo ou ativo fixo do estabelecimento.* Sob essa ótica, não só o comerciante/industrial/produtor estariam sujeitos à incidência do ICMS, mas também todo e qualquer importador (até mesmo o prestador de serviços).

No âmbito da importação, tornar-se-ia irrelevante o requisito da habitualidade (art. 4º, parágrafo único, I, da LC n. 87/96), na trilha jurídica do STJ (Súmula n. 155), ao fixar que o ICMS incide na importação de aeronave, por pessoa física, para uso próprio, ou seja, pessoa que sequer exerce atividade profissional (operações mercantis ou prestação de serviços).

Assim, embora as empresas que realizam obras concernentes à construção civil — como regra geral — não se enquadrem à sistemática tributária estadual, poderão ser caracterizadas como contribuintes nas específicas situações antes alvitradas. No entanto, sujeitando-se às obrigações afetas ao ICMS, deverão considerar o princípio constitucional da não-cumulatividade (art. 155, § 2º, I, da CF), abatendo o montante dos valores correspondentes a ICMS, incidente nas operações e prestações anteriormente realizadas pela própria empresa.

Neste sentido, nas aquisições de bens do ativo permanente e/ou utilização para uso e consumo do estabelecimento deverá ser permitida a fruição e/ou recuperação do ICMS incidente, desde a edição da Emenda Constitucional n. 23/83, simplesmente porque as restrições constitucionais (aquisição de bens isentos, ou saída não tributada) não se aplicam a tais situações operacionais.

É impertinente a circunstância de tais espécies de bens apenas serem utilizados genericamente nas atividades do contribuinte, sem integrarem ou participarem concretamente de mercadorias, ou mesmo no caso de inocorrer a conseqüente operação mercantil. Não colhem as restrições apontadas na LC n. 87/96 (art. 33, I a III, e art. 20, § 1º), fixando início de vigência para fruição dos créditos, ou seja, 1.11.96 para os bens do ativo permanente e energia elétrica consumida em qualquer local do estabelecimento, e 1.1.98 para bens de uso/consumo; ou mesmo impedindo sua fruição relativamente a mercadorias ou serviços alheios à atividade do estabelecimento.

Entretanto, o fato de não se qualificarem (conceitualmente) como contribuintes do ICMS pode implicar situações conflituosas relativamente às alíquotas deste imposto que sejam utilizadas por terceiros nos negócios interestaduais, a fim de darem pleno cumprimento à diretriz constitucional (art. 155), *verbis*:

"VII — em relação às operações e prestações que destinem bens e serviços a consumidor final localizado em outro Estado, adotar-se-á:

"a) a alíquota interestadual, quando o destinatário for contribuinte do imposto;

"b) a alíquota interna, quando o destinatário não for contribuinte dele."

Por conseguinte, como as empresas de construção civil não se caracterizam como contribuintes do ICMS, as aquisições de bens (ou serviços) de quaisquer natureza, originárias de outras unidades da Federação, não as obrigam a recolher o diferencial de alíquota no caso de os remetentes terem adotado alíquota interestadual (percentual menor).

Ressalto que a questão é controvertida no seio do STJ, como se colhe de arestos discrepantes de suas Turmas, a saber:

"*Ementa*: Tributário. ICMS. Diferença de alíquotas nas compras interestaduais. Empresas de construção civil. Nas operações interestaduais, o Estado onde se localiza tem direito à diferença entre a alíquota interna e a interestadual.

As empresas de construção civil, inscritas que são no cadastro de contribuintes, ao adquirirem mercadorias em outros Estados, o fazem na condição de comerciantes, sendo, portanto, contribuintes do tributo" (RMS n. 3.778-9-DF-2ª T., Rel. Min. Américo Luz, j. 14.6.95, *DJU* 1 de 14.8.95, p. 24.007).

"*Ementa*: Tributário — Empresa de Construção Civil — ICMS — Compra de Material — Operação Interestadual — Incidência — DL 406/68, art. 8º, § 1º — ADCT, art. 34, § 8º — "Não é lícito aos Estados modificar, através de convênios, o DL 406/68, para — em operações interestaduais — submeter as empresas de construção civil ao tratamento previsto no art. 155, VII, *a*, da Constituição Federal" (RMS n. 3.456-9-DF-1ª T., Rel. Min. Humberto Gomes de Barros, j. 17.10.94, *DJU* 1 de 14.11.94).

Este último aresto apóia-se em anterior orientação da mesma Turma (REsp 30.671, Rel. Min. César Rocha), ao destacar que "a competência atribuída aos Estados e ao Distrito Federal para na ausência de lei complementar necessária à instituição do ICMS, celebrarem convênio para regular provisoriamente o mencionado imposto restringe-se às lacunas existentes e às matérias legais, não recepcionadas pela Constituição vigente (art. 34, § 5º do ADCT)", sendo que o "*status* do contribuinte do ICMS é apurado a partir do art. 8º, § 1º do DL n. 406/68".

O fato de a LC n. 87/96 não haver tratado da questão atinente ao diferencial de alíquota não impede sua aplicabilidade, uma vez que os conceitos de contribuinte de ICMS e alíquotas em operações internas e interestaduais já se encontram delineados na Constituição e em Resolução do Senado Federal, respectivamente.

IV — Conclusões

Em face das considerações alinhadas, há fundamento jurídico para firmar as conclusões seguintes:

a) a materialidade e a competência tributária são estabelecidas pela Constituição Federal, fixando distintos e inconfundíveis direitos aos Municípios para instituir ISS sobre todas as espécies de serviços, salvo aqueles relativos a transporte interestadual e intermunicipal e de comunicação, sujeitos ao ICMS, de exclusivo âmbito estadual;

b) a definição de serviços, por lei complementar, não pode restringir, modificar ou cercear, de qualquer modo, a autonomia municipal, sob pena de quebra da ordem constitucional por violação do princípio federativo;

c) as atividades afetas à construção civil — consideradas como tais segundo normas técnicas — sujeitam-se exclusivamente ao ISS, inclusive no que concerne a todos os bens corpóreos que lhes são inerentes, apenas corporificam elementos auxiliares ou complementares deste tipo de negócio jurídico;

d) as empresas de construção civil qualificam-se como autênticas prestadoras de serviços — implicando um autêntico *fazer* —, embora o resultado desta atividade possa traduzir-se em bens materiais, mas sempre sujeitando-se exclusivamente à incidência do ISS;

e) a exigência do ICMS sobre as empresas construtoras só poderá ocorrer de forma excepcional no caso em que passarem, também, a realizar negócios mercantis, com habitualidade, ou prestar serviços de transporte interestadual-intermunicipal e de comunicação; ou, ainda, promovendo importações de bens e serviços do exterior;

f) o enquadramento excepcional das construtoras na sistemática do ICMS confere-lhes o direito constitucional à não-cumulatividade do tributo, mediante o abatimento dos respectivos valores tributários que tenham incidido em operações e serviços adquiridos de terceiros, desde que não se enquadrem nas restrições (constitucionais) do direito a crédito do tributo;

g) o diferencial de alíquota não poderá ser exigido das construtoras, relativamente às operações interestaduais, uma vez que, conceitualmente, não se caracterizam como contribuintes do ICMS.

DA CONTRIBUIÇÃO SOBRE MOVIMENTAÇÃO FINANCEIRA

WAGNER BALERA

1. Proêmio

São estabelecidos, pelo art. 194, parágrafo único, da Constituição de 5 de outubro de 1988 dois objetivos que informam o financiamento do sistema de seguridade social: a eqüidade no custeio (inciso V) e a diversidade da base de financiamento (inciso VI do mesmo preceito).

Essas diretrizes encontram-se complementadas, logo em seguida, pelo art. 195, preceito que comina a toda a sociedade o dever de financiar — direta ou indiretamente — o sistema brasileiro de proteção social.

Dentre os programas que a seguridade social se destina a implementar figura como dos mais importantes o da *saúde*, como definido no art. 196 da Lei das Leis.

É, indiscutivelmente, o mais importante dos direitos constitucionais devidos pela seguridade social. Tanto que mereceu o qualificativo de relevância pública, nos justos termos do art. 197 da Constituição Federal.

Dentro desse contexto, não surpreende que se encontrasse fonte financeira excepcional e própria para o custeio desse setor da seguridade social.

Força reconhecer, pois, que o estudo da Contribuição Provisória sobre Movimentação Financeira exigirá todo o cuidado, a começar pela exata compreensão do mecanismo especial que o legislador houve por bem instituir, no particular.

Antes de mais nada, é estabelecido, como imperativo constitucional, o direito de todos à saúde e o dever do Estado de presta-lá.[1] Mas, para tornar concreto o imperativo insculpido na Lei das Leis, o constituinte resolveu carrear recursos para o setor de saúde seguindo esquema diferenciado.

Nosso direito, efetivamente, resolveu encontrar instrumento financeiro específico — fundamentado em decisão de política fiscal —, consistente no estabelecimento de certa contribuição social.

Pela peculiar construtura que se lhe deu, a contribuição deverá ter disciplina em Plano de Custeio distinto, separado, exclusivamente ordenado ao regramento financeiro do setor da saúde, ainda que as receitas arrecadadas devam ser catalogadas, formalmente, no orçamento genérico da seguridade social.

Aliás, eis a nota distintiva que ressalta, à evidência, nessa exação.

Deveras, é o art. 74, § 3º, do Ato das Disposições Constitucionais Transitórias, na redação da Emenda n. 12, de 15 de agosto de 1996, que preordena a destinação do produto da arrecadação da nova CPMF: o Fundo Nacional de Saúde.

1. Cf. o meu "Direito Constitucional à Saúde", in *Revista de Previdência Social* v. 134, pp. 17 e ss.

É inequívoca a opção do governante.

Certa tendência de pensamento, já delineada no estudo do tema relacionado com o financiamento da seguridade, entende que a diversificação das bases de financiamento, objetivo constitucional, compreenderá dois distintos grupos: a) o que custeará as prestações de natureza individual (como são, por exemplo, as aposentadorias e as pensões) e b) o que financiará as prestações coletivas.

Essa tendência, no marco da diversificação — que caminha no rumo oposto ao da chamada via utópica (a expressão é de Antonio Nicácio) do imposto único — a Comissão Executiva da Reforma Fiscal propunha a eliminação dos tributos sociais incidentes sobre o faturamento e sobre o lucro. No entanto, o mesmo estudo opinava pela manutenção da contribuição sobre a folha de salários pela criação do Imposto sobre Transações Financeiras.

Mas o Deputado Luís Roberto Ponte seguiu caminho distinto, excluindo a contribuição sobre a folha e tornando o tributo sobre a movimentação financeira como fonte única de financiamento da seguridade social, em manifesta desconformidade com a diretriz da diversidade, estampada no art. 194, parágrafo único, VI, da Superlei.

Evidentemente, qualquer opção política, se é que pretenda manter minimamente organizada e coerente a estrutura tributária nacional, há de se manifestar no preciso momento em que o Poder Legislativo, emendando a Constituição, examine as propostas de Reforma Fiscal.

Devido à urgência de solução para o problema dos recursos destinados ao setor de saúde e, também, à vacilação quanto aos rumos da Reforma Fiscal, optou a autoridade pública pela edição de Emenda específica disciplinando a CPMF.

É bem possível que tenha sido essa urgência a justificativa política que ensejou a configuração — ainda que não explicitada, formalmente, em nenhum momento, embora o tema tenha sido alardeado durante todo o período que antecedeu a discussão da Proposta de Emenda Constitucional, notadamente pelo então Ministro da Saúde Adib Jatene — do tributo com a nota de provisoriedade de que se viu revestido.

Ocorre que, ao se inclinar pelo financiamento específico da seguridade social, com fontes de custeio próprias, o Estado brasileiro não poderá desconsiderar o Plano de Custeio.

Sem Plano de Custeio não se cuida de financiamento específico da seguridade social. Os gastos com o setor, a serem vertidos pelo Tesouro Nacional, devem figurar, mediante estimativa, na proposta orçamentária da seguridade, a ser apresentada ao Congresso Nacional, anualmente, pelo Executivo.

A compreensão do problema, pois, exige que se recorde a noção de Plano de Custeio, que, em preceito didático, se acha estampada no Regulamento do Regime da Previdência Social, aprovado pelo Decreto n. 72.771/73, hoje não mais em vigor.

Assim vinha redigido o comando regulamentar:

"Art. 273. O Plano de Custeio consistirá em um conteúdo de normas e previsões de despesas e receitas estabelecidas com base em avaliações atuariais e destinadas à planificação econômica do regime e seu conseqüente equilíbrio técnico-financeiro".

No assunto que cabe tratar aqui, tal peça está vocacionada a planificar a economia da saúde e a fixar o equilíbrio técnico-financeiro do setor.

A elaboração do Plano de Custeio, adotada essa perspectiva, será plena de dificuldades.

Deveras, sobre ser falto dos elementares dados do tipo estatístico, demográfico e atuarial, é sem dúvida o setor de saúde brasileiro o que se apresenta como o mais deficiente e ineficiente dos serviços públicos. Além do quê, como a experiência demonstra, fica difícil limitar os dispêndios, em cada caso, pois os recursos da medicina moderna levam ao extremo as possibilidades de tratamento dos doentes, mormente aqueles atingidos pelas enfermidades revestidas de maior gravidade. Como, nesse quadro, elaborar projeções que justifiquem a exigência da tão controvertida exação que acaba de ser criada?

A fim de superar certos obstáculos, o constituinte definiu, previamente, alguns elementos de flexibilidade que acabaram conferindo à nova fonte de financiamento da seguridade social esse perfil jurídico *sui generis* que causa tanta espécie.

Com efeito, as necessidades financeiras do setor de saúde foram dadas como pressupostas, sem cabal demonstrativo em projeção matemático-atuarial.

Ademais, desaparece, no perfil da nova exação, a nota distintiva das demais contribuições sociais, que é o nexo sempre presente entre contribuição e prestação.

Deveras, a relação entre contribuição e risco e entre contribuição e prestação foi estabelecida pela chamada "regra da contrapartida", que funciona, segundo tenho sustentado, como limitação constitucional ao poder de criar contribuições para a seguridade social.[2]

Essa regra, erigida à dignidade de preceito constitucional, assim se acha estabelecida:

"Art. 195 (...)

"§ 5º. Nenhum benefício ou serviço da seguridade social poderá ser criado, majorado ou estendido sem a correspondente fonte de custeio total."

Ao instituir a contribuição sobre movimentação financeira, o constituinte esgarçou quase que por completo o rígido liame entre contribuição e prestação.

É que, em tal caso, por se tratar de direito conferido em caráter universal e igualitário, o beneficiário ficou dispensado de demonstrar que verteu contribuição. Tampouco poderão os prestadores de serviços de saúde — integrados por diversos liames ao Sistema Único — exigir qualquer demonstração da regularidade fiscal dos usuários.

É, aliás, essa, outra nota característica que pode ser o supedâneo, a seu modo bastante precário, da diretriz constitucional da eqüidade no custeio, no âmbito da Contribuição Provisória sobre Movimentação Financeira.

Assim como todos os sujeitos potenciais de direitos contribuem, em igualdade de condições, com a mesma alíquota, ainda que os dispêndios que o sistema venha a ter com cada qual sejam potencialmente distintos, todos os demais atores sociais são igualmente chamados a contribuir — de modo direto, a cada movimentação financeira que concretizem — por desempenharem constitucio-

2. Wagner Balera, *A Seguridade Social na Constituição de 1988*, São Paulo, RT, 1989, p. 68.

nalmente deveres de solidariedade para com o doente, sujeito de direitos que pode exigir, do Estado e dos seus concidadãos, os cuidados de saúde capazes de propiciar a cada um o direito à vida.

2. *Requisitos para a instituição da contribuição*

As contribuições sociais encontram seu fundamento nos arts. 146, III, 149, 150, I e III, e, notadamente, no art. 195, da Constituição.

A Contribuição Provisória sobre Movimentação Financeira, em virtude de a sua instituição ter sido estribada em Emenda Constitucional — a de n. 12, de agosto de 1996 —, integra o catálogo dos tributos previstos na Lei Fundamental.

O requisito formal da lei complementar, no que concerne à instituição desse tributo, não é de ser exigido, afastada que está a aplicação da regra genérica fixada pelo art.195, § 4º, da Constituição.

Como se sabe, o dispositivo constitucional em comento exige a edição de lei complementar para que outras fontes de financiamento dos programas de seguridade social venham a ser criadas.

Mas, cumpre considerar, ainda que entre parênteses, qual o conteúdo da exigência constitucional. Exigência inaplicável, sublinhe-se de novo, no caso específico da CPMF.

Não é da lei complementar de que cogita a letra *a* do inciso III do art. 146 da Constituição que se cuida.

Norma geral, de conteúdo meramente instrumental, a regra em comento tratará de explicitar as imposições adrede definidas pela Lei Magna.

Ocorre que, relativamente às contribuições sobre a folha de salários, sobre o faturamento, sobre o lucro e sobre a receita dos concursos de prognósticos, assim como com respeito à contribuição sobre movimentação financeira, todas elas inseridas no catálogo das fontes de financiamento da seguridade social, existirá como pressuposto normativo o já citado Plano de Custeio, que supera — como norma específica formalmente exigida pela Constituição — a norma genérica que se aplicará aos demais tributos compreendidos no sistema tributário nacional. Também agora, como já fora ordenado pelo art. 217 do Código Tributário Nacional, as contribuições de seguridade serão disciplinadas em normativo especial.

É verdade que somente poderão ser instituídas mediante lei complementar, seu pressuposto formal de legalidade, as fontes de custeio que, de futuro, se revelem aptas a garantir a manutenção e a expansão do sistema de seguridade social, conforme precavidamente ordenou o § 4º do art. 195 da Constituição, combinado com o art. 154.

No primeiro dos incisos do art. 154 da Lei Maior, a que faz expressa remissão o citado comando do art. 195, foram estabelecidas certas limitações, porém. Limitações que se destinam a dar certo rumo ao poder de tributar pela via das contribuições sociais.

Convém advertir que a expressa previsão das competência residual, no âmbito das fontes de custeio dos programas sociais, é posta em ordem a implementar princípio fundamental de seguridade, exarado no inciso VI do parágrafo único do art. 194: a diversidade das bases de financiamento.

Deveras, assim dispõe a Lei Suprema:

"Art. 195. (...)

"§ 4º. A lei poderá instituir outras fontes destinadas a garantir a manutenção ou expansão da seguridade social obedecido o disposto no art. 154, I."

A magnitude dos problemas ínsitos à ordem social, no Brasil, permitiu ao constituinte supor que o singelo rol das contribuições sociais cedo se veria superado.

Exigência social e política impostergável, à obtenção de recursos de monta para a área da saúde, porém, que fossem rompidas as amarras da limitação formal inscrita no art. 154, I, da Constituição.

No campo potencial de incidência, só logrou o constituinte identificar fonte que, sem atender embora às rígidas amarras da limitação constitucional, pode permitir que a proteção social se concretize enquanto não se dá construtura definitiva ao sistema tributário nacional.

Foi superado, desde logo, o primeiro dos limites ao exercício da competência residual, que exigia não terem os tributos novos os mesmo fatos geradores ou as mesmas bases de cálculo das exações já catalogadas na Norma Fundamental.

O *non bis in idem*, pois, não se aplica ao tributo criado com base em Emenda Constitucional.

Refugiria aos limites deste trabalho a discussão sobre o tema.

Mas, cabe anotar, ainda que brevemente, que temos proposto como técnica possível de tributação para o financiamento da seguridade social mecanismo apto a dar por superada essa inexplicável burocratização que a dupla incidência acaba criando.

Referimo-nos à possibilidade, já testada com sucesso em nosso direito, de criação de adicionais de tributos em favor do sistema de seguridade social.

Os adicionais, que foram no passado qualificados como *cotas de previdência,* simplificariam a administração tributária e, desde que garantida a regular e obrigatória transferência dos recursos, definiriam novos horizontes para a implantação da verdadeira seguridade social brasileira.[3]

Verificando-se que o produto da arrecadação de certos tributos merece ser canalizado para certas finalidades sociais, é de se estabelecer a respectiva destinação.

Assim se fez, por exemplo, com a instituição de alíquota adicional do IPI, incidente sobre produtos considerados supérfluos, cuja receita seria destinada integralmente ao custeio da previdência social.[4]

De outra parte, cumpre recordar a segunda vedação constitucional, exarada no art. 154 da Lei das Leis.

Essa restrição impede a criação de fontes de financiamento da seguridade social que sejam cumulativas.

Também, no particular, foi superada a questão pela via da Emenda Constitucional.

3. Mozart Víctor Russomano, no seu *Curso de Previdência Social* (Forense, Rio, 2ª edição, 1983), via, nas cotas de previdência o futuro meio usual de financiamento da seguridade social brasileira.

4. Estabeleceu o art. 1º da Lei n. 6.950, de 4 de novembro de 1981, que constituiriam receita da previdência social 20% (vinte por cento) sobre o preço da comercialização final dos bens considerados supérfluos em ato do Poder Executivo.

titucional, que afastou de plano o exercício da competência residual da União.

Para a formação da base de financiamento do setor de saúde, o Poder Legislativo houve por bem instituir, pela via da Emenda Constitucional, a Contribuição Provisória sobre Movimentação Financeira.

O Congresso Nacional detém, por força do estabelecido na Superlei, o poder de emendar a Constituição.

Para tanto, cumpre ao Parlamento observar o ritual legislativo estabelecido no Estatuto Supremo.

Cumpre notar que o Congresso encartou a Emenda no corpo do Ato das Disposições Transitórias, como que a revelar o precário destino que se quis dar ao novel tributo.

De feito, assim se acha grafado o artigo único da Emenda Constitucional n. 12, de 15 de agosto de 1996:

"Artigo único. Fica incluído o art. 74 no Ato das Disposições Constitucionais Transitórias, com a seguinte redação:

"Art. 74. A União poderá instituir contribuição provisória sobre movimentação ou transmissão de valores e de créditos e direitos de natureza financeira.

"§ 1º. A alíquota da contribuição de que trata este artigo não excederá a vinte e cinco centésimos por cento, facultado ao Poder Executivo reduzi-la ou reestabelecê-la, total ou parcialmente, nas condições e limites fixados em lei.

"§ 2º. À contribuição de que trata este artigo não se aplica o disposto nos arts. 153, § 5º, e 154, I, da Constituição.

"§ 3º. O produto da arrecadação da contribuição de que trata este artigo será destinado integralmente ao Fundo Nacional de Saúde, para financiamento das ações e serviços de saúde.

"§ 4º. A contribuição de que trata este artigo terá sua exigibilidade subordinada ao disposto no art. 195, § 6º, da Constituição e não poderá ser cobrada por prazo superior a dois anos."

Exação criada pela Lei n. 9.311, de outubro de 1996, a CPMF está inserida, como os demais tributos brasileiros, dentro dos institutos, conceitos e formas inerentes ao Sistema Tributário Nacional.

Trata-se de tributo especial, que se apresenta com o traço constitucional da provisoriedade, quase como assinalando a sua precária estrutura jurídica no quadro sempre mais aperfeiçoado das contribuições sociais.

É bem provável que, com a reforma tributária que se avizinha, venha a desaparecer.

Enquanto contribuição, a CPMF deverá ser, necessariamente, utilizada para a cobertura das prestações de saúde, na tríplice dimensão que assume o agir do Estado nesse setor da vida social: prevenção, tratamento e recuperação.

Deveras, a meta ambiciosa engendrada pelo constituinte, para o setor, é a do atendimento integral, que já vinha elencado no ideário da Conferência Mundial sobre os Cuidados Primários de Saúde realizada na cidade de Alma Ata, há quase vinte anos.

É interessante observar que nem o constituinte, nem o legislador utilizaram-se da terminologia constitucional — *contribuição social* — consagrada no Texto Magno para denominar a nova exação.

Mas, como lembra o art. 4º do CTN, não é o *nomen iuris* que define a natureza do tributo, e sim o respectivo fato gerador.

Ainda que se tenha olvidado o legislador do qualificativo, é de contribuição social, tributo que se aloca, no quadro das espécies tributárias, ao lado dos impostos e das taxas, que cuidam as normas em estudo.

Deveras, como ensinam os sempre lembrados Gomes de Sousa, Giuliani Fonrouge e Valdes Costa, autores do Modelo de Código Tributário para o programa de tributação OEA/BID, as contribuições sociais se destinam, por vocação, a custear vários programas sociais.[5]

Segundo os conhecidos ensinamentos de Morselli, as contribuições (que, em outros países, são denominadas impostos especiais) se subordinam ao fenômeno conhecido como *parafiscalidade*.[6]

Entendemos como necessária e suficiente a base normativa da contribuição em estudo.

A Emenda Constitucional foi suficiente para garantir o caráter provisório da exação, a especialização da fonte (que, se não fosse assim, deveria ser destinada ao financiamento genérico da seguridade social) e, também, para afastar a exigência da não cumulatividade.

3. Sujeitos

3.1 Sujeito passivo

O sujeito passivo da contribuição social será toda a pessoa que realizar movimentação financeira.

5. *Modelo de Código Tributario* (Programa de Tributación OEA/BID) 2ª edição, Washington-DC, 1968, artigo 17.

6. Emmanuelle Morselli, "Parafiscalidade e seu Controle", citado por Edvaldo Brito, in *Caderno de Pesquisas Tributárias* n. 2, São Paulo, CEEU/Resenha Tributária, 1977, p. 119.

Como bem pondera Mozart Victor Russomano, a evolução normal dos sistemas de seguridade social acabará determinando o financiamento exclusivamente estatal. Supresso estará, no futuro, o primitivo esquema de financiamento do seguro social, que enlaçava apenas os trabalhadores e os empregadores.[7]

Qualquer pessoa, natural ou jurídica, que venha a realizar movimentação financeira estará sujeita ao pagamento do tributo em comento.

Claro que a vantagem especial que o utente dos serviços de saúde irá fruir, dispondo da proteção social que lhe outorga o sistema, será maior do que a daqueles que jamais se beneficiem da atividade sanitária nacional.

Mas tal vantagem repercute, igualmente, em prol da melhor qualidade de vida de toda a população.

Tenho sustentado que há um vínculo manifesto entre produção e proteção.

Quanto maiores e mais consistentes forem as medidas sanitárias — que eliminem a sujidade (um dos cinco gigantes a que se referia Lorde Beveridge) —, melhores as condições de higidez física de todos os obreiros.

As empresas, também elas, serão beneficiadas com a utilização dos recursos auferidos pelo Estado com cobrança da Contribuição Provisória sobre Movimentação Financeira. Relativamente a elas também se põe o dever constitucional de atuarem na prevenção do risco da doença; na erradicação das epidemias e endemias etc.

São elementares exemplos desse dever tanto a exigência dos atestados de

7. Mozart Víctor Russomano, *Curso de Previdência Social,* citado, p. 56.

saúde para que alguém possa ser admitido ao serviço das empresas como o controle de sanidade que exercem sempre que cobram dos trabalhadores o resultado de exames médicos periódicos a que devem ficar sujeitos.

Atuam, as empresas, no setor, por intermédio do corpo social: o Estado.

Integrantes do grupo de atores sociais que formam parte da Ordem Econômica, também as empresas são responsáveis perante a comunidade. Também lhes cabe assegurar, conforme expressão do art. 170 da Constituição, existência digna para todos os brasileiros. Estão revestidas, pois, de idoneidade econômica para a sujeição passiva do tributo em estudo.

O igual teor de proteção sanitária conferido a todos os integrantes do corpo social pelo sistema de seguridade social exige, igualmente, que a carga tributária seja repartida, em eqüitativa proporção, entre todos.

É positivo o fato de que, a partir de agora, as pessoas físicas que integram o chamado setor da economia informal, pessoas que, como é natural, também se valem de todos os serviços de saúde, passam a integrar o pólo passivo da relação jurídica de custeio da seguridade social.

3.2 Sujeito ativo

A destinação e a gestão do produto da arrecadação das contribuições devidas ao sistema de seguridade social constituem elementos essenciais para efeito da respectiva legitimação constitucional.

Para onde vai o dinheiro arrecadado com a Contribuição Provisória sobre Movimentação Financeira?

É de tal relevância essa indagação que vamos encontrar a resposta na própria Emenda Constitucional, que adjudicou a seguinte redação ao § 3º do art. 74:

"Art. 74. (...)

"§ 3º. O produto da arrecadação da contribuição de que trata este artigo será destinado integralmente ao Fundo Nacional de Saúde, para financiamento das ações e serviços de saúde."

Também o destino dos recursos arrecadados de toda a sociedade é matéria, neste tema, revestida com a nota da relevância pública.

O Fundo Nacional de Saúde é, verdadeiramente, o condomínio social que irá gerenciar os recursos do setor da seguridade para o qual está sendo destinada a receita da nova contribuição.

Retornam os recursos arrecadados à comunidade nacional, no seu todo considerada, como instrumentos de proteção à saúde.

Como se trata de um verdadeiro condomínio social, é certo que cada um (de todos os que fazem jus às prestações de saúde) pode fruir da respectiva cota.

De fato, é no condomínio que se configura: (...) um quinhão ideal, atribuído segundo a força do direito próprio de cada pessoa".[8]

A necessidade de tratamento e de cura — nos casos em que o acesso universal e igualitário às ações e serviços de saúde se torna exigível — determinará o montante a ser despendido com cada um dos doentes, assim como a Lei de Diretrizes Orçamentárias definirá, nos termos constitucionais, metas e prioridades

8. Nesse sentido define o condomínio De Plácido e Silva, no *Vocabulário Jurídico*, Rio, Forense, 1973, 3ª ed., verb. *condomínio*.

para o setor, fixando os dispêndios com as políticas e inversões em prevenção do risco da doença e de outros agravos.

Se compreendendo o conceito moderno de seguridade como mecanismo universal de proteção,[9] este se encontra entranhado no aparelho do Estado.

Mas, por exigência constitucional, agora especificada de modo cabal na Emenda n. 12, os recursos para a proteção social devem estar alojados em lugar distinto, no quadro das receitas públicas.

A fim de que o desiderato constitucional se concretizasse, em plenitude, seria imprescindível, segundo entendemos, que a sujeição ativa das contribuições sociais fosse deferida legalmente ao órgão descentralizado incumbido da gestão da seguridade social.

É que a Constituição de 5 de outubro concebeu o sistema como dotado de gestão democrática e descentralizada, nos termos do art. 194, parágrafo único, VII.

Deveras, no longo processo de estruturação histórica da previdência brasileira, são dados constantes tanto a democracia como a descentralização.

Mas, o arbítrio legislativo, que já transgredira a letra e o espírito da Constituição ao instituir as contribuições sobre o lucro e sobre o faturamento — arbítrio esse que contou com o apoio equivocado da jurisprudência —, distinguiu gestão de arrecadação.

Assim, embora as ações e serviços de saúde tenham como gestor democrático o Conselho Nacional de Saúde e, ainda, como executor descentralizado, o Sistema Único de Saúde-SUS, não seria possível que o Ministério da Saúde atuasse como *agente capaz* para a cobrança da contribuição em estudo.

A sujeição ativa deveria ter sido deferida, obviamente, ao Instituto Nacional do Seguro Social. Mas permaneceu nas mãos da própria Administração Direta.

De feito, estabelece o art. 11 da Lei n. 9.311, de 1996, que:

"Art. 11. Compete à Secretaria da Receita Federal a administração da contribuição, incluídas as atividades de tributação, fiscalização e arrecadação".

Assim, ainda que receitas e despesas do setor de saúde devam ser vertidas ao Fundo Nacional de Saúde, que se acha sob gestão do Conselho Nacional de Saúde; ainda que devam integrar o orçamento da seguridade social, a fonte de custeio será coletada pela Receita Federal.

Força reconhecer que o Estado brasileiro não se credenciou, ao longo da história pátria, para obter esse voto de confiança do legislador.

Mau guardião dos recursos sociais, o Estado, vale dizer, a União, malversa esses fundos em aplicações que nada se ajustam às políticas sociais e servem, antes, como instrumental de política econômica.

Aliás, quando explicitava os desígnios do antecessor legislativo da contribuição em comento, o extinto IPMF, o Poder Executivo não tinha dúvidas em defender o imposto como fonte de receita extra do Tesouro, apta a restaurar o equilíbrio financeiro da União e indispensável para o fechamento das contas nacionais dos anos de 1993 e 1994.

9. Veja-se, para a exata compreensão da noção moderna de seguridade social, o meu livro, já citado, *A Seguridade Social* ... e, também, meu livro *O Seguro-Desemprego no Direito Brasileiro*, LTr, São Paulo, 1993.

Será que, agora, o detentor das chaves do Tesouro Nacional não cairia na tentação de reter as verbas devidas ao setor de saúde para conter, como sempre fez, o déficit público, às custas dos dispêndios sociais?

Entendemos que o legislador engendrou, no particular, mecânica apta a atuar como medida preventiva dessa manifesta e real (real!) possibilidade.

Deveras, o art. 18 da Lei n. 9.311, de 1996, em tom imperativo prescreve:

"Art. 18. O produto da arrecadação da contribuição de que trata esta Lei será destinado integralmente ao Fundo Nacional de Saúde, para financiamento das ações e serviços de saúde, sendo que sua entrega obedecerá aos prazos e condições estabelecidos para as transferências de que trata o art. 159 da Constituição Federal".

Sobre dar cabal cumprimento à razão de existir da contribuição, criada pelo constituinte para financiar certo setor da atividade social do Estado, o dispositivo concretiza a diretiva do já transcrito § 3º do art. 74 da Emenda Constitucional n. 12/96.

Mas é a parte final do preceptivo que merece toda a atenção.

Evidentemente, nenhuma obrigação existe sem que se lhe fixe claro momento de vencimento.

O direito de crédito do Fundo Nacional de Saúde em face do Tesouro Nacional está constituído pela norma agora transcrita.

Pode, pois, o gestor do Fundo Nacional de Saúde exigir que o Ministério da Fazenda lhe entregue, no prazo legalmente definido, todos os recursos com os quais será custeado o programa em estudo.

Cabe ao Conselho Nacional de Saúde, ente incumbido de garantir a democracia na gestão do sistema, postar-se, atentamente, como controlador de tal fluxo de recursos, já que as autoridades executivas podem ceder ante argumentos fiscais e financeiros de outras instâncias de poder.

O repasse deve-se dar, em conformidade com o que determina o preceito citado, no mesmo prazo em que, nos termos da Lei Complementar n. 62, de 28 de dezembro de 1989, devem ser liberados os recursos devidos pela União aos Fundos de Participação dos Estados e dos Municípios.

Determina o art. 4º do Diploma Complementar, o seguinte:

"Art. 4º. A União observará, a partir de março de 1990, os seguintes prazos máximos na entrega, através de créditos em contas individuais dos Estados e Municípios, dos recursos do Fundo de Participação:

"I — recursos arrecadados do primeiro ao décimo dia de cada mês: até o vigésimo dia;

"II — recursos arrecadados do décimo primeiro ao vigésimo dia de cada mês: até o trigésimo dia;

"III — recursos arrecadados do vigésimo primeiro dia ao final de cada mês: até o décimo dia do mês subseqüente."

A União é contumaz, é notória reincidente e é reconhecida como devedora do sistema de proteção social brasileiro, como resta sublinhado, mais uma vez, pelo art. 90 da Lei n. 8.212, de 1991.

Não pode utilizar-se a União, pois, dos recursos da saúde para financiamento do déficit público.

Toda a penosa e desgastante batalha em que se empenhou, com tanto ardor, o Professor Adib Jatene — essa quixotesca figura de homem público a quem se deve a idealização e instituição da CPMF — teria resultado em manifesto golpe contra a Nação e em burla aos membros do Congresso Nacional se o Tesouro não se visse forçado, nos termos da lei, a repassar os recursos arrecadados com a CPMF — em prazo certo — ao setor para o qual se acham constitucionalmente destinados.

Como se sabe, e como temos sustentado, a espécie tributária denominada *contribuição* é daquelas em que o destino dos recursos é elemento que integra o regime jurídico do tributo.

Ensina Geraldo Ataliba que, nesses tributos: "a destinação já está constitucionalmente encampada. Ela é, aliás, a própria razão de ser da instituição do tributo".[10]

Estaria desfigurada a natureza jurídica da contribuição se essa verba não se visse destinada ao seu lugar específico no financiamento de certa atividade pública que, por definição constitucional, é de ser desenvolvida pelo sistema de seguridade social.

O seguinte aresto bem enfocou o tema, decretando a inconstitucionalidade de certa contribuição que deixou de cumprir essa função institucional:

"(...) a vinculação da receita é fundamental, pois do contrário não haveria como distinguir uma contribuição social de um imposto. É essa vinculação a garantia de que a contribuição será aplicada na finalidade justificadora de sua instituição".[11]

4. Objeto

Ao definir a movimentação ou transmissão de valores e de créditos e direitos de natureza financeira, o parágrafo único do art. 1º da Lei n. 9.311, de outubro de 1996, assim se expressa:

"Art. 1º. (...)

"Parágrafo único. Considera-se movimentação ou transmissão de valores e de créditos e direitos de natureza financeira qualquer operação liquidada ou lançamento realizado pelas entidades referidas no art. 2º que representem circulação escritural ou física de moeda, e de que resulte ou não transferência da titularidade dos mesmos valores, créditos e direitos."

A materialidade da hipótese de incidência da Contribuição em comento é, pois, o fato de alguém movimentar recursos através de contas correntes bancárias ou por intermédio de sistema organizado de movimentação ou transmissão de créditos e direitos de natureza financeira.

O fato imponível da contribuição consiste no lançamento a débito, nessas contas ou nesses sistemas, da movimentação ou transmissão dos valores e dos créditos.

A base de cálculo, por seu turno, é o valor movimentado ou transmitido.

A alíquota da contribuição, conforme estabelece o art. 7º da Lei n. 9.311/

10. Geraldo Ataliba, *Hipótese de Incidência Tributária*, São Paulo, RT, 3ª ed., pp. 113 e ss.

11. Remessa *Ex-Officio* 89.01.11499-2-BA, TRF-1ª Região, *Repertório IOB* de Jurisprudência v. 8/90, pp. 119 e ss.

96, é de vinte centésimos por cento, sendo facultado ao Poder Executivo, nos termos do art. 9º, alterar essa fração, até o limite máximo previsto na regra por primeiro mencionada.

Convém notar, entretanto, que o legislador não descurou os objetivos maiores da tributação social.

E, através de bem engendrado mecanismo, estabeleceu, ainda que de modo indireto, a necessária conexão entre os utentes do serviço de saúde e as bases de financiamento desse sistema.

Para que seja alcançado o desiderato constitucional da proteção social, é necessário assegurar, a todos, mínimos padrões de vida.

A remuneração de cada qual, como é curial, se verá afetada pela incidência do tributo em estudo.

Assim, aqueles que auferem certos tipos de rendimentos, até certa quantia, são compensados — ainda que por intermédio de instrumental não-tributário — com o aumento das prestações que percebem do sistema de seguridade social.

Por seu turno, com respeito àqueles que, já vertendo tributo para a seguridade social, não podem ser onerados com maiores encargos sociais — por expressa vedação do princípio da eqüidade no custeio — é reduzida a alíquota incidente sobre o salário-de-contribuição, em pontos percentuais proporcionais ao valor da contribuição devida, até o limite de sua compensação.

É precisamente junto aos mais pobres que se revelam imprescindíveis as medidas de seguridade social, dentre as quais se destaca o arcabouço protetor da saúde, a ser objeto de financiamento pela contribuição que aqui se examina.

Ademais, as ações de seguridade social tratam de programar e cumprir uma atuação coerente. Trata-se, afinal, de um sistema, como definido pelo art. 195 da Carta Maior.

Cumpre, pois, na perspectiva financeira, conforme averba Bezerra de Menezes: "integrar os programas de seguridade social à planificação econômica geral do Estado".[12]

A carência de rendimentos básicos é intolerável em qualquer sistema de seguridade, cujo esforço há de caminhar no rumo da superação desse estado de coisas. Tratando-se do modelo superior de proteção, vocacionado a proporcionar justiça social, cabe ao sistema engendrar mecanismos aptos a implementar, o quanto antes, o ideal de cobertura plena, a que já se referia Lorde Beveridge.

A Lei n. 9.311, de 1996, definiu o mínimo indispensável à sobrevivência digna e operou em conformidade com essa definição.

Eis o que prescreve o art. 17 da Lei n. 9.311/96:

"Art. 17. Durante o período de tempo previsto no art. 20:

"I — somente é permitido um único endosso nos cheques pagáveis no País;

"II — as alíquotas constantes da tabela descrita no art. 20 da Lei 8.212, de 24 de julho de 1991, e a alíquota da contribuição mensal, para o Plano de Seguridade Social dos Servidores Públicos Federais regidos pela Lei 8.112, de 11 de dezembro de 1990, incidente sobre os salários e remunerações até três salários-

12. Geraldo Bezerra de Menezes, *O Direito do Trabalho e a Seguridade Social na Constituição*, Rio, Pallas Editora, 1976, pp. 419 e 420.

mínimos, ficam reduzidas em pontos percentuais proporcionais ao valor da contribuição devida até o limite da compensação;

"III — os valores dos benefícios de prestação continuada e os de prestação única constantes dos Planos de Benefícios da Previdência Social, de que trata a Lei 8.213, de 24 de julho de 1991, e os valores dos proventos dos inativos, dos pensionistas e demais benefícios, constantes da Lei 8.112, de 11 de dezembro de 1990, não excedentes de dez salários mínimos, serão acrescidos de percentual proporcional ao valor da contribuição devida até o limite de sua compensação;

"IV — o Banco Central do Brasil, no exercício de sua competência, adotará as medidas necessárias, visando instituir modalidade de depósito de poupança para pessoas físicas, que permita conferir remuneração adicional de vinte centésimos por cento, a ser creditada sobre o valor do saque, desde que tenha permanecido em depósito por prazo igual ou superior a noventa dias.

"§ 1º. Os Ministros de Estado da Fazenda e da Previdência e Assistência Social baixarão, em conjunto, as normas necessárias ao cumprimento do disposto nos incs. II e III deste artigo.

"§ 2º. Ocorrendo alteração da alíquota da contribuição, as compensações previstas neste artigo serão ajustadas, mediante ato do Ministro de Estado da Fazenda, na mesma proporção.

"§ 3º. O acréscimo de remuneração resultante do disposto nos incs. II e III deste artigo não integrará a base de cálculo do Imposto sobre a Renda da Pessoa Física."

Usurparia, pois, as garantias constitucionais de proteção a incidência de contribuição (social, diga-se) sobre valores que atendem às necessidades vitais, básicas, dos trabalhadores e dos seus dependentes.

Aliás, há coerência histórica — laço de continuidade histórica, diria o saudoso Vicente Ráo — entre os preceitos de agora e aqueles que, outrora, intentaram estabelecer certa contribuição para o financiamento da saúde.

Deveras, o art. 6º da Lei n. 6.439, de 1977, ao instituir o INAMPS, assim dispunha:

"Art. 6º. (...)

"§ 2º. Fica o Poder Executivo autorizado a instituir um esquema de participação direta dos beneficiários, em função do seu nível de renda, no custeio dos serviços médicos de que se utilizarem e dos medicamentos que lhes forem fornecidos em ambulatórios.

"§ 3º. No esquema de participação, de que trata o parágrafo anterior, o Poder Executivo poderá considerar outros fatores, além do nível de renda, tais como a natureza da doença, o vulto das despesas gerais e o porte do custeio.

"§ 4º. A assistência médica e farmacêutica aos acidentados do trabalho não está sujeita às limitações nem ao esquema de participação dos parágrafos anteriores."

"§ 5º. A participação a que se referem os §§ 2º e 3º não será exigida dos beneficiários que perceberem remuneração ou benefício até 5 (cinco) valores de referência."

Os utentes dos serviços de saúde tinham, pois, o dever de contribuir. Nem todos, porém. Só os que percebessem remuneração superior a cinco valores de referência.

Agora, da contribuição direta, cobrada de uns em benefício de todos, passa o modo de financiamento do sistema a operar pela via da contribuição indireta, de todos exigível, excluídos os mais pobres dentre os pobres. Em favor destes últimos é estabelecido o bem engendrado esquema de compensação que estamos a comentar nestas linhas.

É plena a conformidade do esquema normativo proposto, em nosso entender, com a diretriz constitucional da eqüidade no custeio, estampada no inciso V, parágrafo único do art. 194 da Lei das Leis.

5. O sigilo de dados

Vem a pêlo discutir, em tema de tributo que incide sobre lançamentos bancários levados a efeito nas diversas contas e operações desenvolvidas pelo contribuinte, o tipo de sigilo que cabe ao Fisco preservar.

Tenho sustentado que os negócios do contribuinte, por gerarem riquezas, podem ser investigados pela autoridade investida da capacidade tributária ativa.

Sendo assim, os movimentos bancários encetados pelo contribuinte podem desvelar vida fiscal incompatível com os registros — por ele mesmo fornecidos em cumprimento aos deveres instrumentais tributários — que se encontram em mãos da autoridade pública.

Tal circunstância pode ser indício de ilicitude, a ensejar procedimentos de investigação.

Quando o Fisco opera com dados obtidos ou prestados sob reserva de confidencialidade, deve respeitar tais registros, sob pena de ofender a garantia constitucional da intimidade de que goza o contribuinte.

Porém, os repositórios do movimento econômico não podem servir de escudo para que os desonestos deixem de cumprir as obrigações tributárias.

Estão clausulados de confidencialidade os dados que demonstram o *honeste vivere* do sujeito passivo tributário, não aqueles reveladores de indícios de fraudes; de sonegação; de lavagem de dinheiro e de corrupção.

É evidente que o dever de contribuir não se manifesta espontâneo. Disse bem Ives Gandra da Silva Martins, que a regra de tributação é de rejeição social. Ninguém paga nenhum tributo por vontade própria, e sim pelo caráter compulsório da cobrança. São comezinhos estes conceitos, que, no entanto, cumpre recordar com duplo sublinhado.

Naturalmente, o Fisco deve estar aparelhado com elementos aptos a identificar os negócios jurídicos do contribuinte que sejam objeto de tributação.

Para tanto, consoante ensinam Giuliani Fonrouge, Gomes de Sousa e Valdes Costa, chegam a considerar óbvia a necessidade de a legislação conferir amplas faculdades investigatórias às autoridades fiscais.[13]

O segredo fiscal cede passo diante da necessária proteção do bem-estar e da justiça sociais, valores maiores que a tributação do tipo examinado aqui objetiva alcançar.

É evidente que a supremacia de tais valores não desobriga, antes impõe maior rigor, a autoridade fiscal de proceder com

13. Vide observação dos citados codificadores anotada à margem dos arts. 133 a 138 do Modelo de Código Tributário, citado.

estrita observância das formalidades legais.

Cumprem papel, no particular, as normas gerais de tributação, que, sobre disporem a respeito do procedimento de lançamento, devem igualmente cuidar das rígidas regras segundo as quais certos dados, de ordinário clausulados como sigilosos, podem ser desvelados pelo Fisco.[14]

Colocada diante de registros que impossibilitam o exercício dos poderes fiscais, a autoridade tributária deve ir atrás dos dados sigilosos, observado o *due process of law*. É autorizada para tanto, devendo colher pormenores relevantes sobre a movimentação financeira praticada pelo contribuinte, na qualidade de sujeito de direitos; direitos que estão naturalmente complanados com os daquele à intimidade.

Vale reproduzir, a propósito, o candente magistério de Sacha Calmon Navarro Coêlho:

"Não pode a ordem jurídica de um país razoavelmente civilizado fazer do sigilo bancário um baluarte em prol da impunidade, a favorecer proxenetas, lenões, bicheiros, corruptos, contrabandistas e sonegadores de tributos".[15]

A preterição das formalidades legais ou a revelação de dados sigilosos viola direitos individuais e é, como tal, delito sujeito a graves penalidades.

De tudo quanto se expôs até aqui, colhe-se que o constituinte e o legislador, ao instituírem, com a nota de provisoriedade, a Contribuição sobre Movimentação Financeira, parecem ter intentado implementar ousado experimento. Dependerá, agora, do sucesso ou do fracasso — tanto sob o ângulo da arrecadação como sob o aspecto da construtura maior das relações entre o fisco e o contribuinte — do modelo proposto o desenvolvimento da discussão, bem mais ampla, sobre a reforma fiscal e tributária que o país espera há já mais de vinte anos.

14. Só assim cabe o sigilo de dados nos quadrantes do direito. Efetivamente, como preleciona Tércio Sampaio Ferraz Júnior: "Como faculdade, a manutenção do sigilo não está a serviço apenas da liberdade individual 'de negação' da comunicação. Serve também à sociedade e ao Estado" (in "Sigilo de dados: direito à privacidade e os limites da função fiscalizadora do Estado", *Cadernos de Direito Tributário e Finanças Públicas* n. 1, RT, p. 144).

15. Sacha Calmon Navarro Coêlho, "Princípios Constitucionais Tributários", in *Caderno de Pesquisas Tributárias*, v. 18, co-edição Centro de Extensão Universitária e Resenha Tributária, 1993, p. 101.

PLANEJAMENTO TRIBUTÁRIO NO BRASIL

SIDNEY SARAIVA APOCALYPSE

Se há um tema que imagino incomodar boa parte dos profissionais do Direito é este: planejamento tributário. Há os que condenam, censuram, reprovam ou mesmo abominam a simples idéia de planejamento tributário, assim como há os que buscam amedrontar, intimidar ou atemorizar o contribuinte desejoso de certa economia tributária.

Tratar de planejamento tributário exige complacência, boa dose de indulgência para tolerar investidas resultantes, em grande parte, do ressentimento de quem se ache ferido em seus melindres. Tudo porque, penso eu, estejam tais reações fundadas na errônea idéia de que diante de um fato tributável o contribuinte só possa, só deva, realizá-lo, impedido que está, em nome de uma *ordem tributária,* de buscar caminho menos oneroso, como se tal comportamento necessariamente significasse emprego contra o Estado de ardil, logro ou trapaça.

Estivéssemos em outro sistema jurídico que não o adotado pelo Brasil, tal alarde poderia merecer nossa meditação. Fôssemos interpretar a lei tributária segundo os cânones da interpretação econômica do Direito Tributário (tarefa que recuso), quiçá chegaríamos a conceder prerrogativas de verdade jurídica a algumas dessas idéias.

A coexistir com tal problemática, e com vistas a impor caráter de ilicitude a formas de planejamento tributário, demonstrando, ao que me parece, insatisfação com as balizas que definem a simulação, assomam teorias que buscam alçar à categoria de defeito de ato jurídico os espectros do *abuso de forma* e do *abuso de direito*. Figuras essas que, na busca de economia tributária, consistiriam na utilização de formas *anormais* para se atingir um fim que normalmente é atingido segundo diverso negócio jurídico, ou na utilização de negócios jurídicos apenas para atingir a economia pretendida e não o fim para o qual os mesmos se destinariam. Distanciam-se tais teorias, como se pode perceber, do exame da licitude dos atos praticados, de modo a inquinar de *prática ilegítima, abusiva,* a utilização, pelo contribuinte, de formas lícitas com o único fim de economizar tributos.[1]

Inevitável reconhecer estarem os ideólogos do *abuso de forma* e do *abuso de direito* a buscar pôr a cobro, fulminando-a, a questão (da *legitimidade*[2] do

1. "(...) os negócios jurídicos que não tiverem nenhuma causa real, a não ser conduzir a um menor imposto, terão sido realizados em desacordo com o perfil objetivo do negócio e, como tal, assumem *um* (da edição constou *em*) caráter abusivo; neste caso o fisco a eles pode se opor, desqualificando-os fiscalmente para *requalificá-los* (em vez de *requalificá-los* como se editou) segundo a descrição normativo-tributária pertinente à situação que foi encoberta pelo desnaturamento da função objetiva do ato. Ou seja, apenas se tiver como objetivo exclusivo a redução da carga tributária, ter-se-á um uso abusivo do direito" (Marco Aurélio Greco, in *Estudos sobre o Imposto de Renda, em memória de Henry Tilbery*, p. 103, *Resenha Tributária*, 1994).

2. Aqui tomada como subsumida à legalidade.

planejamento tributário); inevitável reconhecer o caráter ideológico de tal posição, calcada que está no sentimento de incompletude do Direito.[3] Melhor dizendo, *deste Direito*: o brasileiro. Reconhecimento esse que se faz no embate entre a corrente que — sem se esquivar da questão — insiste em afirmar o primado da legalidade[4] e a que, contraposta, pretende, em nome de uma norma aprioristicamente tida por social,[5] sem sanção material, sem coerção, que o indivíduo deva sempre se submeter à onerosidade, se utilizar alternativa legítima que tenha por escopo alcançar economia tributária (ninguém poderá se organizar para economizar tributos).

No entanto, nem prezando os bons propósitos dessa posição poderíamos nutrir inclinação, simpatia ou afeição pela mesma. Isto porque, afinal, no Brasil é cânone constitucional o que Hensel reduz na fórmula: "II comando — tu devi pagare degli imposti — è sempre condizionato dalla frase: se tu realizzi la fattispecie legale (non: se tu miri ad un determinato effeto economico."[6]

Como é consabido e aqui não se faz necessário delongar a abordagem, o sistema tributário brasileiro assenta-se no princípio da estrita legalidade da ação de tributar (princípio da legalidade), que, na Constituição federal, está contemplado em ao menos duas expressões: ninguém será obrigado a fazer ou deixar de fazer alguma coisa senão em virtude de lei;[7] é vedado exigir ou aumentar tributo sem lei que o estabeleça.[8]

O texto constitucional brasileiro empresta, pois, especial relevo à exigência de lei que preveja este ou aquele comportamento com efeitos tributários. Afora as situações descritas em lei, das quais resulte algum efeito tributário, conserva o cidadão sua integral liberdade, aqui incluída mas não limitada a esta, a de contribuir com parcimônia mediante utilização de planejamento tributário (com emprego de meios lícitos) para a manutenção do Estado. Vale dizer, em matéria tributária, a intervenção do Estado na propriedade dos cidadãos está limitada ao âmbito de atuação da norma válida que permita essa intervenção, resignando-se os particulares quanto à submissão ao império da lei, e o Estado, à conformação quanto ao comportamento daqueles que buscam organizar-se para, também com amparo legal, deixar de prestar a contribuição tributária, ou prestá-la com parcimônia.

Indispensável, portanto, a necessidade de o Estado integralmente cumprir a exigência constitucional de esgotar, como se diz, todos os aspectos da hipótese descrita com apta a determinar, se e quando realizada, o comportamento conseqüente de pagar tributo. Exigência constitucional essa que afasta a possibilidade de o aplicador da lei tributária e, coerentemente, seu intérprete, recorrerem ao subjetivismo, submetidos que estão ao

3. Norberto Bobbio, *Teoria do Ordenamento Jurídico*, Ed. Polis, 1990.

4. Não sei como citar tantos, sem esquecer de algum, mas também não posso cometer a injustiça de omitir referência a Antônio Sampaio Dória, no clássico *Elisão e Evasão fiscal*, e a Alberto Pinheiro Xavier, que sobre o tema não economizou tempo.

5. Como a representar os anseios populares.

6. *Apud* A. R. Sampaio Dória, in *Elisão e Evasão fiscal*, Ed. Bushatsky, p. 96.

7. Constituição Federal, art. 5º, II.

8. Constituição Federal, art. 150, I.

mesmo princípio, de resto até mesmo traduzido em preceptivo infraconstitucional que veda emprego de analogia para a exigência de tributos, ou nas expressões doutrinárias que, diante dos princípios da estrita legalidade, da reserva absoluta de lei, refutam a possibilidade de adoção de critérios subjetivos na aplicação da lei tributária, repisando, assim, a subordinação do legislador à imperiosa necessidade de observar uma tipologia e do aplicador da lei a cingir-se ao tipo nela descrito.

Diante de tal situação, não pode o administrador público, a seu juízo, impor a conseqüência mais onerosa a fato que não tenha sido legalmente previsto. É o que, em caso judicial, decidiu o então Juiz Federal Sacha Calmon Navarro Coelho:[9]

"(...) em Direito Tributário, tão marcado pelo princípio da legalidade, não deve o intérprete aplicador, mesmo diante de casos de elisão, superpor-se à lei. A função de reprimir a evasão em razão de lacunas é do legislador, nunca do administrador.

"(...) penso que as lacunas da lei, os *loopholes* como dizem os americanos, só devem *ser suprimidas pela lei* para o bem de todos. Ainda que alguns estejam levando vantagem é preferível manter o princípio da legalidade do que estender ao administrador poderes que amanhã se tornariam muito difíceis de controlar, além de impor ao Judiciário, como *poder revisor do ato administrativo*, a obrigação de estar a verificar, caso a caso, *a razoabilidade fiscal dos contratos*. Haveria, neste caso, grandes divérbios, pois cada juiz julgaria com seu próprio subjetivismo as situações e os interesses dos justiçáveis."

Segue-se, assim, diante do sistema jurídico-tributário brasileiro, que, se o particular estiver diante de dois comportamentos (um que, por força de lei, gera conseqüência tributária mais onerosa que o outro), poderá adotar o comportamento menos oneroso (ou mesmo isento de conseqüência tributária). A questão que aí se coloca não é, pois, de ter, ou não, o particular essa liberdade. Demonstrado está que tem. A questão é saber qual é o limite desse direito.

Alberto Xavier,[10] que do tema se ocupou em três oportunidades,[11] demonstra só haver duas ordens de limites à liberdade fiscal dos cidadãos: "a validade e a licitude dos atos jurídicos pelos quais essa liberdade se exerce. Donde resulta a conseqüência de que no caso de tal liberdade se haver exercido por intermédio da prática de atos válidos e lícitos, não é possível ao Estado formular qualquer pretensão tributária ao abrigo de uma eventual terceira ordem de limitações, expressa numa cláusula geral interpretativa".[12]

Será certamente com o manejo dessas noções que deverá se pautar o intérprete. Ora prestigiando o que por assentado se tem como princípio da estrita le-

9. *Imposto de Renda — Estudos,* Ed. Res. Tributária, p. 33.

10. *Direito Tributário e Empresarial,* Forense, p. 7.

11. Na IV Jornadas Luso-Hispano-Americanas de Estudos Tributários, realizadas no Estoril, Portugal, em setembro de 1970, com a tese de relator nacional português, publicada em 1971, sob o título "O negócio indirecto em direito fiscal"; na *Revista de Direito Público,* com o artigo "A evasão fiscal legitima", e no Parecer "Liberdade Fiscal, Simulação e Fraude no Direito Tributário Brasileiro".

12. Ob. cit., p. 18.

galidade tributária, ora alargando o alcance da norma a que vier no sistema surpreender, como fundamento das suas conclusões. Ainda que de forma sucinta, pois devo finalizar estes breves comentários, não vejo no sistema jurídico-tributário brasileiro autorização para que algum intérprete (até mesmo o dito autêntico) construa norma para identificar *o abuso de forma* ou o *abuso de direito*, com vistas a estender a hipóteses não estritamente contempladas em lei, os efeitos destinados à situação diversa da licitamente vivenciada pelos contribuintes, ainda que exclusivamente voltada à economia tributária.

PROPOSTA PARA UMA NOVA CLASSIFICAÇÃO DOS TRIBUTOS A PARTIR DE UM ESTUDO SOBRE A INSTITUIÇÃO DE CONTRIBUIÇÃO PREVIDENCIÁRIA PELA UNIÃO, ESTADOS, DISTRITO FEDERAL E MUNICÍPIOS

SACHA CALMON NAVARRO COÊLHO
Professor Titular de Direito Tributário da Universidade Federal de Minas Gerais — Advogado

1. Preliminares. 2. Diferenças entre contribuições distributivas e retributivas. 3. Proibição de progressividade sobre contribuições retributivas relativamente a funcionários ativos e inativos. 4. A capacidade contributiva como instituto típico da Teoria dos Impostos — Adequação às contribuições finalísticas com feitio de impostos e inadequação às contribuições retributivas. 5. A presença dos servidores públicos na universalidade do financiamento da seguridade social — Ausência de egoísmo — O caráter restrito da contribuição retributiva. 6. A contribuição "in examine" *e o princípio da anterioridade. 7. Uma proposta de classificação dos tributos no Direito Brasileiro atual. 8. Considerações sobre a proposta. 9. A importância da distinção entre a tributação da mais-valia imobiliária e a contribuição de melhoria sobre custo total ou parcial de obra pública. 10. O rodágio. 11. A contribuição de melhoria nos textos constitucionais brasileiros.*

1. Preliminares

1. Registramos por primeiro o teor dos textos que interessam. Dispõe a CF, art. 40, § 6º, *verbis*: "As aposentadorias e pensões dos servidores públicos federais serão custeadas com recursos provenientes da União e das contribuições dos servidores, na forma da lei."

A seu turno, prescreve o art. 149, parágrafo único, da CF:

"Os Estados, o Distrito Federal e os Municípios poderão instituir contribuição, cobrada de seus servidores, para o custeio, em benefício destes, de sistemas de previdência e assistência social."

2. Tem-se no citado parágrafo único do art. 149 outorga de competência aos Estados-membros, ao Distrito Federal e aos Municípios para instituírem contribuições estritamente previdenciárias (aposentadorias e benefícios), em prol tão-somente de seus respectivos servidores e dos dependentes destes.

3. Trata-se de autorização constitucional direta, desnecessária a intermediação da lei complementar prevista no art. 146, III, *a*, por se tratar de contribuição, e não de imposto. Dispensável, também, a existência de lei federal ordinária de normas gerais de índole tributária. *A uma*, porque o veículo para tanto é a lei complementar. *A duas*, porque a lei ordinária federal, em princípio, deve ater-se a matérias da competência da União (ordem jurídica parcial). Lei complementar à CF exige apenas para as contribuições especiais que venham a ser instituídas com base na competência residual da União (art. 195, § 4º, da CF).

4. O STF, na ADIn n. 790-DF (*RTJ* 145/505), já se definiu quanto ao assunto. O Min. Marco Aurélio disse, na oportunidade:

"(...) Sobre o tema esta Corte já teve oportunidade de pronunciar-se e o fez, conforme ressaltado pela Consultoria Geral da República e também pela Procuradoria-Geral da República, em duas ocasiões. No julgamento do Recurso Extraordinário n. 146.733-9-SP, sobre a contribuição social devida pelos empregadores relativa ao lucro, concluiu, em votação unânime, que a instituição de contribuições sociais previdenciárias não se sujeita à exigência da alínea *a* do inciso III do artigo 146 da Lei Máxima. Naquela assentada, salientou o Ministro Moreira Alves que a possibilidade de edição de leis pela União, os Estados, o Distrito Federal e os Municípios foi aventada no artigo 34 do Ato das Disposições Constitucionais Transitórias, sendo que os artigos 148, 149, 150, 154, inciso I, 156, III, e 159, I, *c*, da Carta entraram em vigor na data da promulgação do Diploma Maior, permitindo que nas hipóteses em que não sejam imprescindíveis normas gerais, a serem estabelecidas por Lei Complementar, as citadas pessoas jurídicas de direito público interno editassem leis instituindo, de imediato, ou seja, com vigência a partir de 1º de março de 1989, as novas figuras das diferentes modalidades de tributo, inclusive as contribuições sociais. Este julgamento ocorreu em 29 de junho de 1992. Logo a seguir, voltou o Plenário a enfrentar a matéria e o fez ao apreciar o Recurso Extraordinário n. 138.284-8-CE, relatado pelo Ministro Carlos Velloso. S. Exa. ressaltou que somente para aqueles que consideram que a contribuição é imposto cabe a exigência de lei complementar. Colocou em plano secundário tal entendimento, apontando a desnecessidade de se ter diploma especial definindo fatos geradores, base de cálculo e contribuintes. Na época, reportou-se o ilustre Relator à lição do Magistrado e Professor Titular da Universidade Federal de Minas Gerais, Sacha Calmon Navarro Coêlho. Portanto, não procede a pecha de inconstitucionalidade calcada na inexistência de lei complementar."

5. Vale dizer que os funcionários em atividade contribuirão com o fito de se aposentarem (finalidade) e com a intenção de, uma vez falecidos, socorrerem os seus dependentes (pensões). Mais ainda, uma vez aposentados ou falecidos, atingidas tais finalidades, cessa o pagamento do tributo, vez que ditas contribuições são essencialmente finalísticas. O pagamento delas tem um fim. Atingido o fim, não há mais razão para pagá-las. No caso dos pensionistas, atuais e futuros, dependentes do funcionário segurado, nenhuma relação mantiveram ou manterão com o Estado. Seria estúrdio fazê-los pagar contribuições em prol de terceiros. Improcederia a imposição pela própria razão de ser da contribuição previdenciária em prol dos funcionários e/ou seus dependentes.

2. *Diferenças entre contribuições distributivas e retributivas*

6. Neste ponto, cabe fazer uma distinção fundamental entre os princípios que regem a seguridade social geral e os retores dos sistemas de aposentadoria autorizados a Estados e Municípios, sustentados por contribuições retributivas e proporcionais.

"A Constituição de 1988 trouxe alterações profundas às normas anteriores, disciplinadoras da matéria. Basta considerar que ela desvinculou a Seguridade Social do rol dos direitos trabalhistas e disciplinou-a sob a égide dos princípios da universalidade, da distributividade e da eqüidade.

"(...)

"A técnica do seguro social moderno nasceu modelada no mutualismo e nos seguros privados. O mutualismo é princípio solidário de que uma série de esforços coordenados pode superar as crises de infortúnio e contingências da vida humana mais ou menos previsíveis. O seguro privado é um 'método de economia coletiva', que tem na previsão da matemática atuarial — onde interferem produtos de estatística e tabelas biométricas — a sua base fundamental. (Cf. Armando de Oliveira Assis, *Compêndio de Seguro Social*, Rio de Janeiro, Fundação Getúlio Vargas, 1963).

"A Previdência Social nasceu como solução capitalista para um problema surgido em pleno liberalismo econômico. É natural que a solução viesse iluminada de um espírito privatista, moldada na técnica do seguro privado, baseada em rígida correlação entre prêmio e benefício e com o sentido de beneficiar apenas determinadas classes profissionais.

"Entretanto, nos países capitalistas em geral, evoluiu-se de um seguro social obrigatório, originariamente moldado no contrato de seguro privado, e marcado pela organização profissional (entre nós, a primeira caixa de assistência data do Império e era restrita ao pessoal das estradas de ferro), para projetar-se de forma universal, inclusive abrangendo a assistência social, e desligar-se, definitivamente, do caráter de organização profissional com que originariamente nascera (v. Durand e Joussand, *Traité de Droit du Travail*, Paris, Dalloz, 1974, tomo I).

"(...)

"Se a Constituição de 1988 se referisse apenas a seguro social ou previdência social, como se faz em muitos países, já haveria uma substancial diferença em relação ao seguro privado, diferença magistralmente resumida pelo jurista alemão Helmar Bley (V. *Sozialrecht*, 5, Alfred Metzner V., 1986, pp. 137-138):

"a) as seguradoras públicas são pessoas jurídicas de direito público, com administração própria, enquanto o seguro privado compreende relações de direito privado, com pessoas jurídicas de direito privado, que almejam lucro;

"b) a relação de seguro privado se instala por meio de contrato com livre escolha da seguradora por parte do segurado, ao passo que, no seguro público, a relação jurídica se instala por efeito de norma legal assim que se concretizam seus pressupostos;

"c) o conteúdo da relação de seguro privado, salvo certas limitações, é livremente disposto pelas empresas seguradoras, sobretudo em relação aos riscos cobertos, às prestações e ao prêmio, enquanto o conteúdo da relação pública é legalmente fixado, de forma rígida;

"d) o financiamento das empresas privadas se dá pelo pagamento de prêmios de risco — princípio da equivalência geral e individual — combinados contratualmente, enquanto o das seguradoras públicas se dá por contribuições dos segurados (e empresas) e por subsídios estatais garantidores, sem equivalência global ou individual, o prêmio orientando-se antes pela capacidade econômica do segurado do que pela natureza do risco;

"e) nas seguradoras privadas, o benefício só está garantido se houve pagamento do prêmio, enquanto nas públicas não há tal dependência. Mesmo em caso de insolvência ou falência do patrão, os benefícios serão prestados ao empregado dependente.

"(...)

"Entretanto, é importante observar que, na Constituição de 1988, embora a saúde e a assistência social sejam universais, independam do pagamento de qualquer prêmio, sendo pois de acentuado caráter redistributivo, os direitos previdenciários enumerados no art. 201 somente são assegurados mediante contribuição correspondente, não se estendendo a todos os segurados, *verbis*:

'Art. 201. Os planos de previdência social, mediante contribuição, atenderão, nos termos da lei, a:

'I — cobertura dos eventos de doença, invalidez, morte, incluídos os resultantes de acidentes do trabalho, velhice e reclusão;

(...);

'III — proteção à maternidade, especialmente à gestante;

'IV — proteção ao trabalhador em situação de desemprego involuntário; (...).'

"Portanto, a universalidade e a solidariedade cessam em relação aos planos de previdência social, pois o acesso aos direitos previdenciários depende:

• dos termos de lei, que os estenda a todos, e regule;

• do pagamento de contribuição equivalente;

• da eqüidade na forma de participação no custeio (art. 194, V)" (cf. *Direito Tributário — Pareceres*, Ed. Forense, pp. 304-307, Sacha Calmon e Misabel Derzi).

7. A universalidade e a redistributividade previstas na seguridade geral (à qual comparecem União, Estados e Municípios) não se repetem nos sistemas especiais previstos para os Estados, o DF e os Municípios. No particular, autoriza a CF a instituição de contribuição a ser cobrada apenas dos seus funcionários, em prol deles próprios. Trata-se de contribuição para a assistência e a aposentadoria de funcionários estaduais, distritais e municipais, exclusivamente (sistema especial).

Na hipótese em exame, evidentemente, tais contribuições, ao lado dos aportes do Tesouro Estadual (eqüidade), terão caráter retributivo. Diferentemente da seguridade geral, inexistem aqui fontes de receita como a dos empregadores sobre folha de salários, faturamento e lucro, que são exploradas tributariamente pelo INSS, sem nexo ou correspondência entre a paga e o benefício (caráter distributivo) e que, na verdade, são impostos afetados a finalidades específicas, no caso, o sustento da seguridade social geral. Tampouco existirá assistência social a todos ou serviços de saúde gratuitos, por conta da contribuição dos servidores.

Aliomar Baleeiro já notara, com a acuidade que lhe era peculiar, o variado cariz jurídico das *contribuições* (*nomen juris*). No seu *Curso de Direito Tributário* (*apud* Sacha Calmon, *Comentários*, Forense, p. 168), anota:

"Se é possível, a pretexto de delegação do poder tributário e aplicação especial da receita, estabelecer-se uma finança excepcional paralelamente ao Fisco, sem que suas respectivas arrecadações sejam votadas pelos representantes do povo, nem suas aplicações sofram a fiscalização dos órgãos de controle de contas, então as instituições democráticas receberam, em pleno coração, um golpe bastante perigoso.

"O conceito de parafiscalidade é útil, do ponto de vista exclusivamente didático, metodológico ou terminológico, para designar impostos ou taxas que se distinguem dos demais pela delegação a um órgão paraestatal a fim de serem aplicados aos fins deste" (*Curso...*, pp. 273-274).

A posição de Baleeiro, radical, subsumindo as *contribuições* nos impostos ou taxas, será amenizada por Ataliba à frente.

8. No Brasil, o imposto com destinação especial não prospera, em face do óbice do art. 167, IV, da Constituição Federal:

"Art. 167. São vedados:

"(...);

"IV — a vinculação de receita de impostos a órgão, fundo ou despesa, ressalvadas a repartição do produto da arrecadação dos impostos a que se referem os arts. 158 e 159, a destinação de recursos para manutenção e desenvolvimento do ensino, como determinado pelo art. 212, e a prestação de garantias às operações de crédito por antecipação de receita, previstas no art. 165, § 8º, bem assim o disposto no § 4º deste artigo;(...)"

É o que explica a redação dos arts. 149 e 195 da CF. No art. 149 há permissão para afetar o tributo. No art. 195 permite-se a exploração de fatos geradores (faturamento, folha de salário, lucro e receita de prognósticos) típicos de impostos, por não constituírem *fatos do Estado*, mas manifestações da capacidade contributiva dos contribuintes em geral. São, pois, ontologicamente, impostos afetados a fim especial e, por isso, finalísticos, por expressa determinação constitucional. Bem diferente é o caso das contribuições do servidor para se aposentar, de nítido caráter retributivo, voltadas a fim satisfativo. Após a aposentadoria, qualquer tributação estadual por incidência de *contribuição social* sobre proventos caracteriza incidência sobre a renda do aposentado (que já o paga, pela alíquota cabível, em prol do próprio Estado: art. 157, I, da CF). Noutras palavras, majoração indireta de alíquota de imposto de alheia competência, implicando evidente inconstitucionalidade. O imposto de renda é da competência da União. Os Estados e Municípios apenas participam do produto da arrecadação.

3. *Proibição de progressividade sobre contribuições retributivas relativamente a funcionários ativos e inativos*

9. No concernente à variação de alíquotas (progressividade), o Min. Francisco Rezek, na ADIn n. 790, já referida, embora a Corte não se tenha pronunciado sobre a inconstitucionalidade, por isso que a lei em questão apenas prometia a progressividade, sem dizer como, adiantou, não obstante, opinião em sentido contrário, a nosso juízo, no que foi acompanhado pelo Min. Carlos Velloso. Confira-se:

"**O Sr. Ministro Francisco Rezek**: Peço vênia para divergir do Ministro Relator na parte em que desacolhe o parecer da Procuradoria-Geral da República. Estou com S. Exa. em tudo o mais.

"Quanto ao § 1º do art. 231, meu ponto de vista é aquele que o parecer exteriorizou. Esse § 1º induz à progressividade.

"Penso que o propósito social que se estaria desejando prestigiar de tal maneira — fazendo variar não apenas os montantes absolutos, em função de montantes também absolutos de retribuição mensal, mas fazendo variar as próprias alíquotas — já é atendido pela diferença da contribuição em seus números absolutos, e que a diferenciação de alíquota configura, tal como ponderou o Ministério Público, *uma tributação sobre a renda* que não se compatibiliza com as regras pertinentes da Constituição Federal.

"Não me aborrece, em absoluto, que o legislador queira dar maior prestígio a certos propósitos sociais, desde que ele assuma aquilo que faz, e dê — dentro dos limites que a Carta da República impõe — maior densidade ao imposto de renda. Mas é preciso que as coisas sejam chamadas pelos seus nomes verdadeiros.

"Tenho séria dificuldade em entender compatíveis com a Constituição determinadas fórmulas veladas de tributação da renda, e é isso que estou vendo no dispositivo que estabelece a diferenciação de alíquotas.

"Meu voto, na trilha exata do parecer do Ministério Público Federal, julga procedente a representação em parte."

"**O Sr. Ministro Carlos Velloso**: Sr. Presidente, o que penso a respeito do § 1º do art. 231 da Lei n. 8.112 é que ele, sob o ponto de vista formal, ou abstratamente considerado, não é inconstitucional. Poderá ocorrer inconstitucionalidade material por parte do legislador ao dar cumprimento ao que nele se contém. O legislador ordinário poderá entender — porque o § 1º não determina que ele aja de uma certa forma, nem ele está obrigado a respeitar o que se contém no § 1º do art. 231 — que a diferenciação dar-se-á em razão da remuneração maior ou menor, ou em razão da base de cálculo, e não da alíquota. Nestes termos, não haverá inconstitucionalidade material.

"Não vejo, por isso mesmo, necessidade de se declarar a inconstitucionalidade do § 1º do art. 231. Percebo que o Sr. Ministro Relator parece que passa a caminhar nesta mesma linha e o Sr. Ministro Francisco Rezek também. Se tivéssemos, aí, uma norma que obrigasse o legislador a agir de uma certa forma, poderia ocorrer a inconstitucionalidade. Isto, entretanto, repito, não acontece.

"De modo que, com relação ao § 1º do art. 231, julgo improcedente a ação e, com relação ao art. 9º da Lei n. 8.162, de 8 de janeiro de 1991, acompanho o Sr. Ministro Relator" (grifo nosso).

4. A capacidade contributiva como instituto típico da Teoria dos Impostos — Adequação às contribuições finalísticas com efeito de impostos e inadequação às contribuições retributivas

10. Para abordar as questões da proporcionalidade e da progressividade na projetada contribuição para as aposentadorias e pensões dos funcionários públicos, faz-se necessário recordar a teoria dos impostos, das taxas e das contribuições em geral, sejam de melhoria, sejam as especiais (que podem ser impostos finalísticos ou contribuições retributivas).

Deixando de lado o *Common Law*, outra província jurídica, da qual herdamos apenas a chamada contribuição de melhoria sobre a *plus valia* imobiliária baseada na *equity*, o nosso Direito Tributário está embebido no Direito continental europeu. Sem menosprezo ao alto valor da tributarística brasileira, sem dúvida notável, por várias razões, não há como negar as ligações genéticas do nosso Direito Tributário com a praça jurídica européia continental.

Neste vasto continente jurídico sempre se viu o tributo como algo unitário e, sendo gênero, repartido em duas espécies (imposto e taxa) ou três (imposto, taxa e contribuições): teorias dicotômica e tricotômica do tributo.

Parece indiscutível hoje, na doutrina do Direito romano-germânico, que os impostos se baseiam no princípio da capacidade contributiva, numa característica do contribuinte, externa ao Estado enquanto ente político, e que as taxas e as contribuições se baseiam no princípio da retribuição, segundo o qual os contribuintes pagam um *quantum* para retribuir um serviço, benefício, ato ou obra, específicos e divisíveis, realizados pelo Estado para satisfazer demandas ou necessidades próprias daqueles, não havendo, por princípio, lugar para a capacidade contributiva, somente para a incapacidade contributiva (caso da isenção da taxa judiciária para os pobres em sentido legal). Em verdade, essas espécies visam ao financiamento parcial de serviços e obras públicas, e não à arrecadação massiva de recursos, caso dos impostos, por isso mesmo referidos à capacidade econômica dos contribuintes

Já vimos o pensamento de Baleeiro sobre as contribuições especiais: imposto finalístico ou taxa (pelo caráter retributivo, quando assim fosse).

Outro que reduz qualquer espécie tributária a imposto ou taxa é Alfredo Augusto Becker (*Teoria Geral do Direito Tributário*, SP, Saraiva, p. 330):

"A doutrina tem demonstrado que as 'contribuições parafiscais' não constituem uma natureza jurídica de tributo *sui generis*, nem tributo de natureza mista, porém, em determinados casos, são simples impostos com destinação determinada e, noutros, verdadeiras taxas.

"E a 'contribuição parafiscal' possui a referida natureza jurídica porque a destinação do tributo, a sua maior ou menor proporção (em relação à base de cálculo) e a posição do sujeito passivo em relação à hipótese de incidência do tributo não exercem qualquer influência sobre a natureza jurídica do tributo."

As opiniões de Becker e Baleeiro, no entanto, não são inteiramente satisfatórias.

Geraldo Ataliba, na última edição de seu pequeno grande livro (*Hipótese de Incidência Tributária*, Malheiros Editores, 1990, 5ª ed., p. 171), desenvolve interessante teorização, afastando-se da rígida dicotomia reducionista das contribuições parafiscais ou especiais a imposto ou taxa. Adotaremos a sua posição, dele.

"Pode-se dizer que — da noção financeira de contribuição — é universal o asserto no sentido de que se trata de tributo diferente do imposto e da taxa e que, por outro lado, de seus princípios informadores, fica sendo mais importante o que afasta, de um lado, a capacidade contributiva (salvo a adoção da h.i. típica e exclusiva de imposto) e, doutro, a estrita remunerabilidade ou comutatividade, relativamente à atuação estatal (traço típico da taxa).

"Outro traço essencial da figura financeira da contribuição, que parece ser encampado — pela universalidade de seu reconhecimento e pela sua importância, na configuração da entidade —, está na circunstância de relacionar-se com uma especial despesa ou especial vantagem referidas aos seus sujeitos passivos (contribuintes). Daí as designações doutrinárias *special assessment*, *contributo speciale*, *tributo speciale*, etc.

"Em outras palavras, *se o imposto é informado pelo princípio da capacidade contributiva* e a taxa informada pelo princípio da remuneração, as *contribuições serão informadas por princípio diverso*. Melhor se compreende isto, quando se considera que é da própria noção de contribuição — tal como universalmente entendida — que os sujeitos passivos serão pessoas cuja situação jurídica tenha relação, direta ou indireta, com uma despesa especial, a elas respeitante, ou alguém que *receba da ação estatal um reflexo que possa ser qualificado como 'especial'* (na preciosa obra *Las Contribuciones Especiales en España*, Ed. Instituto de Estudios Fiscales, 1975, Madri, a Dra. Manuela Varga H. arrola autores clássicos que sublinham o cunho especial dos tributos designados contribuições)" (grifos nossos).

11. O importante na cita retrotranscrita é a distinção, muito nítida no Direito brasileiro, de contribuições que são *impostos afetados a fins específicos* e *contribuições especiais verdadeiras*, como as dos servidores públicos (contraprestacionais). A partir de agora, não sendo a analisada contribuição um imposto, não há falar em capacidade contributiva, nem tampouco em alíquotas progressivas, que são formatos para mensurar a capacidade econômica do contribuinte. E, se como taxa não se apropositar a *soi disant* contribuição, não se haverá de falar também no custo real ou estimado do serviço prestado ou posto à disposição do contribuinte (caráter sinalagmático imediato). Tratando-se de contribuição social-previdenciária, com caráter sinalagmático mediato, cuja finalidade é co-financiar, juntamente com o Estado (eqüidade), pensões e aposentadorias, segundo cálculos atuariais, então haveremos de falar da base de cálculo como sendo os vencimentos, e da alíquota como o índice que irá extrair dessa base o tributo, sempre proporcionalmente.

O Min. Carlos Mario Velloso, com brilhantismo, admite também a autonomia das contribuições especiais.

5. A presença dos servidores públicos na universalidade do financiamento da seguridade geral — Ausência de egoísmo — O caráter restrito da contribuição retributiva

12. O contribuinte, na espécie, não financia o sistema para os outros, mas para si próprio. Anote-se, no entanto, que os servidores não estão fora do financiamento da seguridade social geral, *financiada por toda a sociedade*. De duas maneiras eles a financiam:

a) através dos orçamentos federal, estaduais e municipais, cujas receitas são provenientes, em grande parte, dos impostos diretos e indiretos (estes últimos recaem sobre os consumidores). Estamos a falar do imposto de renda, do

IOF, do IPTU, do ICMS, do IPI, do ISSQN, etc;

b) através das contribuições com feitio de impostos finalísticos do orçamento da seguridade (contribuição social sobre o lucro, COFINS, folha de salários etc.). Estes gravames repercutem no sistema de formação de preços.

Então não há falar, na espécie, em progressividade, mas tão-somente em proporcionalidade, sob pena de ferimento aos princípios da igualdade e da eqüidade. Na esfera da seguridade geral, vimos já, existem impostos finalísticos (PIS, COFINS, contribuição social sobre o lucro, contribuição social sobre folha de salários, etc.) que financiam o sistema. *Sub specie*, tal não ocorre. O objetivo é restrito à previdência e à assistência do servidor público. De todo modo, esta competência aparentemente dilargada do legislador federal se explica. De ver o magistério de Ataliba (ob. cit., p. 172):

"Cabe indagar, portanto, em que medida esses princípios foram acolhidos pela Constituição Federal de 1988. Não temos dúvida que, quanto aos impostos, é total a acolhida constitucional ao princípio da capacidade contributiva. Quanto às taxas, diríamos que foi com intensidade média que a Constituição acolheu o princípio da retributividade. Isto é: parece-nos nítido que os serviços públicos ou os atos de polícia (a que se refere o inciso II do art. 145 da Constituição) não são simples 'pretextos' ou ocasiões de tributação (meros pressupostos) mas, mais que isso: uma atuação atual e concreta do Estado é fundamento e, pois, parâmetro da tributação.

"Em termos singelos: a taxa, no direito positivo brasileiro, é um tributo remuneratório dos serviços, ou ressarcitório das despesas implicadas pelos atos de polícia individualizáveis. Isso parece resultar evidente não só da implícita encampação da noção financeira do tributo, como do próprio teor do inciso II do art. 145 da Constituição de 1988.

"Por último, quanto às contribuições — que não a de melhoria —, diríamos que a intensidade com que se acolheu seu princípio informador foi mais tênue, exatamente porque a Constituição — não oferecendo os parâmetros estritos concernentes à hipótese de incidência, como o fez nos casos dos demais tributos e no caso da própria contribuição de melhoria — deu ao legislador uma liberdade realmente significativa (quanto à estruturação de sua hipótese de incidência, com as ressalvas que adiante serão expostas).

"*Daí entendermos que o legislador pode adotar hipótese de incidência tanto de verdadeira contribuição como de imposto, tendo-se por configurada a 'contribuição' — para efeitos do regime jurídico derrogador — com a invocação das finalidades constitucionalmente prestigiadas* (dizemos 'verdadeira' contribuição o tributo que, no plano ideal das categorias científicas, tem hipótese de incidência diferente do imposto e da taxa, no sentido de que a materialidade de sua hipótese de incidência consiste numa atuação estatal mediata ou indiretamente referida ao obrigado, posição nossa explicitamente acolhida por Gomes de Souza (ob. cit., p. 54), por Sergio De La Garza (*Derecho Financiero Mexicano*, Porrúa, 8ª ed., 1970, pp. 323 e ss.), Hector Villegas (*Curso de Finanzas — Derecho Financiero y Tributario*, Depalma, B. Aires, 3ª ed., t. I, p. 77), Paulo de Barros Carvalho (*Teoria de Norma Tributária*, 2ª ed., Ed. RT, 1981, pp. 109 a 113), Aires

Barreto (*Base*..., pp. 75 e ss.) e outros cientistas.

"Já que o *nomen iuris* é um rótulo que o legislador arbitrariamente apõe aos institutos que cria e modela, nesse sentido, pode-se dizer que ele é livre para dar qualquer nome aos institutos e pode inclusive — como freqüentemente acontece — equivocar-se, criando institutos a que atribui designações impróprias.

"Por isso, um tributo, designado contribuição, no Brasil (salvo a de melhoria), *pode ser efetivamente uma contribuição* — entendida como espécie de tributo vinculado, dotada de hipótese de incidência típica — *ou pode ser imposto*. Quer dizer: *o que constitucionalmente é designado por contribuição, no Brasil, pode ter hipótese de incidência de verdadeira contribuição ou de imposto*. Neste último caso submete-se ao regime jurídico-constitucional do imposto, conjugado com o regime que expusemos em 79.3 e 86.5.

"Diz Wagner Balera: 'Lançando mão de um tributo cuja natureza é de imposto e não de contribuição social — o que faz, ao nosso ver, claramente, ao escolher o fato do lucro como hipótese de incidência de um tributo devido pelo empregador —, o constituinte não está criando um ser de natureza dúplice. Apenas indica que o produto da arrecadação do imposto sobre o lucro terá destinação específica: o custeio da seguridade social' (*Seguridade Social na Constituição de 1988*, Ed. RT, SP, 1989, p. 57, grifos nossos)."

A lição é longa, mas extremamente didática. Põe à calva a existência, no Brasil, de contribuições que são impostos finalísticos (COFINS, PIS *et caterva*) e de contribuições verdadeiras, como é o caso das contribuições dos empregados e dos servidores, proporcionais ao salário percebido, na miranda de mantê-lo ou tê-lo em determinada proporção no momento da aposentação, quando se apresentará a contraprestação do Estado (retribuição).

6. A contribuição "in examine" e o princípio da anterioridade

13. A contribuição que os Estados e Municípios querem instituir deve obedecer ao princípio da anterioridade anual (art. 150, III, *a* e *b*, da CF). O disposto no art. 195, § 6º, abrange tão-somente as contribuições sociais (estrito senso) voltadas à seguridade geral (previdência, assistência social e saúde). As contribuições sociais em sentido lato, como, *v.g.*, a contribuição para o FGTS e o chamado *salário-educação*, assim como as contribuições interventivas e corporativas submetem-se ao princípio da anterioridade anual, tanto quanto as contribuições especiais dos servidores estaduais, distritais e municipais.

Não se queira ver na redação do art. 195, *caput*, como que uma inserção dessas últimas no custeio da seguridade social geral. A menção a recursos provenientes dos orçamentos da União, dos Estados, do Distrito Federal e dos Municípios liga-se ao fato de a seguridade geral abranger a saúde, a previdência e a assistência social. Releia-se a redação do art. 194 da CF e do seu parágrafo único:

"Art. 194. A seguridade social compreende um conjunto integrado de ações de iniciativa dos Poderes Públicos e da sociedade, destinados a assegurar os direitos relativos à saúde, à previdência e à assistência social.

"Parágrafo único. Compete ao Poder Público, nos termos da lei, organizar a seguridade social, com base nos seguintes objetivos:

"I — universalidade da cobertura e do atendimento;

"II — uniformidade e equivalência dos benefícios e serviços às populações urbanas e rurais;

"III — seletividade e distributividade na prestação dos benefícios e serviços;

"IV — irredutibilidade do valor dos benefícios;

"V — eqüidade na forma de participação no custeio;

"VI — diversidade da base de financiamento;

"VII — caráter democrático e descentralizado da gestão administrativa, com a participação da comunidade, em especial de trabalhadores, empresários e aposentados."

De ver também os arts. 196, 197 e 198, atinentes à saúde.

Não vamos nos deslembrar de que o SUS abrange todas as esferas de governo da Federação, daí a referência a todos os entes políticos no art. 195.

Ora, a contribuição dos servidores em análise não se amolda ao espírito dos artigos citados. Basta ver a Seção IV da CF, referente à assistência social, a qual deverá ser prestada a quem dela necessitar, independentemente de contribuição. Certo, prestada pelo sistema geral de seguridade previsto no art. 194, cujo financiamento está regrado no art. 195.

7. *Uma proposta de classificação dos tributos no Direito Brasileiro atual*

14. À vista dessas considerações, impõe-se à doutrina uma nova sistematização das espécies tributárias que seja suficientemente hábil para explicar a Constituição sem cair no simplismo de uma classificação quatripartite ou qüinqüipartida das espécies tributárias, tentação fácil de ser seguida, mas paupérrima de conteúdo científico. A taxionomia em Direito deve atender a critérios úteis, práticos, servidos de insumos doutrinários sérios. O que se não pode abandonar é a teoria dos tributos vinculados e não vinculados, em troca de critérios estritamente formais, em barganha pobre.

Uns tributos possuem fatos geradores que são atuações do Estado (tributos vinculados a atuações estatais). A base do cálculo expressa essa atuação estatal.

Outros tributos possuem fatos geradores que são manifestações do contribuinte (sua renda, seus gastos, suas propriedades, seus investimentos, etc.). Estes tributos não são vinculados a atuações estatais e, porque se ligam a fatos que são signos presuntivos de capacidade contributiva, as bases de cálculo deles medem a materialidade do fato gerador. Por exemplo, um imposto de renda que incida sobre remessas de pagamentos ao exterior, tendo por sujeito passivo o remetente, já não é imposto sobre a renda, mas sobre remessas ao exterior (imposto sobre gasto específico). Os tributos não vinculados são os mais relevantes, são os impostos.

Pois bem, os tributos vinculados são:

Taxas:

• pelo exercício regular do poder de polícia;

• pela prestação de serviços públicos específicos e divisíveis.

Contribuições:

• de melhoria, pela realização de obras públicas que beneficiem imóveis de particulares, tendo por base de cálculo o custo;

• especiais retributivas (previdenciárias).

Os tributos não vinculados são os impostos, finalísticos ou não.

8. Considerações sobre a proposta

15. Quando a base de cálculo da contribuição de melhoria é a *plus valia* imobiliária causada pela obra pública, muitos autores dizem que se trata de um simples imposto sobre a mais-valia imobiliária causada pelo Estado, subespécie dos impostos sobre ganhos de capital. No caso de contribuições de melhoria verdadeira, a base de cálculo é o custo total ou parcial da obra, proporcionalmente dividido entre todos os proprietários sitos na área de influência da referida obra. A contribuição de melhoria tipo custo, de grande tradição na Alemanha, está mais de acordo com a teoria dos tributos vinculados e não vinculados a uma atuação estatal. Sim, porque, no caso dos tributos vinculados, a base do cálculo toma em conta o *valor*, ainda que estimado, da obra pública, dos benefícios (*v.g.*: aposentadoria), da atividade de polícia ou do serviço público, que são atuações do Estado, mediatas ou imediatas. Na espécie da contribuição de melhoria tipo custo, toma-se como base de cálculo o custo da obra (justamente a atuação do Estado). A contribuição captadora da mais-valia imobiliária, contrariamente, ao centrar-se na *valorização* do imóvel — esta é a base de cálculo —, toma em conta algo que é da esfera do contribuinte, um acréscimo de valor de seu patrimônio. Tanto faz ganhar na loteria do Estado ou ter imóvel valorizado por obra do Estado. Quem induziu a valorização foi o Estado, mas o *acréscimo patrimonial* é, sem dúvida, fato do contribuinte, e é este acréscimo que sofre a tributação. Por isso, muitos países tributam com impostos esses ganhos imobiliários, como ganhos de capital. O cantão suíço de Vaud tem o imposto sobre a mais-valia imobiliária em lugar da contribuição de melhoria sobre a *plus-valia* imobiliária. Pensamos que esta posição é mais consentânea com o Direito continental europeu (*civil law*), ao qual estamos geneticamente ligados. Muita gente ainda não se deu conta de que a contribuição de melhoria sobre a mais-valia imobiliária causada por obra pública — em que pese o extremo apego de Geraldo Ataliba a ela — é um *corpo estranho* na teoria dos tributos vinculados e não vinculados gestada nos países de tradição romano-germânica (direito continental europeu). É que sua origem é costumeira e casual, como tudo na Inglaterra, como o 1º Ministro, como as Cortes, como o Parlamento. Nascida da experiência e com fundamento na *equity*, essa contribuição de melhoria de origem inglesa não se acomoda bem à teoria dos tributos vinculados e não vinculados, embora a doutrina e a jurisprudência brasileiras, em razão, talvez, das obras de Bilac Pinto e de Geraldo Ataliba, a aceitem de maneira dogmática, acrítica e ortodoxa, como a única espécie de contribuição de melhoria.

As contribuições especiais que, voltadas a benefícios e a contrapartidas do Estado, tais como serviços médicos, aposentadorias e pensões, são sinalagmáticas visam a co-financiar, para certos grupos de pessoas, iniciativas, atividades e funções que, em última análise, *retornam em prol dos membros do grupo*. São retornos prefixados e pré-direcionados aos seus beneficiários. Não ocorre, como nos impostos, um retorno geral e impessoal. Nas taxas, o caráter sinalagmático é imediato: toma lá, dá cá — pelo alvará: 20 reais; pela certidão: 3 reais; pela fiscalização sanitária na carga: 40 reais; pela coleta diária do lixo: 20 reais ao mês; e assim por diante. Na contribuição de melhoria pelo custo também é assim: aqui está a obra e seu custo; a sua parcela é de 20 reais. Nas contribuições previdenciárias, igualmente, paga-se um tanto agora para ter a proteção e o benefício que se fizerem necessários, mediatamente. Por isso, a *base de cálculo* dessas contribuições, sempre proporcionais — não podem ser progressivas por não estar em causa a capacidade contributiva —, leva sempre em conta o *custo atual e futurizado dos benefícios*, descontando-se dos contribuintes parcelas mensais constantes. Mas que se advirta que a *seguridade* também pode ser e é financiada por *impostos finalísticos* (sobre o lucro, o faturamento, o pagamento de salários, a receita de prognósticos).

O Ministro Carlos Mário Velloso adota posicionamento semelhante. Por ser ministro, jurista e professor, vale conhecer o seu pensamento:

"Os tributos, no sistema constitucional brasileiro, podem ser classificados da seguinte forma: *a)* não vinculados; impostos (CF, art. 18; CTN, art. 106); *b)* vinculados: *b.1)* taxas (CF, art. 18, I); *b.2)* contribuições, que podem ser: *b.2.1)* de melhoria (CF, art.18, II); *b.2.2)* parafiscais, ou especiais (CF, art. 21, § 2º, I); *c)* especial: empréstimo compulsório (CF, arts. 18, § 3º e 21, § 2º, II; CTN, art. 15).

"Geraldo Ataliba entende, com o apoio de outros tributaristas, que 'as contribuições não se confundem com as taxas, nem com os impostos, mas também não constituem gênero que a eles se oponha. São espécies de tributo vinculado, ao lado da taxa. Desta se distinguem por um *quid plus* na estrutura da materialidade da h.i.' (*Hipótese de Incidência Tributária*, p. 193).

"Para Ataliba, as contribuições parafiscais, ou especiais, ou são taxas ou são impostos.

"Sem embargo, penso que não é desarrazoada a tripartição do gênero tributo nas espécies: imposto, taxa, contribuições.

"O saudoso Rubens Gomes de Souza, que acolhe a concepção tripartida, entende que a 'contribuição é um gênero de tributos suscetível de subdivisão em várias espécies. E isto em face do que dispõem (genericamente) a Constituição Federal no art. 21, § 2º, I, e (especificamente) a mesma Constituição Federal nos arts. 163, parágrafo único, 165, XVI, e 166, § 1º, o CTN no art. 217, I a V' (*RDA* 112/39; *RDP* 17/314).

"Ao que sustentamos, na linha do raciocínio de Rubens Gomes de Souza, as contribuições não são somente as de melhoria. Estas, as contribuições de melhoria, são, apenas, espécie do gênero contribuição; ou uma subespécie da espécie contribuição.

"Assente-se, pois, com referência à contribuição discutida nestes autos, como premissa fundamental, que é ela um tributo. Alguns autores, como Geraldo Ataliba, têm-na ou como imposto, ou como taxa, já falamos, presente a divisão dos tributos em vinculados e não vinculados (ob. cit., p. 193; *Sistema Const. Trib. Brasileiro,* 1968, pp. 184 e ss). Tais autores, ao que penso, não estão errados. A conclusão a que chegam embasa-se em dados científicos. Entretanto, *data venia*, acho que, em face do que dispõe o direito positivo brasileiro (CF, art. 21, § 2º, I; CTN, art. 217), as contribuições, que são tributos, podem e devem ser classificados com *status* próprio, ou como contribuições, ou como contribuições parafiscais, ou como contribuições especiais, observada, todavia, a lição de Geraldo Ataliba:

"'A designação contribuição parafiscal não retira a um tributo seu caráter tributário. Qualquer que seja o nome com que se batize, 'toda obrigação pecuniária *ex lege* em benefício de pessoa pública ou com finalidade de utilidade pública' é tributo e se submete ao chamado regime tributário (...)' (*Hipótese de Incidência Tributária*) (RE n. 177.137-2-RS, Tribunal Pleno, Acórdão de 25.5.95)."

9. A importância da distinção entre a tributação da mais-valia imobiliária e a contribuição de melhoria sobre custo total ou parcial de obra pública

16. A Constituição de 1988 optou pela contribuição de melhoria recuperadora, *a posteriori*, do custo de obra pública valorizadora, tendo por base de cálculo geral o custo total da obra, a ser repartido, no todo ou em parte, conforme a lei, entre os contribuintes. Estou convencido de que a contribuição recuperadora da mais-valia desapareceu do nosso direito.

Que a Constituição permite esta interpretação não há dúvida. O art. 145, inciso III, dispõe que a União, os Estados-membros, o Distrito Federal e os Municípios (competência comum) poderão instituir *contribuição de melhoria, decorrente de obras públicas*. Nem se fala mais em valorização. Antes de adentrar o tema, convém discorrer sobre as origens históricas da contribuição de melhoria, bem como sobre os *tipos* de contribuição de melhoria existentes, de modo a bem encaminhar os comentários, mas com a ressalva de que, para nós, a tributação da mais-valia imobiliária, além do custo, caracteriza *imposto*. Reza a lenda que a Coroa britânica resolveu retificar o rio Tâmisa, nas imediações de Londres, e murar as suas margens no trecho citadino. E fez-se o empreendimento, a custos bem elevados. Terminada a obra, verificou-se que os súditos de Sua Majestade, especialmente os londrinos, tinham acabado de obter grande conforto. O rio já não transbordava, alagando a cidade. Logo se pôs o Parlamento britânico a discutir o caso, e chegou à conclusão de que uma classe especial de súditos auferira especial vantagem patrimonial: os afortunados proprietários das áreas rurais próximas à cidade, agora ótimas (antes alagadiças e pantanosas, e por isso mesmo inaproveitáveis). Após a retificação do rio, em razão direta da obra, estipendiada com tributos cobrados de todos os contribuintes, estes proprietários haviam obtido uma extraordinária valorização para os seus terrenos, agora ubérrimos em virtude do húmus depositado pelo rio ao longo de suas enchentes. Pela proximidade de Londres, e pela adequação das referidas terras ao plantio de espécies alimentícias, principalmente hortaliças, os preços de mercado daquelas subiram vertiginosamente. E a *plus valia*, a valorização, não decorrera do esforço próprio dos donos, nem de investimentos particulares em benfeitorias, nem da desvalorização da libra esterlina. Decorrera, em verdade, da *realização da obra pública*. Ter-se-ia resolvido, então, instituir um tributo específico com a finalidade de capturar a mais-valia imobiliária decorrente daquela obra pública, cuja base de cálculo seria precisamente a *expressão da valorização obtida por cada um dos proprietários*. Assim, teria ocorrido a contribuição pela melhoria em imóvel de particular, decorrente de obra pública. Criou-se o tributo denominado *Betterment tax*. A técnica de cobrança consistia em cotejar o valor da terra *antes e depois da obra*, relativamente a cada proprietário, obtendo-se pelos preços de mercado, antes e depois, o *quantum das valorizações* (mais-valia). Sobre a base imponível, ou base de cálculo, por este modo obtida, incidia a alíquota do tributo, pagável em prestações de modo a se tornar suportável. Por suposto, quando a obra pública gerasse desvalorização, tributação não haveria. O objeto era, assim, captar a mais-valia, sem nenhuma correlação com o *custo da obra*. Tais os preceitos determinados pela *equity*. Alguns autores ligam-na ao *Tower Bridge Act*. Todavia, vimos de ver, se a base de cálculo for a valorização de cada imóvel, já não se trata, entre nós, de contribuição de melhoria, mas de imposto sobre a *plus valia* imobiliária decorrente de obra pública. Outra matriz histórica da contribuição de melhoria vem-nos da Alemanha, fulcrada juridicamente no direito romano, mas com sentidas influências do Direito germânico, extremamente atento ao senso comunitário e à repartição dos custos sociais, na paz e na guerra. Os alemães distinguem *imposto, taxa* e *contribuição de melhoria* (escola tricotômica), com esforço na natureza fática das respectivas hipóteses de incidência, cujo fundamento lógico é a teoria dos tributos vinculados (ou não) a uma atuação estatal, de resto adotada pelo constituinte brasileiro e pelos fautores do Código Tributário Nacional. A velha Germânia, com as suas vilas e cidades medievais, para fazer face aos custos da modernização e também para cobrir os custos das reconstruções determinadas pelos estragos das guerras, logo encontrou um meio autoritário (certo que o tributo é compulsório, *ex lege*) de recuperar dos proprietários beneficiados os custos das obras públicas urbanas. Pragmaticamente, porém, deixaram de lado o fator *valorização*, para se fixarem no *custo da obra*. O benefício não é tomado como base de cálculo, mas como indicativo do contribuinte (o dono do imóvel na área de interesse). Relatam os doutos que a *Beitrag* alemã liga-se aos planos de urbanização e às leis de construção, apresentando-se como um tributo destinado a recuperar *a posteriori* o gasto estatal com obras públicas, sem nenhuma finalidade eqüidosa, como ocorre com a contribuição da matriz inglesa (já que lá se invoca a eqüidade para cobrar dos que são valorizados em suas propriedades em razão de obras públicas).

10. O rodágio

17. Hoje estamos convencidos de que se deve entender o pedágio como preço, seja público, cobrado pelo Estado, ou privado, quando houver concessão de exploração de pontes e estradas.

Aliás, esta é a tendência. O que o Estado nos cobra para entrarmos em museus, praças esportivas, zoológicos, reservas botânicas, não é um preço? O que pagamos nos ônibus, trens e metrôs explorados pelo Estado não são preços? E não é preço o que pagamos a troco de água, energia, comunicação telefônica? Do mesmo modo, haveremos de pagar preços por utilizar boas estradas e pontes. O Estado pode perfeitamente utilizar o regime contratual, mediatizado pelo Direito Administrativo, para remunerar-se pela cessão e utilização de bens públicos. Descarto de plano que serviço público ou uso de bem público, principalmente este, por falta de previsão legal, somente renda ensejo à cobrança de taxa. Vejamos a razão.

A nós nos interessa o *regime jurídico* adotado pelo legislador, com escora, é claro, no texto constitucional. Apenas não nos convencemos de que a Constituição quer apenas taxa como contrapartida de serviço público. Assim: (a) quando o Estado exerce poder de polícia é de taxa e só dela que se pode cogitar; (b) quando o Estado diretamente presta serviço público, o caso é, também, de taxa; (c) quando o Estado, porém, engendra instrumentalidades para, em regime de direito privado, embora sob concessão, prestar serviços de utilidades, tais como fornecimento de gás, luz, transporte, energia, telefonia, etc., admitimos, em casos que tais, a adoção do regime de preços. É possível conciliar a flexibilidade de tais serviços com a rigidez dos princípios da *legalidade* e da *anterioridade*? Vou além, no *Estado de massas* a que alude o ilustre Professor da Bahia, o Dr. Edvaldo Brito, está ocorrendo algo ainda não percebido pela maioria dos nossos juspublicistas. Explicaremo-nos em poucas palavras. O importante é o controle jurídico, e não a natureza da paga. De ver, em larga síntese, o preço público (espécie contratual) e a taxa (espécie tributária) ao lume do senso comum dos juristas, segundo os *lugares* (*tópoi*) que assumem em suas manifestações teóricas.

(a) O preço decorreria do livre encontro das vontades (*contrato*). A taxa — espécie tributária — proviria da vontade da lei (*tributo*). O primeiro é autonômico, a segunda, heterônoma;

(b) no preço predominaria a *facultatividade*; na taxa (tributo), a *compulsoriedade*;

(c) no preço, de origem sempre contratual, haveria a possibilidade do desfazimento do pactuado e ainda, antes disso, a recusa da cobrança, só possível após a acordância do usuário. Na taxa, ao revés, predominaria a vontade da lei, e a obrigação, às vezes existindo apenas a simples disponibilidade do serviço, só seria elidível pela revogação da norma legal, irrelevante o querer do obrigado;

(d) o preço seria *ex contractu*, por suposto, e a taxa (tributo), *ex lege*;

(e) em conseqüência, o preço reger-se-ia pelos preceitos do direito privado, com influxos, aqui e acolá, do direito administrativo (preços públicos), e a taxa reger-se-ia pelas regras do direito público e, portanto, estaria sujeitada aos princípios constitucionais da legalidade, anterioridade e anualidade;

(f) os preços seriam do *jus gestionis*, e as taxas, *jus imperii*;

(g) os preços, por isso que contratuais, sinalagmáticos, não comportariam extrafiscalidade, esta típica da ação governamental via tributos (inclusive taxas), tese, de resto, polêmica no respeitante às taxas, nos contrafortes do próprio direito tributário, em razão da natureza contraprestacional destas;

(h) os preços seriam adequados para remunerar atividades estatais delegáveis, impróprias, ao passo que as taxas seriam utilizáveis para remunerar serviços estatais próprios, indelegáveis tipo polícia, justiça, fisco, etc.;

(i) os preços estariam livres do controle congressual, possuindo maior elasticidade. As taxas, ao contrário, porque seriam tributos, estariam sujeitas ao controle do Legislativo, daí a maior rigidez do seu regime. Ironicamente, o que pagamos a título de taxas é ínfimo ante o volume de pagamentos via preços. E sobre os preços a comunidade não tem praticamente acesso nem controle. Não será difícil identificar nas escrituras dos juristas a presença dos *lugares* ora mencionados. É a partir deles que são construídas as teorizações e as razões de decidir dos juízes.

Em suma, mais que a *teoria da vontade*, importa trabalhar a *teoria das necessidades coletivas* e os seus *meios de satisfação*, os controles sociais. Só então estaremos adequando o direito à realidade.

Não obstante, Ives Gandra da Silva Martins colocou-se contra esta orientação, ao dizer que "as tarifas cobradas por órgãos da administração indireta ou concessionárias de serviços públicos, com mercado cativo e compulsório, não deixam área maior às negociações próprias do direito privado". Com dizer isto, Gandra descalvou a parte mais vulnerável da doutrina tradicional.

Agora as razões pelas quais não estamos convencidos de que é possível às pessoas políticas cobrarem preços públicos pelos serviços que prestem, através de instrumentalidades organizadas empresarialmente e, pois, sujeitadas ao direito privado (Direito Societário) e ao direito do trabalho, ainda que em regime de concessão de serviço público. No art. 150, § 3º, a CF-88, ao dispor sobre a não-extensão da imunidade intergovernamental recíproca às empresas concessionárias de serviço público, ao depois de estendê-la às autarquias e empresas públicas, dispõe:

"§ 3º. As vedações do inciso VI, *a*, e do parágrafo anterior não se aplicam ao patrimônio, à renda e aos serviços relacionados com exploração de atividades econômicas regidas pelas normas aplicáveis a empreendimentos privados, ou em que haja contraprestação ou pagamento de preços ou tarifas pelo usuário."

É dizer, o Estado, além das *atividades econômicas* exercíveis em lide concorrencial, pode, mediante instrumentalidades, prestar serviços públicos mediante contraprestação ou pagamento de preços ou tarifas pelos usuários. Não fora assim, teria sentido cuidar de *imunidade de impostos* entre pessoas políticas, suas instrumentalidades, predicando a exclusão daquelas que cobram preços ou tarifas? O art. 175 completa a ordenação da matéria, e o parágrafo único dispõe:

"*A lei disporá sobre:*

"*I— o regime de empresas concessionárias e permissionárias de serviços públicos, o caráter especial de seu contrato e de sua prorrogação, bem como as condições de caducidade, fiscalização e rescisão da concessão ou permissão;*

"*II— os direitos dos usuários;*

"*III*— política tarifária;

"*IV— a obrigação de manter serviço adequado*" (destacamos).

O pedágio não pode ser taxa pelo simples fato de que serviços públicos —

quando isto ocorre — que viabilizam o funcionamento de uma ponte ou estrada não podem ser divididos e atribuídos especificamente a uma pessoa. O pedágio é pago porque utilizamos ou nos servimos de um bem público útil, seja o pagamento feito ao Estado ou feito a particulares, concessionários de estradas e pontes. O pedágio não se acomoda bem à teoria das taxas, tal como a contribuição tipo *plus valia* cria desconforto na teoria dos tributos vinculados ou não a uma atuação estatal.

11. A contribuição de melhoria nos Textos Constitucionais brasileiros

18. Vejamos uma interessante evolução:

1 — Constituição dos Estados Unidos do Brasil, de 18 de setembro de 1946

"Art. 30. Compete à União, aos Estados, ao Distrito Federal e aos Municípios cobrar:

"I — contribuição de melhoria, quando se verificar valorização do imóvel, em conseqüência de obras públicas;

"(...)."

2 — Emenda Constitucional n. 18, de 1 de dezembro de 1965

"Art. 19. Compete à União, ao Estados, ao Distrito Federal e aos Municípios, no âmbito de suas respectivas atribuições, cobrar contribuições de melhoria para fazer face ao custo de obras públicas de que decorra valorização imobiliária, tendo como limite total a despesa realizada e como limite individual o acréscimo de valor que da obra resultar para cada imóvel beneficiado."

3 — Constituição do Brasil, de 24 de janeiro de 1967

"Art.19. Compete à União, aos Estados, ao Distrito Federal e aos Municípios arrecadar:

"(...).

"III — contribuição de melhoria dos proprietários de imóveis valorizados pelas obras públicas que os beneficiaram.

"(...).

"§ 3º. A lei fixará os critérios, os limites e a forma de cobrança da contribuição de melhoria a ser exigida sobre cada imóvel, sendo que o total de sua arrecadação não poderá exceder o custo da obra pública que lhe der causa."

4 — Emenda Constitucional n. 1, de 17 de outubro de 1969

"Art. 18. Além dos impostos previstos nesta Constituição, compete à União, aos Estados, ao Distrito Federal e aos Municípios instituir:

"I — taxas (...);

"II — contribuição de melhoria, arrecadada dos proprietários de imóveis valorizados por obras públicas, que terá como limite total a despesa realizada e como limite individual o acréscimo de valor que da obra resultar para cada imóvel beneficiado."

5 — Emenda Constitucional n. 23, de 1 de dezembro de 1983

"Art. 1º. Os dispositivos da Constituição Federal abaixo enumerados passam a vigorar com as seguintes alterações:

'Art. 18. (...)

'II — contribuição de melhoria, arrecadada dos proprietários de imóveis beneficiados por obras públicas, que terá como limite total a despesa realizada.

'(...)'

6 — Constituição da República Federativa do Brasil, de 5 de outubro de 1988

"Art. 145. A União, os Estados, o Distrito Federal e os Municípios poderão instituir os seguintes tributos:

"I— impostos;

"II— taxas (...);

"III— contribuição de melhoria decorrente de obras públicas."

Nem se fala mais em valorização...

No entanto, a comunidade jurídica somente admite contribuição de melhoria baseada na valorização (captação da *plus valia* imobiliária pelo contribuinte, aumento da sua riqueza imobiliária), desprezando a contribuição de melhoria tipo custo. Ora, se a Constituição tudo mudou para não mudar, qual a razão da mudança? Meditemos.

Belo Horizonte, 25 de abril de 1997

O IMPOSTO SOBRE SERVIÇOS E O PRINCÍPIO DA TERRITORIALIDADE

HERON ARZUA
Advogado em Curitiba

Pelas notas do sistema constitucional brasileiro, é na Constituição Federal (CF) que se encontra o perfil de cada tributo, especificamente o campo de sua hipótese de incidência e a conformação de seus efeitos.

A Lei Magna, ao conferir às Federadas e aos Municípios competências tributárias, praticamente lhes deu todos os contornos.

Com grande acuidade, resumiu Elizabeth Nazar Carrazza: "deve (o legislador), portanto, verificar, na própria Carta Magna: a) qual o fato ou o conjunto de fatos sobre os quais pode incidir o tributo (baliza do aspecto material); b) até que ponto é livre na escolha do sujeito passivo da exação (contornos do aspecto pessoal); c) qual o âmbito de validade espacial e quais as circunstâncias de lugar de ocorrência do fato imponível (limitações ao aspecto espacial); e, d) quais os momentos que pode escolher para reputar concretizada a hipótese de incidência do tributo (parâmetros do aspecto temporal)" (*O Imposto sobre Serviços na Constituição*, dissertação de mestrado, p. 56).

A que se poderia acrescentar: verificar os critérios para compor a base de cálculo. (Derivação direta do texto do art. 145, § 2º, da CF) (princípio da tipologia tributária, que disseca a natureza do tributo por intermédio do binômio hipótese tributária-base de cálculo.)

O esquema de distribuição de competências tributárias da Constituição é, como reconhece a doutrina, rígido e exclusivo e, acrescenta Cléber Giardino, exaustivo (*RDT* 19-20, p. 54.) A Grande Lei, num desdobramento lógico dos princípios da Federação e da autonomia municipal, fatiou o poder tributário do Estado Brasileiro entre os três entes engendrados, a União, Estados e Municípios. E só existe discriminação de rendas porque o Brasil organizou-se em forma federativa e elevou o Município à categoria de pessoa política.

Daí a razão de o inexcedível Geraldo Ataliba ter sempre insistido em que a hermenêutica da partilha fiscal se deve afeiçoar inteiramente ao princípio federativo e ao da autonomia municipal, dos quais ela é mero instrumento.

(E princípio, na dissertação do Mestre, na senda desvendada por Celso Antônio Bandeira de Mello, "é o norte do sistema, sua chave de abóbada, a orientar toda a atividade hermenêutica" — *Estudos e Pareceres de Direito Tributário*, v. 2, p. 152.)

Conseqüência importante dessas peculiaridades do Texto Superior é a pouca ou quase nenhuma validade do recurso às doutrinas estrangeiras para a solução dos problemas de funcionamento de nosso sistema. A admoestação tem cabida para evitar o vezo comum de que se querer interpretar as normas dos impostos brasileiros, em particular do imposto sobre operações relativas á circulação de mercadorias e serviços nominados (ICMS) e do imposto sobre serviços (ISS), a partir do imposto sobre o valor agregado (IVA) europeu.

O critério que a Constituição adotou para formular o regime jurídico tributário é de natureza material e geográfica. Arrolou as matérias que podem ser tomadas, pelos entes federativos e pelos Municípios, para demarcar as suas incidências tributárias, e definiu o território de cada qual como o âmbito de validade da respectiva lei tributária. E essa determinação é exclusiva: não cabe, por exemplo, aos Municípios em conjunto instituir o imposto sobre serviços, mas sim a cada um individualmente.

A repartição de competências dos impostos se formaliza levando em conta a indicação material dos fatos suscetíveis de serem tomados pela lei ordinária de cada uma das três entidades constitucionais. Igualmente, o poder vinculante de uma lei ensejará os efeitos jurídicos até os limites geográficos da pessoa política que a editou.

Obfirme-se que a discriminação constitucional de rendas, além de rígida e exaustiva, faz-se de um modo exclusivo, de forma que o fato atribuído a um dos entes federados ou aos Municípios não o foi, em princípio, e simultaneamente, a outro. (As ressalvas à regra vêm sempre expressas no próprio corpo do Texto.)

A materialidade dada aos Municípios para instituir o ISS não se pode confundir com os fatos que tenham sido afetados aos Estados para balizar o imposto sobre operações relativas à circulação de mercadorias e serviços ou à União para moldar o imposto sobre a renda. Ou o fato entregue a um Município não pode ser tributado por outro.

Já a vigência espacial das normas jurídicas abrange normalmente o âmbito territorial dominado pelo detentor de cada ordenamento jurídico. A lei tributária vige dentro do território do respectivo poder tributante, como delineado pela Constituição.

A essa realidade se convencionou denominar "princípio da territorialidade da lei tributária", que se encontra implícito na própria Constituição e procede diretamente da soberania e da forma de organização do Estado Brasileiro.

Dado o fato de o Brasil ser, juridicamente, uma Federação, inclusive com autonomia dos Municípios, a vigência das normas tributárias respeita à preocupação de evitar que a atividade legislativa de cada ente político interfira nos demais. A diretriz extraída da Constituição é a de que a lei produzida pela pessoa política vigora no seu território.

A extraterritorialidade só pode decorrer de convênios de que estas entidades participem. Nesse pensamento, as normas jurídicas expedidas pela União, por um Estado ou por um Município são vigentes para colher os fatos que aconteçam dentro de seus respectivos limites geográficos.

(Sem embargo, impende recordar o arguto reparo de Alfredo Augusto Becker no sentido de que a doutrina tradicional tem aceito como fundamento óbvio a tese da territorialidade, sem que se tenha realizado um necessário aprofundamento da análise do fenômeno da eficácia da lei tributária no espaço. Para o jurista gaúcho, a evolução do direito tributário e o entrelaçamento das leis tributárias entre os países — v. o problema da dupla tributação do imposto sobre a renda — despertaram a atenção dos doutrinadores para a falsa obviedade do fundamento territorial da lei tributária. A lei tributária, como qualquer outra lei, teria sempre eficácia extraterritorial.) (*Teoria Geral do Direito Tributário*, p. 256.)

Como pressuposição básica de todo o estudo de direito tributário no Brasil, convém sublinhar uma vez mais que o sistema constitucional brasileiro, sobre ser extenso e complexo, é o mais rígido e exaustivo de quantos existem.

Em matéria tributária tudo ou quase tudo se encontra no Texto Constitucional, muito pouco ficando para a dicção infraconstitucional. A esta somente cabe obedecer-lhe e completá-lo nas hipóteses em que a própria norma superior requer. (*Apud* Geraldo Ataliba, em *Sistema Constitucional Tributário Brasileiro*, pp. 22 e ss.)

Essa especialidade do sistema constitucional tributário, essa disciplina quase exaustiva de toda a atividade tributária, essa verdadeira retenção do poder tributário pleno, resulta na pouca liberdade da legislatura, jungida fortemente às normas e aos princípios constitucionais tributários.

Significa expressar que a lei infraconstitucional não pode mexer nas previsões constitucionais, seja para ampliar, reduzir ou alterar tais comandos.

("Se a Constituição é rígida e, com extrema rigidez, fixa as competências tributárias, discernindo as áreas exclusivas de atuação das pessoas políticas, por critério material objetivo, não pode a lei complementar diminuir, nem ampliar as competências. A legislação infraconstitucional não altera a Constituição.") (Geraldo Ataliba e Aires Fernandino Barreto, *RDT* 6, p. 61.)

Quando as regras constitucionais são exaustivas, muito pequena é a margem de liberdade para a legislação comum. Aliás, muitos estudiosos entendem, em função de a linguagem jurídica valer-se de conceitos jurídicos, que não há qualquer margem de liberdade para a lei infraconstitucional. (V. os comentos de Sainz Moreno, citado por Marçal Justen Filho, in *O Imposto sobre Serviços na Constituição*, p. 61).

É que a lei pode utilizar-se de um conceito jurídico mais indeterminado e, por essa razão, remete o conceito a uma outra atividade legislativa, que tem por missão torná-lo mais determinado. Mas nessa determinação não há liberdade, pois sempre terá de haver estreita vinculação à norma maior que veicula o conceito.

Corolário dessa configuração da matéria tributária é o campo restrito, delimitado, circunscrito, das normas complementares do sistema constitucional tributário brasileiro.

Nem a explicitação das competências da lei complementar tributária em questões de normas gerais, trazida pela Constituição de 1988 (art. 146, III), autoriza o seu uso indiscriminado em áreas de certeza das normas constitucionais. Seu campo próprio, grifa o jurista paranaense Marçal Justen Filho, é o da denominada "zona grísea" — aquele campo sobre o qual é duvidoso que a norma constitucional incida. (Ob. cit., p. 63.)

Mesmo no compartimento da prevenção de conflitos de leis (campo por excelência da lei integrativa) — que a Constituição acoima de conflitos de competência em matéria tributária (art. 146, I) — a liberdade da lei complementar é relativa, visto já nascer a competência tributária com suas fronteiras marcadas pela própria Constituição.

Souto Maior Borges já mostrou, por todos, que à lei complementar não incumbe fixar limites à competência tributária das Federadas e dos Municípios. (*Lei Complementar Tributária*, pp. 186 e ss.)

Averba Geraldo Ataliba que a prevenção de conflitos redunda do próprio Texto Constitucional, o qual discrimina rigidamente as competências tributárias. A lei complementar não pode nem nessa área inovar. Cabe a ela, talvez, explicitar o que se encontra nas dobras da Lei Maior, tornar, como ensina Marçal Justen Filho, mais determinados conceitos relativamente indeterminados. (Ob. cit., p. 69.)

Na busca das possibilidades de conflitos de lei, avulta uma — que interessa de perto ao tema deste trabalho — respeitante à incerteza do ente político competente para a imposição tributária, vez que o tributo é conhecido. A prestação de serviços que abrange o território de mais de um Município e a circulação de mercadorias por mais de um Estado são exemplos dessa modalidade de conflito.

Todavia, não podendo um (conceito de) fato subsumir-se a mais de uma (conceito de) hipótese tributária, é na análise minuciosa do esquema normativo superior que se vai dilucidar o titular da competência para a tributação.

Sempre haverá, por mais genérico que seja o critério espacial da hipótese de incidência, um plexo de indicações para assinalar o lugar preciso em que se consumou um ato ou um fato. Esta ação, este complexo fático, é a materialidade da hipótese de incidência, que deve ser objeto de estudo juntamente com os aspectos espacial e temporal desse mesmo suposto normativo.

Por outra vertente, faz-se necessário saber quando e onde o fato jurídico tributário se corporificou, o que nos leva de volta à perquirição da natureza da materialidade da hipótese de incidência. É da conjugação dos critérios material, espacial e temporal do pressuposto normativo que surge a indicação correta do titular da competência tributária.

Em efeito, o fato jurídico tributário é uma realidade complexa, constituída de partes objetivas e subjetivas. Naquelas avultam alguns dados: o material, traduzido no fato objetivamente considerado; o temporal, pertinente ao tempo juridicamente relevante para a tipificação do fato; o espacial, que diz com o espaço ou território em que o fato se verificou.

Seja como for, por mais complexo e prolongado que seja o fato jurídico, existe um momento em que ele se aperfeiçoa e que se dá num determinado local. Essas, as notas relevantes para o Direito Tributário.

Em outras palavras: o imposto será sempre devido no território em que houve a concretização do fato tributário. O único critério constitucional possível é o da verificação onde o fato tributário ocorreu. Desse raciocínio deflui não poder a lei tributária, em princípio, aplicar-se a eventos fáticos fora de seu território.

É de se pôr em relevo que a ausência de conexão entre a coordenada espacial e o critério material do arquétipo nominativo pode implicar desrespeito ao próprio fato tributário descrito na hipótese de incidência e que constitui o pressuposto da obrigação tributária. Quando a lei determina, *v.g.*, que no país estão sujeitos ao imposto sobre a renda os tripulantes de navios com registro nesse mesmo país, está a designar como nexo um fato — registro de navios — que é de todo estranho ao tipo legal do imposto de renda. (Alberto Xavier, in *Direito Tributário Internacional do Brasil*, p. 17.)

Em sentido análogo, quando a lei põe o domicílio do prestador como apto a indicar o Município legitimado para a imposição do imposto sobre serviços, em realidade está mudando a norma constitucional do imposto. No lugar da prestação de serviços, tem-se a conduta de alguém manter um domicílio. Por aí já se percebe que a lei complementar não goza de liberdade para escolher outro local para a ocorrência do fato tributário que não o local onde ele se consuma.

Não cumpre descurar, todavia, que a lei complementar — que requer matéria prevista na Constituição e *quorum* qualificado — tem função institucional importante para a estruturação da ordem jurídica tributária.

Com essas premissas, e nos estreitos limites desta reflexão, já se pode passar à investigação (superficial) do imposto sobre serviços.

Se a quadratura de todo e qualquer tributo no sistema tributário pátrio começa na Constituição, é evidente que os traços maiores do tributo municipal devem ser tirados a partir da inquirição de suas normas.

(Neste estudo, cientes da advertência de Geraldo Ataliba, pretende-se não cometer o erro de interpretar-se a Constituição valendo-se da legislação infraconstitucional.)

O texto do art. 156, III, da CF de 1988, diz que compete aos Municípios instituir impostos "sobre serviços de qualquer natureza, não compreendidos no art. 155, II, definidos em lei complementar".

De logo parece haver conformidade na direção de que esse imposto recai sobre a prestação de serviços. Rigorosamente, o objeto sujeito à tributação não é o serviço em si mesmo, mas uma conduta do homem.

Juridicamente, atentos às lições de Paulo de Barros Carvalho, diríamos que o critério material da hipótese tributária é a prestação de serviços. No núcleo do antecedente normativo se encontra sempre uma conduta humana, no caso uma prestação de serviços, um esforço de pessoas desenvolvido em favor alheio.

Em face do princípio da capacidade contributiva (art. 145, § 1º), esse esforço humano há de ser adjetivado pelo conteúdo econômico, com o que se exclui a incidência sobre serviço em benefício próprio. (Até por outra razão o trabalho a si próprio não daria lugar à tributação: é que aí não haveria relação jurídica.)

Os fatos tributados são os signo-presuntivos de riqueza. (Amílcar de Araújo Falcão.) O conceito afasta ainda o serviço familiar, altruístico, filantrópico, exigindo, dessarte, caráter negocial. (Aires Fernandino Barreto, *RDT* 15-16, p. 200.)

No magistério dos doutos, o regime jurídico há de ser o do Direito Privado. O serviço público, pela edificação constitucional, foi apartado para sofrer a tributação por via da taxa, com a exclusão lógica da incidência do imposto.

E o serviço há de ser desempenhado com autonomia, porquanto, juridicamente, nas lições dos civilistas (Pontes de Miranda), serviço não abrange a prestação de trabalho com vínculo empregatício ou de natureza estatutária.

Geraldo Ataliba adverte cingir-se o fulcro da hipótese de incidência do ISS à atividade de prestar serviço e não no negócio jurídico do qual surge o serviço prestado. Inobstante a importância do negócio jurídico para a compreensão do fenômeno tributário, porque não parece ser possível identificar uma prestação de serviços sem examinar o negócio jurídico que lhe deu causa, a dicção constitucional seria no sentido de imputar às Comunas aptidão para gravar a prestação de serviços e não o negócio jurídico pelo qual alguém se obriga a prestar serviços.

(Já no ICMS, a definição da materialidade da h.i. se apóia na realização de uma operação jurídica que implique circulação de uma mercadoria, ou seja, o suporte da tributação é um negócio jurídico.)

Marçal Justen Filho, fazendo coro com a exegese de que a hipótese de incidência não abrange o negócio jurídico de que exsurge a prestação de serviços, avança para esclarecer que "a Constituição indica a prestação de serviço não enquanto uma mera e simples situação fática, mas como um fato jurídico".

("A materialidade da hipótese de incidência do ISS consiste em uma situação já juridicizada pelo ordenamento. Não é simples fato do serviço em si mesmo que está, em sua descrição ideal, inserido na hipótese de incidência tributária: o que se tributa é a prestação de serviço como adimplemento de uma obrigação. Se a conduta de prestar serviço não é uma conduta devida juridicamente, não há fato imponível de ISS. Fato imponível é o fato jurídico de adimplir obrigação assumida e cuja prestação consiste em realizar atividade de serviço.") (Ob. cit., p. 86.)

E adiante arremata: "A materialidade da hipótese de incidência encampa a prestação de serviços como ato jurídico (já qualificado por outras normas), não como mero ato físico ou econômico. Trata-se de prestação de serviço como e enquanto obrigação de fazer." (Ob. cit., p. 134.)

Para definir a exata dimensão da materialidade da hipótese tributária do ISS e estremá-lo do ICMS (em particular), a Escola Científica do Direito Tributário (PUC-SP) tem o conceito tributário de prestação de serviços como equivalente ao do Direito Privado.

("Alude-se a uma doutrina científica sempre que o labor descritivo venha presidido por uma metodologia que a realidade do direito comporte, vazado numa linguagem que se pretenda rigorosa...") (Paulo de Barros Carvalho, *Curso de Direito Tributário*, p. 42.)

Essa atitude — de valer-se de conceitos de outros ramos do direito — não deve causar estranheza a ninguém. Roque Carrazza, no seu magistério, tem acentuado, com arrimo em ensinamentos de Gian Antonio Micheli (ex-catedrático da Universidade de Roma), ser o direito tributário um direito de superposição, podendo, de conseguinte, captar conceitos e assimilar institutos tal como lhe são fornecidos por outros setores do mundo jurídico.

Utilizando-se da classificação das obrigações quanto ao objeto — de dar e de fazer (e de não fazer) —, a plêiade de notáveis daquela Escola reivindica o entendimento de que a prestação de serviços consistiria numa obrigação cuja prestação tem por objeto um fazer.

(Numa palavra, a obrigação de dar tem por objeto a entrega de alguma coisa, seja para lhe transferir a propriedade, para ceder a posse ou para restituí-la. A de fazer, um ato pessoal do devedor. Parece nítida a distinção entre as espécies de obrigações cogitadas — nas de dar ou de entregar alguma coisa, o devedor não tem de fazê-las previamente, e nas de fazer, se se trata de trabalhos materiais, o devedor tem de primeiramente confeccionar a coisa para depois entregá-la.)

(Ou, nas palavras de Washington de Barros Monteiro: "O *substractum* da diferenciação está em verificar se o dar ou o entregar é ou não conseqüência do fazer. Assim, se o devedor tem de dar ou entregar alguma coisa, não tendo, porém, de fazê-la previamente, a obrigação é de dar; todavia, se, primeiramente, tem ele de confeccionar alguma coisa para depois entregá-la, se tem ele de realizar algum ato, do qual será mero corolário o de dar, tecnicamente a obrigação é de fazer." (*Curso de Direito Civil*, 4º v., *Direito das Obrigações*, p. 96.)

Nessa vereda, as prestações envolvendo a entrega de uma coisa, tais como as oriundas de contratos de compra e venda, doação, empréstimo, locação etc., são obrigações de dar. As obrigações mercantis, que ensejam o ICMS, seriam, assim, obrigações de dar.

As decorrentes de contrato de locação de serviços encerram obrigações de fazer. Não só estes: em tese, qualquer contrato bilateral, que produza obrigação de fazer, pode originar serviço tributável pelo ISS. (Contrato de depósito, de mandato, de corretagem, de representação comercial etc.) (Socorre-se, neste tópico, de Marçal Justen Filho, que, de longe, tem o melhor trabalho no Brasil a respeito do imposto sobre serviços.) (Ob. cit., p. 96.)

No tangente à fixação de serviços requerida por lei — à vista de que o texto do art. 156, II, refere-se a serviços definidos em lei complementar —, por todos os argumentos já expendidos anteriormente, em especial o asserto que a legislatura, subserviente ao princípio da autonomia municipal, não pode amputar a competência atribuída pela Constituição, a nossa compreensão é a de que, se a definição vier consubstanciada em lista, como sói ocorrer atualmente, ela só pode ser meramente sugestiva.

Aliás, a lista vigente (da Lei Complementar n. 56, de 1987), na trilha das anteriores, alberga erronias de toda natureza, ao incluir atividades que não são serviços (locação de bens móveis, cessão de direitos etc.), ao entregar serviços para a tributação pelo Estado por via do ICMS (serviço em bares e restaurantes, *v.g.*) e ao separar atividades que deveriam sofrer a incidência unitária (conserto de veículos automotores, p. ex.).

Por fim e para dar um arremate ao tema, pôs-se em ressalto atrás que a Constituição, ao escolher os fatos aptos a compor a materialidade da hipótese de incidência, linda os critérios temporal e espacial em estrita ligação com a territorialidade.

O liame, como já afirmáramos em artigo anterior (*RDT* 45, p. 254), há de ser com o sistema tributário como um todo. É que esse, como esquadrinhado pela Norma Maior, obriga ser a competência tributária dos Municípios, na porção do imposto sobre serviços, qualificada pelo critério territorial e pelo critério *ratione materiae* (serviços).

No ISS incorre pluralidade de incidência, isto é, há tantos impostos sobre serviços quantas forem as leis ordinárias municipais. E o Texto Supremo limita e restringe, segundo critério territorial, o âmbito de validade e eficácia de cada uma dessas leis. Sobre cada um dos fatos ocorridos, uma só e única lei (das inúmeras existentes) incide e irradia seus efeitos. E o critério de seleção e recíproca exclusão constitucionalmente consagrado para tal fim é o da consistência territorial (art. 156, III).

O princípio do *situs* implica a aplicação da lei vigente sobre a base física (território do Município), dentro da qual o fato jurídico tributário se dá (*ratione loci*). Do esboço constitucional, cada Município é hábil para apanhar os fatos ocorridos em seu território. O critério espacial, no ISS, coincide com o âmbito de validade territorial da lei. A conclusão, enfatize-se, é da índole constitucional de nosso sistema tributário.

Da averiguação do esquema normativo já se dessume que, compondo a prestação de serviços o seu núcleo, o critério temporal só pode ser o momento em que a referida prestação se consuma, ou seja, naquele átimo de tempo em que, no lecionar de Marçal Justen Filho, executa-se a obrigação de fazer, em que o credor cumpre a prestação a que se obrigou. (Ob. cit., p. 135.)

(A Constituição, ao dar tratos ao ISS, nada pôs explicitamente sobre o aspecto subjetivo da previsão hipotética. Mas do contexto se extraem seguras indicações para a lei compor a hipótese de incidência do imposto como um todo.)

E o fato jurídico tributário acontece no tempo e no momento em que se juntam no mundo fenomênico todos os ingredientes previstos no suposto normativo.

O fato jurídico do ISS se atém sempre ao local onde ocorre a execução da obrigação de fazer, onde há o pagamento ou a entrega da prestação devida. (Pagamento, aqui, no sentido técnico de execução voluntária da obrigação). E essa execução da obrigação de fazer há de ser vista do ângulo exclusivo do direito. Debalde se extrairão critérios para verificar o local da prestação de serviços do exame dos fatos enquanto tais. O desate há de vir sempre do exame da norma.

Por aí já se tem como irremediável a construção legislativa que anote ser local de prestação de serviços o do estabelecimento prestador ou, na sua falta, o do domicílio do prestador. O texto consagra solução incompatível com a Constituição Federal, pois local da prestação de serviços é aquele onde acontece o fato jurídico-tributário.

A Lei Maior, ao escolher o fato jurídico da prestação de serviços como materialidade do suposto normativo do ISS, implicitamente designou um critério espacial que não tem qualquer vínculo jurídico com o fato de o prestador de serviço ter estabelecimento ou domicílio.

Inócuo seria também preceito de lei complementar que conceituasse o local da prestação de serviço como aquele onde se encontra o usuário ou utente do serviço. (No caminho da lei civil que dispõe "efetuar-se o pagamento no domicílio do devedor, salvo se as partes convencionarem diversamente, ou se ao contrário dispuserem as circunstâncias, a natureza da obrigação ou a lei") (art. 950 do Código Civil). Mas, qualquer solução legislativa que não prestigie a norma constitucional do imposto — que diz ser, tacitamente, este devido no local onde se consumou a prestação de serviços — está em desconformidade com essa mesma norma e a eiva de inconstitucionalidade é inevitável.

Registre-se por último que, a nosso ver, o art. 12 do Decreto-lei n. 406, de 1968, que cuida do local de prestação de serviços, para efeitos do imposto municipal, por todos os argumentos expostos antes (total inadequação com a Constituição de 1988), não foi por ela recepcionado. A aludida norma ou perdeu a eficácia (qualidade de produzir efeitos jurídicos), ou foi revogada (como já entendeu o Supremo Tribunal Federal em casos similares), ou simplesmente perdeu o seu fundamento de validade (Hans Kelsen).

Curitiba, agosto de 1996

(Este trabalho é uma carinhosa homenagem à memória de Geraldo Ataliba, o Homem, o Jurista e o Professor.)

A CONTRIBUIÇÃO DO SALÁRIO-EDUCAÇÃO

HERON ARZUA
Advogado em Curitiba

Breve resenha histórica

a) Regime anterior à CF-88

O salário-educação teve previsão constitucional no art. 178 da Constituição de 1967, com redação trazida pela Emenda Constitucional n. 1, de 1967. (CF-69.)

Por aí, as empresas comerciais, industriais e agrícolas eram obrigadas a manter escola primária ou recolher o que se convencionou denominar "contribuição do salário-educação", na forma que a lei estabelecesse.

O Decreto-lei n. 1.422, de 23 de outubro de 1975, criou a indigitada contribuição, averbando fosse o salário-educação calculado em função de alíquota incidente sobre a folha de salário-de-contribuição (art. 1º), como definido no art. 76 da Lei n. 3.807, de 26 de agosto de 1960, compensável no custo atuarial (art. 1º, § 1º), e com alíquota a ser fixada por ato do Poder Executivo. (Art. 1º, § 2º.)

Todos os demais aspectos da hipótese de incidência da contribuição do salário-educação vieram normados pelo citado Decreto-lei.

O Decreto n. 87.043, de 22 de março de 1982, regulamentou o Decreto-lei n. 1.422/75, definindo as alíquotas da contribuição, a saber: a) dois e meio por cento (2,5%) sobre a folha de salário-contribuição, como posto na legislação previdenciária (remuneração dos empregados, diretores, autônomos e avulsos); e b) oito décimos por cento (0,8%) sobre o valor comercial dos produtos rurais. (Art. 3º.)

Ao depois, diante da intensa discussão doutrinária sobre a natureza jurídica das contribuições parafiscais, a Emenda Constitucional n. 8, de 14 de abril de 1977, ao acrescentar o item X ao art. 43 da Constituição, praticamente definiu o perfil não-tributário da contribuição ao salário-educação.

Tal interpretação foi confirmada pelo Supremo, em aresto de que foi Relator o Ministro Moreira Alves.

b) Regime da Constituição de 1988

Daí veio a Constituição de 1988, a qual obsequiou as contribuições com roupagem tributária, ao regulá-las, de modo genérico, no art. 149, no capítulo do "Sistema Tributário Nacional".

De igual modo à Carta anterior, o salário-educação voltou a ser expressamente mencionado no texto constitucional. (Art. 212, § 5º.)

Todavia, ao trazer explicitamente as contribuições para o cenário fiscal, de logo estudiosos do Direito entenderam aplicáveis a elas os princípios constitucionais que informam a tributação no País, em especial o princípio da legalidade, que requer lei para a instituição ou aumento de tributo. (Art. 150, I.)

Nesse raciocínio, como a alíquota do salário-educação houvera sido prescrita por decreto do Poder Executivo, parte da doutrina passou a defender a inteligência de que a lei do salário-educação não fora recepcionada pelo novel Estatuto Básico.

Outros expertos, entretanto, com apoio no art. 25 do Ato das Disposições Constitucionais Transitórias, vieram a sustentar que a legislação do salário-educação, na parte em que ato administrativo determinara a alíquota, somente fora revogada a partir de cento e oitenta (180) dias da promulgação da Constituição.

(O art. 25 do ADCT reza: "Ficam revogados, a partir de cento e oitenta dias da promulgação da Constituição, sujeito este prazo a prorrogação por lei, todos os dispositivos legais que atribuam ou deleguem a órgão do Poder Executivo competência assinalada pela Constituição ao Congresso Nacional, especialmente no que tange a: I — ação normativa; II — alocação ou transferência de recursos de qualquer espécie".)

c) Novas leis do salário-educação

Em setembro de 1995 surgiu a Medida Provisória n. 1.518, reinstituindo o salário-educação à alíquota de 2,5% sobre a folha do salário de contribuição (art. 1º), como tal o definido no art. 22, I, da Lei n. 8.212, de 24 de julho de 1991, ato legislativo sucessivamente reeditado. (A MP n. 1.518-3, *v.g.*, é de 12.12.96.)

E mais tarde veio a lume a Lei n. 9.424, de 24 dezembro de 1996, que, embora não tratando da conversão das medidas provisórias em lei, também determinava a cobrança do salário-educação em 2,5% sobre o total das remunerações pagas ou creditadas aos segurados empregados, como conceituados no art.12, I, da Lei n. 8.212/91. (Art. 15.)

(Essa situação fez com que vigessem dois diplomas legais ao mesmo tempo sobre o salário-educação.)

d) Arremate

Em resumo, quer-se acentuar alguns episódios marcantes para os fins deste estudo:

a) ter a contribuição do salário-educação como base de cálculo, desde a sua instituição, a remuneração dos empregados, ou seja, a folha de salários; e

b) a alíquota incidente sobre a folha de salários ter sido trazida, originariamente, em ato administrativo e, ao depois, em 1995, por intermédio de medida provisória e lei ordinária.

2. Notas jurídicas

a) Regime anterior à CF-88

Como se denota do apertado histórico, a contribuição do salário-educação, por ter sua alíquota delegada para o Poder Executivo, apresentou, a partir da Constituição de 1988, vício de fundo que a infirmava no plano jurídico.

É que a CF-88 outorgou a todas as contribuições o caráter tributário e, com isso, o princípio da legalidade — o qual pede lei formal para instituir ou aumentar tributo, art. 150, I — passou a ter plena cabida para elas, sem embargo de ser possível sustentar, mesmo diante da Constituição de 1969, nunca fora juridicamente admissível delegar à Administração a tarefa de definir alíquota.

(Expressivo o enunciado do parágrafo único do art. 6º da Constituição de 1969, ao dispor: "Salvo as exceções previstas nesta Constituição, é vedado a qualquer dos Poderes delegar atribuições; quem for investido na função de um deles não poderá exercer a de outro".)

Além do quê, ainda não tivera a contribuição feição tributária, a legalidade sempre foi, no Estado brasileiro, vetor oponível a todas as exigências pecuniárias obrigatórias, como expressão maior dos direitos e garantias individuais. (Art. 153, § 2º, da CF-69.)

De qualquer modo, com a CF-88, a toda evidência, a legislação do salário-educação, na parte das alíquotas, foi revogada.

Em verdade, o § 2º do art. 1º do Decreto-lei 1.422/75 e o art. 3º do Decreto 87.043/82 não foram recepcionados pelo novo Texto Constitucional.

De conseguinte, numa hermenêutica constitucional rigorosa, tais preceitos perderam a eficácia desde 5 de outubro de 1988, que é a data da promulgação da Constituição.

Ou, numa exegese jurídica mais tíbia (que certamente arrepiaria Geraldo Ataliba, se vivo estivera), a derrogação da lei ocorreria a partir de 180 dias daquela data. (Art. 25 do ADCT.)

b) As contribuições na CF-88

A Constituição de 1988, seguindo o que a doutrina de há muito já assertara à comovedora unanimidade (Geraldo Ataliba, Gilberto de Ulhôa Canto, Mizabel Derzi, Wagner Balera, Aires Barreto etc.), optou expressa e explicitamente pelo caráter tributário das denominadas contribuições especiais, oferecendo cuidados específicos a algumas delas (contribuições sociais para a seguridade social) (art. 195) e tratamento genérico às demais. (Art. 149.)

E da análise dos mencionados textos dessume-se que a Constituição demarcou três categorias de contribuições: as sociais (subdivididas em duas modalidades: as atinentes ao seguro social — art. 195 — e as sem essa finalidade — art. 149); as de intervenção no domínio econômico (art. 149); e as de interesse de categorias profissionais ou econômicas. (Art. 149.)

O próprio corpo do art. 149 submete expressamente as contribuições aos princípios da legalidade e da anterioridade e denota exigência de lei complementar para as contribuições sociais não vinculadas ao seguro social e para as duas demais modalidades.

Conseqüência inarredável da natureza jurídica tributária das contribuições é a de se submeterem ao princípio constitucional da discriminação de rendas, o que as conduz à vedação de terem hipótese de incidência e (ou) base de cálculo de impostos afetados a Estados e Municípios. (Geraldo Ataliba, *Hipótese de Incidência Tributária*.)

No campo tributário, a CF adotou dois critérios para a identificação das espécies tributárias: o primeiro, como regra, o da materialidade da hipótese de incidência (ou fato gerador, para usar a equívoca linguagem do CTN); o segundo, pelas finalidades a que a exação possa dar suporte.

O juízo da materialidade da hipótese de incidência abrange os impostos discriminados à competência da União (art. 153), dos Estados (art. 155) e dos Municípios (art. 156), as taxas (art. 145, II), a contribuição de melhoria (art. 145, III) e as contribuições relativas ao seguro social (art. 195, I e § 8º).

No caso das demais contribuições, o Texto Maior a elas alude pelas finalidades a que podem atender. (Art. 149; art. 201, §§ 1º e 7º; art. 212, § 5º; art. 239 e § 4º e art. 240.) (Heron Arzua, "As Contribuições Sociais na Constituição de 1988", *RDT* 49, pp. 185 a 190).

Quer dizer, no caso dos impostos, a Constituição atribui ao Poder Público "fatos" que podem ser tomados pela lei como hipóteses de incidência de tributos. Nas taxas, há obrigação de configurá-las como tributo vinculado direto; na contribuição de melhoria, como tributo vinculado indireto (indireto porque é o benefício decorrente da realização de uma obra pública que deve servir de meio de valoração do tributo).

Fora as contribuições de seguridade social do art. 195, I — cuja Norma Fundamental indica fatos da vida privada (lucro, faturamento e folha de salários) que podem ser urdidos para o surgimento da obrigação tributária concreta —, nas demais não se encontra qualquer referência ao critério material da hipótese de incidência ou mesmo de sua base de medição.

As contribuições continuam, assim, como no passado, a ser caracterizadas pelos seus objetivos ou funções. No patamar constitucional distinguem-se tão-somente pela sua finalidade ou função e não pela sua estrutura como relação jurídica. Não apresentam unidade jurídica e conteúdo que as individualize das demais figuras. Só se identificam, a nível constitucional, por elementos externos e que ainda são variáveis.

Em sendo dessa maneira, a conclusão que se tira é a de que nas contribuições indefinidas constitucionalmente cabe à lei dar-lhes os seus contornos essenciais, com observância (é óbvio) dos cânones constitucionais.

O mais imediato deles é que à União cabe instituir contribuições sociais, de intervenção no domínio econômico e de interesse das categorias profissionais ou econômicas, "como instrumento de sua atuação nas respectivas áreas". (Art. 149 da CF.)

Significa a cláusula posta entre aspas que a Constituição estabeleceu uma causa ou fundamento para a criação dessas contribuições, que deve ser rigorosamente obedecida, sob pena de sua inconstitucionalidade.

"Não se poderá criar uma contribuição sem que haja uma atuação concreta da União na respectiva área." (V. Rômulo Maya, *RDT* 50, p. 70.)

(Por esse motivo, o mandamento do art. 167, inc. IV, da CF, que veda à lei prescrever destinação ao produto da arrecadação de imposto, não tem cabida às contribuições. É que a afetação do seu montante é a própria razão de ser da instituição do tributo.) (Bernardo Ribeiro de Moraes, *Compêndio de Direito Tributário*, Forense, 1984, p. 336; Geraldo Ataliba, ob. cit., p. 175.)

Outro cânon a ser observado é que o conceito de "tributo especial", ofertado pela Ciência das Finanças e assenhoreado pela Constituição de 1988, está na circunstância de relacionar-se com uma especial despesa, ou especial vantagem referidas aos seus sujeitos passivos (contribuintes). (Geraldo Ataliba, *Hipótese de*

Incidência Tributária, 5ª ed., p. 171.) Tais supostos, aliás, já fluíam implicitamente do contexto das Constituições anteriores.

"Melhor se compreende isto quando se considera que é da própria noção de contribuição — tal como universalmente entendida — que os sujeitos passivos serão pessoas cuja situação jurídica tenha relação, direta ou indireta, com uma despesa especial, a elas respeitantes, ou alguém que receba da ação estatal um reflexo que possa ser qualificado como especial".)

("O tributo especial se vincula a uma atividade administrativa que, além de redundar em vantagem indistintamente para toda a coletividade, ao mesmo tempo proporciona uma utilidade específica àqueles que se encontram numa situação particular" — A. D. Giannini, cit. por Geraldo Ataliba, p. 161.)

A contribuição, no plano financeiro, vem a ser, pois, uma prestação pecuniária requerida de pessoas que ou causam despesa especial ou recebem, direta ou indiretamente, benefício de uma atuação estatal, seja esta desenvolvida pelo próprio Estado ou delegada a entes sociais privados.

No piso estritamente jurídico, as contribuições têm sido estruturadas no Brasil como impostos de aplicação especial. Vale dizer, a lei apanha um fato dos contribuintes como hipótese de incidência (ou base de cálculo) e afeta o produto de sua arrecadação a uma especial atividade estatal.

O exemplo das contribuições sociais indicadas no art. 195, I e § 8º, da Constituição, e mesmo outras existentes no País (como a do Programa de Integração Social — PIS e a do salário-educação), confirma o arquétipo de imposto para as contribuições especiais.

Denota Wagner Balera: "Lançando mão de um tributo cuja natureza é de imposto e não de contribuição social — o que faz, a nosso ver, claramente, ao escolher o fato do lucro como hipótese de incidência de um tributo devido pelo empregador —, o constituinte não está criando um ser de natureza dúplice. Apenas indica que o produto da arrecadação do imposto sobre o lucro terá destinação específica: o custeio da seguridade social" (*Seguridade Social na Constituição de 1988*, Ed. RT, SP, 1989, p. 57)

(Pode-se dizer que, até hoje, todos os tributos a que se atribuiu legislativamente a designação de contribuição, no Brasil, revestiram natureza de impostos (Pis, Funrural, FGTS, Finsocial, contribuições para SESC, SESI, SENAI, SENAC, contribuição previdenciária do empregador, salário-educação etc.) (Wagner Balera, ob. cit., pp. 47 e ss.)

Folha de salários: base de cálculo das contribuições de seguridade social

No caso particular das contribuições incidentes sobre a remuneração dos empregados, é de se anotar, com ênfase, que a Constituição de 1988 tornou a folha de salários base de cálculo privativa da contribuição de seguridade social. (Art.195, I.)

O seguro social, que compreende os setores da saúde, previdência e assistência social, é financiado, a cargo dos empregadores, por contribuições incidentes sobre a folha de salários, o faturamento e o lucro. (Arts.194 e 195, I, da CF.)

E outras contribuições sociais dessa natureza poderão ser criadas desde que por lei complementar e observem o princípio da não-cumulatividade. (Art. 195, § 4º c.c. art. 154, I.)

E mais: como, no regime das Cartas anteriores, muitas leis versativas sobre contribuições tomaram a folha de salários como base de medida, entre elas a contribuição do salário-educação e a dos órgãos privados de atividade social e profissional, a novel Constituição teve a cautela de preservar, expressamente, tão-só aquelas referentes às entidades privadas de serviço social e de formação profissional vinculadas ao sistema sindical (*apud* art. 240).

Não quaisquer outras.

("Art. 240. Ficam ressalvadas do disposto no art. 195 as atuais contribuições compulsórias dos empregadores sobre a folha de salários, destinadas às entidades privadas de serviço social e de formação profissional vinculadas ao sistema sindical.")

O salário-educação é contribuição educacional e não de seguridade social

Em efeito, como se viu, tendo a CF-88 previsto três espécies de contribuições sociais (subdivididas em contribuições de seguridade social e outras), de intervenção no domínio econômico e de interesse das categorias profissionais ou econômicas (art. 149), permitiu a criação de contribuições incidentes sobre a folha de salários tão-somente para a contribuição do tipo de seguro social. (Art.195, I.)

E a contribuição do salário-educação não é contribuição social de previdência, mas sim contribuição social educacional, como se depreende do texto do § 5º do art. 212 da CF-88.

E nem houve exceção da CF-88 para que a contribuição do salário-educação pudesse ter a folha de salários como base imponível, o que aconteceu com contribuições outras como as do SESI e SENAI e SESC e SENAC (*apud* art. 240).

De outra parte, se a contribuição do salário-educação é contribuição social do gênero cuidado no art. 149 da CF-88 e não se inscreve dentre as de seguridade social, então, para a sua instituição, haveria de ser observado o disposto no art. 146, III, conforme expresso requerimento do texto do art. 149.

E um dos requisitos do art. 146 é a postulação de lei complementar para estabelecer normas gerais de direito tributário, em especial a definição de tributos e das suas espécies. (Art. 146, III, *a*.)

Todavia, o dispositivo específico do § 5º do art. 212 da CF-88, que cuida da contribuição social do salário-educação, é absolutamente límpido ao exigir a categoria de lei (ordinária), e não lei complementar.

Conclui-se, pois, logicamente, que para a contribuição do salário-educação não há necessidade de lei complementar.

Inconstitucionalidade da MP 1.518/96 e da Lei n. 9.424/96

Em desfecho: os diplomas legais, após o advento da Constituição de 1988, determinantes da folha de salários, no conceito de remuneração paga aos empregados, como assento para o cálculo da contribuição do salário-educação, não têm legitimidade constitucional.

Numa palavra: o art. 1º da Medida Provisória 1.518/96 e o art. 15 da Lei 9.424/96 são inconstitucionais no tocante à dicção que elegeu a folha de salários como base de medida da contribuição do salário-educação.

A folha de salários só pode ser aspecto financeiro da hipótese de incidência das contribuições de seguridade social (art. 195, I) e daquelas, existentes quando da promulgação da Constituição de 1988, explicitamente nela ressalvadas. (Art. 240.)

Entre as rubricadas no Texto Maior não se encontra a contribuição do salário-educação.

Curitiba, março de 1997

REFORMA TRIBUTÁRIA

Estevão Horvath
Professor de Direito Tributário da Pontifícia Universidade Católica de São Paulo
e de Direito Financeiro da Universidade de São Paulo
— Doutor em Direito pela Universidade Autônoma de Madri

Muito se tem falado sobre reformas no sistema tributário. É raro passar um ano sem que esteja em pauta a modificação do referido sistema. As opiniões, também, são as mais variadas possíveis e provêm dos mais diversos setores da sociedade.

É salutar que assim seja, que sobre tal assunto haja um amplo debate, já que as decisões a esse respeito tomadas afetarão a sociedade como um todo e refletirão, positiva ou negativamente, no bolso de todos.

Entretanto, é preciso cautela para que, a pretexto de reformar, não se atinja indevidamente alguns princípios que são fundamentais para a cidadania e para o próprio Estado.

É nesta linha que procederemos às nossas considerações, tomando como referência o texto da proposta de emenda constitucional que altera o Capítulo do Sistema Tributário Nacional, apresentada ao Congresso pelo Sr. Presidente da República (PEC 175/95), bem como o Substitutivo do Deputado Mussa Demes, o que, segundo cremos, fornecerá material suficiente para dissertarmos sobre o assunto.

Sigilo de informações

Iniciaremos nosso percurso cuidando de dispositivo que se pretende acrescentar ao artigo 145 da Constituição da República, segundo o qual seria "facultado na forma da lei (e da lei *complementar*, segundo o Substitutivo), à autoridade tributária federal requistar informações sobre as operações financeiras dos contribuintes".

Este é um tema de infindável discussão, de vez que diz de perto com o chamado "sigilo bancário". Não é nossa intenção — e nem seria o caso, aqui, de fazê-lo — aprofundar assunto tão polêmico, tarefa que, ademais, deixaremos para outros mais doutos abraçarem. Contudo, não podemos nos furtar de manifestarmos nossa opinião, que passa pelo seguinte:

1. É desnecessário o acréscimo do parágrafo acima transcrito, porquanto a parte final do § 1º do art. 145 da vigente Constituição já contempla, a nosso ver, a regulamentação implícita da matéria. Com efeito, ao rezar o texto constitucional que, "sempre que possível, os impostos terão caráter pessoal e serão graduados segundo a capacidade econômica do contribuinte, *facultado à administração tributária, especialmente para conferir efetividade a esses objetivos, identificar, respeitados os direitos individuais e nos termos da lei, o patrimônio, os rendimentos e as atividades econômicas do contribuinte*", já está dizendo que o Fisco pode, com as devidas cautelas, requisitar — ou ir atrás de — informações dos contribuintes, inclusive aquelas relativas a operações financeiras.

Ora, seria descabível pretender que o Fisco pode realizar todo o procedimento de fiscalização e arrecadação do tributo, sem lhe conferir os instrumentos necessários para tanto. Convém sempre recordar a lição de Ruy Barbosa sempre lembrada e reforçada pelo saudoso professor Geraldo Ataliba — segundo quem o que a Constituição dá com u'a mão, não retira com a outra. Assim, se a pessoa política tem competência para instituir certo tributo, deve ter também a possibilidade de exercer essa competência integralmente, até final arrecadação do tributo.

O parágrafo que se pretende incluir diz que a requisição das informações se dará na forma da lei, segundo o projeto original e da lei complementar, conforme o substitutivo. Seja como for, repisamos, a matéria já está — ainda que implicitamente — tratada no § 1º retrotranscrito.

2. Não vemos sentido, por outra parte, para que referida faculdade seja dada somente a "autoridade federal". É possível que tal escolha tenha sido feita pela circunstância de que é de competência da União o imposto incidente sobre "operações financeiras". Ainda assim, este pretexto não se justificaria, de vez que, justamente por ser tributo de competência daquela pessoa política, o Fisco da União já tem a faculdade de exercer todos os procedimentos necessários — dentro da lei e do Direito, é claro — para apurar o *quantum* de imposto devido por aqueles que praticam operações financeiras, pela mesma razão mencionada no item 1, acima.

De todo modo, para além do que restou dito atrás, vislumbramos clara ofensa ao princípio da isonomia das pessoas políticas, já que não se justifica a outorga dessa faculdade somente à autoridade tributária federal, excluindo-se as estaduais, municipais e distritais.

3. Insta observar, quanto a este último aspecto, que, em que pese à circunstância de a modificação estar sendo proposta por via de emenda constitucional, não se deve olvidar o fato de que a isonomia entre os entes integrantes da Federação foi dada pelo poder constituinte originário dentro de uma determinada moldura. Esta moldura contém a própria forma engendrada de Federação, é dizer, a Federação brasileira é aquilo que resultou do poder constituinte originário e ficou sedimentado no texto constitucional. Destarte, menoscabar a isonomia originariamente concebida quebra, ainda que parcialmente, o "pacto federativo", o que não pode ocorrer em nosso sistema jurídico, por força do art. 60, § 4º, I, da Constituição da República.

Empréstimo compulsório

Importante acréscimo pretende a proposta do Executivo fazer ao art. 148 do texto ora vigente, incluindo dentro dos pressupostos para a instituição de empréstimo compulsório aquele que já constava do Código Tributário Nacional e não fora recebido pela Constituição de 1988, ou seja, "em razão de conjuntura que exija absorção temporária de poder aquisitivo" (art. 15, III, do CTN).

Tal possibilidade, muito criticada quando existia, foi oportunamente retirada pela Constituição atual e agora corre o risco de voltar a existir. É fácil de perceber o perigo que isso encerra, pois sob a invocação da presença de conjuntura econômica que exija absorção temporária do poder aquisitivo podem-se ocultar inúmeras outras razões que nem sequer se aproximam desse motivo, isto é, quase tudo cabe debaixo desse verdadeiro "abre-te sésamo". Imagine-se, no Brasil, percorrendo simplesmente a história recente, quantos empréstimos compulsórios podiam haver sido criados sob esse fundamento. A cada seis meses, pelo menos, haveria a possibilidade de invocar-se aquela conjuntura. De qualquer forma, o autor do substitutivo cumpriu o grande dever cívico de retirar esse retrocesso do texto do projeto.

Interessante, a título de curiosidade que seja, a inclusão, no Substitutivo, de parágrafo (2º) ao art. 148, proibindo a instituição de empréstimo compulsório se a União estiver inadimplente em relação a outro. Tal casuísmo, absolutamente desnecessário em qualquer Estado de Direito, onde devem prevalecer os princípios éticos em todo o desenrolar das atividades do Estado, pareceu importante ao autor do substitutivo. Infelizmente, talvez tenha ele razão — conhecendo como deve conhecer a forma como se passam as coisas em nosso País — de exigir, por lei, a boa-fé do Estado para com o povo.

Outra inovação no que atina aos empréstimos compulsórios é que todas as suas hipóteses deixariam de sujeitar-se ao princípio da anterioridade, mediante alteração ao § 1º do art. 150 da CF. Em que pese a ser esta solução a mais racional em se tratando de empréstimos compulsórios, de vez que, pela sua própria razão de existir — veja-se os fundamentos que lhe autorizam a criação —, deveriam ser instrumentos para situações graves e urgentes que se não compadecem com a espera do exercício financeiro subseqüente para poderem ser cobrados.

Contudo, em vista de precedente decisão do Supremo Tribunal Federal, com a qual nos colocamos de pleno acordo, o princípio da anterioridade, apesar de não constar do rol trazido pelo art. 5º da Lei Maior, é como se nela estivesse expresso, como garantia do cidadão — neste caso como contribuinte —, não podendo, portanto, ser retirado do texto constitucional, por consistir em "cláusula pétrea" (art. 60, § 4º, IV). Assim, pelo menos o empréstimo compulsório instituído "no caso de investimento público de caráter urgente e de relevante interesse nacional" deveria ter mantida a exigência de respeito à anterioridade.

Princípio da anterioridade

Interessantíssima e extremamente significativa, também, a inclusão de alínea ao art. 150, III da Lei das Leis, com a seguinte redação:

"Art. 150. Sem prejuízo de outras garantias asseguradas ao contribuinte, é vedado à União, aos Estados, ao Distrito Federal e aos Municípios:

"(...);

"III — cobrar tributos:

"(...);

"b) no mesmo exercício financeiro em que haja sido publicada a Lei que os instituiu ou aumentou;

"c) *antes de decorridos noventa dias da publicação da lei que os instituiu ou aumentou, ainda que observado o disposto na alínea anterior.*"

É realmente lamentável o ponto a que se chegou, que parece demonstrar que, dentro em breve, teremos uma Constituição com no mínimo quinhentos artigos, quando muito menos artigos bastam e bastariam para regular o que se quer regular. Noutro giro, muito do que se pretende, às vezes, fazer já consta da Constituição ou das leis infraconstitucionais. O que sucede é a pura e simples não aplicação destas e daquela. Isto se dá, diuturnamente, quando são expressos, literais e diretos os seus mandamentos. Que se dirá, então, ao tratar-se de princípios?

É evidente que o princípio da anterioridade, insculpido no art. 150, III, *b)*, da atual Carta Magna, já quer dizer que a tributação nova ou a majoração de tributação já existente não pode colher o contribuinte de surpresa. É o que Sacha Calmon Navarro Coêlho chama de princípio da "não-surpresa", onde estaria também compreendida a irretroatividade da lei tributária, por exemplo. Se é assim, também reflete clareza meridiana a circunstância de que não adianta cumprir de modo simplesmente formal o que reza a Constituição: publicar lei tributária inovadora no dia 28, 29 ou 30 de dezembro de um ano, para produzir efeitos já no dia 1º de janeiro do ano seguinte, com a *vacatio* de 3, 4 ou 5 dias apenas. É solarmente claro que, nessas situações, o contribuinte não terá tempo hábil para planejar seu futuro enquanto empresário ou mesmo enquanto cidadão.

A toda evidência, a Constituição nada mais precisaria dizer para obter esse resultado; bastaria ser cumprida da forma como foi posta, dando-se-lhe a interpretação que ela merece, não a interpretação tacanha que dela extraem vários aplicadores do Direito, mas, especialmente, alguns agentes do Poder Executivo.

Por essas e outras razões, não concordamos com autores que dizem, *v.g.*, que às contribuições sociais não se aplica o princípio da anterioridade, de vez que elas estão sujeitas ao que alguns denominam de "noventalidade" ou "noventariedade" (art. 195, § 6º, da CF). É que esses 90 dias não deixam de ser "anterioridade", e, na prática do que sucede freqüentemente, representam "maior anterioridade" que aquela que se deveria aplicar às demais espécies tributárias, sujeitas ao art. 150, III, *b*) da Lei Maior.

Louvável, portanto, a iniciativa do relator do projeto de reforma sob comento, pois, embora não fosse necessária tal inclusão, reforçará a cidadania, porquanto o contribuinte terá ao menos 90 dias, *obrigatoriamente*, para conhecer a nova disciplina tributária que poderá afetar sensivelmente o rumo a dar à sua vida.

Extinção do IPI

Talvez a mais profunda modificação pretendida com o projeto em apreço diga respeito à extinção do Imposto sobre Produtos Industrializados (IPI), já que, para o substituir, seria criado o "ICMS Federal", consoante se verá de seguida.

Antes, contudo, faremos uma breve digressão no que se refere ao IPI. Este imposto, com o nome que lhe deu a Emenda n. 18/65, era o velho "imposto de consumo", denominação esta que derivava da idéia de que o tributo era suportado pelos consumidores, graças ao fenômeno da repercussão.

Conforme nos dá notícia Baleeiro, "restrito a pouquíssimas mercadorias na Colônia e no Império, esse imposto se expandiu rápida e amplamente no campo da competência concorrente deixado pela Constituição de 1891, passando a ser o mais produtivo dos tributos do país. Todavia, o Ministério da Fazenda afirma que em 1975 o imposto de renda superou o IPI".[1]

Não obstante o alargamento de sua incidência, em rigor esse tipo de imposto foi imaginado para recair somente sobre alguns produtos, de preferência sobre "produtos de luxo" ou supérfluos. Mais ou menos na linha em que era aplicado na época colonial e imperial, deveria ter sido deixado unicamente para certas mercadorias ou produtos, como ainda é em certos países europeus, onde é chamado de "imposto sobre o luxo". De qualquer forma, isto nos leva àquela que talvez seja a maior das novidades do projeto de reforma, qual seja, a criação do "ICMS Federal", sobre o qual falaremos a breve trecho.

Isenção de tributos estaduais e municipais pela União

Na proposta inicial, temos a alteração do inciso III do art. 151 da *Lex Legum,* que passaria a ter a seguinte redação:

"Art. 151. É vedado à União:

"(...);

"III— instituir isenções de *tributo da competência dos Estados, do Distrito Federal ou dos Municípios, salvo quando prevista em tratado, convenção ou ato internacional do qual o Brasil seja signatário".*

Tal iniciativa, que não consta, não se sabe bem por quê, do substitutivo do Relator, é digna de encômios porquanto toca diretamente numa das *vexata quaestio* do nosso Direito Tributário. Resumidamente, podemos formulá-la da seguinte maneira, que, aliás, já fora objeto de debate no VIII Congresso Brasileiro de Direito Tributário, promovido pelo IDEPE (hoje Instituto Geraldo Ataliba-IDEPE) — Instituto Internacional de Direito Público e Empresarial: "Tratado Internacional, em matéria tributária, pode exonerar tributos estaduais (e também municipais e distritais)?".

O debate doutrinário é aceso e vigoroso, existindo duas linhas fundamentais e diametralmente opostas, que entendem: *a)* uma — formada em geral pelos juristas dedicados ao Direito Internacional — no sentido de que a União, ao firmar um tratado ou acordo internacional, o faz em nome do Estado Nacional e, portanto, seus termos aplicam-se (após terem ingressado no ordenamento jurídico mediante decreto legislativo aprovado pelo Congresso Nacional) também aos Estados e Municípios, inclusive quando disponham sobre isenção de tributos destes entes; *b)* outra (à qual nos filiamos) — geralmente encabeçada por constitucionalistas — advoga que, em sendo o Brasil uma Federação, suas entidades integrantes possuem autonomia que, em matéria tributária, se poderia resumir dizendo que os entes federados detêm competência *privativa* e *exclusiva* para tributar *e para isentar* (afora a forma peculiar e própria como isso é feito com relação ao ICMS — art. 155, § 2º, XII, *g*).[2]

O que importa ressaltar é a louvável tentativa de inserir-se no texto constitu-

1. Baleeiro, Aliomar, in *Direito Tributário Brasileiro*", 10ª ed., Forense, RJ 1983.

2. Confira-se a propósito nosso artigo, elaborado conjuntamente com o professor Nélson Ferreira de Carvalho, intitulado exatamente "Tratado internacional, em matéria tributária, pode exonerar tributos estaduais?", publicado na *Revista de Direito Tributário,* v. 64, p. 262.

cional o ponto final da discussão, a menos que se entenda — o que também se nos afigura perfeitamente defensável — que nem mesmo por emenda se poderia cogitar da possibilidade de tratado referendado pelo Congresso Nacional trazer norma vinculante para os Estados, Distrito Federal e Municípios, já que isso acarretaria quebra do equilíbrio federativo desejado pelo legislador constituinte originário.

Imposto sobre a Renda/Fonte

A proposta em comento, neste ponto mantida pelo Relator do Substitutivo, acrescenta inciso ao § 2º do art. 153, com a seguinte redação:

"Art. 153. (...).

"(...).

"§ 2º. O imposto previsto no inciso III (imposto sobre a renda e proventos de qualquer natureza):

"(...).

"III — *poderá ser exigido antecipadamente, dentro do período de apuração, nos termos da lei, sem prejuízo da compensação ou restituição do valor que exceder ao efetivamente devido no encerramento do mesmo período*."

Trata-se, ao que parece, de tentativa de dirimir dúvidas quanto à constitucionalidade da tributação na fonte pelo imposto sobre a renda. Ou seja, o período de apuração continuaria sendo, em princípio, o anual (ou — desde que se entenda ser isso possível — período diverso, como, p. ex., semestral), mas haveria possibilidade do ser *exigido antecipadamente,* com a subseqüente compensação ou restituição do valor pago a maior com referência ao apurado naquele período aquisitivo.

É exatamente a hipótese da chamada "incidência na Fonte", que alguns reputam inconstitucional, já que o fato imponível somente ocorreria ao final do período de apuração (em regra, anual) e, destarte estar-se-ia cobrando tributo antes da ocorrência do fato, o que viria de encontro aos direitos do contribuinte fixados pela própria Constituição (em que pese estar isso hoje "autorizado" pela inclusão do § 7º ao art. 150 da CF, por intermédio da Emenda Constitucional n. 3/93 — nesta parte, ao menos, inconstitucional).[3]

Seja como for, no dia-a-dia, a retenção de imposto de renda na fonte é praticada pelos sujeitos passivos e tolerada pela jurisprudência. Não se deve olvidar, ademais, que, segundo oportuna lembrança de Luciano Amaro, não pode ser inconstitucional aquilo que a própria Constituição prevê, e ela se reportou à incidência na fonte do imposto sobre a renda nos artigos 157, I, e 158, I, que cuidam da repartição das receitas tributárias.

Não é demais reforçar a legitimidade de tal procedimento, apesar de ser desnecessário, a nosso ver, sua inclusão no texto constitucional.

3. O § 7º mencionado tem o seguinte teor: "a lei poderá atribuir a sujeito passivo de obrigação tributária a condição de responsável pelo pagamento do imposto ou contribuição cujo fato gerador deva ocorrer posteriormente, assegurada a imediata e preferencial restituição da quantia paga caso não se realize o fato gerador presumido." Sobre esta emenda já nos manifestamos, juntamente com a profa. Diva Malerbi, em artigo publicado pela *Revista de Direito Tributário*, em *Separata,* denominado "Responsabilidade Tributária (Emenda 3/93: inclusão do § 7º ao art. 150 da Constituição)", pp. 80 e ss.

Competência residual da União para instituir impostos

A este respeito, parece necessário transcrever a redação dada ao art. 154, I, quer pelo projeto original da proposta de reforma, quer pelo substitutivo, que é a seguinte:

"Art. 154. A União poderá instituir:

" I — impostos não previstos nos arts. 153 e 155, desde que não compreendidos na competência dos Estados, Distrito Federal e Municípios. (projeto original)

"Art. 154. (...)

"I — mediante lei complementar, impostos não previstos nos artigos anterior e seguinte, desde que não tenham fato gerador ou base de cálculo próprios dos discriminados nesta Constituição". (substitutivo)

Pode-se perceber que em ambos transparece a idéia de retirar a exigência, atualmente existente, de que imposto novo criado pela União dentro de sua competência residual deva ser não-cumulativo. A pergunta que se faz é a seguinte: isto pode ser feito, mesmo por via de emenda à Constituição? Parece-nos que não.

Deveras, ao cercar com tantas exigências a competência impositiva residual, quis o texto constitucional assegurar o contribuinte contra o impulso do governo federal no sentido de optar pela criação de novas exações todas as vezes que se ressente da falta de receitas (causada muita vez pela má administração dos recursos públicos existentes). Ao prever que o novel imposto engendrado devesse ser criado por meio de lei complementar e fosse, ao mesmo tempo, diferente daqueles já existentes e não-cumulativo, estabeleceu a Constituição regra que passou a integrar aquilo que, com extrema felicidade, já se denomina de "Estatuto do Contribuinte".

Ao prescrever o poder constituinte originário dessa maneira, estabeleceu verdadeiro direito fundamental do contribuinte de não poder ser tributado por meio de novo imposto que fosse cumulativo e de não ser "bitributado", afora a exceção do art. 154, II (impostos extraordinários). Para mais, com o intuito de que a nova imposição fosse debatida de forma mais ampla e fosse cercada de maior legitimidade, determinou a Lei das Leis que o novo tributo tivesse por veículo a lei complementar, que requer, como se sabe, maioria absoluta para sua aprovação.

Dir-se-á: é impossível, com tais peias, a instituição de novo imposto, pela União. Ora, há que se presumir que, se assim quis o constituinte, assim deve ser, porquanto ao menos em tese espelha a vontade popular na sua primeira e mais legítima forma de expressão.

O que se quer significar é que nem mesmo por emenda pode-se alterar a Constituição para dela retirar as garantias acima relatadas, pois que tal proceder violaria, a todas as luzes, parcela importante do rol de direitos fundamentais do contribuinte, previstos estes no seu "Estatuto". Em outras palavras, afronta-se, novamente, o art. 60, § 4º, IV, da Constituição Federal.

Mais uma vez se estará casuisticamente buscando modificar o Texto Básico da nação, a pretexto de "adequá-lo às necessidades do dia-a-dia", quando se deveria, ao contrário, procurar dele — e da legislação infraconstitucional — extrair todas as suas possibilidades, para resolver essas "necessidades", nem sempre bem explicadas.

ICMS Federal

Passamos agora à grande novidade da proposta de reforma tributária, qual seja, a criação do "ICMS Federal". Reza o art. 155 da proposta:

"Seção IV — Do Imposto da União, dos Estados e do Distrito Federal

"Art. 155. As operações relativas à circulação de mercadorias e as prestações de serviços de transporte interestadual e intermunicipal e de comunicação, ainda que as operações e as prestações se iniciem no exterior, ficarão sujeitas a imposto, instituído e regulado em lei complementar (federal),[4] obedecido o seguinte:

"(...)."

A primeira indagação que ocorre formular é se é possível atribuir-se à União, ainda que mediante emenda constitucional, imposto que a Constituição Federal colocou na competência dos Estados-membros e do Distrito Federal.

Se seguirmos o raciocínio exposto linhas atrás, exsurge evidente que a resposta há de ser negativa. Se não, vejamos.

O art. 154, I, da Constituição da República, ainda vigente, estabelece, conforme já referimos, que a União não poderá criar imposto novo se este tiver "base de cálculo e fato gerador próprios dos discriminados nesta Constituição". Ora, basta passar os olhos na redação do artigo proposto para se verificar que se está pretendendo outorgar à União o ICMS que é hoje privativo dos Estados e do Distrito Federal.

4. O vocábulo entre parênteses corresponde à redação do substitutivo.

Pelas mesmas razões utilizadas para afirmar que a obediência ao princípio da não-cumulatividade é requisito imutável, intangível, imodificável, até mesmo por emenda constitucional, quer-nos parecer que o exercício da competência impositiva residual pela União depende também de a nova exação pretendida não coincidir com outra já existente, de competência dos Estados, Distrito Federal ou dos Municípios.

Do contrário, de que adiantaria a Lei Fundante fechar as possibilidades de novas tributações por meio de impostos se, a qualquer momento, obtendo politicamente maioria mais expressiva que a necessária para a aprovação de leis ordinárias, estes limites, adredemente traçados por quem poderia fazê-lo — o constituinte originário —, pudessem alterar o quadro competencial estabelecido, ainda mais em prejuízo do cidadão-contribuinte?

Em outras palavras, poderíamos resumir nosso pensamento dizendo que a criação do ICMS Federal por intermédio de emenda constitucional supre e supera apenas o primeiro dos três requisitos exigidos pela Constituição da República para que a União possa criar imposto novo, quais sejam: lei complementar, não-cumulatividade e materialidade e base de cálculo diferentes das já existentes. Este raciocínio nos parece válido, a menos que entendamos que a emenda à Constituição tudo pode, o que, consoante já referimos, não é proposição verdadeira na ordenação jurídica brasileira (v. art. 60 da Lei das Leis).

No que diz com os projetos que serviram de pretexto para este estudo, afigura-se-nos suficiente o tratamento pontual dado. Mesmo sabendo que outros itens seriam merecedores de atenção, cingir-nos-emos aos já relacionados e passaremos, na seqüência, a abordar a visão doutrinária acerca do que uma reforma desse jaez deveria buscar.

A reforma tributária, seus fundamentos e bases, segundo a doutrina

Resta examinar a questão da reforma tributária pelo prisma doutrinário, buscando responder às indagações acerca do porquê de uma reforma tributária e o que esta deve buscar.

Os economistas costumam justificar as propostas de reformas invocando que elas constituem "prioridade" para a Nação — e, de fato, às vezes realmente o são, como é o caso da pretendida reforma administrativa e da reforma previdenciária.

Na proposta debatida há poucos anos, envolvendo entidades como a CUT, a FIESP e o PNBE, foram invocados alguns argumentos para justificar a reforma tributária, tais como:

• constituir-se em condição essencial para a consolidação da economia;

• forma de superação da crise de financiamento do Estado;

• ser vital para a retomada do crescimento econômico, com a conseqüente geração de empregos;

• servir para garantir a competitividade de produtos produzidos no país;

• consistir em instrumento para reduzir o dramático problema da redistribuição de renda.

Seria realmente necessário alterar-se a Constituição para se obter ao menos alguns dos efeitos pretendidos?

Parece-nos que não. Tais objetivos poderiam, sem grandes traumas, ser alcançados mediante certas modificações na legislação ordinária.

Tomemos somente uma das hipóteses, a título de exemplo.

Fala-se muito da péssima distribuição de renda no Brasil, o que, aliás, é notório. A tributação é, sem dúvida, uma das maneiras de se buscar uma melhor distribuição de riquezas. Contudo, nosso sistema jurídico-positivo já propicia que isso seja conseguido, *v.g.*, por intermédio do imposto sobre a renda. É na legislação desse tributo que melhor se pode fazer valer, ademais, o princípio da capacidade contributiva, já que é o imposto pessoal e direto por excelência.

A Constituição da República já traz, até mesmo de forma expressa, entre outros critérios que se lhe deve aplicar, o da progressividade (art 153, § 2º, I). Este princípio é, talvez, a forma mais eficaz de tornar efetiva a mensuração e aplicação da capacidade contributiva, é dizer, em poucas palavras, "quem aufere mais rendimentos deve pagar progressivamente mais imposto de renda". Ora, se isso não é o que ocorre na realidade, não é por falta de autorização legal — no caso, da Lei Maior, mais propriamente —, e sim por falta de vontade política.

Do mesmo modo, está dentro da competência da União a instituição do imposto sobre grandes fortunas (art. 153, VII), que não depende de nenhum dispositivo constitucional novo, nem da alteração de qualquer outro existente, bastando simples edição de legislação infraconstitucional. Novamente, inexiste vontade política.

Ressalte-se, contudo, que não estamos afirmando que as possibilidades retro-referidas seriam a panacéia para o mal da má distribuição de renda, apesar de constituírem um paliativo necessário. Não se consegue uma redistribuição de riquezas somente com uma tributação mais justa, se não houver justiça também na aplicação dos recursos, ou seja, a fórmula completa para o atingimento de tal objetivo é: justiça na tributação + justiça no gasto do dinheiro público.

Objetivos que deveram ser perseguidos com uma reforma tributária

Prega a moderna doutrina alguns fatores que seriam desejáveis para serem perseguidos com uma reforma tributária,[5] a saber:

• *A clareza legislativa*. É por demais óbvio, mesmo para um leigo, que não se pode pretender a total aplicação do princípio da segurança jurídica, numa de suas facetas mais evidentes, a que diz com a certeza do direito, se muita vez não se sabe sequer qual o Direito existente.

É claro, por outra parte, que a interpretação jurídica deverá ser deixada para aqueles nela especializados, porque possuem o instrumental necessário para tanto. Contudo, o que se verifica na realidade fática é que, nos dias que ora correm, a lei impõe ao contribuinte uma série de obrigações e deveres tributários, sujeitando-o, inclusive, a pesadas sanções pelo seu descumprimento ou pelo cumprimento equivocado, sem que este mesmo contribuinte tenha condições mínimas para efetivamente saber qual a legislação a cumprir e qual a forma de fazê-lo.

Com efeito, mormente nas hipóteses de tributos sujeitos ao chamado "lançamento por homologação" (ou "autolançamento"), a lei determina que o sujeito passivo verifique quando se enquadra na regra-matriz de incidência tributária, apure o *quantum debeatur* e recolha a exação aos cofres da pessoa política competente. Ocorre que, dada a complexidade cada vez maior da legislação tributária, nem sempre é tarefa fácil para o contribuinte, geralmente leigo, dar cumprimento a tais desígnios legais.

Assim, ressalta evidente a importância de se ter uma legislação mais clara, na medida do possível, para que ambos os sujeitos da relação tributária sejam beneficiados: o contribuinte, ao evitar a imposição de sanções pelo descumprimento de deveres legais, e o Fisco por contar com uma probabilidade maior de receber o importe que lhe é devido, em decorrência do comportamento, por parte do contribuinte, adequado à lei.

• *Legislação enxuta*. Intimamente conectado ao item anterior encontra-se este. Deveras, não só a legislação tributária se torna cada dia mais complexa, senão que também mais prolixa.

Tome-se como exemplo a legislação do ICMS. Ao menos uma vez por semana, compulsando-se o *Diário Oficial do Estado*, podem ser encontradas diversas alterações ao Regulamento desse imposto, cabendo indagar se é realmente crível que o cidadão comum tem, em primeiro lugar, tempo disponível para acompanhar tais alterações. Outra coisa é ele compreendê-las na sua complexidade e especificidade.

5. Veja-se, a respeito, Adonnino, Pietro: "El principio de seguridad jurídica en la creación y aplicación del tributo", trabalho apresentado por ocasião das XVI Jornadas Latino-americanas de Direito Tributário, em setembro de 1993, Lima, Peru.

É lógico, então — somente a Administração Tributária não percebe —, que urge enxugar a legislação tributária, como condição básica para propiciar minimamente ao contribuinte o conhecimento da lei e a sua correta aplicação. Uma forma simples de contribuir para tanto seria a obrigatoriedade de que esse enxugamento fosse estudado todos os anos e nesse mesmo intervalo de tempo fosse feita uma Consolidação de todos os regulamentos de impostos existentes (em todas as esferas de competência)

O grande mestre Geraldo Ataliba propugnava, com sua peculiar (e infelizmente incomum em nosso país) lucidez:

"Duas linhas de ação impõem-se, para realizar a simplicidade, a parcimônia equilibrada e o harmonioso esquema da Constituição de 1988, em matéria tributária:

"a) enxugar a legislação, simplificar os procedimentos e reduzir a burocracia 'de contorno' (Renato Alessi) que envolve os tributos (...)." [6]

Esta é uma receita absolutamente simples, que não requer nenhum grande esforço para ser posta em prática, mas que, no entanto, parece não encontrar eco na mente de nenhuma autoridade fiscal, governamental ou parlamentar. Talvez não se observe com a clareza que seria desejável a fundamental relevância de propostas desse jaez para o asseguramento de direitos básicos do cidadão.

6. In "Excesso de Impostos no Sistema Constitucional de 1988", "Conferências e Debates", publicado na *Revista de Direito Tributário* v. 66, p. 185. A segunda linha de ação referida pelo ilustrado professor é: "(b) *enquanto isso não aconteça, pugnar por obter declaração judicial de inconstitucionalidade de boa parte da legislação ordinária, por desconformidade com o espírito ou a letra da Constituição*".

• *A simplificação das obrigações dos contribuintes.* Também estreitamente ligado ao item acima desenvolvido acha-se o agora referido.

Mais uma vez é o caso de ressaltar que, pela simples circunstância de ser o contribuinte, cada vez mais, quem realiza funções antes correspondentes à Administração Tributária, deve-se buscar a simplificação das suas obrigações e deveres.

E a razão para tanto é elementar: o contribuinte é, muito freqüentemente, o simples cidadão, que não tem por quê ser especializado em matéria tributária, e, não obstante, além de realizar funções que, em princípio, caberiam à Administração, quando se equivoca, sofre as conseqüências dos seus erros. Isto nos leva a mais um item, de desejável implantação toda vez que se pense em reforma tributária, qual seja:

• *O princípio da informação.* Da mesma forma que com relação aos itens anteriores, dever-se-ia prestigiar este princípio, que se nos afigura de fundamental importância no Estado de Direito, especialmente quando se reporta às relações fisco-contribuinte.

É patente a falta de que se ressente o cidadão-contribuinte de informações por parte dos órgãos fiscais no que diz com a melhor forma de cumprir suas obrigações tributárias. É ele, por imposição legal, que muitas vezes tem de desempenhar o papel em linha de princípio correspondente à Administração Tributária. Por esta simples razão, dever-se-lhe-ia assegurar o acesso total a todas as informações necessárias para o correto adimplemento de seus deveres de caráter tributário.

Estabilidade da legislação

Ao invés de procurar sempre a reforma tributária, talvez fosse o caso de se parar para meditar acerca dos inconvenientes que a alteração dessa legislação traria para o cidadão enquanto tal.

Com efeito, pelo menos tendo em conta o que se viu até agora, com as diferentes propostas de reforma, parece que todas elas, apesar de não o confessarem, pouco se preocupam com o contribuinte e sim, quase que exclusivamente, com os recursos que serão acrescidos ao Tesouro do Estado. Aqui e acolá percebe-se algum dispositivo que denota interesse pelo cidadão-contribuinte, às vezes até dando a impressão de que se trata de dar-lhe uma "colher de chá", de um lado, para poder "assaltá-lo" mais à frente, de forma mais ou menos desapercebida.

O que não parece ter ficado claro à cidadania até hoje é aquilo que o grande mestre Geraldo Ataliba reiteradamente advertia: não haverá progresso (nem mesmo o econômico) sem que haja segurança jurídica. Em palavras sobremodo significativas, alertava o insigne professor:

"Os ingênuos ou despreparados não sabem que na Europa ou nos Estados Unidos há também riqueza de idéias e sugestões; não faltam imaginosos propugnadores de fórmulas inovadoras e mais racionais. Entretanto, na sua prudência política invejável, as elites dos países dotados de sólida cultura preferem a estabilidade, a continuidade — a segurança jurídica, enfim —, às aventuras comprometedoras do clima de produção, emprego, progresso.

"Nesses países há desenvolvimento, riqueza e emprego, exatamente porque há segurança jurídica. Até países sem recursos naturais são ricos, porque têm cultura amadurecida. Há dois séculos, Lorde Bagehot dizia sabiamente *institutions are not made, they grow*. Enquanto não atingirmos condições de compreender isso, seremos subdesenvolvidos, gesticuladores, sonhadores."[7]

Não se quer com isso dizer que o sistema existente nunca possa ser objeto de alteração para o seu aprimoramento. Quer-se ponderar que deve haver maior meditação — quiçá até de ordem filosófica — à hora de se propor qualquer tipo de reforma estrutural. No caso da reforma fiscal, talvez se devesse buscar, de modo mais efetivo, a aplicação da ordem constitucional existente, em lugar de simplesmente mudar o texto constitucional somente por mudar.

Seja como for, as reiteradas propostas de reforma tributária parecem ir de encontro aos anseios dos cidadãos, na busca por uma sociedade mais justa, o que implicaria uma tributação também mais justa e um dispêndio de dinheiro público idem.

Respeito à capacidade contributiva

Para se obter uma repartição mais equânime da carga tributária deve-se atentar para o respeito ao princípio da capacidade contributiva. É exatamente isso o que costuma faltar nos anteprojetos de mudança da Constituição.

Com efeito, para se prestigiar tal cânone, é necessário dar preferência à tributação pelos impostos denominados "pessoais e diretos", o que não ocorre. Aliás, é o próprio texto da Constituição da República que determina: "sempre que

7. Idem, pp. 183-184.

possível, os impostos terão caráter pessoal e serão graduados segundo a capacidade econômica do contribuinte (...)" (art. 145, § 1º).

O reformador, ao contrário, além de não parar sequer para pensar no assunto — é o que, ao menos, transparece —, inclui na competência da União outro imposto da categoria dos indiretos, onde não se pode levar em conta quem será tributado para o fim de se fixar o *quantum* devido (apesar de se propor que o ICMS passe a ser obrigatoriamente seletivo).

Temos para nós que o princípio acima referido é a própria materialização, ou, se se quiser, a juridicização da tão propalada *justiça fiscal*. Não é a única forma de obtenção desta, mas talvez seja o instrumento mais eficaz para tanto. A repartição justa da carga tributária começa pela aplicação desse postulado.

Em suma, talvez esteja latente nessa ordem de discussão exatamente a questão de se prestigiar o Estado de Direito e os direitos do cidadão e não os interesses do Fisco, ou vice-versa, e, em última análise, atender o País aos reclamos da chamada "nova ordem internacional", olvidando-se — ou, pelo menos, relegando a um segundo plano — as conquistas obtidas pelo cidadão-contribuinte através dos séculos. Isto, entretanto, é muito cedo para se concluir e só o tempo dirá.

FUNDAMENTOS DA TRIBUTAÇÃO AMPLA DAS IMPORTAÇÕES PELO ICMS E PELO IPI

MISABEL ABREU MACHADO DERZI
Professora dos Cursos de Graduação e Pós-Graduação da Faculdade de Direito da Universidade Federal de Minas Gerais

Há quem considere inadequada a tributação das importações. Há mesmo quem inquine de inconstitucional a Lei Complementar 87/96 na parte em que ela determina a incidência ampla do imposto estadual — ICMS — sobre as operações de importação, promovidas por pessoa física, sem habitualidade e para consumo. (Art. 4º, parágrafo único, I e II).

Estão em jogo os dispositivos da Constituição, especialmente as normas constantes do art. 155, II, e 155, § 2º, IX, "a". O primeiro tem redação muito ampla e autoriza os Estados a tributar as importações, em sentido genérico, concedendo-lhes competência para *instituir impostos sobre:* "II — operações relativas à circulação de mercadorias e sobre prestações de serv/iços de transporte interestadual e intermunicipal e de comunicação, *ainda que as operações e as prestações se iniciem no exterior*".

Pode-se ver no outro dispositivo (constante do art. 155, § 2º, IX, "a"), essa a grande questão, uma limitação, restringindo-se a competência estadual à incidência do imposto nas operações de importação, feitas por estabelecimento comercial contribuinte? Pensamos que não. Eis o teor da norma constitucional:

"Art. 155. (...).

"§ 2º. (...) "IX — incidirá *também*:

"a) sobre a entrada de mercadoria importada do exterior, *ainda quando* se tratar de bem destinado a consumo ou ativo fixo do estabelecimento, assim como sobre serviço prestado no exterior, cabendo o imposto ao Estado onde estiver situado o *estabelecimento destinatário da mercadoria ou do serviço*".

É sabido que jurisprudência anterior à Constituição de 1988 excluía da incidência do tributo estadual (o ICM) os bens de capital importados por fabricantes para seu próprio uso. De longa data, o STF não os considerava "mercadorias em circulação" (RE 79.951, de 1975, *RTJ* 78/215; e *RF* 250/111 e ss.), em um contexto em que a sua aquisição não gerava crédito para o estabelecimento importador. É natural, para aliviar os rigores de um princípio da não-cumulatividade mal compreendido à época, restrito ao chamado crédito "físico", que tal jurisprudência tivesse prosperado.

Parece-nos que a Constituição de 1988 quis apenas afastar aquela jurisprudência, que se tornara inadequada à luz do novo ordenamento, da nova ordem jurídica. Por isso mesmo ela não se utiliza das expressões *tão-somente,* ou *exclusivamente,* como forma de limitação da competência. O dispositivo expresso veio para determinar a incidência do ICMS na importação de bens de capital feita pelos estabelecimentos comerciais, sem prejuízo das demais, resultando daí o art. 155, § 2º, IX, "a". Apenas isso. Mas a medida, é claro, foi complementada e atenuada, com o novo perfil dado ao princípio da não-cumulatividade, assegurando-se o direito ao crédito pelo imposto pago nas operações de importação *ainda quando* se refiram a bens do ativo fixo, de uso ou consumo do estabelecimento. A Lei Complementar 87/96 veio exatamente reconhecer o amplo direito de crédito à compensação.

Esse fato, repita-se, não induz o entendimento de que a Constituição de 1988 proibiria a incidência do ICMS sobre as importações de bens de consumo feitas por pessoas não contribuintes. Parece-nos, ao contrário, que a Constituição de 1988 autoriza a incidência do ICMS em todas as importações de mercadorias à revenda ou de quaisquer outros bens, quer sejam feitas por pessoas físicas ou jurídicas ou por particulares para uso próprio.

O apego à literalidade dos enunciados das normas constitucionais não legitima decisivamente nenhum entendimento, podendo levar-nos tanto a uma certa leitura, quanto a outra, que seja o seu oposto perfeito. O modelo constitucional do ICMS, seus princípios e fundamentos, os dados históricos e atuais do contexto normativo e do contexto social subjacente, devem ser os critérios decisivos, aqueles que revelem o melhor sentido a ser atribuído à Constituição.

I — A neutralidade do ICMS e do IPI

Tanto o ICMS quanto o IPI, como tributos que oneram as atividades econômicas, devem ser *neutros*, não devendo ferir as leis da livre concorrência e da competitividade, que norteiam os mercados. A *seletividade*, que autoriza o legislador a distinguir em razão da essencialidade dos produtos, não pode ferir a igualdade e a isonomia entre contribuintes que efetuam operações com produtos e mercadorias de igual natureza, no mesmo setor econômico. E foi exatamente em decorrência desses princípios que adotamos tributos plurifásicos e não-cumulativos.

São conhecidos os efeitos dos tributos cumulativos, já longamente expostos por economistas e juristas. Utilizemos a síntese de Gomez Sabaini sobre os efeitos danosos dos tributos cumulativos (v. *Coordinación de la Imposición General a los Consumos entre Nación y Provincias*. CEPAL, Chile, 1993, p. 24), que se apóia em John Due (*Indirect Taxation in Developing Economies*. Baltimore, J. Hopkins Press, 1970), ou seja:

• distorção da alocação dos recursos econômicos, já que o imposto não é neutro, alterando os preços desde o produtor até o consumidor final; rompe-se com a neutralidade na competitividade;

• distorção no preço dos bens, maior ou menor, segundo a maior ou menor possibilidade de integração vertical de cada setor;

• desestímulo à exportação, já que não se pode devolver o imposto contido nos insumos e bens de capital, incorporados ao valor do bem exportado. Nessa hipótese ele onera a produção e não o consumo;

• estímulo à importação de bens, especialmente acabados, já que o tributo incidente sobre a importação alcança apenas a etapa final deles, enquanto os produtos domésticos são atingidos cumulativamente em todas as suas etapas;

• efeitos nos preços finais de aumento progressivo;

• administração mais cara, pois exige fiscalização ampla, plurifásica, sem nenhum tipo de vinculação entre contribuintes, como ocorre no sistema de compensação, em que o débito de um contribuinte é o crédito de outro.

A França foi o primeiro país industrializado a se aperceber das desvantagens de um imposto cumulativo, incidente sobre todas as fases de produção industrial e de circulação. Se já em 1936 se fazem as primeiras tentativas de mudança, apenas no ano de 1954 se criou a *Taxe sur la valeur ajoutée*, tributo retocado, posteriormente, mas ainda hoje vigente na França (v. Julliot de La Morandière *et alii, Droit Commerciel et Droit Fiscal des Affaires*, tomo II, Paris, Dalloz, 1965, pp. 628 e ss.). A rica experiência francesa se difundiu velozmente a partir da década de 60. O Brasil introduziu na Constituição o princípio da não-cumulatividade com a Reforma Constitucional n. 18, de 1965, embora já o tivesse adotado, em legislação ordinária, no Imposto de Consumo; a Comunidade Econômica Européia adota o imposto sobre o valor adicionado como projeto de sua primeira diretriz, finalmente aprovada pelo Conselho em 1967, sendo paulatinamente implementada por seus membros; a Alemanha o introduz a partir de 1968; a Dinamarca, pela lei de março de 1967; a Inglaterra, em 1º de abril de 1973; a Irlanda, em 1972; o Luxemburgo e a Bélgica em 1969. A partir do final dos anos 60, também esse tipo de tributo sobre vendas líquidas se difunde por toda a América Latina (Bolívia, Uruguai, Peru, Equador, Argentina), sendo recentemente introduzido no Paraguai, em 1992, para futura harmonização no Mercosul (v. Manuel de Juano, *Tributarios en el Mercosul*, informe presentado en el *Seminário ILDAT*, Itália, 29 junio/6 julio 1992).

O interesse em um imposto plurifásico, não-cumulativo e neutro é considerado ideal em economias que tendem à integração, como nos modelos europeus ou latino-americanos. Ser *neutro* significa tanto indiferente na competitividade e concorrência quanto na formação de preços de mercado. Ao mesmo tempo em que se adapta às necessidades de mercado, onerando o consumo e *nunca* a produção ou o comércio, o ICMS — Imposto sobre Operações de Circulação de Mercadorias e Serviços de Transporte e Comunicação é plurifásico, e oferece maiores vantagens ao fisco, pois antecipa o imposto que seria devido apenas no consumo (vantagens financeiras), além de colocar todos os agentes econômicos das diversificadas etapas de circulação como responsáveis pela arrecadação (vantagens contra o risco da insolvência).

A tributação das importações em geral (e da reimportação ou reintrodução no território nacional de produtos nacionais exportados) sujeita-se à incidência do IPI e do ICMS. É que ambos devem ser *neutros*, não podendo provocar distorções nas leis de concorrência e de competitividade. Ora, os países em geral não tributam suas exportações. Entre nós não incide o imposto federal (IPI) nas exportações, por expressa disposição da Constituição (art. 153, § 3º, III). Na atualidade, todas as exportações nacionais estão desoneradas igualmente do ICMS dos Estados (conforme normas da Constituição, conjugadas com a Lei Complementar 87/96). A importação de produtos estrangeiros ou a reintrodução de mercadorias nacionais exportadas sem o recolhimento daqueles impostos autorizaria a *fraude* e a *evasão* e quebraria a *neutralidade*, pois as demais empresas concorrentes sujeitaram-se à incidência.

A Constituição de 1988 não autoriza que o ICMS onere o contribuinte *de iure.* Ao contrário, por meio do princípio da não-cumulatividade, garante-se que o contribuinte, nas operações de venda que promova, *transfira* ao adquirente o ônus do imposto que adiantará ao Estado e, ao mesmo tempo, possa ele *creditar-se* do imposto que suportou nas operações anteriores. A Lei Fundamental somente se concilia com um só entendimento: o ICMS e o IPI não devem ser suportados pelo contribuinte (comerciante, industrial ou produtor). Se o consumidor é o único que não tem direito de crédito, correspondente ao imposto suportado em suas aquisições, então a ordem jurídica supõe que sofra a repercussão (jurídica) do tributo.

Em resumo, em economias de mercado, como nos modelos europeus ou latino-americanos, o imposto da modalidade do ICMS ou do IPI é considerado o ideal, exatamente por suas qualidades:

• é *neutro*, devendo ser indiferente tanto na competitividade e concorrência, quanto na formação de preços de mercado;

• *onera o consumo* e nunca a produção ou o comércio, adaptando-se às necessidades de mercado;

• *oferece maiores vantagens ao Fisco*, pois, sendo plurifásico, permite antecipar o imposto que seria devido apenas no consumo (vantagens financeiras) e coloca, ademais, todos os agentes econômicos das diversificadas etapas de industrialização e circulação como responsáveis pela arrecadação (vantagens contra o risco da insolvência).

Essas as razões pelas quais a Constituição brasileira insiste em um complicado imposto plurifásico, não-cumulativo, sobre a circulação de mercadorias. Essas as razões pelas quais a Europa adotou e mantém o mesmo tributo, em lugar de um simples imposto monofásico sobre o consumo, que não pode oferecer as mesmas conseqüências positivas. A Comunidade Européia adotou em sua primeira diretiva (1967) para harmonização geral do imposto de consumo o modelo IVA tal como resultou da longa experiência francesa, de pagamentos fracionados e dedução financeira dos investimentos (posteriormente desenvolvido em sua sexta diretiva). (Ver Jean-Jacques Philippe, *La TVA à l'Heure Européenne*, Paris, Litec, 1993; Jean-Ives Mercier e outro, *Les Impôts en France. 1995-1996*, Paris, Ed. Lefebvre, 1996; Lothar Schemmel, *Steuerharmonisierung*, Karl-Bräuer-Institut, 1990; Jean Marc Tirard, *La Fiscalité des Sociétés dans la CEE*, Paris, La Villeguerin, 1993; Paul Former-Richard Lyal, *EC Tax Law*, Oxford, Clarendon Press, 1994).

Mas no Brasil, ao contrário do que acontece nos países da Comunidade Européia, de longa data, o princípio da não-cumulatividade tornou-se princípio constitucional. A Emenda Constitucional n. 18, de 1.12.65, já o consagrara. Manteve-se intacto na evolução constitucional posterior. Na CF-67, art. 22, V, § 4º (IPI) e art. 24, II, § 5º (ICM). A Emenda n. 1, também chamada de Constituição emendada de 17.10.69, manteve o princípio para o IPI no art. 21, V, § 3º, e para o ICM no art. 23, II. A Constituição de 1988, igualmente, realça o princípio da não-cumulatividade em relação a ambos os impostos, a saber:

"Art. 153. (...)

"§ 3º. O imposto previsto no inciso IV: (*IPI*)

"(...);

"II — será não-cumulativo, compensando-se o que for devido em cada operação com o montante cobrado nas anteriores.

"Art. 155. (...)

"§ 2º, I — O imposto previsto no inciso II (*ICMS*) atenderá ao seguinte:

"I — "será não-cumulativo, compensando-se o que for devido em cada operação relativa à circulação de mercadorias ou prestação de serviços com o montante cobrado nas anteriores pelo mesmo ou outro Estado ou pelo Distrito Federal."

Cumpre ainda demonstrar as diferenças entre as técnicas utilizadas para manter as qualidades, características e princípios que regem tais tributos. Essas técnicas se distinguem em dois grupos: aquelas destinadas a vigorar em mercados completamente integrados e aqueloutras inerentes aos mercados não integrados ou que ainda não completaram o processo de integração. Ambas, no entanto, obedecem a um só princípio, que é o de alcançar neutralidade.

II — O ICMS em um mercado complemente integrado. O princípio da tributação na origem. Inexistência de incidência nas importações

O Brasil é país de dimensões continentais, que funciona com unidade territorial em um mercado perfeitamente integrado. A Constituição de 1988, na mesma linha das anteriores, dentro do território nacional, também veda que Estados e Municípios criem discriminações tributárias (quer por meio de imposto, quer por meio de taxas sanitárias de inspeção ou de fiscalização) entre bens e serviços em razão de sua origem ou de seu destino (art. 152). O objetivo é submeter bens e serviços a um tratamento equânime dentro de Estados ou de Municípios, de modo que possam circular livremente sem barreiras fiscais estabelecidas por uns, em detrimento de outros. O objetivo é preservar a unidade política econômica nacional, o objetivo é manter integrado o grande mercado consumidor nacional.

Nesse sentido, visando a essa harmonização, a Constituição adota certos princípios especiais em relação ao imposto sobre operação de circulação de mercadorias e serviços de transporte e comunicação (ICMS). Como esse tributo é de competência dos Estados-membros, nas operações de circulação interestadual, é necessário evitar que uma mesma mercadoria seja tributada tanto no Estado de origem como naquele de destino. A técnica ideal, para isso, é a técnica da tributação no Estado de origem, como determina a Constituição Federal.

Entretanto, o objetivo não é apenas impedir a elevação do preço da mercadoria pela transferência da dupla carga tributária, mas sobretudo permitir em relação a certo Estado que os bens advindos de outros possam concorrer em igualdade de condições com aqueles locais. Para isso, como se sabe, existem duas soluções. A primeira, mais utilizada, é a de optar pelo princípio da tributação exclusiva no Estado de destino, solução própria dos mercados não integrados e aquela que se pratica no comércio internacional, em geral; a segunda, que foi a solução brasileira, também adotada na Constituição de 1988 e única ajustada a um mercado perfeitamente integrado, é a adoção do princípio da tributação única no Estado de origem (embora, financeiramente, haja uma repartição entre um e outro Estado ou compensação).

O *princípio do destino* é a regra universal, adotada pelos países da Comunidade Européia no imposto sobre o valor agregado, porque aquela Comunidade não completou ainda sua integração. É também adotada pelas nações exportadoras de modo geral. O Brasil também aderiu à regra, por meio da Lei Complementar 87/96, que determinou a exoneração total das exportações (inclusive dos produtos primários e semi-elaborados) e a tributação das importações. Por esse princípio, as mercadorias e serviços saem livres de tributos do Estado de origem, e somente se sujeitam ao imposto no Estado de destino (ou importador). Para isso, o Estado de origem devolve o tributo pago nas operações anteriores (manutenção de créditos) quer nas etapas de comercialização, quer naquelas de industrialização, de tal forma que os bens se submetem aos tributos no Estado de destino, livres de impostos, em absoluta igualdade de condições com os bens nele produzidos. Portanto, independentemente de sua origem, os bens e serviços deverão ser isonomicamente tratados, podendo os Estados estabelecer com maior liberdade e flexibilidade suas alíquotas internas.

Com o *princípio de origem*, as mercadorias e serviços que circulam de um Estado a outro, independentemente de seu destino, incorporam no preço os impostos pagos no Estado de origem (ou exportador), inexistindo interrupção na cadeia de operações do produtor ao consumidor final. É, assim, irrelevante que o bem ou o serviço se transfira de um Estado a outro, havendo verdadeira integração e unidade no mercado, formado por distintos Estados. É necessário que o Estado do destino aceite os créditos gerados em outro Estado, de modo que os impostos pagos naquele de origem sejam abatidos do imposto a ele devido. Essa a regra da Constituição brasileira nas operações interestaduais dentro de seu mercado interno. Portanto, a tributação no Estado de origem é a mais evoluída do ponto de vista de uma integração político-econômica mas, em contrapartida, é forma complexa, porque exige um rigoroso controle interno sobre os incentivos e demais benefícios (cf. John Wilkins. "VAT in the European Community: How it works and modifications planned for 1992". *Bulletin 1991*, n. 7/8, International Bureau of Fiscal Documentation, Amsterdam; Hugo González Cano. *Analisis de los Sistemas Tributarios en el Mercosur*, Informe presentado en el *Seminario ILDAT*, Itália, 29 junio/6 julio 1992; Lothar Schemmel, *Steuerharmonisierung in der Europäischen Gemeinschaft*, Karl-Bäuer-Institut des Bundes der Steuergahle e. V., Wiesbaden. Heft 65. Mai 1989).

Observe-se que as diferenças substanciais entre um princípio e outro não se encontram apenas centradas no controle alfandegário, que é necessário e complexo no princípio de tributação exclusiva no Estado de destino, mas, sobretudo, na forma da distribuição da receita do imposto entre os Estados envolvidos.

"No princípio do Estado de destino, que está hoje em vigor na CE, apenas o Estado do destino obtém receitas e o Estado de origem renuncia a uma tributação de sua exportação. No princípio da comunidade (ou Estado de origem), que deve valer em um mercado interno completamente integrado, não só o Estado de destino mas também o de origem obtêm receita, na medida da mais valia produzida em seu território.

"De acordo com o ponto de vista da Comissão (CE), o imposto sobre a mais valia comum todavia deve continuar a correr para o Estado do destino, por razões político-administrativas. Um Estado preponderantemente exportador não deve ficar em uma posição melhor frente à distribuição de receita até agora aplicada, nem um Estado preponderantemente importador deve ser colocado em posição pior."

As propostas da Comissão para a adoção do princípio do Estado de origem "prevêem a necessidade de pagamentos de compensação posteriores do Estado preponderantemente exportador ao Estado preponderantemente importador. Os pagamentos não devem correr, todavia de um Estado a outro, segundo o ponto de vista da Comissão. Antes devem todos os Estados se reportar a um Fundo de Compensação. Estados-membros, que são importadores líquidos, obteriam pagamentos do Fundo de Compensação e Estados-membros que, como a República Federal Alemã, são exportadores líquidos, fariam pagamentos ao Fundo de Compensação" (cf. Lothar Schemmel. *Steuerharmonisierung in der Europäischen Gemeinschaft*, ob. cit., pp. 26-27).

No Brasil, o princípio do Estado de origem vigente, também chamado de "mercado integrado", é o único que se ajusta à unidade político-econômica territorial. Não há sentido em optar por uma tributação no destino, se ela representa um retrocesso em relação à integração de mercado, que é princípio imperativo da Constituição. Como tributo neutro, não obstante, nas operações interestaduais, deve ser repartido por meio de mecanismos que compensem as perdas dos Estados preponderantemente importadores, em relação àqueles preponderantemente exportadores. A solução brasileira adotada (como já alertara Aliomar Baleeiro) não foi a criação de um Fundo de Compensação, mas a atribuição constitucionalmente feita ao Senado Federal da fixação das alíquotas aplicáveis às operações interestaduais e de exportação.

As diversas Resoluções do Senado Federal reguladoras do assunto vinham estabelecendo, antes da Constituição de 1988, alíquotas interestaduais máximas sempre mais baixas do que o teto fixado para as internas (V. Res. 65/70; 7/80 etc.). E, sobretudo, passaram a se utilizar de critérios distintos: se a mercadoria se destina aos Estados das Regiões Norte, Nordeste ou Centro-Oeste, que se presumem importadores-consumidores líquidos, a alíquota interestadual cai, reduzindo-se a margem de receita do Estado de origem, localizado na Região Sul-Sudeste, que se presume exportador líquido.

A Resolução senatorial de n. 22, de 19 de maio de 1990, regulou a matéria nos seguintes termos:

"Art. 1º. A alíquota do Imposto sobre Operações Relativas à Circulação de Mercadorias e sobre Prestações de Serviços de Transporte Interestadual e Intermunicipal e de Comunicação, nas operações e prestações interestaduais, será de 12% (doze por cento).

"Parágrafo único. Nas operações e prestações realizadas nas Regiões Sul e Sudeste, destinadas às regiões Norte,

Nordeste e Centro-Oeste e ao Estado do Espírito Santo, as alíquotas serão:

"I — em 1989, 8% (oito por cento);

"II — a partir de 1990, 7% (sete por cento).

"Art. 2º. A alíquota do imposto de que trata o art. 1º, nas operações de exportação para o exterior, será de 13% (treze por cento)."

Como se vê, estando o Estado de origem localizado nas Regiões Sul-Sudeste do País, mais desenvolvidas economicamente, as remessas de suas mercadorias para outras regiões, que são consumidoras líquidas, acarretam a imposição de uma alíquota menor para que o Estado do destino se aproprie de uma diferença maior em relação às alíquotas incidentes sobre as operações internas (18% - 7% = 11%). Mas essa diferença de tratamento, conforme a destinação, não é ofensiva à isonomia ou à integração do mercado interno brasileiro. Pelo contrário, ela pretende uma verdadeira integração, com neutralidade de resultados — ou pelo menos sua atenuação —, entre Estados consumidores líquidos e produtores exportadores líquidos.

Ressalte-se, finalmente, que a harmonização tributária, impeditiva das exonerações internas discriminatórias, em um tributo como o Imposto sobre as Operações de Circulação de Mercadorias e Serviços de Transporte e Comunicação (ICMS), se completa por meio da exigência de prévio convênio, firmado entre os Estados-membros e o Distrito Federal, para a concessão de incentivos, isenções e outros benefícios tributários (art. 151, XII, *g*).

Portanto, apenas em um mercado perfeita e completamente integrado, como é o caso do mercado nacional, as compras de um Estado a outro *não configuram importações*, são simples operações interestaduais que não podem ser oneradas no momento de sua introdução no território estadual. Pessoas, bens, mercadorias e serviços circulam livremente, em igualdade de condições. É indiferente ou deve ser indiferente que um consumidor, residente em certo Estado da Federação, adquira o mesmo produto em seu próprio Estado ou em outro, deslocando-se pessoalmente para esse fim ou não. Assim, se um consumidor paulista desloca-se pessoalmente para outro Estado (Minas Gerais, por exemplo) para realizar compras, sujeita-se ao imposto cobrado e arrecadado no Estado mineiro, onde as efetua, em igualdade de condições com os demais consumidores. Se igualmente o consumidor paulista faz compras à distância, por correspondência, adquirindo mercadorias de outro Estado, suportará o mesmo tributo incidente nas operações internas (e não interestaduais), para inteira harmonização, vedada a distorção na concorrência. É o que estabelece o art. 155, § 2º, VII, "b". Eventuais diferenças no preço entre produtos iguais, produzidos em Estados diversos, podem resultar de razões comerciais e industriais, mas não diretamente de discriminações de imposto (que devem ser vedadas).

III — O ICMS e o IPI em um mercado não integrado. A desoneração dos investimentos e da exportação e a tributação das importações

Depois de uma longa tradição de proteção à indústria nacional, de substituição das importações e de reservas mercadológicas, o Brasil não só começou a abrir-se ao mercado externo, como a formar bloco de integração econômica no Mercosul. O Tratado de Assunção, de 26 de março de 1991, firmado entre o Brasil, a Argentina, o Paraguai e o Uruguai (já ratificado pelo Congresso Nacional), estabelece metas em seu art. 1º, como a livre circulação de bens, serviços e fatores produtivos; a coordenação de políticas macro-econômicas ao lado do estabelecimento de uma tarifa externa comum; finalmente, a harmonização de legislações nas áreas pertinentes.

Em 1995 iniciou-se a concretização da união aduaneira entre os países signatários, com a adoção de uma política comercial unificada, a eleição de uma tarifa externa comum em relação a terceiros e regimes comuns de defesa contra práticas comerciais desleais. (Sobre as diferenças entre zona de livre comércio, união aduaneira e mercado comum na integração, ver Isabel Vaz, *Direito Econômico da Concorrência*, Rio de Janeiro, Forense, 1993; Paulo Borba Casella, *Mercosul, exigências e perspectivas*, São Paulo, LTr, 1996; Atilio Anibal Alterini e Maria Cristina Boldorini, *El Sistema Jurídico en el Mercocur*, Buenos Aires, Abeledo Perrot, 1994; José Ângelo Estrella Faria. *O Mercosul: Princípios, Finalidade e Alcance do Tratado de Assunção*, Brasília, Ministério das Relações Exteriores, 1993; Paulo Roberto de Almeida. *O Mercosul no Contexto Regional e Internacional*, São Paulo, Aduaneiras, 1993.)

O Tratado de Assunção impõe claramente a necessidade de harmonização das legislações nas "áreas pertinentes", dentre as quais se ressalta a tributária, pela evidente interferência que têm os tributos na formação dos preços e na competitividade. Certamente, as técnicas de harmonização previstas, por ora, são as clássicas, advindas de tratados, acordos e protocolos adicionais que, no caso do Brasil, deverão ser ratificados pelo Congresso Nacional para incorporação à ordem jurídica interna. Adotamos no Mercosul a harmonização-padrão, clássica. Nele não temos e nem teremos (a curto prazo) direito supranacional, mas apenas direito internacional.

Portanto, a nova realidade reclamou estudos comparados do sistema tributário em vigor nos países integrantes do Mercosul. É que, para se conseguir a livre circulação de mercadorias e serviços, de capital e de pessoas, é mister criarem-se condições objetivas que garantam a livre concorrência e a necessária segurança jurídica aos agentes econômicos envolvidos. Impõe-se, então, reduzir aquilo que se convencionou chamar de efeito *Delaware* (busca incessante do Estado que ofereça maiores vantagens fiscais e menores exigências) por meio da harmonização das diferentes ordens jurídicas partícipes. Se a doutrina brasileira já tinha apontado vícios a serem corrigidos e necessários ajustes a serem implementados por meio de reformas do sistema tributário — em inúmeros projetos, continuamente discutidos nos últimos anos —, os estudos comparados de sistemas jurídicos estranhos, a necessidade premente de equilíbrio da balança comercial, o necessário estímulo a investimentos produtivos e a vontade política de integração facilitaram a conscientização amadurecida das correções a serem feitas, as quais têm atendimento parcial na Lei Complementar n. 87, de 13 de setembro de 1996.

A Lei Complementar 87/1996 contém vícios, mas em contrapartida trouxe avanços consideráveis. Os mais notáveis referem-se à total desoneração da exportação nacional e ao reconhecimento de um princípio da não-cumulatividade mais amplo e tecnicamente adequado à Constituição. É estranho que, cabendo à União a condução da política econômica nacional e o controle da balança comercial, não se tivesse elaborado uma lei complementar retificadora do sistema de crédito e compensação no Imposto sobre Operações de Circulação de Mercadorias, para eliminação de toda cumulatividade residual; que ainda não se tivesse isentado do imposto estadual, por lei complementar federal, toda a exportação nacional, inclusive "semi-elaborados". Por meio de isenções à exportação ou de redução de base de cálculo, concedidas em convênios, os Estados brasileiros — via CONFAZ — tornaram-se, em grande parte, senhores da política de exportação nacional.

Antes da inovação trazida pela Lei Complementar 87/96, nosso País somente não tributava, por meio do Imposto sobre Operações de Circulação de Mercadorias e Serviços de competência dos Estados, as exportações dos produtos industrializados, havendo expressa imunidade na Constituição Federal. Porém incidiria, como de fato incidiu, o referido imposto estadual sobre a exportação dos não industrializados e ainda dos produtos denominados "semi-elaborados". Os países da Unidade Européia e os membros do Mercosul (exceto o Brasil) já concediam não incidência ou isenção ampla e generalizada às exportações.

Acresce ainda que o imposto estadual sobre a circulação assim como o federal incidente sobre a industrialização, tributos plurifásicos, guardavam substancial cumulatividade. Apesar de a Constituição Federal, nos artigos 153, § 3º, II, e 155, § 2º, I, consagrar expressamente o princípio da não-cumulatividade de forma ampla, a legislação infraconstitucional, de duvidosa constitucionalidade, reduziu-o, concedendo crédito apenas físico, limitado aos insumos que se incorporarem ao produto final ou se consumirem inteiramente no curso do processo de produção. Assim, o imposto pago nas aquisições dos bens de capital (bens do ativo fixo), ao contrário do que ocorre nos países europeus e latino-americanos, não gerava crédito, onerando os preços finais e atenuando sua competitividade. Embora a manutenção dos créditos na exportação tenha sido determinada pela Lei Complementar n. 65/91, quanto aos produtos industrializados, tal regra da proibição do estorno não tinha o alcance que se desejaria. É que, sendo o regime de compensação limitado, os preços dos produtos industrializados exportados refletiam os impostos pagos em operações anteriores (relativamente aos bens de capital), que não geravam crédito. Fenômeno idêntico ocorrera em França, antes da reforma de 1954, chamado de dupla tributação dos investimentos. Com efeito, "o imposto, tendo gravado as compras de equipamentos, não era dedutível do imposto a pagar. Eles suportavam uma primeira tributação na compra e uma segunda na venda, na medida em que uma fração de seu valor era incorporada ao preço do produto acabado, sob a forma de amortização" (cf. Jean-Jacques Philippe, *La TVA à l'Lheure Européenne*, Paris, Litec, 1993, p. 10).

Exatamente tais vícios a Lei Complementar 87/96 veio corrigir, vedando ainda o estorno dos créditos referentes a mercadorias e serviços objeto de operações de exportação, *que são totalmente desoneradas* (art. 21, § 2º). Assim, a regra do estorno do crédito nas isenções e não-incidências é derrogada, ajustando-se o Brasil às demais economias do planeta que adotam um imposto de consumo plurifásico e não-cumulativo.

Como se sabe, o Imposto de Importação e o Imposto de Exportação não têm objetivos fiscais, mas predominantemente extrafiscais, de evidente defesa da produção interna, que muitas vezes não tem competitividade em face dos produtos estrangeiros, servindo a incidência de proteção às divisas e ao equilíbrio da balança comercial.

Entretanto, a incidência de tributos como o Imposto sobre Produtos Industrializados (IPI) e o Imposto sobre Operações de Circulação de Mercadorias e de Serviços (ICMS) na importação não tem nenhum objetivo protecionista, mas é fenômeno necessário de isonomia e de eqüidade, nos mercados não completamente integrados. É que, já vimos, a norma adotada no mercado internacional é aquela de desoneração das exportações, de tal modo que os produtos e serviços importados chegam ao país do destino livres de todo imposto. Seria agressivo à regra da livre concorrência e aos interesses nacionais pôr em posição desfavorável a produção nacional, que sofre a incidência do IPI e do ICMS. Daí a necessidade de se fazer incidir o IPI e o ICMS sobre a importação de produtos industrializados.

A tributação da importação, por meio do IPI (e do ICMS), deve ser a regra geral, quer estejamos falando de mercados abertos ou fechados. Mesmo a Comunidade Européia, em adiantada fase de integração, até o ano de 1996, continua tributando as compras-importações feitas entre os países integrantes da Comunidade e desonerando completamente as vendas-exportações intracomunitárias. Outros blocos voltados à integração, em fase menos desenvolvida — como é o caso do Mercosul —, com mais razão, devem adotar as mesmas regras.

Ora, iniciada a concretização da união aduaneira entre os países signatários do Mercosul, implementa-se um sistema de eliminação de tarifas aduaneiras, a adoção de uma política comercial unificada em relação a terceiros países, a eleição de uma tarifa externa comum e regimes comuns de defesa contra a prática comercial desleal. Como se vê, a eliminação dos impostos de exportação e de importação é o primeiro passo para a criação da livre circulação de bens, serviços e de fatores produtivos. Mas para se conseguir a livre circulação de mercadorias, produtos e serviços é mister criarem-se condições objetivas que garantam a livre concorrência e a necessária harmonização do sistema tributário dos países envolvidos. Esse é um lento processo. Enquanto ele não se complementa, durante muitos anos ainda, a Argentina, o Paraguai, o Uruguai e o Brasil continuarão exonerando totalmente a exportação de seus produtos industrializados e outros. Aliás, temos entre nós normas de imunidade constitucional (a do art. 153, § 3º, III, e art. 155, § 2º, X, "a"), que dão grande estabilidade à técnica de *tributação das exportações — pelo menos quanto aos produtos industrializados — exclusivamente no país do destino*.

Portanto, saindo os produtos exportados sem o pagamento do imposto incidente sobre a produção industrial nos países de origem (ou equivalentes como o IVA ou TVA sul-americano ou europeu), submetem-se ao imposto (IPI e ICMS) no país do destino. Esse *o princípio do destino*, inerente ao comércio internacional em geral e aos mercados ainda não totalmente integrados (de que é exemplo a Comunidade Européia). É irrelevante que a importação se destine a nova industrialização, ao comércio ou ao consumo do importador. O fundamental é que o produto estrangeiro importado circule, no mínimo e pelo menos, em iguais condições em que circula o produto nacional.

Há quem sustente, entre nós, a inconstitucionalidade da incidência do Imposto sobre Produtos Industrializados na importação, sob o argumento de que haveria superposição parcial com o campo de incidência do Imposto de Importação. Assim, o Imposto federal sobre Produtos Industrializados seria um verdadeiro "sobre-imposto" ou "adicional" do imposto aduaneiro. Se a Constituição instituiu o Imposto de Importação em espécie autônoma, argumentam, automaticamente ficariam as importações ceifadas da abrangência do Imposto sobre Produtos Industrializados. Admite essa doutrina dissidente apenas a incidência do IPI sobre a reimportação de produtos industrializados nacionais. (Cf. Antônio Maurício da Cruz. *O IPI — Limites Constitucionais*. Col. Textos de Direito Tributário. v. 5, São Paulo, Ed. RT, 1983, p. 74; José Roberto Vieira. *IPI. A Regra-Matriz de Incidência*. Curitiba. Juruá Ed., 1993, pp. 99-100).

Discordamos da tese. Os objetivos e as funções de um tributo e de outro são diferentes, como já demonstramos. Não coincidem, ainda, os âmbitos de validade material de um e de outro. Distinga-se que o imposto de importação:

- atinge todos os produtos estrangeiros, quer sejam industrializados ou não;
- de modo algum poderá incidir sobre produtos nacionais ou nacionalizados.

Entretanto, o IPI alcança quaisquer operações relativas a produtos industrializados nacionais ou estrangeiros. Sobreposição parcial também ocorre entre o IPI e o ICMS. Os mesmos autores citados se utilizam exatamente da *diferença* entre o fato gerador do Imposto sobre Produtos Industrializados e do Imposto de Importação para sustentar a tese, que refutamos, de que não poderá haver incidência do IPI na importação de produtos industrializados estrangeiros, mas apenas na reimportação de produtos nacionais. Entendemos que as duas hipóteses estão dentro do campo de abrangência do IPI.

É bom reproduzirmos trecho de Antônio M. da Cruz, que nos parece irretocável, quanto a essa parte da tributação dos reimportados nacionais pelo IPI:

"Tratando-se de reimportação de produtos industrializados, ou seja, de importação dos produtos brasileiros anteriormente exportados, a incidência cabível é a do IPI. É compreensível este mecanismo adotado por obviar a evasão: produto industrializado no País e exportado foge à incidência do IPI; se pudesse retornar ao País sem a incidência do Imposto sobre Produtos Industrializados, estaria aberta a porta à fraude, uma vez que não ocorre também a incidência do Imposto de Importação (por não ser produto estrangeiro)" (cf. ob. cit., p. 55).

Entretanto, o argumento é similar quando se advoga a incidência tanto do IPI quanto do ICMS sobre as operações de importação. Como a desoneração dos produtos exportados é a regra geral, saindo tais produtos totalmente livres de tributos de seus países de origem, acolhê-los no território nacional sem a incidência daqueles impostos é submetê-los a regra desigual mais favorável, ficando em desvantagem a produção nacional. Sobretudo, quebra-se a neutralidade desses tributos, como impostos de mercado.

Como se sabe, a formação de mercados de integração depende, até a harmonização completa dos tributos internos da cada país envolvido, de que os produtos de cada um sejam igualmente tratados, dispensando-se aos estrangeiros o mesmo tratamento dado aos nacionais. Ora, as alíquotas aduaneiras, inerentes ao Imposto de Importação, tendem, em um mercado integrado, ou em processo de integração, a serem fixadas em 0 (zero). Enquanto existirem, portanto, impostos como IPI e ICMS no mercado interno nacional, é inviável desonerar as importações, afrontando-se as leis da livre concorrência e os interesses da indústria nacional.

Mesmo em mercados de adiantada fase de integração, como é o caso da Comunidade Européia, até o ano de 1996, as operações intracomunitárias (entre países-membros) estão sujeitas a um regime similar, transitório, ao das exportações, ou seja, desoneração total no país de origem e tributação das importações pelo IVA (regime do Estado do destino).

As compras intracomunitárias efetuadas por particulares, na Comunidade Européia, estão sujeitas a tributação como quaisquer outras. Com a supressão das fronteiras fiscais, havendo livre circulação de pessoas e bens, é lógico que o imposto incide sobre tais operações no país em que são efetuadas. Assim, se um consumidor se deslocou para outro Estado, membro da Comunidade, pagará o IVA local, daquele país onde realizou suas compras. Mas as vendas à distância, ou seja, feitas por correspondência pelo particular, não contribuinte, são tributadas no Estado do domicílio do comprador. Essa a regra geral destinada a evitar que um consumidor de certo Estado somente compre produtos de outro, em que as alíquotas mais baixas do IVA propiciem preços menores, distorcendo as regras da livre concorrência.

Assim, em princípio, mesmo no avançado mercado da Comunidade Européia, as compras à distância, feitas por particulares, por meio de correspondência, sofrem a incidência do IVA, no país do destino, como se fossem importação. Se, entretanto, essas compras se dão com deslocamento do consumidor, que adquire pessoalmente a mercadoria em outro Estado que não o de sua residência, serão pagos os tributos na origem, conforme alíquotas ali vigentes. No último caso, entretanto, regra interessante de exceção é prevista, destinada a evitar distorção na concorrência. Refere-se ela a aquisições de meios de transporte novos (em especial automóveis), os quais são tributáveis no Estado de matrícula do veículo, ainda que a compra seja pessoalmente feita em outro Estado. Avaliam Mercier e Plagnet:

"Assim, a TVA é, em princípio, neutra: por exemplo, um particular francês não fará uma economia de imposto indo comprar seu carro em outro Estado, porque a TVA francesa será aplicável. Entretanto, pode acontecer que os veículos sejam vendidos a preço inferior em um outro país, mas por razões (essencialmente comerciais) não diretamente ligadas à TVA" (cf. *Les Impôts en France. Traité de Fiscalité*. 1995-1996. Paris. Lefèbvre, 1996, p. 334).

O que importa é que, no mínimo, sejam os produtos, bens e serviços de certo Estado sujeitos à mesma carga tributária do que aqueles de outro Estado. Se essa regra se impõe nos mercados já integrados ou em vias de integração, é muito mais necessária nos mercados não integrados. Lembremo-nos de que as exportações são livres de tributos no país de origem.

V — Conclusões

A Constituição Federal, sem dúvida, não contempla regras contrárias à natureza e às características dos impostos por ela adotados. Tanto o IPI como o ICMS são *neutros*, jamais devendo ser suportados pelo contribuinte *de iure*. O princípio da não-cumulatividade, como vimos, foi adotado exatamente para que se evitassem interferências indevidas na formação dos preços e distorção na concorrência. Deve-se supor que, sendo as importações livres de impostos no país de origem (exportador), submetam-se elas aos mesmos tributos internos (IPI e ICMS), que oneram a produção nacional. O consumidor deve suportar os mesmos tributos, quer adquira mercadoria estrangeira ou nacional, se estiver em desenvolvimento uma política de integração. A regra adquire ainda mais força no comércio exterior em geral, relativo a mercados não integrados. Assim, um consumidor brasileiro deve pagar os mesmos impostos incidentes sobre os carros nacionais se preferir importar da Argentina um veículo para uso próprio.

A regra é lógica e prevalece no mercado interno, nas operações feitas entre Estados diferentes da Federação brasileira (conforme art. 155, § 2º, VII, "b"). O consumidor brasileiro, em um mercado completamente integrado, quando compra mercadorias de outro Estado, diferente daquele em que se localiza, não está isento de imposto, ao contrário, paga o ICMS (ou o suporta) como se a operação tivesse sido interna. A regra de neutralidade é a mesma em relação ao mercado externo. A única peculiaridade está em que, nos mercados completamente integrados, em que vigora o *princípio da tributação na origem*, o imposto relativo a mercadorias destinadas a consumidor final, não contribuinte, localizado em outro Estado, não é devido ao Estado do destinatário. Já nos mercados não integrados (ou em processo de integração), o imposto — ICMS ou IPI — é devido ao *país do destinatário ou do consumidor final*. Mas há, tanto em um caso como em outro, incidência do tributo, não se concebendo a "isenção" ou a "não-incidência" pelo simples fato de a operação ser interestadual, ou de importação. Nem se pode consentir em que o produto estrangeiro tenha tratamento tributário privilegiado em relação ao nacional. Portanto, para afastar regra tão lógica seria necessário, ao contrário, haver norma proibitiva expressa da incidência do ICMS sobre as operações de importação, feitas por particulares, não contribuintes.

O que se vê na Constituição é exatamente o contrário. Existe norma autorizativa ampla, pois o ICMS incide sobre operações de mercadoria e serviços de transporte e comunicação, "ainda que as operações e as prestações se iniciem no exterior". O fato gerador, quanto a seu aspecto material extensivo, é abrangente das importações, e está perfeitamente delineado na Carta Magna. O que se dá é mero deslocamento da sujeição passiva. Por relevantes questões de territorialidade, o contribuinte do ICMS ou do IPI nas importações não é aquele que promover a operação (evidentemente situado em país estrangeiro), mas o adquirente-importador, quer esteja na posição de contribuinte, ou de simples consumidor.

Belo Horizonte, 14 de maio de 1997

IMPORTADOR DE BENS INDUSTRIALIZADOS — EQUIPARAÇÃO A INDUSTRIAL — O TERMO "INDUSTRIAL", UTILIZADO NA LEGISLAÇÃO DO ICMS, TEM O ALCANCE QUE LHE DÁ A LEGISLAÇÃO DO IPI, INCLUSIVE PARA EFEITOS ISENCIONAIS

AIRES F. BARRETO
Professor de Direito Tributário — Presidente do Instituto
Geraldo Ataliba-IDEPE-Instituto Internacional de Direito Público e Empresarial
— Diretor da Faculdade de Direito da Universidade de Santo Amaro-UNISA

I — Pressupostos da análise do tema

1. As chamadas presunções e ficções legais

Como tivemos oportunidade de expor em trabalho que escrevemos com o saudoso mestre Cléber Giardino (cf. "As Presunções no Direito Tributário", in *Cadernos de Pesquisas Tributárias* n. 9, Ed. Res. Trib., São Paulo, 1984, pp. 185-250), as regras de direito, por suas próprias características e função, não são, em si mesmas, verdadeiras ou falsas; não introduzem conceitos que, para o direito e segundo o direito, prestem-se a essa ordem de juízo. Apenas existem, ou são válidas, no sentido de terem sido criadas segundo padrões de elaboração previamente determinados. Mesmo quando referem realidades do mundo sensível (o que é freqüente), não as convertem em realidades jurídicas "emprestadas" do mundo concreto; delas tomam tão-só o significado para instruir a construção de suas próprias figuras particulares, os conceitos do direito, só existentes no plano normativo.

Exigências da linguagem jurídica impõem essa técnica: a veiculação dos comandos de comportamento que compõem o universo normativo, supondo compreensão de seus destinatários, obriga à utilização de signos. Mas, a exemplo dos símbolos matemáticos (que não correspondem a realidades concretas), também os signos do direito são privativos, isto é, existentes apenas no plano abstrato das normas.

Isto faz dos conceitos e das normas jurídicas *verdades em si mesmo consideradas*. Assim ocorre com o fato descrito em lei (hipótese normativa) que determina o nascimento das conseqüências jurídicas (efeitos de direito) previstas; o mesmo sucede com o fato em que, à sua vez, se traduz a conseqüência implicada (os referidos efeitos jurídicos). Igual natureza tem a estrutura global, consistente no enlace dessas situações, antecedente e conseqüente; bem assim as unidades simples (conceitos e noções) sobre as quais toda a estrutura, ou descrição normativa, se desenvolve.

Em todos os casos, inocorrem "criações verdadeiras ou falsas", a dizer, contrastáveis com a realidade fenomênica; é que, no mundo material, inexistem normas, prescrições ou conceitos, se não apenas seres e fatos.

Nada disso destrói, é bem verdade, a vocação fundamental do direito, que está no regrar comportamentos humanos, evidentemente para favorecer o convívio e atender às necessidades sociais. Daí que as normas, não se confundindo com a realidade sensível, são elaboradas tendo em vista esse universo, a um só tempo, razão e objeto do Direito.

Destarte, os padrões jurídicos — conceitos e normas que dele constituem os ingredientes fundamentais — valem-se do significado genérico que, no plano factual, ostentam as realidades que lhe correspondem. E, apenas excepcionalmente, quando necessário para determinar alcance especial (nesse sentido "anormal") da regra jurídica, é que dessa técnica básica a elaboração jurídica se afasta.

Tais considerações conduzem a uma primeira e fundamental conclusão: sendo sempre, por definição, "verdadeira" a regra de direito (e as unidades nas quais se decompõe), assim deve ser compreendida, mesmo quando refere conceitos alusivos a formas desconhecidas ou anormais no plano material.

Será, pois, verdadeira, indiferentemente, quando (a) verse conceitos recebidos como coincidentes com os da realidade sensível (o que se dá na generalidade das normas); quando (b) introduz conceitos "falsos", isto é, denotando sentido inexistente na ordem material (situações bem raras); e, também, quando (c) reflete signos conceituais que, embora de correspondência duvidosa, ou apenas provável, no plano natural, são postos na ordem normativa com abstração dessas incertezas.

Precisamente nesses casos, às simples normas (hipótese "a") ter-se-á o que, em doutrina e jurisprudência, usualmente se designa como *ficções jurídicas* (hipótese "b") ou *presunções legais* (hipótese "c").

A perspectiva doutrinal que essa nomenclatura revela funda-se, visivelmente, no contraste, ou oposição, dos conceitos ou formas normativas, aos conceitos e formas não-jurídicos, pertinentes ao mundo real; supõe, ademais, verificações de "verdade" e "falsidade" nas normas jurídicas. E isso se evidencia de todo injustificável.

As distinções preconizadas não sobrevivem ao crivo de análise mais rigorosa que se contenha estritamente no campo jurídico.

Em rigor, nas normas inexistem "ficções" ou "presunções", mesmo porque, sendo estas figuras produto de ação intelectual, só ao campo da razão humana são pertinentes. É que a identidade integral ou aproximada dos conceitos e padrões normativos com a realidade tangível do mundo fenomênico é pressuposto só excogitável de um prisma manifestamente pré-jurídico, vale dizer, mero elemento distintivo, mental, do legislador, no momento da edição da lei.

Tem razão Alfredo Augusto Becker quando afirma que, "criada a regra jurídica, desaparece aquela diferenciação, porque tanto a presunção quanto a ficção, ao penetrarem no mundo jurídico por intermédio da regra jurídica, ambas entram como *verdades (realidades jurídicas)*" (*Teoria do Direito Tributário*, 2ª ed., Saraiva, 1972, p. 464).

Daí que, em todos os casos, o que se tem são normas de direito, padrões normativos de comportamento (ou simples regras de organização da ordem jurídica), repousantes sobre *singelas cons-*

truções conceituais de hipóteses de fato. São essas hipóteses, pois, quando racionalmente entendidas (ou seja, quando submetidas à análise humana) e idealmente visualizadas, que poderão ser vistas como correspondentes, ou não, aos padrões normais prevalecentes na ordem material. Para o direito, o que existe nas normas, portanto, são sempre verdades, ainda que, de um prisma não-jurídico, possam ser definíveis como "anômalas" ou "artificiais", como pretende Pérez de Ayala (*Las Ficciones en el Derecho Tributario,* Ed. Der. Fin., Madrid, 1970, p. 26).

Por isso, qualificar tais verdades como "ficções" ou "presunções jurídicas", em dados casos, importa introduzir imprecisão que em muito compromete a compreensão científica do Direito.

Presunções ou são o resultado do raciocínio ou são estabelecidas pela lei, a qual raciocina pelo homem. Daí classificarem-se em presunções simples, ou comuns, ou de homem (*praesumptiones hominis*) e presunções legais, ou de direito (*praesumptiones juris*). Estas, por sua vez, se subdividem em absolutas, condicionais e mistas. As absolutas (*juris et jure*) não admitem prova em contrário; as condicionais ou relativas (*iuris tantum*) admitem prova em contrário; as mistas, ou intermédias, não admitem contra a verdade por elas estabelecida senão certos meios de prova, referidos e previstos na própria lei.

As normas que manifestam as chamadas presunções *juris et de jure* (como explica Menoch: *juris,* porque *lege introducta est lex, et de jure,* porque *super tali praesumptiones inducit firmum jus, et habet eam pro veritate*) não se distinguem de quaisquer outras normas jurídicas. Tal como as demais, instituem "direito firme", procedendo "como verdades"; normas que são, revelam-se estranhas à idéia de prova.

Lessona é enfático ao afirmar que tais "presunções" em nada diferem das demais regras jurídicas de direito substantivo. Diz esse autor (trazido à colação por Becker) que, se o legislador, ao ditar a lei, persegue o fim da justiça, então, a verdade, tal como por ele concebida, converte-se, decididamente, numa norma imposta pela lei. Equivale a dizer: com a edição da lei, são cortados os laços que a uniam à presunção experimental e lógica tomada como verdadeira pelo legislador; adquire autonomia; não mais configura "presunção", mas singela disposição legal, em nada diferentes de quaisquer outras integrantes do direito.

Nesse caso, a *conseqüência inevitável* de estar-se diante de "normas jurídicas" é a *inadmissibilidade de subtração à sua aplicação*, mediante o oferecimento de prova contrária conducente a demonstrar a possível "falsidade" do comando posto. A regra incidirá sempre, sem possibilidade de afastar-se a irradiação de seus efeitos a simples pretexto de "erros" inadvertidos pelo legislador, na criação da regra jurídica.

De conseguinte, as designadas "ficções" ou "presunções", ao adentrarem o mundo do Direito como conteúdo de normas, desautorizam esse tipo de qualificação; é que transformaram-se em singelas normas, "verdades" jurídicas por definição, em nada diversas das que se exprimem em quaisquer outras regras. Como simples disposições legais de direito substantivo, despidas de caráter excepcional, submetem-se aos princípios basilares da ordem jurídica, norteadores da interpretação jurídica em geral; destarte, assim deverão ser aplicadas.

Em resumo, as chamadas "presunções *juris et de jure*" são regras de direito substantivo as quais, nada diversas das demais, submetem-se aos primados norteadores da interpretação jurídica em geral.

De conseguinte, as designadas "ficções" ou "presunções", ao serem introduzidas no mundo do Direito como conteúdo de normas, desautorizam esse tipo de qualificação, baseada em sua maior ou menor aproximação com a verdade fática.

Sendo normas comuns, em nada distintas das demais, as normas que introduzem as chamadas presunções ou ficções no ordenamento jurídico criam, rigorosamente, *"verdades" jurídicas por definição*, em nada diversas das que se exprimem em quaisquer outras regras.

Como simples disposições legais de direito substantivo que são, despidas de caráter excepcional, as normas prescritoras das chamadas "presunções" ou "ficções" submetem-se aos princípios basilares da ordenação jurídica, norteadores da interpretação jurídica em geral; destarte, assim deverão ser aplicadas.

Daí caber ressaltar que, quanto às designadas "presunções" ou "ficções", tratando-se de matéria tributária, o que se há de exigir é sua compatibilização com os princípios da legalidade e da tipicidade da tributação. Assim, somente podem ser postas por via de lei, no sentido estrito.

Em suma, a distinção entre a presunção e a ficção existe apenas no plano pré-jurídico, enquanto servem de elemento intelectual ao legislador que estava construindo a regra jurídica. Reitere-se que, uma vez criada a regra jurídica, desaparece tal diferenciação, porque *tanto a presunção quanto a ficção, ao penetrarem no mundo jurídico por intermédio da regra jurídica, entram, ambas, como verdades (realidades jurídicas).*

Assentados esses pressupostos introdutórios, cuidemos de analisar a equiparação legal do importador a produtor, para fins de tributação incidente sobre as operações que realizam.

2. *Importador de bens industrializados: equiparação a industrial*

O conceito de industrial, para efeitos tributários — é dizer, para as conseqüências próprias das normas de imposição de tributos —, é fornecido pela legislação federal, instituidora do IPI uma vez que é da União a competência para exigir tributo incidente sobre produtos industrializados.

E a legislação do IPI expressamente dispõe:

"Art. 3º. Considera-se estabelecimento produtor todo aquele que industrializar produtos sujeitos ao imposto.

"(...).

"Art. 4º. Equiparam-se a estabelecimento produtor, para todos os efeitos desta Lei:

"I — os importadores e os arrematantes de produtos de procedência estrangeira" (arts. 3º e 4º da Lei n. 4.502/64).

"Art. 9º. Equiparam-se a estabelecimento industrial:

"I — os estabelecimentos importadores de produtos" (art. 9º do RIPI, Decreto n. 87.981/82).

Andou bem o legislador ao fazer uso dessa ficção jurídica, equiparando os importadores e arrematantes de produtos de procedência estrangeira ao estabelecimento industrial.

A finalidade legal é dispensar igual tratamento aos consumidores tanto de produtos fabricados no Brasil como de produtos importados, pois que eles — em regra, contribuintes de fato — são os que na realidade suportam o ônus do imposto.

O CTN, expressamente, permite a equiparação de terceiro ao importador, para os efeitos de sujeição ao IPI. Sempre expressa e inequivocamente, porque se trata de disposição excepcional, que não comporta interpretação analógica, *quando se trata de onerar o particular com tributo*, em face do princípio da estrita legalidade (art. 150, I, da CF), explicitado no art. 97 do CTN (cf. Aliomar Baleeiro, *Direito Tributário Brasileiro*, 10ª ed., Forense, Rio de Janeiro, 1981, p. 211).

Nada obstante, uma vez existente, vigente e válida norma jurídica, estatuindo uma dada equiparação, segue-se que não poderá o intérprete obstar ou limitar os efeitos jurídicos da norma jurídica que estatui a equiparação, a nenhum pretexto.

Diante de situação a outra equiparada, pela lei, não poderá desconsiderar essa circunstância, ainda que — no plano puramente factual — possa verificar que, concretamente, ela não corresponda àqueloutra entidade à qual é equiparada, *ex vi legis*. Desconsiderar essa circunstância é desconsiderar a norma legal equiparadora, importando negar-lhe vigência.

Relembre-se que é irrelevante, juridicamente, o serem as presunções ou ficções mais ou menos afastadas da verdade fática: se postas pela lei, criam, rigorosamente, *"verdades" jurídicas por definição*.

Por isso, não pode o intérprete, diante de meros comerciantes ou de prestadores de serviços que importem produtos industrializados, tratá-los como meros comerciantes ou como prestadores de serviços: deve aplicar-lhes o *tratamento tributário próprio de industriais*, porque, *juridicamente* — por força da norma equiparadora — eles *são industriais*, sendo irrelevante, para os efeitos jurídicos, o que fazem eles, no plano puramente fático, no plano da realidade concreta.

Para a legislação instituidora do ICMS, a equiparação do importador ao industrial vale — não tanto para determinar incidência desse imposto estadual, porque ele incide sobre quaisquer mercadorias, sejam ou não produtos industrializados — mas, sim, para determinar o conteúdo, sentido e alcance do *conceito de industrial*, nos casos em que a lei estadual utiliza esse termo para discriminar, isto é, para estabelecer tratamentos tributários específicos para essa *espécie de estabelecimento* (o importador de produtos).

Assim, nos casos em que a lei estadual se refere a industrial, sem estatuir nenhum outro balizamento ao significado desse termo, deve o intérprete buscar os limites desse conceito na legislação do IPI — não, obviamente, na linguagem vulgar, que remete aos fatos em sua pureza material.

Tratando-se de normas jurídicas, o intérprete há de buscar o seu conteúdo, sentido e alcance no próprio sistema normativo. Daí que somente quando não puder identificar, dentro do sistema normativo, o significado dos termos empregados pela norma tributária é que poderá compreendê-los no sentido que possuam na linguagem vulgar, comum, não jurídica.

É que os termos empregados pelas normas jurídicas, integrando o sistema normativo, expressam conceitos jurídicos, no sentido de que expressam significados próprios, ditados pela influência que sofrem de outras normas e princípios jurídicos integrantes do sistema.

Daí que o conteúdo, o sentido e o alcance dos conceitos normativos devem ser pesquisados no interior do próprio sistema normativo.

Salvo quando do próprio sistema normativo é possível concluir que o termo é empregado pela norma no seu significado vulgar, correntio, é que cabe buscar o seu preciso sentido nas definições lexicográficas. Fora disso, não cabe tomar o sentido do termo como indicado nos léxicos, pena de perpetrar interpretações juridicamente inconsistentes e errôneas, que poderão conduzir até mesmo à invalidade da norma, frente ao sistema jurídico.

A definição de um termo, em Direito, é sempre uma definição estipulativa, mesmo quando não construída, expressamente, por via de uma determinada disposição legal, mas extraída da interpretação sistemática da norma jurídica estudada.

Por tudo isso — ressalve-se — é que a atenção aos conceitos e às definições da legislação do IPI — no que integram o campo próprio desse imposto, como "industrial", "industrialização", "produto industrializado" — tem sido observada pelos intérpretes, assim administrativos como judiciais, que naturalmente a ela recorrem, para buscar o conteúdo, sentido e alcance das normas tributárias que, ainda não versando o imposto federal, remetem a esses conceitos.

Deveras, a ninguém ocorre consultar os léxicos, dicionários de linguagem comum, para desvendar o conteúdo, o sentido e o alcance do conceito de *industrial* — quando referido numa norma de IPI ou de ICMS; nem, menos ainda, pretender que o conceito do termo acaso neles definido possa prevalecer sobre o conceito jurídico, tal como definido ou construído a partir das normas jurídicas!

Aplicados esses pressupostos, impõe-se a conclusão de que o termo *industrial* utilizado na Cláusula Primeira do Convênio n. 55/93, ratificado pelo Decreto n. 37.542/93, remete ao conceito de industrial da legislação tributária, que abrange, também, o importador de bens industrializados, por força de norma expressa dispondo nesse sentido, como veremos, a seguir.

II — A isenção prevista pelo Convênio ICMS n. 55/93

Consideremos a norma do Convênio celebrado entre os Estados-membros e o Distrito Federal, e expedido com fulcro no art. 155, § 2º, XII, "g", da Constituição Federal e da Lei Complementar n. 24/75, prevendo isenção do ICMS, com o seguinte teor, *verbis:* "Cláusula primeira. Ficam os Estados e o Distrito Federal autorizados a conceder isenção do ICMS relativamente à aplicação do diferencial da alíquota referente a bens destinados ao ativo fixo ou imobilizado de estabelecimentos industriais e agropecuários" (*Convênio ICMS n. 55/93*).

Nestes mesmos termos, foi o Convênio ratificado pelo Chefe do Executivo, como previsto no art. 4º da Lei Complementar n. 24/75, mediante a edição do Decreto n. 37.542/93.

Portanto, no caso, a regra de isenção introduzida na ordem normativa do Estado de São Paulo é vazada *nos mesmos termos* da prevista no Convênio ICMS n. 55/93 (abstrai-se aqui a questão da natureza do diploma legal válido para introduzir as normas do convênio na ordem normativa estadual ou distrital, que não cabe aqui debater).

O que importa considerar, no caso, é o ser claro, dos termos dessa norma, que a isenção prevista pelo Decreto n. 55/93, ratificado pelo Decreto n. 37.542/93, tem como pressupostos de sua concessão:

a) a existência de "diferencial" de alíquotas;

b) tratar-se de operações sujeitas ao imposto:

b.1) tendo por objeto bens destinados ao ativo fixo ou imobilizado;

b.2) de estabelecimentos industriais ou agropecuários .

Toda vez que, num caso concreto, verificar-se, efetivamente, a conjugação dos elementos correspondentes aos pressupostos da isenção, dar-se-á, inexoravelmente, a incidência dessa norma. Assim, existindo:

a) diferencial de alíquota em

b) operação de importação de bens

b.1) destinados ao ativo imobilizado

b.2.) de estabelecimento industrial, assim qualificado nos termos da lei tributária, segue-se que há direito à isenção, por força da incidência da norma que assim prescreve: a Cláusula Primeira do Convênio ICMS n. 55/93, ratificado pelo Decreto n. 37.542/93.

É que as normas dos convênios, uma vez ratificados, passam a integrar a ordem jurídica dos respectivos Estados.

Portanto, a isenção prevista no Convênio n. 55/93, ratificado pelo Estado de São Paulo e, pois, integrante da ordem jurídica intra-estadual, constitui-se em direito dos contribuintes que preencham os requisitos nele exigidos.

Relembre-se, para completar, que esses incentivos fiscais, tal como as isenções, *somente podem ser concedidos ou revogados "nos termos de convênios* celebrados e ratificados pelos Estados e pelo Distrito Federal", segundo o disposto em lei complementar (cf. art. 1º da LC n. 24/95). E, nos termos da Constituição da República, cabe à lei complementar "regular a *forma como*, mediante deliberação dos Estados e do Distrito Federal, isenções, incentivos e benefícios fiscais *serão concedidos e revogados*" (art. 155, § 2º, XII, "g", da CF).

Trata-se, como se vê, de matéria cujo regramento jurídico envolve:

a) preceito constitucional expresso;

b) normas veiculadas por lei complementar e

c) prescrições jurídicas que têm como requisito de validade, constitucionalmente exigido, o prévio concerto entre os entes da Federação, obedecidas as formalidades e condições regradas por lei complementar.

É visível, portanto, que qualquer alteração no regramento dessa matéria haverá de ser feita — pena de nulidade — com o maior rigor e cautela, com vistas ao fiel acatamento do quanto prescrevem tanto o preceito constitucional (art. 155, § 2º, XII, "g", da CF), como a Lei Complementar n. 24/75, que dispõem sobre a edição de regras nessa matéria, respeitada, ainda, a ordem jurídica intra-estadual que, ratificando os termos do convênio, versando a matéria, fá-los dela integrantes.

O convênio, vimos de ver, é requisito constitucional para a edição de normas jurídicas interestaduais sobre o tema aqui versado. Sua ratificação pelo Estado, todavia, não pode ser vista como autorização à Administração para cumprir ou não as cláusulas dele constantes; ao contrário, o ato de convalidação ou aprovação do convênio — tornando suas cláusulas normas da sua ordem jurídica interna — é ato que acarreta o dever de a Administração atuar segundo o que nelas está prescrito — pena de invalidade de sua atuação.

Juridicamente, só se pode falar em convênio "autorizativo" quando este ainda não foi ratificado pelo Estado, pois que ele, antes dessa ratificação, autoriza, deveras, os Estados a editarem normas integrantes de suas respectivas ordens jurídicas, nos termos das cláusulas que nele estipularam. Uma vez editadas estas normas jurídicas intra-estaduais, *pela ratificação ou aprovação do convênio*, suas cláusulas serão normas jurídicas vinculantes para todos os seus órgãos, *não* mais cabendo falar-se em *autorização*, mas, *sim*, em *dever jurídico de obedecê-las*.

Em suma, os convênios celebrados entre os Estados, uma vez ratificados, passam a integrar a ordem jurídica interna de todos os Estados, não sendo passíveis de alteração unilateral por nenhum deles, nem mesmo por via de lei, pois, aqui, impera, sobranceiro, o princípio federal, que postula a igualdade, a paridade entre os Estados-membros e entre estes e a União. De tal forma, a alteração unilateral dos termos do convênio, sem prévio concerto (novo convênio) entre os Estados, fere o princípio federal e, só por isso, seria ilegítimo o ato do Estado (seja legislativo, seja administrativo) que assim dispusesse.

Por todas as razões expostas, depreende-se que, havendo, eventualmente, "antinomias" entre o que dispuser convênio interestadual, devidamente ratificado, e outra norma estadual, hão de prevalecer as cláusulas do convênio, tornadas regras jurídicas da ordem intraestadual com sua ratificação, como magistralmente ensina Souto Maior Borges:

"Os convênios celebrados com fundamento no art. 23, § 6º, da Emenda Constitucional n. 1, de 1969" (hoje art. 155, § 2º, XII, "g", da CF/88) "*não estão subordinados à legislação tributária estadual*" (*Lei Complementar Tributária*, co-ed. Ed. RT/EDUC, São Paulo, 1975) (grifamos).

Ao contrário, dado que, como já advertira esse mestre, o preceito constitucional que prevê os convênios, na forma da lei complementar, para concessão e revogação de "isenções, incentivos e benefícios fiscais",

1º) "é sem dúvida vinculante não só para a legislação ordinária superveniente, como também para os órgãos do Poder Executivo e do Poder Judiciário", e

2º) é "regra negativa de competência" legislativa dos Estados-membros em matéria de exonerações fiscais relativas ao ICMS,

segue-se que a legislação estadual sequer pode dispor sobre a matéria. *Ergo*, não se há de cogitar, do ponto de vista rigorosamente jurídico, de "antinomias" entre suas disposições e as de convênios devidamente ratificados, nos termos da Lei Complementar e do art. 155, § 2º, XII, "g", da CF-88, muito menos de "descompasso" entre essas cláusulas e normas do órgão fiscal. Reitere-se que os convênios, devidamente ratificados, passam a integrar a ordem legal intraestadual. São, assim, imodificáveis, salvo observância de idêntico processo de revogação.

III — Conclusão

Parece-nos, pois, induvidosa a conclusão no sentido de haver direito à isenção por força da incidência da norma veiculada pela Cláusula Primeira do Convênio ICMS 55/93, ratificado pelo Decreto n. 37.542/93, sempre que estiverem presentes, no plano fático, os pressupostos nela previstos para sua concessão, quais sejam:

a) existência de "diferencial" de alíquotas;

b) em operações sujeitas ao imposto,

b.1) tendo por objeto bens destinados ao ativo imobilizado;

b.2) de estabelecimento industrial, assim qualificado nos termos da lei tributária.

RDT 69

X CONGRESSO BRASILEIRO DE DIREITO TRIBUTÁRIO: *SESSÃO SOLENE DE ABERTURA* • *MESA DE DEBATES (A)* — **REFORMA TRIBUTÁRIA — CLÁUSULAS PÉTREAS — SIGILO BANCÁRIO — ICMS — PROCEDIMENTO ADMINISTRATIVO TRIBUTÁRIO — PROJETO DA UNIÃO** • *CONFERÊNCIA* — **ENUNCIADOS, NORMAS E VALORES JURÍDICOS TRIBUTÁRIOS** — Paulo de Barros Carvalho • *MESA DE DEBATES (B)* — **ICMS, FINANCIAMENTO E BASE DE CÁLCULO — ICMS E IPI, NÃO-CUMULATIVIDADE E DIREITO AO CRÉDITO — LIMITES** • *MESA DE DEBATES (C)* — **ICMS E ISS — PROGRAMAS DE "SOFTWARE". TRIBUTAÇÃO — REFEIÇÕES E TRIBUTAÇÃO. "BUFFETS" — INSTALAÇÃO E MONTAGEM DE EQUIPAMENTOS QUE SE AGREGAM AO SOLO — TRATADOS INTERNACIONAIS E ISENÇÃO DE IMPOSTOS ESTADUAIS E MUNICIPAIS** • *MESA DE DEBATES (D)* — **CONCESSÃO DE SERVIÇOS, REGIME TRIBUTÁRIO, TAXA, TARIFA** • *CONFERÊNCIA* — **FUNÇÃO DO SUPREMO TRIBUNAL FEDERAL** — Min. Sepúlveda Pertence • *MESA DE DEBATES (E)* — **IMPOSTO DE RENDA — BASE DE CÁLCULO** • *MESA DE DEBATES (F)* — **LEGALIDADE E MORALIDADE** • *SESSÃO SOLENE DE ENCERRAMENTO* — **REFORMA CONSTITUCIONAL, CLÁUSULAS PÉTREAS, ESPECIALMENTE A DOS DIREITOS FUNDAMENTAIS, E A REFORMA TRIBUTÁRIA** — Min. Carlos Mário Velloso • *COMISSÃO DE TRABALHO* — **PLENÁRIO — PROPOSIÇÕES** • *TRABALHO DO X CONGRESSO BRASILEIRO DE DIREITO TRIBUTÁRIO APROVADO COM MENÇÃO HONROSA* — **A REVOGAÇÃO DA CORREÇÃO MONETÁRIA DE BALANÇO PELA LEI N. 9.249/95 E A REMUNERAÇÃO DO CAPITAL PRÓPRIO DAS PESSOAS JURÍDICAS — IMPOSTO SOBRE A RENDA E CONTRIBUIÇÃO SOCIAL SOBRE O LUCRO** — João Dácio Rolim • *XI CONGRESSO BRASILEIRO DE DIREITO TRIBUTÁRIO*: **ENTIDADES IMUNES E ICMS** — Eduardo Bottallo • **CONSTRUÇÃO CIVIL — ISS E ICMS?** — José Eduardo Soares de Melo • **DA CONTRIBUIÇÃO SOBRE MOVIMENTAÇÃO FINANCEIRA** — Wagner Balera • **PLANEJAMENTO TRIBUTÁRIO NO BRASIL** — Sidney Saraiva Apocalipse • **PROPOSTA PARA UMA NOVA CLASSIFICAÇÃO DOS TRIBUTOS A PARTIR DE UM ESTUDO SOBRE A INSTITUIÇÃO DE CONTRIBUIÇÃO PREVIDENCIÁRIA PELA UNIÃO, ESTADOS, DISTRITO FEDERAL E MUNICÍPIOS** — Sacha Calmon Navarro Coêlho • **O IMPOSTO SOBRE SERVIÇOS E O PRINCÍPIO DA TERRITORIALIDADE** — Heron Arzua • **A CONTRIBUIÇÃO DO SALÁRIO-EDUCAÇÃO** — Heron Arzua • **REFORMA TRIBUTÁRIA** — Estevão Horvath • **FUNDAMENTOS DA TRIBUTAÇÃO AMPLA DAS IMPORTAÇÕES PELO ICMS E PELO IPI** — Misabel Abreu Machado Derzi • **IMPORTADOR DE BENS INDUSTRIALIZADOS — EQUIPARAÇÃO A INDUSTRIAL — O TERMO "INDUSTRIAL", UTILIZADO NA LEGISLAÇÃO DO ICMS, TEM O ALCANCE QUE LHE DÁ A LEGISLAÇÃO DO IPI, INCLUSIVE PARA EFEITOS ISENCIONAIS** — Aires F. Barreto

MALHEIROS EDITORES